Daniel Düring

Das Handlungsmuster des Befehls in der NS-Zeit

Hempen Verlag

Sprache – Politik – Gesellschaft

herausgegeben von

Heidrun Kämper, Jörg Kilian und Kersten Sven Roth

Band 11

HEMPEN VERLAG
BREMEN 2013

Daniel Düring

Das Handlungsmuster des Befehls in der NS-Zeit

HEMPEN VERLAG
BREMEN 2013

Bibliografische Information der Deutschen Nationalbibliothek
Die Deutsche Nationalbibliothek verzeichnet diese Publikation in der Deutschen Nationalbibliografie; detaillierte bibliografische Daten sind im Internet über http://dnb.d-nb.de abrufbar.

Die vorliegende Arbeit wurde von der Fakultät Kulturwissenschaften der TU Dortmund im Sommersemester 2012 als Dissertation angenommen.

ISBN: 978-3-944312-03-3

Den Verlag erreichen Sie im Internet unter: www.hempen-verlag.de

Umschlaggestaltung: J. Böning/R. Fischer, Kunstschule Wandsbek, Bremen
Gedruckt auf alterungsbeständigem Papier
Printed in Germany

Inhaltsverzeichnis

Vorwort

Die vorliegende Arbeit wurde im Sommersemester 2012 von der Fakultät Kulturwissenschaften an der Technischen Universität Dortmund als Dissertation angenommen.
Ganz besonders herzlich danken möchte ich meinem akademischen Lehrer und Doktorvater Prof. Dr. Ludger Hoffmann, der mir die Möglichkeit zum Forschen eröffnet und meinen Arbeitsprozess von Beginn an mit intensiver und vielfältiger Unterstützung begleitet hat. Seinen Ermunterungen, hilfreichen Anregungen und wertvollen Hinweisen sowie seinem Vertrauen in meine Arbeit verdanke ich sehr viel.
Prof. Dr. Dr. hc. Konrad Ehlich danke ich sehr herzlich dafür, dass er sich bereit erklärt hat, das Zweitgutachten zu verfassen.
Für viele hilfreiche Diskussionen im Zusammenhang mit meiner Arbeit danke ich den Teilnehmerinnen und Teilnehmern des Kolloquiums „Pragmatik und Sprachtheorie" von Prof. Dr. Ludger Hoffmann.
Für die Aufnahme meines Buches in die Reihe „Sprache – Politik – Gesellschaft" danke ich den Herausgebern Prof. Dr. Heidrun Kämper, Prof. Dr. Jörg Kilian und PD Dr. Kersten Sven Roth, für die Veröffentlichung der Arbeit im Hempen Verlag und die freundliche Zusammenarbeit danke ich Frau Dr. Ute Hempen.
Dankend erwähnen möchte ich auch Dr. Lirim Selmani, Hendrik Düring, Martin Machnik, Katrin Kampmeyer, Tim Langenbach und Ralf Paprotta, die das Manuskript gelesen haben. Martin Machnik danke ich außerdem für seine umfangreiche Hilfe bei der Erstellung der Druckvorlage. Dr. Jutta Fienemann danke ich dafür, dass sie mich nach meinem Studium ermuntert hat, zu promovieren.
Finanziell gefördert wurde mein Forschungsprojekt durch ein Promotionsstipendium der Technischen Universität Dortmund. Für das seitens der Auswahlkommission entgegengebrachte Vertrauen möchte ich mich herzlich bedanken.
Den Mitarbeiterinnen und Mitarbeitern der Archive, in denen ich im Rahmen meiner Datenerhebung recherchieren durfte, bin ich für ihre freundliche Unterstützung dankbar.

Essen, im Juni 2013, Daniel Düring

Zeichenkonventionen

Wissenschaftliche Termini werden bei ihrer Einführung in einfache Anführungszeichen gesetzt. Dies geschieht auch, wenn sie in ihrer Eigenschaft als Termini angesprochen werden. Objektsprachliches wird kursiviert (z.B.: das Modalverb *müssen*), es sei denn, dass aus einem Analysetext zitiert wird. Neben der Kennzeichnung von Zitaten aus Sekundär-, Quellenliteratur und Analysebeispielen werden doppelte Anführungszeichen zur Markierung historischer Bezeichnungen (z.B. „Betriebsführer") sowie metaphorischer Verwendung von Ausdrücken gesetzt.

Analysebeispiele werden als solche mit einem großen „B" gekennzeichnet und fortlaufend nummeriert, z.B. (B 1), (B 2). Sie werden in Handlungssegmente unterteilt und ohne Anführungszeichen wiedergegeben. (Die Unterteilung stellt bereits einen basalen analytischen Schritt dar.) Die Segmentnummerierung erfolgt in alphabetischer Form, z.B. (a), (b).

Weitere, spezifischere Zeichenkonventionen werden en passant eingeführt.

1. Einleitung

„Was tut eine vollkommene Gefolgschaft? Sie denkt nicht, sie fühlt auch nicht mehr – sie folgt." (Klemperer 2010: 275).

Im nationalsozialistischen Staat gab es unter „dem Führer" Adolf Hitler unzählige weitere „Führer", die Befehle erteilten und Befehle befolgten.
Diese Befehlsstrukturen dehnten sich im Zuge der radikalen Militarisierung der Gesellschaft in enormer Weise aus. Vielen gab die Zuweisung eines sicheren Platzes in einem gestaffelten Gefüge, in dem genau geregelt war, wem man gehorchen musste und wem man selbst Befehle erteilen konnte, Handlungssicherheit im Alltag (vgl. Bauer 1988: 79).
Für viele derjenigen, die blind gehorchten und skrupellos Mordbefehle ausführten, bot der Befehl die Möglichkeit der Entlastung von rechtlichen Erwägungen und ethischen Bedenken (vgl. Bauer 1988: 83). Nach dem Zusammenbruch des NS-Systems beriefen sich die Täter im Rahmen der Gerichtsprozesse vornehmlich auf die Begründungsfigur des „Befehlsnotstands" – und nicht wenige kamen damit durch.

Das Ziel der vorliegenden Dissertation ist eine historische Rekonstruktion des sprachlichen Handlungsmusters ‚Befehl' für die Zeit des Nationalsozialismus. Die Arbeit soll einen linguistischen Beitrag zur Erforschung der Besonderheiten des sprachlichen Handelns in der NS-Zeit leisten und darüber hinaus einen theoretischen Ertrag zur weiteren Differenzierung der Handlungsmusterstruktur des Befehls erbringen.

Mit einem Befehl wird zum einen ein Handlungsplan übermittelt. Zum anderen wird durch die sprachliche Realisierung ein für den Adressaten klar erkennbarer Zwang zur Übernahme des Handlungsplans verbalisiert. Allerdings ist nicht nur die sprachliche Realisierung entscheidend, sondern auch die Einbettung in sprachliche und außersprachliche Handlungszusammenhänge und besonders die spezifische Beschaffenheit des hierarchischen Verhältnisses zwischen dem Befehlenden und dem Adressaten.
Canetti (1994) verortet die ursprüngliche Form des Befehls in der Beziehung zwischen Raubtieren und deren Beute: „Der älteste Befehl – und einer, der viel früher erteilt worden ist, als es Menschen gibt – ist ein Todesurteil und zwingt das Opfer zur Flucht." (Canetti 1994: 358)
Canetti betont, dass eine durch einen Befehl veranlasste Handlung dem Empfänger als „etwas *Fremdes*" (Canetti 1994: 359) erscheine. Dem Autor zufolge hat ein Befehl zwei Bestandteile: einen „Antrieb" (Canetti 1994: 360), von dem die Wir-

kung des Zwangs zum Vollzug der Handlung ausgeht, und einen „Stachel" (Canetti 1994: 360), der im Befehlsempfänger verbleibt.
In Max Webers Herrschaftssoziologie nimmt der Befehl eine zentrale Stellung ein. „Herrschaft" versteht Weber als „die Chance, Gehorsam für einen bestimmten Befehl zu finden" (Weber 2005: 726), bzw., wie es an anderer Stelle formuliert ist, als den

> „Tatbestand [...]: daß ein bekundeter Wille („Befehl") des oder der „Herrschenden" das Handeln anderer (des oder der „Beherrschten") beeinflussen will und tatsächlich in der Art beeinflusst, daß dies Handeln, in einem sozial relevanten Grade, so abläuft, als ob die Beherrschten den Inhalt des Befehls, um seiner selbst willen, zur Maxime ihres Handelns gemacht hätten („Gehorsam")." (Weber 2005: 135)

Nach Weber können drei Typen der „legitimen Herrschaft" unterschieden werden, nämlich *„Legale Herrschaft* kraft Satzung" (Weber 2005: 726), *„Traditionelle Herrschaft*, kraft Glaubens an die Heiligkeit der von jeher vorhandenen Ordnungen und Herrengewalten" (Weber 2005: 729) und „Charismatische Herrschaft, kraft affektueller Hingabe an die Person des Herrn und ihre Gnadengaben (Charisma)" (Weber 2005: 734). Der Gehorsam der Anhänger basiert darauf, dass dem Träger charismatischer Herrschaft (bei Weber als *„Führer"* bezeichnet; 2005: 734) besondere „Qualitäten zugeschrieben werden" und „sein Charisma sich durch deren Erweise *bewährt*." (Weber 2005: 734).[1] Das Konzept der „charismatischen Herrschaft" wurde in der Geschichtswissenschaft häufig auf Hitlers Führerschaft der NS-Bewegung angewandt (vgl. hierzu etwa Wehler 2009, Kershaw 1998). Nach Herbst (2010) hat man es in Bezug auf Hitlers Charisma allerdings in erster Linie mit einer geschickt aufgebauten NS-Propaganda-Legende zu tun:

> „Es ist die zentrale These dieses Buches, daß Hitler gemeinsam mit einem kleinen Kreis von Gefolgsleuten die Legende des charismatischen Führers erfand, um die messianischen Erwartungen der Menschen im Deutschland der krisengeschüttelten Zwischenkriegszeit für die NSDAP nutzbar zu machen. Die Legende des charismatischen ‚Führers' war daher ein Coup, der als Mythos des Anfangs in die Propaganda des sogenannten Dritten Reiches passte, in Hitlers Reden immer wieder aufgegriffen und auf diese Weise popularisiert wurde" (Herbst 2010: 14).[2]

1 Sofsky/Paris betonen die für die Wirkung auf die Anhänger unerlässliche Selbstüberzeugung des „absoluten charismatischen Führers": „Es ist vor allem diese Intensität des Glaubens an sich selbst und an seine Berufung, die andere an ihn glauben lässt und die sich, indem sie an ihn glauben, auch auf sie ein Stück weit überträgt." (Sofsky/Paris 1991: 68) Zur Selbstdarstellung Hitlers als „Prophet" vgl. die Analysen von Hoffmann (2007) und Sauer (2003b: 415 ff.).

2 Von Bedeutung ist hierbei die Anwendung des Versprechens als Handlungsmuster in der Etablierungsphase der NS-Herrschaft (vgl. Ehlich 1998).

Eine frühe Auseinandersetzung mit dem Komplex von Befehl und Gehorsam in der SS und der Polizei hat Buchheim (1965) vorgelegt.[3] Der Autor unterscheidet zwischen dem „Befehl in Dienstsachen" und dem „Befehl in Weltanschauungssachen" (Buchheim 1965: 257 ff.). Beide Typen waren mit einem absoluten Gehorsamsanspruch verbunden, wobei für die Legitimation des ersten Typs ein normatives Bezugssystem und für die Legitimation des zweiten Typs ideologische Konzepte in Anspruch genommen wurden. Zentral ist – im Hinblick auf die gutachterliche Einschätzung der Strafbarkeit von befohlenen Mordtaten – die Behandlung der Frage, ob man einen „Befehl in Weltanschauungssachen" verweigern konnte und welche Konsequenzen die Verweigerer zu gewärtigen hatten (vgl. Buchheim 1965: 346 ff.).
Hoffmann (2007) analysiert die während einer Besprechung am 30.5.1940 erfolgte Weitergabe eines Mordbefehls durch den Generalgouverneur in Polen, Hans Frank. Im Rahmen der Ansprache Franks werden die Adressaten mit der Ermordung der polnischen Intelligenz beauftragt. Der Befehl wird vor allem gestützt durch die Bezugnahme auf das NS-Handlungsmodell des Kampfes, das die Handlungsweise der nationalsozialistischen Kampforganisationen bereits in der Anfangsphase geprägt hatte:

> „Der Kampf als Handlungsmodell überlagert ein Verhalten, das sich an den Gesetzen orientiert. Mit der NS-Regierung musste der Widerspruch zwischen beanspruchter Kontinuität des Kampfmodells und legalem staatlichen Handeln immer neu ausgetragen werden. Ein Widerspruch, der durch die Besetzung aller staatlichen Funktionsstellen mit Parteigenossen, die Orientierung der Wehrmacht auf Hitler, die gesamtgesellschaftliche Verbreitung von Befehlshierarchien nicht aufzuheben war." (Hoffmann 2007: 48)

Auch die Wehrmacht wurde im Verlauf des Krieges – vor allem seit dem Beginn des Feldzugs gegen die Sowjetunion – immer mehr von weltanschaulichen Konzepten und daran angebundenen verbrecherischen Befehlen geprägt (vgl. Messerschmidt 2001). Allerdings war bis in die jüngste Vergangenheit hinein die öffentliche Meinung zur Rolle der Wehrmacht und ihrer Akteure innerhalb des als Vernichtungskrieg ausgerichteten Ostfeldzugs vom Bild einer „sauberen Wehrmacht" bestimmt (vgl. Wette 2002a: 195 ff.). Die bereitwillige Beteiligung der Wehrmacht an Kriegsverbrechen enormen Ausmaßes wurde innerhalb der historischen Auseinandersetzung erst spät herausgearbeitet und aus dem kollektiven Gedächtnis lange Zeit weitgehend ausgeschlossen (vgl. Wette 2002a: 195 ff., 262 ff.).[4]

---

3 Hierbei handelt es sich um ein schriftliches Sachverständigengutachten für den Auschwitzprozess von 1964.

4 Die erste Ausstellung über „Verbrechen der Wehrmacht" des Hamburger Instituts für Sozialforschung löste eine heftige öffentliche Kontroverse aus (vgl. Wette 2002a: 265 f.).

Ein zentrales Beispiel für die verbrecherische Ausrichtung des Ostfeldzugs stellt der sog. „Kommissarbefehl" dar (vgl. Jacobsen 1965, Krausnick 1977, Hürter 2007: 258 ff., Römer 2008a, 2008b). Im Kern wurde in den „Richtlinien für die Behandlung politischer Kommissare" vom 6.6.1941 („Kommissarbefehl") gefordert, die sowjetischen Politkommissare bei deren Gefangennahme sofort zu erschießen. Vorausgegangen waren dem „Kommissarbefehl" verschiedene Erlasse, in denen die Radikalisierung der Kriegsführung angeordnet worden war.[5]
Lange Zeit hielt sich die Auffassung, dass die Befolgung der Kommissarrichtlinien durch die Wehrmacht eher die Ausnahme gewesen sei (vgl. für einen differenzierten Überblick über die Stationen der historischen Forschungsgeschichte: Römer 2008b: 13 ff.). Eine grundlegende Untersuchung der Weitergabe in den Befehlsketten des Ostheeres vor Beginn des Feldzugs sowie der Ausführung des Befehls in den Jahren 1941/42 hat jüngst Römer (2008a und 2008b) auf umfassender empirischer Basis[6] vorgelegt und damit eine Forschungslücke geschlossen. Der Autor gelangt am Ende seiner Studie, die der Vorstellung von einer „sauberen Wehrmacht" die Grundlage entzieht, zu einer eindeutigen Bilanz:

> „Die bis in die Gegenwart hinein kolportierten Behauptungen, dass der Kommissarbefehl an der Ostfront nur stellenweise und sporadisch ausgeführt worden sei, lassen sich nun endgültig nicht mehr aufrechterhalten. Die Untersuchung hat eindeutig erwiesen, dass die weit überwiegende Mehrheit der deutschen Frontverbände die Kommissarrichtlinien bereitwillig umgesetzt hat." (Römer 2008b: 551)

Widerstreben gegen den Kommissarbefehl wurde nur in wenigen Kommandostäben des Ostheeres geäußert und dabei wurden in erster Linie „Bedenken, die mehr um die Täter als um die Opfer kreisten" (Römer 2008b: 555), laut. Man wollte „Rückwirkungen der Vernichtungspolitik auf die eigenen Truppen" (Römer 2008b: 555) vermeiden, um die militärische Schlagkraft nicht zu gefährden, und nicht etwa aus humanitären, moralischen oder rechtlichen Erwägungen heraus die sowjetischen Kommissare vor der Liquidierung retten, denn: „An eine grundsätzliche Schonung der Kommissare wurde auch in den Kommandobehörden, in denen sich Widerspruch regte, nicht gedacht." (Römer 2008b: 555) Vereinzelt hat es sogar Radikalisierungen der Kommissarrichtlinien gegeben, die darin ihren Niederschlag fanden, dass der Kreis der Opfer ausgedehnt wurde auf sog. „Zivilkommissare" (vgl. Römer 2008b: 555). Was Römer hinsichtlich der Weitergabe des Befehls durch die oberen Kommandobehörden konstatiert, nämlich überwiegende Bereitschaft, schlägt sich als Resultat seiner Untersuchung auch im Hinblick auf die tatsächliche Umsetzung durch die Fronteinheiten nieder:

5 Erlass über die Ausübung der Kriegsgerichtsbarkeit im Gebiet „Barbarossa" vom 13.5.1941, Disziplinar-Erlass vom 24.5.1941.

6 Der Autor hat im Rahmen seiner Untersuchung „die relevanten Aktenbestände sämtlicher Heeresgruppen, Armeen, Panzergruppen, Armeekorps, Divisionen, Regimenter des Ostheeres aus der Zeit der einjährigen Geltungsdauer des Kommissarbefehls ausgewertet" (Römer 2008b: 551).

> „Die quantifizierende Analyse der überlieferten Erschießungszahlen und der Verlaufsdaten der Vernichtungspolitik, die keinerlei Anhaltspunkte für Unregelmäßigkeiten erkennen lassen, hat zu einem eindeutigen Ergebnis geführt: Die Verbände des Ostheeres haben die Kommissarrichtlinien flächendeckend und konsequent umgesetzt, immer dann, wenn sie in die Situation dazu kamen." (Römer 2008b: 565)

Für die meisten deutschen Soldaten im Zweiten Weltkrieg scheint absoluter Befehlsgehorsam – zu diesem Ergebnis gelangen Neitzel/Welzer (2011) auf der Grundlage ihrer Auswertungen zahlreicher Abhörprotokolle von Gesprächen deutscher Soldaten in Kriegsgefangenenlagern – eine Selbstverständlichkeit gewesen zu sein, und zwar nicht in erster Linie aus Angst vor dem drohenden Sanktionsterror, der zweifellos eine Rolle spielte. Vielmehr war der „Gehorsam [...] in ihrem eigenen Referenzrahmen fest verankert" (Neitzel/Welzer 2011: 301). Besonders stark verwurzelt war der absolute Gehorsam gegenüber empfangenen Befehlen als oberste Handlungsmaxime in der Tendenz bei den Akteuren auf der Offiziersebene, die in der Mehrheit selbst in völlig aussichtslosen Handlungssituationen daran festhielten (vgl. Neitzel/Welzer 2011: 304). Die Autoren stellen fest, dass ein solcherart ausgeprägter, auf der Verinnerlichung des militärischen Wertesystems beruhender Gehorsam unabhängig von der politischen Gesinnung war:

> „Es gab etliche Regimekritiker, die sich bitter darüber beschwerten, welches Unglück die Nazis über Deutschland gebracht hätten, und zugleich empörten, wie Infanteristen sich ohne großen Widerstand gefangen nehmen ließen." (Neitzel/Welzer 2011: 304)

Charakteristisch für die deutsche Gesellschaft unter dem Nationalsozialismus war der radikale Militarisierungsprozess, im Rahmen dessen Befehlsstrukturen die Kommunikation in nahezu allen gesellschaftlichen Bereichen bestimmten. Die Verbreitung des Befehls bis in die hintersten Winkel der Gesellschaft beschreibt Bauer (1988) in seiner Studie „Sprache und Sprachlosigkeit im Dritten Reich". Der Autor vermutet, dass der Befehl „das wirksamste Instrument" war, „durch das die Nazis herrschten und sich zwölf Jahre hielten" (Bauer 1988: 78).
Ehlich beschreibt im einleitenden Beitrag zu seinem Buch „Sprache im Faschismus" die „Verallgemeinerung von Befehlsstrukturen" in der NS-Zeit, die auf dem „Ideologem der „Führung"" beruhte (Ehlich 1989: 24).[7] Der Befehl wurde von institutionellen Zusammenhängen abgekoppelt, seiner Beschränkungen entledigt und somit nutzbar gemacht, um die nationalsozialistische Ideologie und ihr Programm flächendeckend umzusetzen, was sich im Rahmen der „Mobilisierung" der gesamten „Volksgemeinschaft" für den Krieg besonders im wirtschaftlichen Bereich niederschlug:

---

7 ‚Ideologeme' sind „das bereits vor-strukturierte sprachliche Material, aus dessen Kombinatorik *Ideologien* artikuliert werden." (Sauer 1998: 130)

„In der „Kriegswirtschaft“ erreichte diese Verallgemeinerung des Befehls als zentraler Form sprachlichen Handelns ihren Höhepunkt: sie wurde der unmittelbare sprachliche Ausdruck der allgemeinen Militarisierung des gesellschaftlichen Lebens.“ (Ehlich 1989: 24 f.)

Gesichert wurde die Eingliederung der „Volksgenossen“ in die Befehlsstrukturen einerseits durch das Drohsystem staatlichen Terrors, repräsentiert durch SS, Gestapo etc., andererseits durch das Handlungsmuster des Versprechens (vgl. Ehlich 1989: 24).

1.1 Fragestellung

Grundlegend für eine pragmatisch-linguistische Sicht auf den Befehl als gesellschaftlich verallgemeinertes sprachliches Handlungsmuster in der NS-Zeit ist der oben angesprochene Aufsatz von Ehlich (1989), in dem zentrale NS-spezifische Charakteristika beschrieben werden. Empirische pragmatisch-linguistische Detailstudien, in denen Ausprägungen des Befehls in verschiedenen gesellschaftlichen Bereichen und unterschiedlichen historischen Konfigurationen zwischen 1933 und 1945 analysiert werden, liegen m.W. bislang nicht vor. Hier setzt die vorliegende Arbeit an: Ziel der Untersuchung ist eine Ausdifferenzierung bisheriger Erkenntnisse zum Handlungsmuster des Befehls in der NS-Zeit, welche auf der Basis exemplarischer Detailanalysen geleistet werden soll.
Im Kern geht es um die Rekonstruktion charakteristischer sprachlicher Formen und Handlungsmusterstrukturen des Befehls in spezifischen Konstellationen innerhalb der übergeordneten Rahmenkonstellation, die durch die Beschaffenheit des NS-Staates konstituiert war.
Einen roten Faden bildet im Zuge der Untersuchung die Herausarbeitung der von Ehlich so bezeichneten gesamtgesellschaftlichen „Verallgemeinerung“ (s.o.) des Befehls. Der Begriff „Verallgemeinerung“ wird dabei im Sinne einer Importierung des Befehls in gesellschaftliche Bereiche, in denen zuvor nicht befohlen wurde, im Sinne einer enormen Erweiterung der Bereiche von Handlungen, auf die verpflichtet werden konnte und im Sinne einer Ausweitung möglicher und faktischer Adressierung verstanden.
Ferner wird die Einbettung von Befehlen in sprachliche und außersprachliche Handlungszusammenhänge sowie die Anbindung an Präsuppositionssysteme verschiedener Art im Kontext spezifischer Konstellationen zu klären sein. Auf der Basis der Ergebnisse der Analysen wird außerdem eine differenzierte Beschreibung der NS-spezifischen Ausprägung des Befehls als sprachliches Handlungsmuster und charakteristischer Typen sowie eine Typologie an bestimmte Konstellationen gebundener sprachlicher Realisierungsformen vorgenommen.

1.2 Aufbau der Arbeit

In Kap. 1.3 erfolgt eine Auseinandersetzung mit der Forschungsgeschichte zum Komplex „Sprache und Nationalsozialismus". Besonders die Untersuchungen, in denen sprachliches Handeln als gesellschaftlich determiniertes und die Gesellschaft determinierendes Handeln untersucht wird, stellen wichtige Anknüpfungs- und Orientierungspunkte dar.
Der Befehl wird in der vorliegenden Arbeit als ein sprachliches Handlungsmuster untersucht. Eine Theorie sprachlicher Handlungsmuster stellt die „funktional-pragmatische Kommunikationsanalyse" bereit, weshalb sich dieser linguistische Ansatz in besonderer Weise für eine theoretische und methodische Fundierung der Arbeit eignet (Kap. 1.4).[8] Die Vorstellung der für die Untersuchung herangezogenen Datenkorpora sowie Reflexionen in Bezug auf Möglichkeiten und Grenzen der Erkenntnisgewinnung im Zusammenhang mit den zur Verfügung stehenden Daten finden sich in Kap. 1.5.
Als Ausgangspunkt für die Untersuchung des Befehls als Handlungsmuster wird an pragmatische Vorarbeiten zur Aufforderung sowie zum Befehl angeknüpft (Kap. 1.6). Zentral sind hierbei das von Rehbein (1977) entwickelte „Schema von Aufforderungen i.e.S." und die darauf basierte Beschreibung des Handlungsmusters „Befehl-(Bestätigung)-Gehorsam" von Klein/Sauer/Hanssen (1981). Einen komprimierten Überblick über mögliche sprachliche Realisierungsformen des Befehls gibt Kap. 1.7 (ausführlich: Kap. 11; s.u.).
Die Kapitel 2-8 enthalten empirische Analysen: In den einzelnen Kapiteln werden exemplarisch verschiedene historische Konfigurationen fokussiert und die jeweils spezifischen Ausprägungen der Realisierung des Befehls als Handlungsmuster untersucht.
Den Ausgangspunkt der Analysen bildet eine Betrachtung der gesellschaftlichen Militarisierung in Deutschland zwischen 1871 und 1933 (Kap. 2). Charakteristisch für die Rolle des Befehls im Nationalsozialismus war seine gesamtgesellschaftliche Verallgemeinerung, die mit der flächendeckenden Installierung des Führerprinzips einherging. So zeigte sich die faschistische radikale Militarisierung besonders in der Überformung ursprünglich ziviler Bereiche. Der Reichsarbeitsdienst als NS-Sozialisations- und Erziehungsinstanz eignet sich als Beispiel besonders, um den Zweckbereich der Gewöhnung der Angehörigen an das Handeln auf Befehl im Hinblick auf ihre möglichst reibungslose Eingliederung in den „Volkskörper" zu zeigen (Kap. 3). In Kap. 4 wird die allmähliche Etablierung von Befehlsstrukturen in der industriellen Wirtschaft herausgearbeitet, die in der Phase des „Totalen Krieges" ihren Höhepunkt fand. Eine Sonderstellung innerhalb des empirischen Teils der Arbeit nimmt das Kapitel zur pervertierten Form des Befehls im Konzentrationslager ein (Kap. 5). Die auf „absoluter Macht" (Sofsky 2008) basierende Grundkonstellation bildete das Fundament für eine denkbar

8 Hier finden sich auch entsprechende Literaturverweise.

schrankenlose Form der Anwendung des Befehls durch SS-Wachen und „Funktionshäftlinge“ in der Kommunikation mit den Häftlingen. In Kap. 6 wird die sukzessive NS-ideologische Überformung der Wehrmacht herausgearbeitet, mit der auch die Erweiterung des Bereichs „befehlbarer“ Handlungen einherging. In Kap. 7 werden Befehle analysiert, deren nüchterne, bürokratisierende Verbalisierungen die Normalität und Routinehaftigkeit des genozidalen Mordens durch SS- und Polizeibataillon-Angehörige zu Tage treten lässt. Die in der Endphase des Krieges von Hitler und der NS-Führungsriege ausgegebene und unermüdlich reproduzierte Handlungsmaxime des sturen „Durchhaltens“ bildete den Hintergrund für zahlreiche Befehle, deren Befolgen in den meisten Fällen nur auf Selbstzerstörung der Akteure hinauslaufen konnte; Kap. 8 enthält Analysen von Befehlen, die an diese Handlungsmaxime angebunden waren.

In den Kapiteln 9-11 werden theoretische Erträge der Analysen systematisch zusammengefasst. Kap. 9 gibt einen Überblick über die aus den Analysen gewonnenen Ergebnisse hinsichtlich der sprachlichen und außersprachlichen Stützung der Akzeptanz des Befehls in der NS-Zeit. Eine systematische Beschreibung der Struktur des Handlungsmusters des Befehls erfolgt – in Anbindung an die in Kap. 1.6 dargestellten einschlägigen Forschungsstände – in Kap. 10. In diesem Kapitel findet sich auch eine exemplarische Typologie. Ein Überblick über sprachliche Realisierungsformen des Befehls in der NS-Zeit wird (auf der Basis der Analysebefunde aus dem zweiten Teil) in Kap. 11 gegeben. Mit dieser systematischen Darstellung wird an die in Kap. 1.7 vorausgeschickte Übersicht über mögliche Realisierungsformen angeknüpft. Im Fazit der Arbeit (Kap. 12) werden die Erträge der Untersuchung zusammengefasst.

1.3 Zur Forschungsgeschichte: „Sprache des Nationalsozialismus“ vs. „Sprache im Nationalsozialismus“

Nachfolgend werden in einer exemplarischen Auswahl wichtige Stationen der wissenschaftlichen Auseinandersetzung mit den sprachlichen Verhältnissen in der NS-Zeit dargestellt. Einen umfangreichen Überblick über die Forschungsgeschichte haben Sauer (1998) und Maas (1984, 2000) vorgelegt. Eine sortierte Bibliografie der bis 1994 entstandenen Arbeiten liegt von Kinne/Schwitalla (1994) vor. Die jüngste Forschung findet in der Darstellung von Risse (2008)[9] Berücksichtigung.

Die erste Phase der Auseinandersetzung mit der Rolle der Sprache im Nationalsozialismus war dominiert von Bemühungen, eine eigene nationalsozialistische Sprache nachzuweisen, was mit einem Vorstellungskomplex zu tun hatte, den Maas als „Topos der *Macht des Wortes*“ (1989: 162; vgl. hierzu auch Maas 2000:

9 Die Autorin vergleicht die wissenschaftliche Auseinandersetzung mit der jeweiligen faschistischen Geschichte in Italien und Deutschland.

1981) bezeichnet. Im Zusammenhang mit der Konzeptualisierung „Sprache **des** Nationalsozialismus" ist für diese Phase eine methodische Verengung vor allem auf die Katalogisierung von Wörtern zu konstatieren (vgl. zusammenfassend Risse 2008: 192 f.). Im Zuge der Propagierung einer „Stunde Null" wurde der Topos von der „Macht des Wortes" als Teil der Erklärungsstrategien verwendet, mit denen die Zahl der Täter und damit Schuldigen an der Katastrophe auf eine elitäre NS-Führungsriege reduziert und der Großteil der Deutschen als von den Massenverführern Manipulierte dargestellt werden konnte:

> „Vor allem aber gewann dieser Topos für die im Zweiten Weltkrieg Besiegten einen eminenten Gebrauchswert beim schwierigen Umgang mit dem Trauma der NS-Zeit, an deren Verbrechen auch diejenigen mitschuldig geworden waren, die sie ohnmächtig miterleben mussten, die aber im Alltag eben doch die gesellschaftlichen Verhältnisse und damit das NS-Regime mitreproduziert hatten. Das erklärt wohl die fraglose Übernahme dieses Topos in der öffentlichen Nachkriegsmeinung, in der er so etwas wie eine Pauschalabsolution der Deutschen als Opfer einer gigantischen Indoktrination ermöglichte." (Maas 2000: 1981)[10]

Dämonisierende Vorstellungen von einer eigenen NS-Sprache, die als Manipulationsinstrument seitens einer herrschenden Minorität verwendet worden sei, erwiesen sich als nützlich, um im Zuge der so genannten „Vergangenheitsbewältigung" der Generation derjenigen, die unmittelbar „dabei" waren, eine „Weißwaschung in großem Maßstab" (Maas 1989: 163) zu betreiben.

Eine wie oben skizzierte Grundvorstellung von Sprache liegt dem „Wörterbuch des Unmenschen" von Sternberger, Storz und Süskind (1946/1968) zu Grunde. Darin wird der Gebrauch von ca. 35 Wörtern in der NS-Zeit kommentiert, wobei ein Schwerpunkt auf Wörtern aus dem Bereich der Bürokratie liegt, deren fortwährenden Gebrauch die Autoren kritisch konstatieren.[11] Im Vorwort der Ausgabe von 1967 reagieren die Autoren auf die ihnen in der Rezeptionsgeschichte des Buches entgegengebrachte linguistische Kritik teilweise konzedierend, halten allerdings an ihrer Grundthese fest (vgl. Ehlich 1998: 282): „Wörter sind nicht unschuldig, können es nicht sein, sondern die Schuld der Sprecher wächst der Sprache selber zu, fleischt sich ihr gleichsam selber ein" (Sternberger/Storz/Süskind 1968: 12). Ehlich hat zur kritischen Auseinandersetzung eine Übersicht von Wörtern zusammengestellt, die im „Wörterbuch des Unmenschen" als faschistische aufgeführt sind und die im heutigen Sprachgebrauch beim Großteil der Mitglieder der Sprechergemeinschaft keine NS-spezifischen Konnotationen mehr hervor-

10 Vgl. hierzu auch Maas (1984: 225).

11 Dies stellt eine Parallele dar zur Auffassung Victor Klemperers, der nach dem Kriegsende Kontinuitäten des Gebrauchs der von ihm gesammelten NS-Sprachverwendungen feststellt und über eine „Sprache des Vierten Reiches" („LQI") nachdenkt (vgl. Ehlich 1998: 288).

rufen (vgl. Ehlich 1998: 283). Hier seien wenige, stellvertretende Beispiele genannt: „Anliegen, Auftrag, Ausrichtung, Betreuung." (zit. n. Ehlich 1998: 283). Diese Beispiele illustrieren eine grundsätzliche Problematik, die den Wörterlisten von Storz/Sternberger/Süskind (1968) innewohnt:

> „Die Kritik aus linguistischer Sicht identifizierte denn auch frühzeitig, daß die im „Wörterbuch des Unmenschen" kritisierten Sprachverwendungen im wesentlichen allgemeineren sprachgeschichtlichen Tendenzen zugehören, wie sie besonders für bürokratische Sprachbedürfnisse im 20. Jahrhundert kennzeichnend sind." (Ehlich 1998: 283)

Die wahrscheinlich meistgelesene Arbeit zur „Sprache des Nationalsozialismus" ist die 1946 erstveröffentlichte „Lingua Tertii Imperii" („LTI") des im Zuge der „Arisierung" seines Amtes enthobenen jüdischen Romanistik-Professors Victor Klemperer (Klemperer 2010). Der Autor zeigt auf der Grundlage seiner Alltagsbeobachtungen, die er während der Zeit der Unterdrückung durch das Nazi-Regime gemacht hat, anhand von Analysen einer großen Bandbreite von Sprachzeugnissen die politisch-ideologische Durchdringung der Sprache auf. Sein Augenmerk liegt dabei auf dem Bereich der Lexik. Kritisch wird in der sprachwissenschaftlichen Rezeption des Buches vor allem Klemperers Auffassung von der Sprache des „Dritten Reiches" als eines „Giftes" gesehen, das die Menschen ergriffen habe (vgl. Ehlich 1998: 291, Maas 1984: 214 f.). Der hohe dokumentarische Wert des Buches ist allerdings bis heute unbestritten.[12]
Bei den Wörtern, die in der NS-Zeit charakteristische Umdeutungen erfahren haben – wie z.B. „fanatisch", „rücksichtslos" und Wortneuschöpfungen wie z.B. „Betriebszelle" – hat man es mit einer – gemessen am Gesamtbestand lexikalischer Mittel einer Sprache – relativ kleinen Anzahl spezifischer „NS-Wörter" zu tun (vgl. Ehlich 1998: 286, Hoffmann 2001: 290, Maas 1989: 162, 2000: 1982), weshalb der Ansatz, diese Wörter zu katalogisieren, zu kurz greift (vgl. Ehlich 1998: 291, Hoffmann 2001: 290, Maas 2000: 1986).[13]

Neuere sprachwissenschaftliche Forschungen zielen nicht mehr darauf, eine „Sprache **des** Nationalsozialismus" herauszuarbeiten. Entgegen früherer Studien, die vor allem auf lexikalische Besonderheiten konzentriert waren, ist für aktuelle

12 Eine Analyse der „LTI" und ihrer Rezeptionsgeschichte hat Fischer-Hupe (2001) vorgelegt. Die methodische und theoretische Problematik in Klemperers Arbeit charakterisiert die Autorin folgendermaßen: „Da Klemperer [...] seine erweiterte, pragmatisierte Sprachauffassung jedoch nicht durch eine theoretische Reflexion in einen abschließenden Rahmen stellt, bleibt ein Widerspruch bestehen. Als Philologe meint Klemperer auf das einzelne Wort konzentriert sein zu müssen. Die Schwierigkeiten, die er damit hat, eine seiner Beobachtungspraxis gemäße Sprachtheorie zu entwerfen, liegt daher z.T. in seinem Sprachverständnis begründet." (Fischer-Hupe 2001: 449)

13 Allerdings stellen Nachschlagewerke wie z.B. das recht umfangreiche „Vokabular des Nationalsozialismus" von Schmitz-Berning (2000) eine hilfreiche Dokumentation NS-spezifischer Verwendungsweisen von Wörtern dar.

Ansätze eine Fokussierung auf die Analyse – vor allem alltäglichen – sprachlichen Handelns im Kontext historischer Bedingungen zu verzeichnen.

Wichtige Anstöße hierfür hat Utz Maas mit seinem Buch „Als der Geist der Gemeinschaft eine Sprache fand" (1984) gegeben (vgl. auch Maas 1989). Um sein analytisches Vorhaben gegen Bemühungen, eine spezifisch nationalsozialistische Sprache nachweisen zu wollen, abzugrenzen und den Einbezug der gesellschaftlichen Rahmenbedingungen, in denen sprachlich gehandelt wurde, begrifflich zu fassen, bezeichnet der Autor den von ihm anvisierten Untersuchungskomplex als „Sprache im Nationalsozialismus" (vgl. Maas 1984: 9 f.).[14] Der Vorstellung der „Manipulation" stellt Maas den Begriff der „Kollusion" entgegen (1989: 165), womit gemeint ist, „daß die gemeinsam hergestellte Situation, unter deren Kontrolle das Handeln der einzelnen steht, von diesen nicht bewusst herbeigeführt wird" (Maas 1989: 165).
Maas (1984) untersucht in seiner Studie Beispieltexte aus verschiedenen gesellschaftlichen Bereichen, anhand derer exemplarisch ein Spektrum sprachlichen Handelns im Nationalsozialismus aufgezeigt wird. Analysiert werden z.B. an Hausfrauen adressierte Texte („Küchenzettel"), Texte aus dem Bereich der Hitlerjugend und Reden führender Politiker. Maas versteht seinen Ansatz zur Erforschung des sprachlichen Alltags im Nationalsozialismus als diskursanalytisch. „*Diskurs*" meint in seiner Terminologie „eine sprachliche Formation als Korrelat zu einer ihrerseits sozialgeschichtlich zu definierenden gesellschaftlichen Praxis" (Maas 1984: 18).[15] Die Analyse des jeweiligen „ganzen Text[es]" (Maas 1984: 17) zielt darauf, „zu rekonstruieren, welche Erfahrungszusammenhänge" (Maas 1984: 17) bei verschiedenen Adressatentypen im Zuge der Textrezeption aktualisiert werden konnten. Der Autor betont, dass in der von ihm durchgeführten „Konnotationsanalyse" (Maas 1989: 168), bei der lesertypspezifische, an die Erfahrungswelt verschiedener Leser geknüpfte Aneignungsmöglichkeiten zum Vorschein kommen sollen, nur potentielle zeitgenössische Aneignungen dieser Texte herausgearbeitet werden können (vgl. Maas 1989: 168). Maas geht bei den Textanalysen grundsätzlich von der Möglichkeit verschiedener, vom jeweiligen Adressatentyp abhängiger Interpretationsweisen aus. Er spricht in diesem Zusammenhang von der „*Polyphonie* eines Textes" (Maas 1984: 11). Durch eine solche „Polyphonie" (im Sinne einer systematischen Mehrfachadressierung[16]) kann z.B. innerhalb des gleichen Textes einerseits an das Pflichtgefühl und den Ge-

---

14 Hierin sind ihm Autoren pragmatisch orientierter linguistischer Untersuchungen gefolgt. Vgl. die Arbeiten von Sauer (1989, 1998, 2003a, 2003b), Hoffmann (2001, 2004, 2007). Ehlich (1989, 1990, 1998) spricht von „Sprache im Faschismus"; s.u.

15 Der Maassche Diskursbegriff lehnt sich an den Diskursbegriff von Focault an. Diskursanalytisch ausgerichtet sind auch die Untersuchungen von Siegfried Jäger (z.B. 1989) zur Propaganda rechtsextremer Gruppierungen in der Bundesrepublik.

16 Zur ‚Mehrfachadressierung' vgl. Hoffmann (1984a), Kühn (1995), Sauer (1998).

meinschaftssinn willfähriger „Volksgenossen" appelliert und andererseits Integrationsunwilligen implizit gedroht werden (vgl. Maas 1984: 10 f.).
Es wird deutlich, dass eine solche Sprachbetrachtung, wie Maas sie vorschlägt, nicht rein textimmanent erfolgen kann, sondern gesellschaftliche und politische Kontexte sowie Zusammenhänge mit anderen Texten in systematischer Weise berücksichtigen muss (vgl. Maas 1984: 19). Ein politischer Text ist nach Maas als „Ausdruck bzw. Teil einer bestimmten gesellschaftlichen Praxis, die bereits eine bestimmte Menge von *möglichen* Texten definiert, die die gleiche Praxis ausdrücken bzw. als Repräsentanten der gleichen Praxis akzeptiert werden können" (Maas 1984: 19), zu verstehen.
Der Autor verwendet die Metapher der „Fähre" um das Wirken der verschiedenen „Stimmen" eines „polyphonen" Textes zu veranschaulichen:

> „Der im engeren Sinne analysierte sprachliche Diskurs fungiert dabei als *Fähre* (eine weitere Metapher!), die die Menschen von ihren konkreten Erfahrungen, ihren Hoffnungen und Ängsten, aber auch ihrem opferbereiten Elan in die integrativen Organisationsformen des Machtapparates transportierte – und auf der anderen Seite, *im gleichen Diskurs*, den Terror inszenierte, der alle die traf, die sich der Integration verweigerten." (Maas 1984: 11)[17]

Die von Maas gewählte Fokussierung auf alltägliche Sprachpraxen erfolgt mit Blick auf die Rekonstruktion der alltäglichen Reproduktion des Faschismus als gesamtgesellschaftliches Phänomen (vgl. Maas 1989: 169 f.).

Sauer (1989 und 1998) greift den von Maas vertretenen Gedanken der besonderen funktionalen Bedeutung der Mehrfachlesbarkeit nationalsozialistischer Texte auf. Anhand von Texten aus der „Deutschen Zeitung in den Niederlanden" analysiert er die Wirkungsweise polyphoner Textstrukturen. Der Autor beschreibt sein Vorgehen folgendermaßen:

> „Meine Konzeption gipfelt in der Entwicklung einer *mehrfachen Lesweise* desselben Textes, die die Art und Weise der jeweiligen Inszenierung des Ideologischen in verschiedenen Dimensionen aufzeigt." (Sauer 1989: 239)

Als entscheidend für die Wirkungsweise der untersuchten Texte nennt er das Prinzip der *„Anspielung"* (Sauer 1989: 239) im Hinblick auf die aktive Rekonstruktion der auf verschiedenen Ebenen angelegten Bedeutungsschichten durch den Leser:

17 In meiner Arbeit spielt die Wirkung solcher „Fähren" im Kontext von Mehrfachadressierungen kollektivierter Befehle eine wichtige Rolle.

> „NS-Texte spielen auf andere NS-Texte an und setzen beim Lektürevorgang eine Bewegung in Gang, wobei der Leser Verknüpfungen, Wiedererkennungen, Evozierungen seines schon vorhandenen Wissens, Aktualisierungen u. ä. realisiert." (Sauer 1989: 239)

„NS-Ideologie" manifestiert sich nach Sauer als „ein ‚Raum' [...], in dem *verschiedene* Diskurse – rassistische, nationalistische, militaristische – wirksam sind, die ihrerseits die Thematik von Texten ermöglichen und zugleich beeinflussen." (Sauer 1998: 124) Sauer weist darauf hin, dass die Nazis nicht einen zuvor „ideologiefreien Raum [...] mit ihrer eigenen Ideologie füllten" (1989: 238), sondern dass auf bestehende sprachliche Bausteine (‚Ideologeme')[18] zurückgegriffen und durch Umstrukturierungen sowie Umdeutungen (auch Amalgamierungen; s.u.) den vorgefundenen Ideologemen jeweils ein neuer, mit einem spezifischen neuen Sinn aufgeladener Platz zugewiesen wurde:

> „Ideologeme wie „Volk", „Staat", „Macht", „Nation", „Kultur" u.ä. gehören zur Grundausstattung politischer Willensbildung. Sie stellen das ‚Rohmaterial' für ideologische Operationen dar, und die bloße Tatsache ihres Vorhandenseins in Texten besagt noch nichts über die ideologische Wirkungsrichtung." (Sauer 1989: 243)

Entsprechend formuliert der Autor die folgende Konsequenz für die linguistische Analyse ideologischer Texte: „Nicht auf die bloße Anwesenheit, auf das *Arrangement* von Ideologemen kommt es an." (Sauer 1998: 132) So kritisiert Sauer Vorgehensweisen, bei denen lediglich die ideologischen Wörter ausfindig gemacht und katalogisiert werden (vgl. Sauer 1989: 237). Dagegen spricht er sich für einen „Ansatz" aus, der „sprachliche Formen auf Bedingungen ihres Entstehens und Rezipierens zurückführt" (Sauer 1989: 237 f.), denn: „Ein Text kann faschistisch nur sein, indem er auf andere Texte verweist, und seine ideologische Funktion verwirklicht sich in einer Umstrukturierung anderer Ideologien." (Sauer 1989: 238)

Ehlichs einleitender Aufsatz „Über den Faschismus sprechen – Analyse und Diskurs" zu seinem Band „Sprache im Faschismus" (1989) stellt einen wesentlichen Ausgangspunkt für meine Untersuchung dar. In diesem Aufsatz werden, ausgehend von einer Darstellung der Auseinandersetzung (bzw. Nicht-Auseinandersetzung) mit dem Faschismus in verschiedenen Phasen der Bundesrepublik, der Faschismus als Ideologie analysiert und Besonderheiten sprachlichen Handelns in der NS-Zeit behandelt. Im Folgenden werden die zentralen Thesen Ehlichs zu Kennzeichen faschistischer Ideologie[19] und zu spezifischen Ausprägungen sprachlichen Handelns unter den Bedingungen des Faschismus kurz referiert:

---

18 Adjektive, Substantive, Verben, aber auch Metaphern, die aus mehr als einem Wort bestehen, können als *Ideologeme* verwendet werden.

19 Ehlich hat den Begriff „Faschismus" verwendet, um ein politisch-gesellschaftlich-ideologisches Phänomen begrifflich zu fassen, das es in verschiedenen europäischen Staaten gab (z.B. in Italien, Finnland, Rumänien; vgl. hierzu begründend: Ehlich 1998: 279 f.).

Ehlich charakterisiert Faschismus als „Politik unter den Bedingungen der Massenpartizipation an Politik" (Ehlich 1989: 12). Um sich entfalten zu können, „bedarf" er „der Massen und ihrer Zustimmung" (Ehlich 1989: 12), was z.B. für Militärdiktaturen, die mit dem Faschismus das zentrale Handlungsfeld des „offenen politischen Terrorismus" (Ehlich 1989: 15) gemein haben, nicht gilt. Der deutsche Faschismus war einerseits bestimmt durch persuasives Umwerben von bestimmten Bevölkerungsgruppen, die es handlungspraktisch einzubinden galt, und andererseits durch die bis zur systematischen Vernichtung gesteigerte Verfolgung anderer, zu Feindgruppen deklarierter Bevölkerungsteile (vgl. Ehlich 1989: 15).
Ein wichtiges Charakteristikum der nationalsozialistischen Ideologie ist eine *„ideologische Diversifikation"* (Ehlich 1989: 15): Die NS-Ideologie setzte sich als dynamisches und im Blick auf je spezifische aktuelle Erfordernisse somit flexibel gehaltenes Gewebe verschiedenster Versatzstücke zusammen, die, je nach Bedarf, neu integriert oder auch fallen gelassen werden konnten (wobei dies allerdings nicht als Beliebigkeit der möglichen Inhalte zu verstehen ist).[20] Dieser Charakter der Umdeutbarkeit kommt Ideologemen wie auch praktischen Handlungsfeldern[21] zu (vgl. Ehlich 1989: 16).
Die innere Struktur des Faschismus weist *„Zentren der Ideologieformation* und darauf bezogene *Peripherien"* auf (Ehlich 1989: 16).[22] Aus der Charakteristik der oben angesprochenen *„ideologische*[n] *Diversifikation"* (Ehlich 1989: 15) des Faschismus leitet Ehlich das notwendige Scheitern „einfache[r], ontologisierende[r] Bestimmung" (1989: 16) ab.
In der Etablierungsphase des Nationalsozialismus erwies sich ein „ideologische[r] Opportunismus" (Ehlich 1989: 17) als enorm effektiv, um unterschiedlichste gesellschaftliche Gruppen für den Faschismus zu begeistern. Ehlich verwendet den Begriff der *„ideologische*[n] *Amalgamierung"* (Ehlich 1989: 17), worunter er die Integration verschiedenster ideologischer Bausteine versteht, durch die eine ideologische Attraktivität des Faschismus für unterschiedliche, sogar opponierende gesellschaftliche Gruppen und damit deren Integration in die „Volksgemeinschaft" erreicht wurde.[23]
Zusammenfassend kann als charakteristisch für den Faschismus als ideologisches Gebilde das Zusammenspiel von ideologischer Amalgamierung, Flexibilität der verwendeten Ideologeme sowie dynamisch gehaltener Strukturierung in Kern- und Randbereiche genannt werden (vgl. Ehlich 1989: 19 f.).

20 Vgl. hierzu auch Ehlich (1990: 30 f.).

21 In diesem Zusammenhang ist z.B. die Umdeutung des Rollenbildes der Frau von der Hausfrau und Mutter zur aktiven Partizipantin am „Endkampf" in der Rüstungsindustrie zu nennen; siehe Kap. 4.

22 Ein zentraler Bereich ist die „Praxis der politischen Gewalt um jeden Preis" (Ehlich 1989: 16).

23 Dass die vielbeschworene „Volksgemeinschaft" trotz des mit ihr verbundenen enormen Drucks in erster Linie nur eine propagandistisch verbreitete Illusion blieb, steht auf einem anderen Blatt (vgl. hierzu Bauer 1988).

Zu den Besonderheiten gesellschaftlicher Praxis im Nationalsozialismus gehörte die häufig pseudo-sakrale Überhöhung profaner Bereiche (vgl. Ehlich 1989: 20).[24] Die rhetorischen Großkundgebungen waren ausgerichtet auf das Zuhören als wesentlichem Part der Massen (vgl. Ehlich 1989: 20). Für die Verallgemeinerbarkeit der Rezeption der Kundgebungen erwiesen sich die aufkommenden Massenmedien (Rundfunk, Wochenschau) als enorm nützlich. Turn-Wechsel erfolgten bei den propagandistischen Massenveranstaltungen in einer systematisch vor-inszenierten Weise, wobei den Massen der Part der „Akklamation" (Ehlich 1989: 21) zukam. Zum Einsatz kamen die normierten und kollektiven Zustimmungsformeln („Führer befiehl – wir folgen!" etc.). Erzielt wurde auf diese Weise eine „Partizipationserfahrung bei gleichzeitiger Ausschaltung realer Partizipation" (Ehlich 1989: 21), die sich zur Einbindung der Massen als enorm nützlich erwies (vgl. Ehlich 1989: 21). Als „propositionale Reduktion" (Ehlich 1989: 22) bezeichnet Ehlich die faschistisch-propagandistische Festlegung auf einen Kanon der „möglichen propositionalen Gehalte" (Ehlich 1989: 22). Sie war verbunden mit der „Verheißung einer „einfachen Welt"" (Ehlich 1989: 22), in der die individuellen Sorgen und Nöte der Menschen durch Teilhabe am Gemeinsamen der „Volksgemeinschaft" überwunden würden.
Zu den hervorstechenden sprachlichen Handlungsmustern der NS-Zeit gehören das Versprechen, der Befehl, die Denunziation und der „Deutsche Gruß" (vgl. Ehlich 1989, 1990).[25]
Das Handlungsmuster des Versprechens bildete eine wichtige kommunikative Stütze für die Übernahme der nationalsozialistischen Ideologie auf breiter gesellschaftlicher Basis in der Etablierungsphase, aber auch für die Akzeptanz der sich über wesentliche Bereiche der Gesellschaft ausbreitenden Befehlsstrukturen (vgl. Ehlich 1989: 23 f.; 1998: 275 ff.). Ein Versprechen ist ein sprachliches Handlungsmuster, durch das ein Sprecher sich einem Hörer gegenüber kommunikativ auf die Ausführung einer zukünftigen Handlung verpflichtet. Die Grundlage für das Gelingen eines Versprechens ist, dass der Versprechende dem Adressaten im Hinblick auf die Erfüllung des Versprechens als glaubwürdig erscheint. Glaubwürdigkeit muss in aller Regel erst erworben werden, und zwar durch handlungspraktische Beweise (vgl. Ehlich 1989: 23). In der Anfangsphase des „Dritten Reiches" wurden diese Beweise aus Sicht eines Großteils der Bevölkerung immer wieder erbracht:

> „Er [der Nationalsozialismus; Anm. d. Verf.], seine Repräsentanten und Propagandisten umgaben sich mehr und mehr mit einer Gloriole von kommunikativer Verläßlichkeit. – Sie arbeiteten mit größtem Erfolg an der Erfüllung der Sinzeritätsbedingung für immer größere Versprechen." (Ehlich 1998: 276)

24 Ein hervorstechendes Beispiel ist die Überhöhung der Arbeit, analog zu ihrer NS-ideologischen Umdeutung zu einem „Dienst an der Gemeinschaft" (vgl. Kap. 4).

25 Zum „Deutschen Gruß" vgl. Allert (2005) und s.u.

Ein weiteres, für das sprachliche Handeln im Nationalsozialismus charakteristisches Handlungsmuster stellt die Denunziation dar. Mit der Etablierung der „Denunziation als Massenphänomen" (Ehlich 1989: 25) wurde eine Atmosphäre des gegenseitigen Misstrauens, teilweise bis in den privaten Raum hinein, geschaffen. Jedes abweichende Handeln war mit der Gefahr unkalkulierbarer Konsequenzen verbunden.

Ein Raster für eine pragmatische Textanalyse wird in Hoffmann (2001) vorgestellt und am Beispiel eines Textes aus dem Nationalsozialismus angewandt.[26] Der Autor arbeitet heraus, dass in dem Text ein Verfahren zur Anwendung kommt, das er „Camouflage" nennt (Hoffmann 2001: 301). Dieses besteht darin, „sich taktisch in einer Text-/Diskursart, die für diesen Zweck nicht ausgeprägt ist, zu bewegen, um aus anderen – hier: staatlichen – Zusammenhängen importierte Ziele zu erreichen" (Hoffmann 2001: 301). Bei dem analysierten Text handelt es sich um ein Flugblatt des Reichsverbands der evangelischen Taubstummen-Seelsorger aus den Jahren 1933/34, gerichtet an evangelische Taubstumme, die zu einer freiwilligen Sterilisation bewegt werden sollen. Der Text bedient sich des pastoralen Stils, der den Adressaten aus dem Kontext der Seelsorge vertraut ist. Der im kirchlichen Kontext von den Adressaten akzeptierte eindringlich-direktive Stil wird für die Durchsetzung ideologisch-politischer Ziele genutzt. Weitere pragmatische Analysen von sprachlichem Handeln im Nationalsozialismus (mit einem Fokus auf „Sprache und Gewalt") enthält Hoffmann (2007).

Vorläufer aus dem 19. Jh. für NS-spezifische antisemitische Redeweisen arbeitet Hoffmann (2004) am Beispiel eines Textes von Richard Wagner heraus. Die in der NS-Zeit für die vereinheitlichende, entindividualisierende Feindthematisierung typische generisch zu interpretierende Verwendungsweise des bestimmten Artikels im Singular („der Jude", „der Russe" etc.) stellt im von Hoffmann analysierten Text ein wesentliches sprachliches Verfahren dar, über das Richard Wagner rassistisch-verallgemeinernde Eigenschaftszuschreibungen vornimmt.

Die sukzessive „Erzeugung von Komplizentum"[27] analysiert Sauer (2003b) anhand von dreizehn öffentlichen Äußerungen Hitlers. Dabei geht es vor allem um die Äußerungen zur „Ausrottung" und „Vernichtung" der Juden. Nach Sauer kommt dem sprachlichen Verfahren der „Anspielung" in Bezug auf die sukzessiv

26 Das Analyseraster stellt einen methodischen Ausgangspunkt der Analysen in dieser Arbeit dar (siehe Kap. 1.4.8).

27 Das Resultat dieses Vorgangs charakterisiert der Autor folgendermaßen: „Was ihnen [den Deutschen; Anm. d. Verf.] jahrelang widerfahren war, als knirschendes Einverständnis mit den Machthabern, über die sie sich heimlich lustig gemacht hatten, entpuppte sich nun als Komplizentum, Mitmachen, Gewährenlassen, Sich Mitfreuen, Mitprofitieren, Miterschrecken, kurz: als Verstricktsein ins Regime, vor allem in den mörderischen Antisemitismus, der eigentlichen Scheidemünze." (Sauer 2003b: 414)

und indirekt erfolgende Erzeugung von diffuser „*Mitwisserschaft*" (Sauer 2003b: 432) eine zentrale Rolle zu:

> „Der anspielende Hitler hatte durch seinen [sic!] vielen Reden mit ihrer zirkulären Verweisstruktur eine größere Verführungskraft als ein offen formulierender. Er konstruierte die *Unsicherheit der Kameraderie* mit ihrer Mischung aus Verschweigen und aggressivem Andeuten, der man sich nur schwer entziehen konnte." (Sauer 2003b: 438)

Sauer spricht sich dafür aus, die Formel „*Wir haben es nicht gewusst*" (Sauer 2003b: 438), die auf den Verweis auf fehlende Explizitheit gestützt ist, „zu ergänzen – um „Aber wir haben es geahnt" – oder zu spezifizieren – durch „Wir haben es nicht wissen wollen" bzw. „Wir haben einiges vermutet, aber nicht weiter geforscht"" (Sauer 2003b: 439). Er schlägt statt der „schroffe[n] Polarität von Wissen vs. Nicht-Wissen" eine „*Dreigliedrigkeit*" (Sauer 2003b: 439) vor. So hat man es nach Sauer neben Wissen und Nicht-Wissen zudem mit durch Anspielungen erworbenen Zwischenformen des Wissens zu tun, die in einem Prozess der Wissensaneigung als „Durchgangsstadien" anzusehen sind, wie z.B. „Ahnen" oder „Vermuten" (Sauer 2003b: 439).

Die faschistische Überformung des Grüßens durch die in allen öffentlichen Bereichen vorgeschriebene Ausführung des Hitlergrußes analysiert Allert (2005).[28] Nach Allert fungierte der in Anlehnung an den „Mussolini-Gruß" in den zwanziger Jahren innerhalb der NSDAP eingeführte[29] „Deutsche Gruß" während der NS-Herrschaft als „Seismograph für die Regimezustimmung" (Allert 2005: 24). Das normierte Grüßen reichte bis in den privaten Bereich hinein (vgl. Allert 2005: 49) und ging mit dem Druck zur Gegenseitigkeit einher, dergestalt, dass eine gegrüßte Person genötigt war, in gleicher Weise zurückzugrüßen, um nicht die Gefahr der Denunziation zu provozieren.[30] Den Charakter „soziale[r] Exklusivität" (Allert 2005: 75) bekam der Hitlergruß durch das 1937 erlassene Verbot für Juden, die Geste auszuführen.

28 Vgl. zur faschistischen Überformung phatischer Kommunikation durch den Hitlergruß auch Ehlich (1989: 21).

29 In der „Kampfzeit" der 20er Jahre diente der Gruß den NSDAP-Anhängern als „Verpflichtung nach innen und demonstrative Geste nach außen" (Allert 2005: 81).

30 Die gegenseitige Überprüfung des Status weltanschaulicher Zugehörigkeit wurde zur allgemeinen „Volksgenossen"-Pflicht erhoben, wie das folgende Beispiel aus dem „Völkischen Beobachter" (Nr. 79 vom 20.3.1935) illustriert: „Es zeigt sich, daß es eine Aufgabe ist, den herrlichen deutschen Gruß [...] zum Bekenntnisgruß der Deutschen untereinander werden zu lassen [...] Wenn wir darangehen, den deutschen Gruß den mitunter Unsicheren erneut als Ausdruck einer Charakterhaltung zuzurufen, so wollen wir genauso scharf darüber wachen, daß er nicht verfälscht und verlogen wird. Die Grußworte [...] sollen uns immer wieder aus dem Kleinkram des Alltags herausheben und an die großen Ziele und Aufgaben erinnern, die Adolf Hitler uns allen gab. [...] Das ist ein Stück praktischer Nationalsozialismus, das jeder vollbringen kann." (zit. n. Allert 2005: 48) In der Schule wurde der Hitlergruß durch eine Anordnung vom 24.7.1933 verpflichtend eingeführt (vgl. Allert 2005: 54).

Allert gelangt zu folgender Analyse der sprachlichen Form des Grußes: „Hitler wird mit der Wirkungsmacht einer göttlichen Instanz ausgestattet gedacht, man glaubt an ihn, so wie man an Gott glaubt, und im Gruß wünscht man sich Heil durch ihn." (Allert 2005: 63) Die Figur Hitlers wird damit zum überall präsenten Bezugspunkt im Alltag (vgl. Allert 2005: 76). Die zur verbalen Seite des Hitlergrußes hinzukommende Armbewegung ähnelt einem militärischen Gruß, was an der starren Haltung des Arms besonders deutlich wird (vgl. Allert 2005: 68). Nach Allert ist das „militärische Grüßen [...] auf die institutionalisierte Bereitschaft der ganzen Person bezogen, die bedingt ist durch die Krisensituation eines bevorstehenden bzw. gedachten Einsatzes, der letztlich die Möglichkeit des Todes impliziert" (Allert 2005: 68). Entsprechend ist der Hitlergruß, wie Allerts Analyse zeigt, auch kein Gruß im eigentlichen Sinne, sondern vielmehr ein immer wieder bekräftigtes Bekenntnis, ein „Schwur" zu „bedingungslose[r] Treue" (Allert 2005: 72), der mit jeder Ausführung die verallgemeinerte Verpflichtung der Volksgenossen gegenüber dem Nationalsozialismus, seinem Programm und seinen Repräsentanten, allen voran dem „Führer" Hitler, aktualisiert. Dadurch wird letztlich „die zivile Existenz unter den Geltungsbereich asymmetrischer Befehlshierarchien eingerückt", werden „die Mitglieder der zivilen Gemeinschaft als Befehlende oder Befehlsempfänger qualifiziert" (Allert 2005: 69).

Warmbold (2008) analysiert konzentrationslager-spezifische Sprachgebräuche. Die Autorin gibt methodische Hinweise für die Rekonstruktion gesprochener Sprache auf Grundlage schriftlicher Dokumente (Tagebücher von Überlebenden etc.), die für meine Analysen der Dokumente aus dem Teilkorpus schriftlich fixierter Mündlichkeit von großer Bedeutung sind:

> „Mündlichkeit im Text ist je nach Intention des Autors nachgebildet, inszeniert, vorgetäuscht, kalkuliert, gefiltert. [...] Mündliches Erzählen im Schrifttext ist gleichzeitig Schreibstrategie wie auch „Spur gesprochener Sprache". Bei jeder Gestaltung aber fließen immer Sprachwissen und -erfahrungen des Autors ein. [...] Keine Transformation von gesprochener in geschriebene Sprache ist ohne Defizite möglich, denn jede Nachbildung gesprochener Sprache erfolgt mit den begrenzten Mitteln der Schriftlichkeit." (Warmbold 2008: 37)

In den letzten 25 Jahren wurde eine Reihe von Forschungsarbeiten vorgelegt, in denen das sprachliche Handeln im Nationalsozialismus als von spezifischen Rahmenbedingungen determiniertes und determinierend auf diese zurückwirkendes gesellschaftliches Handeln untersucht wird. Die vorliegende Arbeit zielt, ausgehend von den – auf eine Auswahl beschränkten – skizzierten Vorarbeiten, auf die rekonstruktive Analyse der Rolle des sprachlichen Handlungsmusters ‚Befehl' in der NS-Zeit. Für diese Untersuchung erscheint in besonderer Weise die Orientierung am theoretischen Fundament und am methodischen Instrumentarium der funktional-pragmatischen Diskurs- und Textanalyse geeignet, die in den 1970er Jahren von Konrad Ehlich und Jochen Rehbein begründet und seitdem kontinuierlich weiterentwickelt worden ist. Eine Skizzierung funktional-pragmatischer Grundlagen des Analyseprojekts enthält das folgende Kapitel.

1.4 Theoretischer und methodischer Hintergrund

Theoretisch und methodisch ist die vorliegende Untersuchung an der funktional-pragmatischen Diskursanalyse (Funktionale Pragmatik) orientiert, in der Sprache als gesellschaftliches und gesellschaftlich determiniertes Handeln verstanden und untersucht wird.[31] Zentral ist in diesem Ansatz die systematische Berücksichtigung von Hörer und Sprecher. Als wichtige Einflüsse und Vorläufer der Funktionalen Pragmatik sind zu nennen: die Untersuchungen des Sprachpsychologen Bühler (1934/1999), insbesondere seine Unterscheidung von Zeig- und Symbolfeld (s.u.), die Überlegungen Wittgensteins zum Handlungsaspekt der Sprache (vgl. Wittgenstein 1958/1971), Austins wegweisende Etablierung des Konzepts der Illokution[32] (vgl. Austin 1958/2010) sowie die Sprechakttheorie Searles (vgl. Searle 1969/2010), dem die linguistische Pragmatik die analytische Zerlegung der Äußerungshandlung in den propositionalen[33] und den illokutiven Akt verdankt.[34] Nachfolgend werden wichtige Konzepte und Kategorien der Funktionalen Pragmatik[35] vorgestellt, auf die in der Arbeit unmittelbar zurückgegriffen wird und die allgemeine Grundlagen der Arbeit darstellen.[36] Im Anschluss daran erfolgt eine Erläuterung der methodischen Vorgehensweise.

31 Einen Überblick über die Theorie und Analysemethode der Funktionalen Pragmatik geben u.a. Brünner/Graefen (1994), Ehlich (2000), Rehbein (2001), Rehbein/Kameyama (2006), Hoffmann/Graefen (2010).

32 Die ‚Illokution' einer Äußerung macht deren Handlungscharakter aus.

33 Zum propositionalen Akt s.u.

34 In der Searleschen Sprechakttheorie stand noch der Sprecher als analytische Bezugsgröße im Vordergrund, während Hörerreaktionen lediglich in der auf Austin zurückgehenden Kategorie ‚perlokutiver Akt' gefasst wurden. Der Handlungsaspekt wurde von Searle als Bestandteil der Bedeutung gesehen.

35 Methodisch vergleichsweise nahe steht der funktional-pragmatischen Diskursanalyse die Konversationsanalyse. Ein kategorialer Unterschied besteht allerdings in der jeweiligen durch entsprechende Prämissen bedingten Grundfrage, die bei der Sprachanalyse gestellt wird: Während in der Funktionalen Pragmatik die Grundannahme der „Vorgeformtheit des sprachlichen Handelns durch gesellschaftliche Zwecke und institutionelle Bedingungen" (Brünner/Graefen 1994: 13) der theoretische Ausgangspunkt ist, um „das *Wozu*, die Zweckgerichtetheit des Handelns zu rekonstruieren", fragt die Konversationsanalyse auf der Basis der Grundannahme, „daß soziale Gegebenheiten von den Interaktanten in Konversationen produziert werden" nach dem „*Wie* solcher Konstitutionsprozesse in der Interaktion" (Brünner/Graefen 1994: 13).

36 Andere, nur für spezifische Aspekte relevante funktionalpragmatische Konzepte, Kategorien und Termini werden en passant eingeführt.

1.4.1 Handlungsmuster

Handlungen sind an Zwecke gebunden. Letztere ergeben sich durch wiederkehrende Strukturen in der Wirklichkeit sowie damit im Zusammenhang stehende spezifische Bedürfnisse von Handelnden und erfordern gesellschaftlich ausgearbeitete Möglichkeiten zu ihrer Erfüllung. Das Handeln – auch das sprachliche Handeln – ist bestimmt von gesellschaftlich entstandenen Zwecken, durch deren Erfüllung individuelle Ziele – entsprechend der individuellen Bedürfnisse von Handelnden – erreicht werden können. Zur Realisierung der Zwecke entwickeln sprachlich Handelnde nicht jeweils neue Handlungsmöglichkeiten, sondern greifen auf vor-organisierte Strukturen zurück, die als „Potentiale" (Ehlich/Rehbein 1979: 250) zur Bearbeitung von „Standardkonstellationen"[37] (Ehlich/Rehbein 1979: 245) zur Verfügung stehen. Solcherart gesellschaftlich entwickelte Strukturen des Handelns werden ‚Handlungsmuster' genannt. Ihrer bedienen sich Angehörige einer Sprechergemeinschaft, um defizitäre Ausgangskonstellationen in suffiziente Zielkonstellationen zu überführen (vgl. Ehlich/Rehbein 1979: 246 ff.).[38]
Bei der Umsetzung eines sprachlichen Handlungsmusters laufen Teiltätigkeiten ab, die sog. „Pragmeme" (Ehlich/Rehbein 1979: 252), welche differenziert werden in mentale, aktionale und interaktionale. Sie folgen in systematischer und musterspezifischer Weise zeitlich sukzessiv aufeinander. Dabei können spezifische Positionen identifiziert werden: Alle Handlungsmuster verfügen über die Musterpositionen an den beiden Rändern: „Initialpositionen" (Ehlich/Rehbein 1979: 254), die den Eintritt in ein Muster markieren und durch bestimmte defizitäre Ausgangskonstellationen bedingt sind, sowie „Finalposition[en]" (Ehlich/Rehbein 1979: 254), an denen sich der Austritt aus einem Muster vollzieht – im Fall eines „geglückten" Handlungsmusters mit dem Ergebnis einer dem Zweck entsprechenden, suffizienten Zielkonstellation. Allerdings ist das, was oben über die zeitliche Abfolge in Musterabläufen gesagt worden ist, nicht etwa so zu verstehen, dass es nur eine einzige Möglichkeit gäbe. Vielmehr stehen alternative „Wege" bereit, die an „Entscheidungsknoten" (Ehlich/Rehbein 1979: 255) gewählt werden können.

---

37 Zur ‚Konstellation' gehören äußere, situative Gegebenheiten wie auch Aspekte, die das Verhältnis von Interaktanten zueinander betreffen (im Zusammenhang meiner Untersuchung sind besonders hierarchische Strukturen von Interesse), sowie mentale Strukturen (vgl. Rehbein 1977: 265 ff.).

38 Daran anschließend ist die Auffassung von Sprache als „Resultat von Problemlösungsprozessen einer Sprechergemeinschaft" (Brünner/Graefen 1994: 11).

1.4.2 Prozeduren und sprachliche Felder

Sprachliche Handlungen werden in der Funktionalen Pragmatik weiter differenziert in drei Teilakte, in den ‚Äußerungsakt' (physikalischer Teil der Sprechhandlung), den ‚propositionalen Akt' (Versprachlichung von Wissen), der sich aus dem Referenzakt („Bezug auf Gegenstand"; Graefen/Hoffmann 2010: 257) und dem Prädikationsakt („Aussage über den Gegenstand"; Graefen/Hoffmann 2010: 257) zusammensetzt, und den ‚illokutiven Akt', in dem sich die Handlungsqualität der Äußerung manifestiert.
Die kleinsten Einheiten sprachlichen Handelns werden ‚Prozeduren' genannt und in Erweiterung des Bühlerschen Zweifelder-Modells (Bühler 1934/1999) fünf sprachlichen Feldern zugeordnet (s.u.). Prozeduren sind „Typen sprachlichen Handelns, in denen bestimmte mentale Tätigkeiten von Sprecher und Hörer in ihrem Bezug aufeinander erfaßt sind" (Brünner/Graefen 1994: 12). Sie verbinden sich zumeist in integrativer Weise mit anderen Prozeduren zu größeren Tätigkeitskomplexen: Teilakten einer Handlung (propositionaler Akt bzw. illokutiver Akt) oder zu Sprechhandlungen. Sie können aber auch „selbstsuffizient" (Ehlich 2007a: 91) sein, d.h. ohne die Verbindung mit anderen Prozeduren eigenständige Handlungen im Hinblick auf damit verbundene Zwecke realisieren.
Bühler (1934/1999) unterschied zwei sprachliche Felder: das ‚Symbolfeld' und das ‚Zeigfeld'. Symbolische Handlungsqualität haben Substantiv-, Verb- und Adjektivstämme, eine Reihe von Adverbstämmen (*Buch, alt, les-, gern*). Zeigende, ‚deiktische' Handlungsqualität kommt den sog. ‚Deixeis'; Ausdrücken wie *hier, ich, du, jetzt* zu, mit denen der Hörer auf etwas in der außersprachlichen Wirklichkeit orientiert wird. Das sprachliche Zeigen erfolgt innerhalb von ‚Verweisräumen' (Ehlich unterscheidet – aufbauend auf der Bühlerschen Konzeption – folgende Verweisräume: ‚Textraum', ‚Vorstellungsraum', ‚Wahrnehmungsraum', ‚Rederaum'; vgl. Ehlich 2007c, Ehlich 1979).
Die Möglichkeiten sprachlichen Zeigens, welche im Deutschen gegeben sind, erstrecken sich auf die personale, temporale, lokale und objektbezogene Dimension, wobei (ausgehend von der Origo des Sprechers) zwischen ‚Nähe' und ‚Ferne' unterschieden werden kann: Personendeixis: *ich, wir*: Nahbereich / *du/Sie, ihr/Sie*: Fernbereich; Temporaldeixis: *jetzt*: Nahbereich / *einst*: Fernbereich; Lokaldeixis: *hier*: Nahbereich / *dort*: Fernbereich; Objektdeixis: *dieser*: Nahbereich / *jener*: Fernbereich.

Ehlich hat das auf Bühler (1934/1999) basierende Felder-Konzept um drei weitere Felder erweitert, nämlich um das ‚operative Feld', das ‚Lenkfeld' sowie das ‚Malfeld'.[39]

39 Eine Übersicht über die verschiedenen Prozeduren und ihre Feldzugehörigkeiten findet sich z.B. in Ehlich (2000: 196-199).

Dem Lenkfeld gehören die ,expeditiven Prozeduren' zu, durch die ein direkter Eingriff in die Handlungsplanung des Hörers vollzogen wird. Expeditive Prozeduren werden beispielsweise mit Imperativendungen, Interjektionen (vgl. Ehlich 1986), aber auch mit intonatorischen Mitteln realisiert.
Dem operativen Feld werden die Prozeduren zugeordnet, welche eine hörerseitige grammatische Verarbeitung von Teilelementen einer Äußerung initiieren. Zu nennen sind z.B. Konjunktoren (vgl. Redder 2009)[40], Anaphern; unbetontes *er, sie, es* (vgl. Hoffmann 2000, Consten/Schwarz-Friesel 2009), Adjunktoren (*als, wie;* vgl. Eggs 2006, 2009), Determinative (vgl. Hoffmann 2009, Hoffmann 2003: 56 ff.).
Mit ,expressiven Prozeduren', die zum Malfeld gehören, können Einstellungen des Sprechers zum propositionalen Gehalt einer Äußerung markiert werden. Hier sind beispielsweise Diminutive (*Kätzchen*) oder malende Intonationsweisen – z.B. mit gedehnt gesprochenem Vokal wie in „Rie:senkawenzmann" (Redder 1994: 247) – zu nennen.

Oben wurde bereits gesagt, dass sprachliche Handlungen meist durch das Zusammenwirken mehrerer Teil-Prozeduren, die häufig verschiedenen sprachlichen Feldern zuzuordnen sind, konstituiert werden und dass sie an Konstellationen in der Wirklichkeit ansetzen. Dies soll an einem Beispiel kurz verdeutlicht werden:
Mit der Äußerung „Du gehst" werden eine personaldeiktische (*Du*), eine symbolische (Verbstamm *geh-*) sowie eine biprozedurale: operative und adressatendeiktische (*-st*) Teilprozedur vollzogen. Schaut man auf die illokutive Ebene der Äußerung, so ist die Handlung je nach Kontext und Konstellation zu interpretieren als (a) Aussage, die sich auf etwas in der Wirklichkeit Vorfindliches und für den Rezipienten sinnlich Erfahrbares bezieht (rein assertiv) oder (b) als durch futurisch zu interpretierendes Präsens kenntlich gemachte Aufforderung, die mit der sprecherseitigen Erwartung der Übernahme und Ausführung des enthaltenen Handlungsplans (*geh-*) durch den Hörer einhergeht.

1.4.3 Feldtransposition und para-Gebrauch

Sprachliche Ausdrücke bzw. Bestandteile von ihnen können hinsichtlich der Art der durch sie beim Hörer initiierten mentalen Prozesse spezifischen funktionalen Feldern zugeordnet werden. Sie sind allerdings nicht auf die Zugehörigkeit zu einem einzigen sprachlichen Feld festgelegt, sondern können von einem Feld zu einem anderen übergehen, was Ehlich als „Feldtransposition" (2007a: 95) bezeichnet hat. Damit geht eine „Zweckverschiebung" (Ehlich 2007a: 95) einher. Die heutige Funktionalität vieler Ausdrücke ist aus Prozessen der Feldtransposition ent-

40 Zum Zusammenwirken des Konjunktors *und* mit deiktischen Ausdrücken (am Beispiel von *und so, und da, und dann*) vgl. Selmani (2011: 245 ff.).

standen.[41] Einige Ausdrücke finden neben ihrer „normalen" Verwendungsweise entsprechend einer bestimmten Feldcharakteristik zusätzlich Verwendung in einer funktionalen Weise, die einem anderen Feld zuzuordnen ist. Ein Beispiel für einen Ausdruck, der originär dem Symbolfeld zugehört, aber auch expeditiv gebraucht wird, ist *Achtung*. Der Ausdruck ist in expeditiver Verwendung z.B. im Kontext mündlicher Befehl-Kommandos[42], aber auch in der Alltagskommunikation anzutreffen, wo er z.B. für die Realisierung der sprachlichen Handlung ‚Warnung' Verwendung findet. Kennzeichnend für die expeditive Verwendung dieses Ausdrucks zur Realisierung eines Befehls ist das Vorliegen einer bestimmten Konstellation sowie eine spezifische, expeditiv zu charakterisierende Intonation, die den Äußerungsmodus ‚Direktiv' markiert (vgl. Rehbein 1999: 113 ff.).
Um kenntlich zu machen, dass ein Ausdruck für einen Handlungszweck gebraucht wird, der nicht der ursprünglichen prozeduralen Kategorie entspricht, wird seine funktionale Zugehörigkeit nach der Ziel-Kategorie benannt, wobei der Vorgang der Feldtransposition durch das Präfix *para-* angezeigt wird (vgl. Ehlich 2007a: 95). Dementsprechend wird beispielsweise mit dem oben genannten Symbolfeldausdruck *Achtung* in einem Befehl-Kommando (*Ach...tung!*) eine para-expeditive Prozedur vollzogen, da mit dem Kommando direkt lenkend in die Handlungsplanung des Hörers eingegriffen wird.

1.4.4 Kategorien des Handlungsraums

Zu den handlungstheoretischen Grundlagen der Funktionalen Pragmatik, die bei den Analysen in dieser Arbeit eine wichtige Rolle spielen, gehören die von Rehbein entwickelten „Kategorien des Handlungsraums" (1977: 12-57). Rehbein unterscheidet *„objektive und subjektive Seiten des Handlungsraums"* (1977: 12).
Objektive Kategorien sind das *„Handlungsfeld"*, der *„Interaktionsraum"*, das *„Kontrollfeld"* und das *„System der Bedürfnisse"* (Rehbein 1977: 12). Unter dem ‚Handlungsfeld' ist die Menge der möglichen Handlungsalternativen eines Handelnden und der tatsächlich umgesetzten Handlungen in einem Handlungsraum zu verstehen (vgl. Rehbein 1977: 17 f.). Mit dem Begriff ‚Interaktionsraum' ist der Bereich gemeint, in dem mehrere Aktanten miteinander handelnd in Beziehung stehen (vgl. Rehbein 1977: 21 f.). Einflussmöglichkeiten auf andere Aktanten oder Einschränkungen von Handlungsmöglichkeiten sind z.T. vorbestimmt (z.B. durch institutionelle Strukturen). Der Begriff ‚Kontrollfeld' bezeichnet den Bereich des Handlungsfelds, durch den Kontrollmöglichkeiten des Aktanten in Bezug auf

41 So geht z.B. der Handlungscharakter vieler operativer Ausdrücke auf ursprünglich deiktische Verwendungen zurück, wobei auch der umgekehrte Fall zu finden ist. Beispielsweise entwickelte sich die im gegenwärtigen Deutschen für die höfliche Anrede gebräuchliche Distanzform „Sie", wie Rehbein (2002) gezeigt hat, in der höfischen Kommunikation im 16. und 17. Jh. aus Verwendungen des operativen, anaphorischen „sie".

42 Vgl. die Analyse in Kap. 5.2.

sein eigenes Handeln und das Handeln anderer Aktanten determiniert sind (vgl. Rehbein 1977: 22 f.). Diese Kontrollmöglichkeiten können auf physischen Faktoren, aber auch auf hierarchischen Verhältnissen beruhen. Die Kategorie des ‚Kontrollfelds' ist für die Untersuchung des Handlungsmusters des Befehls besonders wichtig, da die Kontrollfelddominanz eines Aktanten über einen anderen eine Grundvoraussetzung der hörerseitigen Akzeptanz und damit des „Glückens" eines Befehls ist. Zur *„mentale*[n] *Seite des Handlungsraums"* (Rehbein 1977: 26) sind nach Rehbein zu zählen: das „Wahrnehmungsfeld" (Rehbein 1977: 27), analog dazu der „Mechanismus des Wahrnehmens" (Rehbein 1977: 27), der „Wissensraum" (Rehbein 1977: 35)[43], der „Mechanismus des Glaubens" (Rehbein 1977: 37), der „Motivationsmechanismus" (Rehbein 1977: 50) sowie der „Mechanismus des Bewertens" (Rehbein 1977: 36).

1.4.5 Das funktional-pragmatische Wissensmodell

Mit einer Äußerung bezieht sich ein Sprecher S auf die Welt bzw. Wirklichkeit (Sachverhalte, Dinge, Prozesse), und zwar nicht unmittelbar, sondern über den Zwischenschritt der Verarbeitung in seinem mentalen Bereich, in dem auch die Planung der Verbalisierung erfolgt. Die hörerseitige Rezeption der Äußerung von S führt zu einer Wissensaneigung des Hörers, der einen Abgleich mit dem in seinem mentalen Bereich bereits vorhandenen Wissen vornimmt. Eine Veranschaulichung dieses Prozesses ermöglicht das funktional-pragmatische Sprach- und Wissensmodell[44] (vgl. zum Folgenden Ehlich/Rehbein 1986: 95 ff.):

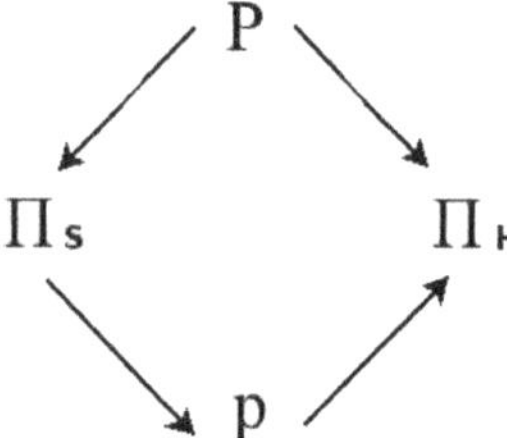

Abb. 1 „Handlungstheoretisches Wissensmodell"; nach Ehlich/Rehbein (1986: 96)

43 Rehbein definiert den „Wissensraum eines Aktanten" als „die Menge der Sachverhalte („Welten"), die ihm zum Zeitpunkt seines Handelns zugänglich („akzessibel") [...] sind." (1977: 35). Ein Aktant hat ein z.T. partiell mit anderen Aktanten bzw. kollektiv geteiltes (und durch laufende Erweiterungen dynamisches) Wissen, das die mentale Repräsentation der Welt bzw. Wirklichkeit (Sachverhalte, Prozesse, Dinge) darstellt.

44 Ein um die Handlung „F" erweitertes Modell enthält Rehbein (1999). Eine komplexe Visualisierung der „Äußerung in der Sicht der Funktionalen Pragmatik" findet sich in Hoffmann (2010: 159).

„P" bezeichnet die Welt bzw. Wirklichkeit. „Πs" ist der mentale Raum des Sprechers, der Wissen über Ausschnitte von „P" enthält. In „Πs" erfolgt die Verarbeitung dieses Wissens im Hinblick auf eine Verbalisierung. „p" bezeichnet den propositionalen Gehalt der Äußerung, das verbalisierte Wissen, das seitens H, der die Äußerung rezipiert, in dessen mentalem Raum (ΠH)[45] verarbeitet wird. Je nach Beschaffenheit des in ΠH bereits vorhandenen Wissens über den betreffenden Ausschnitt von P erfolgt eine Wissensumstrukturierung oder ein Wissensaufbau.

1.4.6 Wissensstrukturtypen

Nach Ehlich/Rehbein ist „Wissen" als „dreistellige Relation" (1977: 45) anzusehen, und zwar zwischen dem „Wissende[n]" als dem „Subjekt des Wissens", dem „Thema des Wissens" und dem „Gewußte[n]" (Ehlich/Rehbein 1977: 45)[46]. Differenziert wird, ob das „Wissen [...] für nur *einen* Wissenden [...], für *mehrere* Wissende, oder für *alle*" (Ehlich/Rehbein 1977: 46) gilt. Die Autoren sprechen hierbei von „pragmatischen Quantifizierungen" (Ehlich/Rehbein 1977: 46), die sich entsprechend auch auf das Gewusste anwenden lassen: „Γ [das ‚Gewusste'; Anm. d. Verf.] kann *einmal* für Θ [das ‚Thema des Wissens'; Anm. d. Verf.] gelten, kann *immer* für Θ gelten usw." (Ehlich/Rehbein 1977: 46)
Ausgehend von der Annahme einer systembildenden Struktur des Wissens, die über ‚pragmatische Quantifizierungen' differenzierbar ist, unterscheiden Ehlich/Rehbein die folgenden Wissensstrukturtypen:

> „Strukturtyp (0): partikulares Erlebniswissen
> Strukturtyp (1): Einschätzung
> Strukturtyp (2): Bild
> Strukturtyp (3): Sentenz
> Strukturtyp (4): Maxime
> Strukturtyp (5): Musterwissen
> Strukturtyp (6): Routinewissen"
> (Ehlich/Rehbein 1977: 44)

Das ‚partikulare Erlebniswissen' (0) ist dasjenige individuelle Wissen, das ein einzelner Aktant über spezifische Ausschnitte der vergangenen Wirklichkeit hat (vgl.

---

45 Im mentalen Bereich des Hörers wird selbstverständlich auch Wissen über „P" gespeichert und verarbeitet.

46 Ehlich/Rehbein führen für die drei Größen folgende Abkürzungen ein:
Wissender: S
Thema des Wissens: Θ
Das Gewusste: Γ
(vgl. Ehlich/Rehbein 1977: 45)

Ehlich/Rehbein 1977: 47 f.). Eine ‚Einschätzung' (1) ist eine systematisierende Synthese eines Wissenden auf der Basis mehrerer übereinstimmender Elemente des partikularen Erlebniswissens (vgl. Ehlich/Rehbein 1977: 48 ff.). Die darauf aufbauende synthetisierende Interpretation des Wissenden mündet in die ‚Einschätzung', dass das Gewusste mehr als einmal auf den Wissensgegenstand zutrifft (vgl. Ehlich/Rehbein 1977: 50). Unter einem ‚Bild' (2) ist die systematisierende Zusammenfassung mehrerer ‚Einschätzungen' zu verstehen (vgl. Ehlich/Rehbein 1977: 51 ff). Entsprechend gefestigt ist das aus Wirklichkeitsinterpretationen gewonnene Wissen über den Wissensgegenstand.
Für meine Fragestellung sind vor allem die Strukturtypen (3) bis (6) von Interesse, da sie im Besonderen das außersprachliche Handeln betreffen:
‚Sentenzen' (3) stellen ein verallgemeinerndes Wissen über Sachverhalte dar (vgl. Ehlich/Rehbein 1977: 54 ff.). Mit ihnen wird eine uneingeschränkte Gültigkeit in Bezug auf das Gewusste über das Thema des Wissens sowie eine Gültigkeit für alle Wissenden beansprucht, wobei bezüglich ein und desselben Themas unterschiedliche oder sogar im Widerspruch zueinander stehende Sentenzen etabliert sein können (vgl. Ehlich/Rehbein 1977: 56).[47]
Verbalisiert sind Sentenzen meist in Form „kollektive[r] Merksätze" (Ehlich/Rehbein 1977: 57). Als Untergruppe der Sentenzen nennen Ehlich/Rehbein die Gruppe der Sprichwörter (vgl. 1977: 55). Im alltäglichen wie im institutionellen Handeln bilden Sentenzen mögliche Stützen für Handlungsentscheidungen[48], wobei angesichts der möglichen Widersprüchlichkeiten verschiedene Sentenzen miteinander in Konkurrenz treten können. Sie eignen sich – das ist für die hier durchzuführende Untersuchung wichtig – gut für die sprachliche „Verpackung" ideologischer Wissensbestände, die funktional auf die Etablierung bestimmter Handlungspraxen ausgerichtet ist. Ein prominentes Beispiel aus der NS-Zeit ist: „Du bist nichts, dein Volk ist alles." Der spezifische Charakter von Sentenzen immunisiert das in ihnen manifestierte Wissen gegen Überprüfbarkeit:

> „Die Allgemeinheit der Sentenzen diskreditiert [...] individuelle Erfahrungen, die in den Strukturen (0) bis (2) wissensmäßig organisiert sind, als bloß individuell und bedeutungslos. Gerade als Repräsentationen des allgemeinen Wissens stellen sie ein System von letzten Gründen dar, gegen die kein argumentativer Widerspruch eingelegt werden kann" (Ehlich/Rehbein 1977: 57).

Häufig sind Sentenzen in ‚Maximen' (4) umformbar (vgl. Ehlich/Rehbein 1977: 63). Letztere stellen sprachlich gebundene Formen von Wissen dar, die auf Konsequenzen aus Erfahrungen mit zurückliegenden Handlungen beruhen und für zu-

---

47 Dies hängt damit zusammen, dass Sentenzen „tendenziell von allen Mitgliedern einer Aktantengruppe *akzeptiert*" werden (Ehlich/Rehbein 1977: 56), was jedoch nicht mit einer empirischen Überprüfbarkeit einhergehen muss (vgl. Ehlich/Rehbein 1977: 56).

48 Ehlich/Rehbein sprechen hierbei (unter Rückgriff auf Toulmin 1975: 93 ff.) von „Backings" (Ehlich/Rehbein 1977: 57).

künftiges Handeln orientierend wirken. In einer systematisierenden Weise wird vom Partikularen, an die konkrete Situation Gebundenen der jeweiligen im Erfahrungswissen gespeicherten Handlung abstrahiert – zu Gunsten einer Übertragbarkeit auf entsprechende zukünftige Ausgangskonstellationen des Handelns. Ehlich/Rehbein verstehen ‚Maximen' daher als „handlungsleitende Destillate aus vorgängiger Erfahrung" (1977: 58), die eine wichtige Rolle im „Entscheidungsapparat" spielen (vgl. Ehlich/Rehbein 1977: 59). Die ‚Maxime' ist ein eng an das Handeln gebundener Wissensstrukturtyp, der innerhalb von Standard-Entscheidungsprozessen relevant wird, wenn z.B. in einer Handlungssituation verschiedene Handlungspläne oder verschiedene Handlungsziele miteinander in Konkurrenz treten[49] (vgl. Ehlich/Rehbein 1977: 61). ‚Maximen' treten in individueller und kollektiver Form auf. Für die gesellschaftliche Umsetzung des deutschen Faschismus kann als ein wichtiger Faktor die seitens der NS-Führung beanspruchte und von Vielen akzeptierte gesamtgesellschaftlich-kollektive Gültigkeit von ‚Maximen' wie vor allem der ‚Maxime' der Unterordnung unter den Willen des „Führers" oder – in der letzten Kriegsphase – der Maxime des Durchhaltens benannt werden.[50]
Unter dem ‚Musterwissen' (5) versteht man das Wissen eines Aktanten, das diesen befähigt, Handlungsmuster anzuwenden bzw. adäquat auf diese zu reagieren (vgl. Ehlich/Rehbein 1977: 66 ff.). Auf der Basis des ‚Routinewissens' (6) laufen „weitgehend automatisierte, einaktantige Verkettungen von Handlungen" (Ehlich/Rehbein 1977: 68) ab.

1.4.7 Unterscheidung von Text und Diskurs

In der Funktionalen Pragmatik bezeichnet der Ausdruck ‚Diskurs' „über den Zusammenhang von Zwecken konstituierte Musterfolgen, die sich an der sprachlichen Oberfläche als Abfolge sprachlicher Handlungen darstellen." (Ehlich 2000: 192). Kennzeichen sind die Kopräsenz von Sprecher und Hörer, die durch Turn-Wechsel konstituierte Sequenzialität[51] sowie ein flüchtiger, an die unmittelbare Äußerungssituation gebundener, singulärer Charakter.

49 Im Fall von Selbstverständlichkeiten in Bezug auf das Handeln sind Maximen allerdings überflüssig. Eine Motivationsfunktion haben sie innerhalb von komplexeren Handlungsfolgen, indem sie unterstützend wirken, um „die Fokussierung des Interesses auf das fernerliegend Nützliche/Angenehme aufrechtzuerhalten und gegen die Gefährdung durchzusetzen, daß das naheliegende Interesse [...] zum Zuge kommt." (Ehlich/Rehbein 1977: 63)

50 Vgl. Kap. 8.

51 Sprachliche Handlungen können als Verkettungen oder als Sequenzen auftreten. Der Terminus „Verkettung" meint, dass ein Sprecher eine Folge von sprachlichen Handlungen realisiert, ohne dass es dabei einen Turn-Wechsel gibt, während eine „Sprechhandlungssequenz" durch die Interaktion mindestens zweier Aktanten gekennzeichnet ist, die wechselseitig Sprecher- und Hörer-Positionen einnehmen.

Bei Texten ist eine Kopräsenz von Verfasser und Rezipient nicht gegeben. Vielmehr liegt eine zeitliche und meist auch räumliche Distanz zwischen der Produktionssituation und der Rezeptionssituation der betreffenden Äußerung vor, was Ehlich als „zerdehnte Sprechsituation" (Ehlich 1984: 18) bezeichnet hat. Kennzeichnend ist hierbei die produzentenseitige Verkettung von Sprechhandlungen. In Texten können Handlungsverkettungen gespeichert werden, um ihre prinzipiell unbegrenzt häufige Rezeption durch unbegrenzt viele Rezipienten an unbegrenzt vielen Orten zu unterschiedlichen Zeiten zu ermöglichen. Die Schrift ist ein häufiges, aber nicht notwendiges Kennzeichen von Texten. Sie „erlaubt die produzentenunabhängige Reaktualisierung des Gespeicherten durch Leser, solange die Trägersubstanz existiert und die Notationsweise bekannt ist." (Zifonun/Hoffmann/Strecker 1997: 248)

1.4.8 Methode der pragmatischen Textanalyse

Sprachliche Handlungsmuster offenbaren sich in der Regel nicht direkt an der sprachlichen Oberfläche, sondern müssen durch die Analyse des Verhältnisses von sprachlichen Tiefenstrukturen und konkreten Realisierungen herausgearbeitet werden, wobei die je spezifische sprachliche Oberfläche von den darunter liegenden Musterstrukturen und deren Zweckcharakter[52] abhängig ist:

> „Die Analyse, die die Muster herausarbeitet, ist kein Zurechnungsmechanismus, der vorgerasterte Kategorien aufgrund vorliegender Indikatoren auf die Oberfläche sprachlicher Erscheinungen abbildet, sondern ein Erkenntnisprozeß, der die Zwecke gesellschaftlichen Handelns in der zufällig vorliegenden Wirklichkeit entdeckt und den Formcharakter des zugrundeliegenden Handelns, das heißt die allgemeinen Strukturen einsichtig macht." (Ehlich/Rehbein 1979: 251)

Ziel der pragmatischen Textanalyse ist es, herauszuarbeiten, wie an der Oberfläche vorfindliche sprachliche Formen, darunterliegende Handlungsmuster und deren Zweckgerichtetheit sowie der Einfluss gesellschaftlicher Bedingungen miteinander zusammenhängen (vgl. hierzu und zum Folgenden Hoffmann 2001). Die Grundannahme, dass sprachliches Handeln generell auf Musterstrukturen basiert, die sich in Abhängigkeit von gesellschaftlichen Rahmenbedingungen entwickeln, manifestieren, verändern und dabei in spezifischen Konstellationen in unterschiedlicher Weise sprachlich realisiert werden, erfordert eine entsprechende Sicht auf die zu analysierende Sprache. Eine prinzipielle Konsequenz, die sich

52 Strikt zu trennen ist die Kategorie des Handlungszwecks von der des Handlungsziels: Ein Aktant verfolgt, indem er handelt, immer Ziele, die seine subjektiven sind, während er auf Handlungsmuster zurückgreift, die auf Zwecke ausgerichtet sind. So ergibt es sich, dass Handlungszweck und Handlungsziel auseinander fallen können.

daraus für die Analyse von Texten ergibt, besteht darin, dass einzelne Textelemente systematisch mit dem Textganzen in Bezug gesetzt werden und umgekehrt. Den jeweiligen historischen, gesellschaftlichen und situativen Kontext in die Untersuchung einzubeziehen, heißt – bezogen auf den hier gewählten Untersuchungsgegenstand – das zu unterstellende Wissen der Adressaten eines Textes, soweit dieses rekonstruierbar ist, und Wissen um historische Zusammenhänge an den Text heranzutragen. Auch das eigene Musterwissen des Analysierenden spielt im Rahmen der Analyse eine Rolle. Da man es bei handlungsinitiierenden sprachlichen Handlungsmustern, zu denen der Befehl gehört, mit einem Ineinandergreifen sprachlicher und nichtsprachlicher Handlungen zu tun hat, ist auch, soweit möglich, die jeweilige Vor- und Nachgeschichte[53] eines Befehls zu berücksichtigen. Das in Hoffmann (2001: 284-288) vorgestellte methodische Schema für die pragmatische Analyse von Texten bildet einen methodischen Ausgangspunkt für die Analyse, der spezifische Erweiterungen erlaubt.
Nachfolgend werden zentrale Arbeitsschritte und Aspekte der Analyse zusammenfassend dargestellt:

- In einem ersten Schritt werden die „Umstände der Textentstehung" (Hoffmann 2001: 285) rekonstruiert. In Bezug auf meine Fragestellung ist hier besonders nach gesellschaftlichen und politischen Kontexten zu fragen. In diesem ersten Schritt gilt es auch, Wesentliches über Verfasser, Adressaten sowie mögliche intertextuelle Bezüge festzuhalten.
- Eine „paraphrasierende Ablaufbeschreibung" soll Klärung liefern über „Abfolge, Aufbau, Inhalte und Gliederung" (Hoffmann 2001: 285). Allerdings werden hier auch bereits Hypothesen gebildet zur Organisation sprachlicher Handlungen im Text.
- Eine wichtige Untersuchungsfrage betrifft die kommunikative Rahmensituation: Wie tritt ein Autor oder eine Gruppe von Autoren im Text in Erscheinung? Wie werden Adressaten angesprochen? Welche Gruppenzugehörigkeiten werden sprachlich etabliert (z.B. adressaten-inklusives/-exklusives „wir"), inwiefern wird Zugehörigkeit suggeriert?

  Ein zweiter Untersuchungsaspekt ist der Bereich von Symbolfeldausdrücken (vor allem Subjekt-, Adjektiv-, Verbstämme). Ein besonderer Fokus liegt gemäß meiner Fragestellung auf Ideologemen, Metaphern, Anspielungen, der Fährenfunktion bestimmter Symbolfeldausdrücke, der Verwendung von Modalverben.
- Für die *„Analyse der Handlungsstruktur/illokutiven Struktur"* (Hoffmann 2001: 288) wird auf die Ergebnisse der Untersuchung der sprachlichen Form sowie auf die gewonnenen Informationen über die Konstellation

53 Rehbein (1977: 82 ff.) unterscheidet ‚Vorgeschichte' (weitere und engere), ‚Geschichte' und ‚Nachgeschichte' einer Handlung.

zurückgegriffen, um „dominante sprachliche Verfahren", Musterstrukturen und die „Text-/Diskursart" (Hoffmann 2001: 286) zu ermitteln.
- Im letzten Analyseschritt erfolgt – auf der Basis der Analyseergebnisse – eine Herausarbeitung der „zentrale[n] Botschaft auf der Folie des gesellschaftlichen Zusammenhangs" sowie die Formulierung einer „Hypothese zum Sinn der Inszenierung" (Hoffmann 2001: 286).

1.5 Datengrundlage

Das Analysekorpus der Untersuchung bilden Transkripte von Dokumenten aus

- dem Bundesarchiv/Militärarchiv Freiburg/Breisgau,
- Wirtschaftsarchiven (Westfälisches Wirtschaftsarchiv/Dortmund, Historisches Archiv Krupp/Essen, Bergbauarchiv/Bochum),
- Stadtarchiven (Essen, Bottrop, Bergisch-Gladbach),
- dem Landesarchiv NRW,
- der Dokumentation der Prozessakten der Nürnberger Kriegsverbrecherprozesse,
- Dokumentationen von Zeugenaussagen des Auschwitz-Prozesses,
- veröffentlichten Quellensammlungen,
- historischer Sekundärliteratur,
- Berichten und Erzählungen von Zeitzeugen.

In der Untersuchung werden einerseits textuelle und andererseits im Diskurs geäußerte (mündliche) Befehle analysiert.[54] Für die Analyse von Beispielen des ersten Typs liegen Daten in ausreichender Zahl vor, die einen vergleichsweise unmittelbaren Blick auf das zu untersuchende sprachliche Handeln ermöglichen.[55]
Dagegen stellt sich – angesichts der Historizität des Untersuchungsgegenstands – die Datenlage im Bereich von Diskursdaten als problematisch dar: Greifbare akustische Aufnahmen sind größtenteils beschränkt auf Reden führender NS-Funktionäre. Sprachaufzeichnungen, anhand derer alltägliches mündliches Befehlen studiert werden kann, konnten im Rahmen der Datensichtung nicht ermittelt werden. So musste auf schriftliche Wiedergaben von mündlichen Äußerungen zurückgegriffen werden. Das entsprechende Teilkorpus enthält Tagebuchaufzeichnungen, autobiografische Erzählungen, Mitschriften von Zeitzeugeninterviews und Protokolle von Zeugenaussagen in Gerichtsprozessen. Bei all diesen Überlieferungsformen handelt es sich um bereits rekonstruierte Mündlichkeit (verschiedenen Grades).

54 Zur methodischen Unterscheidung von ‚Text' und ‚Diskurs' siehe 1.4.7.
55 Womit allerdings nicht gemeint ist, dass der Handlungscharakter etwa direkt an der sprachlichen Oberfläche zu erkennen wäre.

Bei Rekonstruktionen gesprochener Sprache hat man es immer mit – sei es bewusst oder unbewusst vorgenommenen – Überformungen, pointierenden Gestaltungen, nachträglicher „Glättung" zu tun (vgl. Warmbold 2008: 37 f.). Grundsätzlich ist für die zeitzeugenseitige rekonstruktive Formulierung besonders komplexerer Diskurse ein tendenziell fiktiver Charakter anzunehmen. Allerdings kann aufgrund des Einflusses des Sprachwissens desjenigen, der vergangene reale Diskurse rekonstruiert, eine Widerspiegelung realer Kommunikation in der rekonstruktiven Darstellung und damit ein realitätsnaher Charakter angenommen werden.
Einen verhältnismäßig hohen Authentizitätsgrad dürften schriftlich wiedergegebene Kommandobefehle aufweisen, da diese i.d.R. von den überliefernden Zeitzeugen im Rahmen von Routine-Handlungszusammenhängen häufig (z.T. sogar mehrmals täglich) gehört wurden. Überdies handelt es sich meist um feste Äußerungsformeln, die sich zudem zum großen Teil auch durch Diensthandbücher belegen lassen.[56]
Selbst Rekonstruktionen von Diskursen, die aus großer zeitlicher Distanz entstanden sind, können m.E. als Analysedaten für die Untersuchung herangezogen werden, da sie trotz ihres tendenziell fiktiven Charakters Widerspiegelungen von realer historischer Mündlichkeit darstellen, insofern, als hier immer Sprecherwissen (und im Fall der Wiedergabe von Befehlen i.d.R. auch institutionelles Musterwissen) eines Mitglieds der entsprechenden historischen Sprechergemeinschaft zum Tragen kommt, welches die Wissensbasis der Rekonstruktion bildet. So können im Rahmen einer historisch-pragmatischen Sprachanalyse unter Umständen sogar Analysebeispiele aus literarischen Texten für die Generierung von Hypothesen über den spezifischen Charakter von Formen sprachlichen Handelns in einer historischen Sprechergemeinschaft herangezogen werden, wenn der jeweilige Verfasser selbst zu dieser Sprechergemeinschaft zu zählen ist (vgl. zu dieser Sichtweise: Bax 1991: 200 f., Linke 1995: 372 f.).

1.6 Der Befehl als Untertyp der handlungsinitiierenden Aufforderung

Nach Rehbein gehört der Befehl zur Gruppe von Sprechhandlungen, die auf dem Grundtyp der handlungsinitiierenden Aufforderung basieren (vgl. 1977: 337). Genauer handelt es sich um Sprechhandlungen, mit denen ein Aktant einen anderen Aktanten zur Ausführung einer Handlung bewegen will. Gemeinsam ist allen Aufforderungstypen, dass ein Sprecher S ein Ziel (im Sinne eines Handlungser-

56 Bei vielen Wiedergaben von Kommandobefehlen durch Zeitzeugen ist im Übrigen der Versuch der Berücksichtigung intonatorischer Charakteristika erkennbar: In den meisten Aufzeichnungen wird die Ilokution des Befehls durch ein Ausrufezeichen markiert. Bei zweiteiligen Kommando-Befehlen wird die spezifische Dehnung häufig durch eine geteilte Schreibung angegeben (z.B. „Ach...tung!": oder „Ach-tung!").

gebnisses) fokussiert, das durch die Ausführung eines bestimmten Handlungsplans durch einen Anderen, den Adressaten der betreffenden Äußerung, erreicht werden kann. Allgemein wird auch der Terminus „Direktiv" für Sprechhandlungen des beschriebenen Typs verwendet. Im Folgenden wird das von Rehbein entwickelte „Schema von Aufforderungen i.e.S." dargestellt, da es den Ausgangspunkt bildet, von dem aus

a) spezifische Ausprägungen des Handlungsmusters des Befehls in der NS-Zeit anhand von exemplarischen Analysen herausgearbeitet werden und
b) eine systematische Erarbeitung des Musterablaufs sowie eine Beschreibung von für die NS-Zeit charakteristischen Befehlstypen vorgenommen wird.

In der Vorgeschichte der Aufforderung liegt nach Rehbein eine *„Ausführungslücke"* zwischen dem „Handlungsziel" des Sprechers und seinem „jetzigen Handlungspunkt auf der Handlungslinie" (1977: 337), die durch die „Planübertragung" (Rehbein 1977: 339) an einen Hörer und dessen Planübernahme und -umsetzung überbrückt werden soll. Notwendig ist hierfür das Können des Hörers in Bezug auf die Handlung (vgl. Rehbein 1977: 338). Eine grundlegende Basis für das „Gelingen" von Aufforderungen ist ein „gesellschaftlich institutionelles Verhältnis der Kooperation" (Rehbein 1977: 338). Dessen spezifische Ausprägung ist dadurch bedingt, in welcher (z.B. hierarchischen) Beziehung Sprecher und Hörer zueinander stehen.[57] Dadurch wird in der Regel auch die Wahl eines Aufforderungstyps beeinflusst: In militärdienstlichen Konstellationen realisiert ein Vorgesetzter charakteristischerweise eine Aufforderung vom Typ ‚Befehl', um bei einem Untergebenen eine Handlung zu initiieren, umgekehrt dürfte nur eine ‚Bitte' zum Erfolg führen. Durch die Äußerung der Aufforderung wird dem Hörer ein Handlungsplan übertragen. Dessen Verbalisierung macht den propositionalen Teil der Sprechhandlung aus (vgl. Rehbein 1977: 338).
Das von Rehbein entwickelte „Schema von Aufforderungen i.e.S" hat die folgende Struktur:

„(Vorgeschichte) (1) (a) S hat Plan für F
(→ S will Ziel erreichen);
(b) S kann F nicht ausführen (Handlungslücke bei S);
(c) H kann F tun
(H hat notwendige φ-Elemente);
(d) S/H-Beziehung (Handlungssystem S/H);

57 Vgl. hierzu auch Rehbein (1977: 339).

(Geschichte) (2) (a) Äußerungsakt: Planübertragung S/H
(b) H übernimmt Plan
(c) Bedingung für (2) (b):
(c) (a): Motivation von H zu F; und/oder
(c) (b): S institutionell höher als H;

(Nachgeschichte) (3) (a) Planausführung durch H;
(b) Resultat (entspricht/entspricht nicht Ziel);
(c) Anerkennung/Nichtanerkennung durch S."

(Rehbein 1977: 339)[58]

Ausgehend von Rehbeins „Schema von Aufforderungen i.e.S" (1977) haben Klein/Sauer/Hanssen (1981) am Beispiel der Bundeswehr das Handlungsmuster „Befehl-(Bestätigung)-Gehorsam als zentrales dienstliches Handlungsmuster des Militärs"[59] untersucht. Die Autoren greifen für ihre Beschreibungen des Musters sowohl auf Dienstvorschriften der Bundeswehr und Gesetzestexte als auch auf ihre eigenen Erfahrungen als ehemalige Wehrdienstpflichtige, nicht jedoch auf empirisches Analysematerial zurück. Entsprechend bezeichnen die Autoren ihre Untersuchung als „Skizze" (Klein/Sauer/Hanssen 1981: 182). Sie unterscheiden unter Rückgriff auf die „Zentrale Dienstvorschrift 1/50" der Bundeswehr acht Typen von Befehlen: „dienstliche Anweisung, Kommando, Auftrag, Weisung, besondere Anweisung, fachdienliche Anweisung, Dienstanweisung, Dienstvorschrift" (Reibert 1976; zit. n. Klein/Sauer/Hanssen 1981: 185 f.). Für die Realisierungsformen des Befehls konstatieren die Autoren eine charakteristische „*Normierung*" (Klein/Sauer/Hanssen 1981: 188), die auch „bestimmte Körperhaltungen" (Klein/Sauer/Hanssen 1981: 189) einschließt. Kennzeichnend bei der Weitergabe von Befehlen in Befehlsketten[60] ist eine entlang der militärischen Hierarchie „von oben nach unten" erfolgende „Informationsreduktion" und „Konkretisierung" (Klein/Sauer/Hanssen 1981: 203).

Hindelang (1978) hat einen Überblick über „Die Untertypen des Aufforderns und ihre sprachlichen Realisierungsformen"[61] vorgelegt. Den Befehl rechnet er innerhalb der Gruppe der „bindenden" (Hindelang 1978: 124) Aufforderungstypen den „direkten legalen Aufforderungen" (Hindelang 1978: 126) zu, wobei der Terminus ‚Befehl' in seiner Arbeit enger gefasst ist, als es in der hier vorzustellenden

58 Auf der Basis von Rehbeins (1977) „Schema von Aufforderungen i.e.S." hat Grießhaber (1982; unveröffentlicht) ein Diagramm zum Handlungsmuster ‚Auffordern' erarbeitet, das online zugänglich ist (Grießhaber 1982-2004).

59 Mit „Bestätigung" meinen die Autoren die hörerseitige kommissive Selbstverpflichtung, mit „Gehorsam" die Ausführung des durch den Befehl übertragenen Handlungsplans (vgl. Klein/Sauer/Hanssen 1981: 194).

60 Zu „Chain of Command": Rescher (1966: 14).

61 Untertitel der Arbeit von Hindelang (1978).

Untersuchung der Fall ist: Hindelang begrenzt in seiner Typologie den Befehl nämlich auf den Bereich der militärischen Hierarchie (vgl. Hindelang 1978: 126). In Abgrenzung zum militärischen Befehl bezeichnet er die übrigen „direkten legalen Aufforderungen, die z.B. von einem Polizisten in mündlicher Form an einzelne Bürger geäußert werden", als „ANORDNUNGEN" (Hindelang 1978: 127). Zu den „illegalen Aufforderungen" (Hindelang 1978: 128), deren bindende Wirkung auf der Androhung einer Sanktion beruht, die nicht durch staatliches Recht gestützt wird, sondern vom Sprecher selbst initiiert werden muss, rechnet der Autor „ERPRESSUNGEN", sofern die Machtposition „punktuell, d.h. zeitlich und situativ beschränkt" ist (Hindelang 1978: 128). Ebenfalls zu den „illegalen Aufforderungen" zählt er das „KOMMANDIEREN", das auf einer „permanenten illegalen" (Hindelang 1978: 130) Macht des Auffordernden beruht. Als Beispiel hierfür nennt Hindelang die Befehlsgewalt eines Anführers einer verbrecherischen Organisation (vgl. Hindelang 1978: 130). Für Befehle, deren Bindungswirkung darauf basiert, dass ein Befehlsempfänger völlig der Macht eines Befehlenden unterworfen ist, schlägt der Autor den Terminus „DESPOTISCHER BEFEHL" vor (Hindelang 2010: 57).[62]

Für die NS-Zeit den Terminus ‚Befehl' nur auf das Militär zu beschränken, erscheint aufgrund der enormen gesellschaftlichen Militarisierung und – im Zuge dessen – der gesellschaftlichen „Verallgemeinerung von Befehlsstrukturen" (Ehlich 1989: 24) ungeeignet. Nicht eine verlässliche normative Ordnung, sondern das nationalsozialistische Führerprinzip bildete in der NS-Zeit die ideologische und legitimatorische Basis für Befehlsstrukturen. Als Bezugssystem für die Lizenz zum Befehlen war es in fast allen öffentlichen Bereichen der Gesellschaft wirksam.

1.7 Mögliche sprachliche Realisierungsformen des Befehls – Vorausblick

An dieser Stelle soll ein kurzer Überblick über die in den Analysebeispielen erwarteten sprachlichen Realisierungsformen des Befehls gegeben werden. Die tabellarische Übersicht ist – wie in der Kapitelüberschrift bereits angedeutet – als hypothetischer Vorausblick zu sehen.[63] Im Anschluss an den empirischen Teil der Arbeit (Kap. 2-8) erfolgt eine zusammenfassende funktionale Beschreibung analysierter Formen. Auf Basis der Analysen werden dann weitere Ausdifferenzierungen – vor allem hinsichtlich der Charakterisierung von Verwendungsweisen im Kontext spezifischer Handlungskonstellationen – vorgenommen sowie weitere

62 Einen Überblick über verschiedene Aufforderungstypen (inklusive des Befehls) geben Zifonun/Hoffmann/Strecker (1997: 134 ff.).

63 Der Vorausblick ist gestützt auf Forschungsergebnisse aus Hindelang (1978), Zifonun/Hoffmann/Strecker (1997), Hoffmann (1999a), (2006).

sprachliche Formentypen als an sehr spezifische Konstellationen gebundene Illokutionsmarkierungen diskutiert.

Tabellarischer Überblick über mögliche sprachliche Realisierungsformen:

Markierung der Illokution	**Verwendungsweise/-bereich**	**hervortretende Funktions-charakteristik**
sein zu + Infinitiv (z.B. *Der Befehl ist auszuführen.*)	förmliche Realisierungsvariante: Benennung eines Handlungs-zwangs; „täterabgewandte" Perspektivierung (Zifonun/Hoffmann/Strecker 1997: 1900)	symbolisch
haben zu + Infinitiv (z.B. *Sie haben sich ... zu melden.*)	förmliche Realisierungsvariante: Benennung eines Handlungs-zwangs; „täterzugewandte" Perspektivierung (Zifonun/Hoffmann/Strecker 1997: 1900)	symbolisch
müssen	Benennung eines Handlungszwang	symbolisch
Aufforderungsmodus a): Imperativ	eingebunden in Handlungs-zusammenhang	expeditiv
Aufforderungsmodus b): Distanzform der Aufforderung (z.B. *Gehen Sie!*)	eingebunden in Handlungs-zusammenhang: förmliche Ansprache mit Distanz-form	para-expeditiv + (adressaten-) deik-tisch
Kommandoausdruck (z.B. *Stillgestanden!, Achtung!*)	eingebunden in Routinehandlungszusammenhang (z.B. Appell)	para-expeditiv
Empraktische Ellipse (z.B. *Rein!*)	eingebunden in Handlungs-zusammenhang	Verschiedene Mög-lichkeiten: para-expeditiv (Sym-bolfeldausdruck in lenkender Verwen-dung), deiktisch + expeditiv
Explizit-performative Formel (z.B. *Ich befehle hiermit...*)	Befehlstext auf hoher Hierarchie-ebene	Symbolischer Verweis auf die Sprechhand-lung; integriert: Spre-cherdeixis (*ich*), ggf. illokutive Deixis (z.B. *hiermit*)

2. Kontinuität zwischen 1871 und 1933: der Weg zur gesamtgesellschaftlichen Etablierung des Befehls in seiner NS-spezifischen Form

Im Zentrum dieses Kapitels steht die Frage nach militaristischen Entwicklungen seit der Wilhelminischen Zeit, die Anknüpfungsmöglichkeiten für die gesamtgesellschaftliche Etablierung des sprachlichen Handlungsmusters von Befehl und Gehorsam in der NS-Zeit boten.[64] Ausgangspunkt ist dabei die Auffassung, dass der nationalsozialistische Militarismus in einer „systematischen Bündelung und Radikalisierung älterer Traditionen bestand" (Wette 2005:30)[65]. Denn:

> „Trotz aller Entwicklungsschübe, die der preußisch-deutsche Militarismus in seiner Geschichte zwischen 1871 und 1945 durchlief, wird man sagen können, dass er als ein durchgängiges ideologisches Denk- und Politikmuster existierte. Die verschiedenen Militarismustypen, die sich in dieser nationalstaatlichen Phase der deutschen Geschichte gewiss unterscheiden lassen und auch unterschieden werden müssen, sind zugleich Ausdruck einer militaristischen Kontinuität." (Wette 2005:16 f.)[66]

Zum Terminus „Militarismus" werden in der historischen Forschung unterschiedlich akzentuierte Definitionen vorgeschlagen (für einen Überblick vgl. Förster 2005). Wette, der zu Beginn seiner Studie über „Militarismus in Deutschland" die Geschichte des Begriffs und seiner Verwendung nachzeichnet, formuliert folgende Definition:

> „In allgemeinster Form wird [...] eine staatliche und gesellschaftliche Ordnung als militaristisch bezeichnet, die in dominanter Weise von militärischen Interessen und kriegerischen Denkmustern geprägt ist." (Wette 2008: 20)

64 Dazu allgemein Bauer (1988: 78 f.).

65 Mit Bezug auf Messerschmidt (2005a) im selben Band.

66 Nach einer kurzen Militarismus-Debatte in der frühen Nachkriegszeit wurde der Zusammenhang zwischen preußischem und nationalsozialistischem Militarismus ab Mitte der 1950er Jahre lange Zeit nicht berücksichtigt (vgl. Wette 2005: 12 ff.). Dem Autor zufolge ist dies auch im Kontext der „politisch motivierten Bestrebungen [...], das „Dritte Reich" Hitlers als einen historischen Betriebsunfall erscheinen zu lassen und es damit aus der Kontinuität der Geschichte des deutschen Nationalstaats herauszunehmen" (Wette 2005: 14), zu sehen. Wette argumentiert weiter: „Solchem Bedürfnis entsprach es, den Militarismus im wilhelminischen Kaiserreich zu lokalisieren oder ihn vor der eigentlichen Machtentfaltung des nationalsozialistischen Systems für beendet anzusehen. Von dem Tatbestand, dass es in Deutschland auch in der Zwischenkriegszeit einen Militarismus gab – ideologisch, militärisch, gesellschaftlich, politisch –, der als Bindeglied zwischen dem wilhelminischen und dem nationalsozialistischen fungierte, wurde entweder wenig Notiz genommen oder er wurde nicht in die Kontinuitätslinie eingebettet." (2005: 14 f.)

Jansen fokussiert, aus welcher gesellschaftlichen „Richtung" innerhalb des Staates militärische Überformungen ursprünglich ziviler Bereiche forciert werden:

> „Unter Berücksichtigung der neueren Einsichten über die zwei Arten der Militarisierung der Gesellschaft (von „oben" und von „unten") wird der Militarismusbegriff dahingehend erweitert, dass er in erster Linie eine politische Mentalität beschreibt, die militärische Verhaltensweisen auf andere gesellschaftliche Bereich [sic!] als das Militär überträgt und zu einer allgemein handlungsleitenden Norm macht." (Jansen 2004: 12)

Gerade eine Form der Militarisierung, die – um in der Formulierung Jansens zu bleiben – von „unten" vorangetrieben wird, ist in diesem Kapitel genauer in den Blick zu nehmen, um Vorläufer und Anknüpfungspunkte für den radikalisierten, gesamtgesellschaftlich verallgemeinerten nationalsozialistischen Militarismus zu skizzieren. Ich beschränke mich im Folgenden darauf, charakteristische Momente deutscher militaristischer Entwicklungen seit dem Beginn der Kaiserzeit 1871 darzustellen, wenngleich militaristische Strömungen im Rahmen der Entwicklung bürgerlicher Normensysteme (vor allem: „Wehrhaftigkeit als konstitutiv für den freien Bürger"; Jansen 2004: 15) bereits im frühen 19. Jahrhundert einsetzten (für einen komprimierten Überblick vgl. Jansen 2004).[67]

2.1 Militarismus in Deutschland zwischen 1871 und 1918

Für die Kaiserzeit können zwei Hauptströmungen (mit allerdings fließenden Grenzen) des gesellschaftlichen Militarismus unterschieden werden[68]:

1. „konservativer Militarismus" und 2. „bürgerlicher Militarismus" (Förster 2005: 36 ff.).

1. Der konservative Militarismus der Kaiserzeit war bestimmt durch eine systemerhaltende, monarchisch ausgerichtete Tendenz: Die Armee wurde dabei im Besonderen als Schutztruppe gegen die „innere Bedrohung" durch die als „vaterlandslose Gesellen" bezeichneten Sozialdemokraten gesehen (vgl. Förster 2005: 39f.; Bröckling 1997: 174 f.). Im Zusammenhang damit standen Bestrebungen, eine homogene, konservative, kaisertreue und antidemokratische Sozialstruktur innerhalb der Armee zu erhalten.

Deutlich kommt diese systemstabilisierende Ausrichtung, innerhalb derer dem Offiziersstand die Rolle des „Garant[en] der monarchischen Ordnung" (Wette

67 Formen der Militarisierung in verschiedenen europäischen Staaten im 19. Jahrhundert werden von den AutorInnen der Beiträge im Band von Jansen (2004) behandelt. Vgl. auch die umfassende Studie von Bröckling (1997).

68 Vgl. zum Folgenden Förster (2005: 36 ff.).

2008: 51) zukam, in einer Ansprache Wilhelms II. anlässlich einer Rekrutenvereidigung (1891) zum Ausdruck:

(B 1)

> (a) Kinder meiner Garde, mit dem heutigen Tage seid Ihr Meiner Armee einverleibt worden, steht jetzt unter meinem Befehl [...]. (b) Denkt an unsere ruhmreiche vaterländische Geschichte; denket daran, dass die deutsche Armee gerüstet sein muß gegen den inneren Feind sowohl als gegen den äußeren. (c) Mehr denn je erhebt der Unglaube und Missmut sein Haupt im Vaterlande empor, und es kann vorkommen, daß ihr eure Verwandten und Brüder niederschießen oder -stechen müßt. (d) Dann besiegelt die Treue mit Aufopferung eures Herzblutes.
> (zit. n. Lemmermann 1984: 77)

Der Absolutheitsanspruch des Kaisers über die Soldaten wird in (a) transportiert durch den possessiv-deiktischen Sprecherbezug mit „meiner" und die biologistische Metapher „einverleibt": *in den Organismus „Armee" integriert*. Als ideologischer Rahmen wird das Konzept des Nationalismus herangezogen („ruhmreiche vaterländische Geschichte"). Das aggressiv-systemerhaltende Moment wird konzeptuell deutlich in (b) („gerüstet sein muß gegen den inneren Feind") und konkretisiert in (c), wo die ausgedrückten Modalitäten den Bereich des möglichen Zwangs angeben: Das Modalverb *können* zeigt den Rahmen des Befehlbaren an, *müssen* markiert den daraus abgeleiteten Handlungszwang, dem die vereidigten Soldaten unterworfen werden, nämlich im bürgerkriegsmäßigen Sinn Tötungsgewalt gegen jeden auszuüben, der sich als „innerer Feind" erweist, ausdrücklich auch gegen die „Verwandten und Brüder".[69]

2. Zentrale Denkmuster in der Strömung des bürgerlichen Militarismus waren Kolonialismus, ein aggressiv-imperialistischer Nationalismus (im Zusammenhang mit der Vorstellung einer „verspäteten Nation", die den Vorsprung anderer europäischer Nationen aufholen müsse), gepaart mit rassistischen Tendenzen (vgl. Förster 2005: 36 f.). Der bürgerliche Militarismus war im Zuge forcierter territorialer Expansionsbestrebungen gerichtet auf die Vergrößerung des Heeres (vgl. Förster 2005: 36 f.). Die von Vertretern dieser Strömung geäußerte Forderung nach einer allgemeinen Wehrpflicht wurde dagegen von den Vertretern des kon-

---

69 Eine sehr ähnliche Ansprache Wilhelms II. aus dem gleichen Jahr zitiert Wette (2008) nach einer Mitteilung der Reisser Zeitung: „Ihr seid jetzt meine Soldaten, Ihr habet Euch mir mit Leib und Seele ergeben; es gibt für Euch nur einen Feind, und der ist mein Feind. Bei den jetzigen sozialistischen Umtrieben kann es vorkommen, daß Ich Euch befehle, Eure eigenen Verwandten, Brüder, ja Eltern niederzuschießen – was ja Gott verhüten möge –, aber auch dann müßt Ihr meine Befehle ohne Murren befolgen." (zit. n. Wette 2008: 57) Es ist möglich, dass es sich bei der oben analysierten Ansprache und der von Wette wiedergegebenen um zwei verschieden verschriftlichte Versionen derselben Ansprache handelt.

servativ ausgerichteten Militarismus als Gefährdung der Homogenität der Armee angesehen.
Wichtige ideologische Triebkräfte der allgemeinen Kriegsbegeisterung, die 1914 weite Teile der Gesellschaft erfasste, waren überdies das sozialdarwinistische Modell des Rechts des Stärkeren sowie pseudo-biologische Argumentationen (vgl. Förster 2005: 52 f.), in denen der Krieg als „biologische Notwendigkeit" – so etwa General Friedrich von Bernardi in seinem 1911 erschienenen Buch „Deutschland und der nächste Krieg" (zit. n. Förster 2005: 53) – gedeutet wurde. Selbst die zuvor noch als „vaterlandslose Gesellen" bezeichneten Sozialdemokraten ließen sich im August 1914 zum großen Teil von der allgemeinen patriotischen Aufbruchsstimmung mitreißen (vgl. Bröckling 1997: 196 ff.).

Die Institution Militär galt im wilhelminischen Kaiserreich als „Schule der Nation". Die Angehörigen des Offiziersstandes genossen ein hohes gesellschaftliches Ansehen. In vornehmen Kreisen war die Militärausbildung für die jungen Männer der entscheidende „Initiationsritus auf dem Weg zur Mannwerdung" (Rohkrämer 1990: 149): „Der Jüngling ging zum Militär, als heiratsfähiger Mann kehrte er heim" (Rohkrämer 1990: 149). Das Rollenbild des Offiziers samt des Katalogs von Kodices und Tugenden, wie etwa die Deutung des militärischen Gehorsams als „Dienst an der Gemeinschaft", wurde zum gesellschaftlichen Leitbild und griff auch auf zivile Bereiche über.
Die Offizierslaufbahn war Adligen vorbehalten. Mit der „einjährig-freiwilligen" Laufbahn zum Reserveoffizier bot sich allerdings für diejenigen aus bürgerlichem Hause, für die die enorm kostspielige Ausbildung eine zu meisternde Hürde darstellte, eine attraktive Möglichkeit, ebenfalls zu hohem Ansehen innerhalb der Wilhelminischen Gesellschaft – wenn auch nicht mit dem der adligen Offiziere vergleichbar – zu gelangen (vgl. Wette 2008: 60 ff.). Die bürgerlichen Reserveoffiziere, die im Ersten Weltkrieg tatsächlich aktiv in die Verantwortung genommen wurden, spielten in der Kaiserzeit eine nicht unerhebliche Rolle im Rahmen der gesellschaftlichen Etablierung militärischer Denkweisen auf breiter Basis (vgl. Wette 2008: 62).

Militärische Leitvorstellungen dominierten wesentlich auch die Ausrichtung des Unterrichts und der Erziehung in der Schule der Kaiserzeit (vgl. hierzu und zum Folgenden Lemmermann 1984). Neben der Behandlung nationalistischer Themen und der Integration von praktischer Wehrkrafterziehung wurde mit der Orientierung schulischer Kommunikation am militärischen Vorbild eine Durchdringung der Institution Schule durch militärische Denkmuster und Handlungsformen erreicht.[70] Für routinemäßige Handlungsabläufe im schulischen Unterricht wurden Kommando-Befehle entwickelt, deren sprachliche Formen eng am Vorbild militä-

70 Lemmermann bezeichnet eine solche militaristische Überformung ziviler gesellschaftlicher Bereiche als „Panmilitarismus" (1984: 28).

rischer Kommandos orientiert waren. Das folgende Beispiel stammt aus der zeitgenössischen religionspädagogischen Literatur:

(B 2)

> (a) Das Haupt-Ordnungskommando lautet ‚Ordnung', dem militärischen ‚Stillgestanden' vergleichbar. [...] (b1) Gerade sitzen! (b2) Ruhe! (b3) Mund halten! (b4) Griffel hoch! (b5) Hände hoch! (b6) Hefte zeigt! – (b7) und nach beendigter Revision: ‚Ab!' [...]
> (c) Die Ausführung der Kommandos muß eingeübt werden, damit dem Lehrer das Kommandieren, dem Schüler die pünktliche Befolgung zur zweiten Natur werde.
> (Kahle 1880; zit. n. Lemmermann 1984: 30)

Man findet bei den im Zitat von Kahle aufgeführten Befehlen die für militärische Kommandos spezifische empraktisch-elliptische Charakteristik: die Reduzierung der sprachlichen Form auf Ausdrucksmittel, die über die empraktische Einbettung in den Diskurszusammenhang operieren und eine bestimmte Dimension einer auszuführenden Handlung pointieren (vgl. Hoffmann 2006). Dies wird deutlich am Beispiel des Kommandos „Griffel hoch!" (b4), bei dem das prototypische Schülerwerkzeug und die Richtung einer damit zu vollführenden Bewegung, die im Vorhinein einstudiert worden sein muss, benannt werden. Spezifisch an militärischen Exerzierkommandos und deren Ausführung orientiert ist auch die Systematisierung der Sukzession des Handlungsprozesses durch die Differenzierung in zwei Teilkommandos, von denen das erste (typischerweise zweisilbige) gedehnt („Griffel": b4, „Hände": b5, „Hefte": b6) und das zweite (typischerweise einsilbige) kurz gesprochen wird. Die gedehnte Aussprache des ersten Teilkommandos zielt auf eine vorbereitende Orientierung der Adressaten auf die Handlung, die in rascher Folge auf das zweite Teilkommando in möglichst gleichzeitiger Ausführung der Aktanten zum Resultat gelangen soll (Resultat: *Griffel sind oben*). Die standardisierende Orientierung der dafür entwickelten sprachlichen Formen an militärischen Kommandos ist besonders deutlich am Kommando „Hefte zeigt!" (b6) zu erkennen. Das zweite Teilkommando („zeigt") zielt auf ein Vorzeigen der Hefte, wie zu vermuten ist, nach einer festgelegten Bewegungsfolge, die mit einer von allen Aktanten gleichförmig erreichten Endposition zum Abschluss kommt. Statt einer Infinitivrealisierung, die allgemein bei mündlichen Befehlen häufig zum Einsatz kommt (etwa: „Hefte zeigen!") wurde eine Form gewählt, welche die prosodischen Möglichkeiten expeditiver Markierung bietet, um einen „„Direktiv"-Effekt" hervorzurufen (Rehbein 1999: 117). Das Kommando weist eine doppelte Gewichtung auf: Der Hauptakzent liegt auf *Hef-*, der Satzakzent auf *zeigt*.

Segment (c) stellt die Verbalisierung von Wissen des Strukturtyps ‚Maxime'[71] dar. Die darin ausgedrückte Notwendigkeit des ständigen Repetierens der Handlungsfolge ‚Kommando – Ausführung' zielt auf eine lehrer- und schülerseitige Verinnerlichung des Musters von Befehl und Gehorsam als maßgeblicher Kommunikationsform im schulischen Unterricht.

Neben institutionell forcierten militaristischen Formen hatte Ende des 19. und Anfang des 20. Jh. ein „Folkloremilitarismus" (Vogel 1997, 2005) Hochkonjunktur. Vogel verwendet den Begriff für die Bezeichnung von Formen einer „weitgehend unpolitische[n] Militärbegeisterung" (2005: 232). Auf breiter gesellschaftlicher Basis entwickelte sich in dieser Zeit ein reges Interesse an „üppige[n] Selbstdarstellungen des Militärs in der Öffentlichkeit mit Militärparaden, Militärmusik und allerlei nationalem Brimborium" (Wette 2005: 26).[72]
Formen solcher folkloristischer Begeisterung und die Orientierung am militärischen Leitbild waren bereits im frühen 19. Jahrhundert präsent und bildeten eine wichtige Basis für die Gründung von Bürgerwehren, Krieger- und Schützenvereinen, in denen der „Militarismus der kleinen Leute" (Titel der Studie von Rohkrämer 1990) gepflegt wurde. Es handelte sich um zivile Vereine, in die militärische Organisations- und Handlungsformen importiert wurden. Dazu Vogel:

> „Sie alle [die Vereine; Anm. d. Verf.] huldigten einem militärischen Männlichkeitsideal, das „Tapferkeit" und „Kameradschaft" sowie die prinzipielle Bereitschaft zum Waffendienst „für das Vaterland" einschloss, jedoch nicht gleichbedeutend war mit unbedingtem Gehorsam oder kritikloser Übernahme der offiziellen Militärpropaganda." (Vogel 2005: 238)

Die ersten Krieger- und Militärvereine entstanden in Preußen nach den „Befreiungskriegen" 1813-1815 (vgl. hierzu und zum Folgenden Rohkrämer 1990). Mitglieder dieser Vereine waren in erster Linie ehemalige Soldaten besonders unterer hierarchischer Ebenen. Zu deren Zweckbestimmungen gehörte das Aufrechterhalten der Erinnerung an die Kriege sowie die Verbreitung von nationalistischem Gedankengut und soldatischen Tugenden. Durch die vornehmlich monarchische Gesinnung der Mitglieder boten die Vereine sich auch als im Bedarfsfall mobilisierbare paramilitärische Verbände zur Bekämpfung „innerer Feinde" an (vgl. Rohkrämer 1990: 43). Die Einhaltung strenger militärischer Disziplin gehörte zur Grundordnung der Vereine. Befehle bei Paraden und anderen öffentlichen Schauakten waren im Wortlaut an militärische Formeln angepasst (vgl. Rohkrämer 1990: 65). Die Disziplin und Uniformität (auch der Kleidung), die vor allem besonders bei Feiern und Ritualen zur Schau gestellt wurden, „beinhaltete nicht nur

71 Zum von Ehlich und Rehbein (1979) entwickelten Konzept der Wissensstrukturtypen siehe Kap. 1.4.6.
72 Allerdings gab es dieses Phänomen in verschiedenen europäischen Staaten (vgl. Vogel 2005: 244).

die Identifikation mit der Armee, sondern symbolisierte auch die Priorität der Gruppe über den einzelnen" (Rohkrämer 1990: 65), was ein wichtiger Faktor hinsichtlich der Überbrückung von Standesgrenzen war. Der praktische Einsatz des Musters von Befehl und Gehorsam war hier allerdings ausschließlich auf rituelle Handlungen (vor allem Exerzieren) bezogen. Dennoch waren die soldatischen Tugenden der Pflicht und des bedingungslosen Gehorsams zugunsten des Kollektivs auf der Basis der Grundüberzeugung, „daß die Masse der Bevölkerung das „nationale Interesse" nicht selbst erkennen könne, sondern von Vorgesetzten und gesellschaftlichen Eliten geführt werden müsse" (Rohkrämer 1990: 191), zentrale Bestandteile der ideologischen Ausrichtung der Kriegervereine im Hinblick auf den von ihnen propagierten „Dienst an der nationalen Gemeinschaft" (Rohkrämer 1990: 191). So kann das „Kriegervereinswesen" als „Schnittstelle zwischen Militarismus „von oben" und „von unten"" (Bröckling 1997: 183) angesehen werden. Wette (2008) gelangt zu der Einschätzung, dass in der Wilhelminischen Gesellschaft eine generelle Tendenz zu einer Bejahung militärischer Gepflogenheiten im zivilen Leben bestand:

> „Betrachtet man das Alltagsleben im kaiserlichen Deutschland, so wird man gewahr, dass tatsächlich in nahezu allen Lebensbereichen soldatische Umgangsformen gepflegt wurden. Für die meisten Deutschen der damaligen Zeit scheint Subordination nicht nur eine Last, sondern sogar eine Lust gewesen zu sein." (Wette 2008: 64)

2.2 Militaristische Entwicklungen in der Weimarer Republik

Nach dem Ersten Weltkrieg bildete sich neben der im Dienst des Staates stehenden, aufgrund des Versailler Vertrags zwangsweise auf 100.000 Soldaten reduzierten Berufsarmee (vgl. Frevert 2001: 304) eine zweite, nicht staatlich legitimierte Befehlsebene tendenziell antidemokratisch ausgerichteter paramilitärischer Verbände, die auf von ihren Mitgliedern freiwillig übernommenen Verpflichtungen zum Gehorsam beruhte. Den Beginn dieses Prozesses markierte die Bildung von Freikorps, deren Verhältnis zur Weimarer Republik allerdings kein unterordnendes war (vgl. Buchheim 1965: 259 f.). Denn:

> „Formal unterstanden die Freikorpskämpfer zwar der sozialdemokratischen Regierung der Volksbeauftragten. Das bedeutete aber nicht, dass sie mit der neugegründeten Republik irgendein Gefühl der Loyalität verbunden hätte." (Wette 2008: 139)

Freikorps agierten im Januar 1919 als willkommene Helfer der Regierung im Kampf gegen innere Unruhen und machten sich bei der Bekämpfung von Grenzverletzungen im Osten der Republik nützlich (vgl. Frevert 2001: 304 f.). Dennoch war das Prinzip von Befehl und Gehorsam, das in den Freikorps galt, keineswegs durch den Bezug auf staatliche Strukturen gesichert (vgl. Buchheim 1965: 260), sondern basierte auf einer „politischen Überzeugung" sowie einer „patriotischen Einsatzbereitschaft" (Buchheim 1965: 260) der Mitglieder. Die Freikorps, deren Mitglieder im Wesentlichen „aus der Konkursmasse des alten Heeres" (Frevert 2001: 305) stammten, lösten sich aus der Unterordnung unter staatliche Strukturen, behielten aber das Prinzip von Befehl und Gehorsam sowie strenge hierarchische Strukturen bei. Neben dem Staat existierende, nicht auf staatlich legitimierte militärische Aufgaben bezogene Befehlsstrukturen fingen an, „sich zu verabsolutieren" (Buchheim 1965: 260). Befehl und Gehorsam wurden damit für ideologische Anwendungsbereiche nutzbar gemacht.

Nach einer kurzen Demilitarisierungsphase zu Beginn der zwanziger Jahre (vgl. dazu Frevert 2001: 306), setzte eine gegenläufige Entwicklung bereits 1923 wieder ein, als die zurückgestutzte Reichswehr die personellen Möglichkeiten der Kriegervereine (1922 mit 2,2 Millionen, 1930 mit 2,8 Millionen Anhängern) und anderer paramilitärischer Gruppen als wichtiges Potential für eine schleichende Remilitarisierung erkannte, die unter Umgehung der Friedensvertragskonditionen vorangetrieben werden konnte (vgl. Frevert 2001: 309).

In der Mitte der zwanziger Jahre entwickelte sich eine starke Tendenz zur Integration militärischer Organisations- und Handlungsformen bei politischen Gruppierungen verschiedenster Couleur, wovon eine enorme Attraktivität besonders für männliche Jugendliche und junge Männer, die selbst nicht am Ersten Weltkrieg teilgenommen hatten, ausging (vgl. Frevert 2001: 310). Neben der SA[73] und dem Stahlhelm gaben sich beispielsweise auch das sozialdemokratische Reichsbanner Schwarz Rot Gold und der kommunistisch geprägte Rotfrontkämpferbund einen militaristischen Anstrich (vgl. Frevert 2001: 310). In den meisten Jugendabteilungen politischer Gruppen dieser Zeit waren „uniforme Kleidung, disziplinierte Banneraufmärsche, Flaggenappelle, Lagererlebnisse und eine von oben nach unten gegliederte Befehlsstruktur" (Frevert 2001: 310) zu finden, und zwar „über weltanschauliche Grenzen hinweg" (Frevert 2001: 310).
Frevert sieht wichtige Ursachen für die Attraktivität paramilitärischer Gruppierungen für junge Männer auf der einen Seite in der Bedrohung, die von wachsender Arbeitslosigkeit und beruflicher Perspektivlosigkeit angesichts eines desolaten Arbeitsmarktes ausging, auf der anderen Seite in „kulturelle[r] Verunsiche-

73 Innerhalb der nationalsozialistischen „Kampforganisationen" waren ab Mitte der zwanziger Jahre strenge militärische Strukturen etabliert, die freiwillig von den Mitgliedern auf Basis ideologischer und politischer Übereinstimmung mit den Idealen der „Bewegung" akzeptiert wurden. Dazu gehörte ab Ende der zwanziger Jahre auch der absolute Gehorsamsanspruch an die Mitglieder gegenüber den Befehlen ihres Führers Hitler, denen allerdings „jeder Zusammenhang mit der staatlichen Ordnung fehlte." (Buchheim 1965: 261). Vielmehr erhielt „die Befehlsgewalt des Führers letztlich aus der geschichtlichen Sendung, die er für sich in Anspruch nahm" (Buchheim 1965: 262), ihre Rechtfertigung.

rung" (Frevert 2001: 311), die mit Erschütterungen traditioneller Geschlechterrollenverhältnisse einherging. Ein aus solchen Prozessen resultierendes Empfinden von Einbußen an Männlichkeit konnte durch das Mitwirken in paramilitärischen Organisationsformen kompensiert werden (vgl. Frevert 2001: 311).

In den letzten Jahren der Weimarer Republik machte sich verstärkt ein gesellschaftlicher Militarismus bemerkbar, der „auch unter dem Dach der Republik fortlebte und zu neuer Machtentfaltung drängte." (Wette 2008: 147)[74] Die Nazis konnten, als sie 1933 an die Macht gelangten, an über einen langen Zeitraum kultivierte militärische Denkweisen und Kodizes sowie militärische Organisations- und Handlungsformen anknüpfen, die einerseits „von oben", andererseits aber „zu einem erheblichen Teil auch aus der Gesellschaft selbst, vor allem aus der aufsteigenden bürgerlichen Mittelschicht" (Jansen 2004: 11) heraus forciert worden waren.
Planungen für ein Konzept einer gesamtgesellschaftlichen Militarisierung liefen bereits in der letzten Phase der Weimarer Republik (vgl. Messerschmidt 2006: 65). Allerdings kam es erst mit der Machtübergabe an die Nazis zur umfassenden Militarisierung, die dann in kürzester Zeit in allen öffentlichen Bereichen Einzug hielt, sogar entschieden in die Institution Familie vordrang und schließlich in der Schlussphase des Krieges – als faktisch nichts mehr zu gewinnen war – mit der Propagierung einer gesamtgesellschaftlichen Verpflichtung zur Übernahme eines Soldaten-Rollenbildes und durch Untergangsmystizismus verklärte Durchhalteparolen auf die Spitze getrieben wurde (siehe Kap. 8). Der Befehl der Führung wurde als maßgeblich für das Handeln jedes Mitglieds der „Volksgemeinschaft" erklärt. Die meisten folgten bereitwillig, allerdings: „bei der Option des Scheiterns hörte die Gefolgschaft auf." (Ehlich 1989: 23)

74 Als ein wichtiger Hintergrund für die Radikalisierung der Propaganda und Agitation völkisch gesinnter Gruppierungen der Weimarer Zeit ist die nationale Schmähung anzusehen, die viele Deutsche, „die sich bei Kriegsende abrupt aus Siegeshoffnungen und Weltmachtträumen gerissen sahen" (Bröckling 1997: 242), angesichts der von den Siegermächten des Ersten Weltkriegs auferlegten Bedingungen des Versailler Friedensvertrags empfanden. Die Propaganda des „Schandfriedens" wurde amalgamiert mit dem Dolchstoßmythos, der den Sozialdemokraten die Schuld an der Niederlage zuwies. Eine solche Amalgamierung ermöglichte die Verbindung zweier Feindbilder: das Bild des inneren Feindes und das des äußeren (Siegermächte) zu einem „hochwirksamen ideologischen Konglomerat, dessen Bedeutung für die Destabilisierung der Republik und den Aufstieg der nationalsozialistischen Bewegung kaum hoch genug veranschlagt werden kann" (Bröckling 1997: 242).

3. Befehl und Gehorsam im Reichsarbeitsdienst (RAD)

Die am 16.3.1935 erfolgte Wiedereinführung der allgemeinen Wehrpflicht sowie die Einführung der sechsmonatigen Reichsarbeitsdienstpflicht am 26.6.1935 markierten die zweite Stufe der „Expansion des Dienstprinzips" im Nationalsozialismus (Götz 2001: 323), nämlich – auf die Stufe der freiwilligen Dienste[75] folgend – die Stufe der Pflichtdienste (vgl. Götz 2001: 323).[76] Die Reichsarbeitsdienstpflicht wurde am 4.9.1939, wenige Tage nach Beginn des Krieges, auf die Einberufung der weiblichen Jugend ausgedehnt.
Analog zum militärischen Befehlsapparat war der Reichsarbeitsdienst streng hierarchisch gegliedert. Darauf ausgerichtet, „Schule der Nation" zu sein, fungierte er bis zu seiner direkten militärischen Nutzbarmachung als nationalsozialistische Erziehungs- und Sozialisationsinstitution (vgl. Götz 2001: 333 ff.).[77] Reichsarbeitsführer Konstantin Hierl sah den von ihm anvisierten Idealtypus des „Arbeitsmannes" als „Ergebnis einer Verschmelzung von den drei Grundelementen: des Soldatentums, Bauerntums und Arbeitertums" (Hierl 1937; zit. n. Patel 2003: 203).

Die Reichsarbeitsdienst-Lager wiesen deutlich Charakteristika einer „Totalen Institution" auf, worunter Erving Goffman in seinem Werk „Asyle" eine „Wohn- und Arbeitsstätte einer Vielzahl ähnlich gestellter Individuen [...], die für längere Zeit von der übrigen Gesellschaft abgeschnitten sind und miteinander ein abgeschlossenes, formal reglementiertes Leben führen", versteht (1972: 11). Die „grundlegende soziale Ordnung, nach der der einzelne an verschiedenen Orten schläft, spielt, arbeitet – und dies mit wechselnden Partnern, unter verschiedenen Autoritäten und ohne einen umfassenden rationalen Plan" (Goffman 1972: 17), wird in „Totalen Institutionen" in systematischer Weise aufgebrochen. Hier sind

---

75 Zur NS-spezifischen Ausdeutung und Anwendung des Handlungskonzepts ‚Dienst' (mit einem Fokus auf den Bereich der Wirtschaft) siehe Kap. 4.1.

76 Die dritte Stufe nach der von Götz vorgenommenen Unterteilung war die Stufe der „individuellen Dienstpflicht" (2001: 323). Hier wurde das Konzept der Einberufung per Befehl auf den Bereich der rüstungsrelevanten Wirtschaftszweige ausgedehnt. Zu den Stufen der zivilen Dienstpflichten siehe Kap. 4.2. Eine ausführliche Darstellung der Dienstpflicht-Stufen im NS-Staat findet sich in Götz (2001: 323-349); vgl. auch die als Arbeitspapier online veröffentlichte Darstellung: Götz (1997).

77 Aufgrund der sukzessive erweiterten praktischen Ausrichtung auf den Krieg geriet der Erziehungsgedanke zunehmend aus dem Fokus (vgl. Patel 2003: 364). Zu nennen sind in diesem Zusammenhang auf der einen Seite das seit Sommer 1938 betriebene Riesenprojekt „Westwallbau" sowie seit Beginn des Krieges der zunehmende Einsatz für dringend zu realisierende militärische Bauprojekte (Straßenausbesserung, Bau von Rollbahnen und Panzergräben etc.); vgl. Götz (2001: 335). Auf der anderen Seite ist die direkte militärische Orientierung zu nennen: Ab 1944 wurde zugunsten einer schnelleren militärischen Verfügbarkeit die RAD-Zeit auf zwei Monate verkürzt, gegen Ende des Krieges wurden RAD-Einheiten aktiv für Kampfhandlungen verwendet (vgl. Götz 2001: 335 ff.).

die Lebensbereiche zusammengefasst, hier sind alle „Insassen“[78] den gleichen Bedingungen ausgesetzt:

> „1. Alle Angelegenheiten des Lebens finden an ein und derselben Stelle, unter ein und derselben Autorität statt. 2. Die Mitglieder der Institution führen alle Phasen ihrer täglichen Arbeit in unmittelbarer Gesellschaft einer großen Gruppe von Schicksalsgenossen aus, wobei allen die gleiche Behandlung zuteil wird und alle die gleiche Tätigkeit gemeinsam verrichten müssen. 3. Alle Phasen des Arbeitstages sind exakt geplant, eine geht zu einem vorher bestimmten Zeitpunkt in die nächste über, und die ganze Folge der Tätigkeiten wird von oben durch ein System expliziter formaler Regeln und durch einen Stab von Funktionären vorgeschrieben [...]“ (Goffman 1972: 17).

Disziplinierung und Überwachung als – im Hinblick auf den übergeordneten Zweckzusammenhang der totalitären nationalsozialistischen Erziehungsziele – zentrale Zweckbereiche der Reichsarbeitsdienst-Lager sollten vor allem durch die umfassende „Ordnung von Zeit und Raum“ (Patel 2003: 209) umgesetzt werden, die „den absoluten Zugriff auf die Individuen“ (Patel 2003: 209) sicherstellen sollte.[79] Privatheit in zeitlicher und räumlicher Hinsicht wurde so weit wie möglich zurückgedrängt. Die Gebäudeanordnung[80] in den Lagern war so beschaffen, dass sie „unbeobachtetes Herumschweifen oder Verschwinden ebenso erschwerte wie unkontrollierte Versammlungen“ (Patel 2003: 215). Der Tagesablauf war genauestens durchorganisiert (inklusive Feierabend) und ermöglichte praktisch keinerlei

78 Goffman (1972) geht in seinem Modell der „Totalen Institution“ von einer klaren Trennung zwischen „Personal“ und „Insassen“ aus. Der strikten Trennung wurde in der Rezeptionsgeschichte von „Asyle“ z.T. ein Mangel an Brauchbarkeit für empirische Analysen vorgeworfen (vgl. Watzka 2011). Nach Watzka ist das Modell allerdings als „ein heuristisches Werkzeug“ zu verstehen, dem „empirisch anzutreffende soziale Erscheinungen mehr oder weniger entsprechen können“ (Watzka 2011: 30). So weist Watzka Hauptargumente kritischer Positionen zurück oder plädiert für eine deutliche Abschwächung. Ein zentrales Argument in seiner Kritik der Kritik besteht darin, dass die anderen in „Asyle“ enthaltenen Beiträge als Ausdifferenzierungen des theoretischen Modells aus dem ersten Kapitel zu gelten haben (vgl. Watzka 2011; besonders 26). So habe Goffman die verschiedenen Beiträge zwar als voneinander unabhängige Zugänge zur gleichen Thematik ausgewiesen, allerdings seien sie „als inhaltlich eng zusammengehörig und – aufgrund unterschiedlicher Schwerpunktsetzungen – als einander ergänzend“ (Watzka 2011: 26) zu verstehen.

79 Patel verwendet in seiner vergleichenden Analyse der RAD-Lager und der amerikanischen „Civilian Conservation Corps“ („CCC“) unter Rückgriff auf Goffman und Foucault den Begriff des „Totalen Lagers“ (2003: 209 f.). In seiner Studie wird die jeweilige spezifische Ausprägung der Lager als „Ort der Erziehung“ „an einem Idealtypus des „totalen Lagers“ gemessen“ (Patel 2003: 209). In Bezug auf die Reichsarbeitsdienstlager gelangt Patel zu dem Ergebnis, dass es sich um den „konzeptionell[en] [...] Versuch“ handelte, „die totale Lagererfahrung herzustellen“ (Patel 2003: 297), und dass es an „ökonomischen und organisatorisch-strukturellen Problemen“ (Patel 2003: 297) lag, dass die Umsetzung nicht an die ideale Grundausrichtung herankam.

80 Als Behausungen für die Reichsarbeitsdienstpflichtigen dienten Baracken, die meist um den Appellplatz herum angeordnet waren (vgl. Patel 2003: 213).

individuelle Gestaltung. Ein Beispiel aus der Vorkriegszeit (1938) findet sich in den „Deutschland-Berichten" der SPD:

> „4.45 Uhr Wecken, 4.50 Frühsport, 5.15 Waschen, Bettenbau, 5.30 Uhr Kaffeetrinken, 5.50 Flaggenparade, 6 Uhr Abmarsch zur Baustelle. Anschließend Arbeit auf der Baustelle bis 14.30 Uhr, dazwischen Frühstückspause von 30 Minuten; 15 Uhr Mittagessen, 15.30 bis 18 Uhr Exerzieren (man nennt es Ordnungsdienst), 18.10 bis 18.45 Uhr Unterricht, 18.45 bis 19.15 Uhr Putz- und Flickstunde, 19.15 Uhr Appell, 19.30 Uhr Dienstausgabe, 19.45 Uhr Abendbrot, 20 bis 21.30 Uhr Feierabendgestaltung oder Singstunde, 22 Uhr Zapfenstreich. Der Tag ist also vollständig mit Dienst ausgefüllt. Es bleibt den durch übermäßige körperliche Anstrengung stumpfgemachten jungen Menschen zum Nachdenken, zu noch so schwachen Regungen geistigen Eigenlebens, weder Kraft noch Zeit. Der Lohn beträgt 25 Pfg. pro Tag. Dafür kann der Arbeitsdienstler sich nicht einmal ein Bier leisten, denn er muß dafür mindestens 30 Pfg. bezahlen." (SOPADE 1938: 481 f.; zit. n. Götz 2001: 338)[81]

3.1 Zwangsweiser Eintritt in die Institution – Eingliederung in eine Befehlskonstellation

Beim ersten Analysebeispiel handelt es sich um einen Einberufungsbefehl zum Reichsarbeitsdienst.[82] Ein „Einberufungsbefehl" ist ein bestimmter Typus des Befehls, der militärischen Institutionen und deren Vertretern vorbehalten ist, die kraft staatlich-normativ verankerter Befugnisse einen bestimmten Personenkreis in ihren Dienst stellen können, ohne dass dies der Zustimmung der Adressaten bedarf. Dieser Mustertyp wurde aus dem Bereich der Wehrmacht adaptiert und fand Verwendung bei der Verpflichtung zum Reichsarbeitsdienst und später auch zur Dienstverpflichtung für die Arbeit in Kriegswirtschaftsbetrieben.[83]

81 Die zitierte Darstellung des Tagesablaufs weist eine deutliche Ähnlichkeit zur offiziellen auf (vgl. Götz 2001: 338; Fn. 281). Eine sehr ähnliche Darstellung gibt auch Patel wieder (vgl. 2003: 219). Übrigens waren auch die Führer im RAD in nicht wesentlich geringerem Maße zeitlich eingespannt. Ausnahmen galten lediglich für Verheiratete (vgl. Patel 2003: 222). Dieser Aspekt kann als ein Beleg gelten für Patels These, „dass die ‚Volksgenossen"-Lager in ihrem Anspruch, den „neuen Menschen" zu schaffen, ebenso sehr auf das Personal zielten wie auf die Insassen, und dass beide Gruppen in mehrfacher Form eng miteinander verflochten waren" (Patel 2011: 340). Mit dieser These wendet sich der Autor gegen eine in der Forschung häufig anzutreffende „Tendenz zur Dichotomisierung – laut der das Personal als Täter und die Insassen als Opfer nationalsozialistischer Erziehungs- und Herrschaftsansprüche zu gelten hätten" (Patel 2011: 340).

82 Persönliche Daten wurden anonymisiert.

83 Vgl. die Analyse eines Dienstverpflichtungsbescheids in Kap. 4.2.

(B 3)

(a) Abschrift.
(b) Reichsarbeitsdienst
(c) Meldeamt 186 Essen I

(d) Reichsarbeitsdienst – Einberufungsbefehl

(e1) Sie werden hiermit in das Lager des Reichsarbeitsdienstes für die weibliche Jugend
(e2) Nr.1/100 Ort Hochdahl
(e3) einberufen und haben sich zum Dienstantritt am 3. April 1941 pünktlich um 13.30 Uhr beim Reichsarbeitsdienstmeldeamt 186, Essen I, einzufinden.
(h) Ihre Einstellung erfolgt als Reichsarbeitsdienstpflichtige.
(i) Sie unterstehen als Reichsarbeitsdienstangehörige vom Dienstantrittstage morgens 0 Uhr an der Befehlsgewalt des Reichsarbeitsführers.
(j) Name, Adresse
(HdEG/Stadtarchiv, 102 Nr. 692)

Die Überschrift „Einberufungsbefehl" (d) benennt die zentrale Sprechhandlung, deren assertive Realisierung in (e1) folgt: Mit der Distanzform „Sie" wird auf die Empfängerin, mit der illokutiven Deixis[84] „hiermit" auf das Dokument als Medium der Einberufung verwiesen. In Kombination mit dem sprechhandlungsbezeichnenden „einberufen" (e3) wird eine ‚explizit-performative Formel' realisiert (vgl. Zifonun/Hoffmann/Strecker 1997: 358). Dabei handelt es sich um eine Standard-Formel, die sich auch in Wehrmacht-Einberufungs-Befehlen sowie in Dienstverpflichtungsbescheiden findet. Erreicht wird eine für institutionelle Kontexte typische „direkte Markierung des zugrunde liegenden Handlungsmusters" (Zifonun/Hoffmann/Strecker 1997: 359).[85] Das *werden*-Passiv markiert das der Handlung Ausgesetztsein (vgl. Redder 1999). Der integrierte Subbefehl, der die Empfängerin auf den Dienstantritt verpflichtet, findet sich, koordinativ (mit „und") angeschlossen, in (e3). Als förmlicher modaler Marker der Illokution – dies kennzeichnet die formelle Befehlsrealisierung – wurde modales *haben zu* verwendet. Es folgen in (h) und (i) weitere assertiv übermittelte Informationen über das Dienstverhältnis: hierarchischer Status, Beginn des Dienstverhältnisses, Befehlskonstellation. Der in (h) angegebene Status „Reichsarbeitsdienstpflichtige"

84 Zifonun/Hoffmann/Strecker (1997: 358) geben folgende Bestimmung: „Zur Klasse der ILLOKUTIVEN DEIXIS gehören Ausdrücke, mit denen ein Autor den Rezipienten auf die aktuelle Sprechhandlung orientiert."

85 Der Ausdruck *hiermit* setzt sich zusammen aus dem deiktischen *hier-* und der symbolischen Präposition *mit*.

verweist auf die entsprechende juristische Grundlage, die „Verordnung zur Sicherstellung des Kräftebedarfs für Aufgaben von besonderer staatspolitischer Bedeutung vom 22.6.38". In (i) wird die Befehlskonstellation mit deiktischen und symbolischen Mitteln deutlich gemacht. Die Distanzform „Sie" orientiert die Empfängerin erneut auf sich selbst. Ihre Position am unteren Ende der Befehlskette wird symbolisch mit „unterstehen" markiert. Am oberen Ende der Befehlskette steht der „Reichsarbeitsführer". Der Ausdruck „Befehlsgewalt" expliziert das Muster von Befehl und Gehorsam der „totalen Institution", dem die Adressatin ab dem angegebenen Datum unterworfen wird.

3.2 Kommandobefehle

Entsprechend der Zweckausrichtung des Reichsarbeitsdienstes als NS-Sozialisations- und Erziehungsinstitution wurden die Arbeitsdienstpflichtigen einem systematischen militärischen Drill unterzogen. Dazu gehörte eine strenge Handlungsnormierung in allen möglichen dienstlichen und auch außerdienstlichen Bereichen[86] sowie die strenge Sanktionierung von abweichendem Handeln und Verweigerung.

Einen wichtigen Stellenwert innerhalb der Routine-Übungsformen nahmen Exerzierübungen nach militärischem Vorbild ein. Anstelle eines Gewehrs wurde hier ein Spaten, und zwar nicht der Arbeitsspaten, sondern ein eigens für das Exerzieren vorgesehener Paradespaten verwendet (vgl. Patel 2003: 230).[87] Zur Anwendung kamen innerhalb dieser Ordnungsübungen Kommandos wie „Spaten – über!" (dessen Ableitung vom militärischen Kommando „Gewehr über" unschwer zu erkennen ist)[88], „Spaten – faßt an!"[89] und ähnliche. Das Exerzieren mit dem Spaten war im Wesentlichen auf zwei Zweckbereiche ausgerichtet: Zum einen auf ein repräsentatives Auftreten bei Paraden, zum anderen, wie Reichsarbeitsführer Hierl es formulierte, auf eine Erziehung zur „unbedingten Unterordnung des eigenen Willens unter die Gesetze einer Gemeinschaft und die Anordnungen ihrer Führer" (Hierl 1935; zit. n. Patel 2003: 230).

---

86 Im offiziellen Handbuch, das „den werdenden Führer im RAD" (Auszug aus dem Titelzusatz) mit den institutionsinternen Handlungsnormierungen vertraut machen sollte, finden sich z.B. Vorschriften zu den Bereichen „Innendienst" („Stubenordnung, Spindordnung [...], Anzugordnung, Frühappell und Anzugappell"), „Verhalten im Dienst", „Verhalten in der dienstfreien Zeit" „Körper- und Gesundheitspflege" (Reichsarbeitsdienst 1939).

87 Die Exerzierübungen mit dem Spaten sind im „Handbuch für den werdenden RAD-Führer" dokumentiert: Reichsarbeitsdienst (1939: 126 ff.).

88 Das Exerzier-Kommando „Gewehr – über!" fand bereits in der „Königlich Preußischen Armee" Verwendung; vgl. die Erläuterung der Ausführung: Exerzir-Reglement für Infanteri der Königlich Preußischen Armee (1812/1988: 15).

89 Beide Kommandos weisen eine typische Zweiteilung (Ankündigungskommando – Ausführungskommando) auf.

Letzterer Zweckbereich ist in der Ausbildung militärischer Rekruten in Europa seit dem 18. Jahrhundert mit der Handlungsform des Exerzierens verbunden (vgl. Patel 2003: 233). Die ursprüngliche Zweckausrichtung zielte auf die Vereinheitlichung der Handlungsabläufe großer Gruppen militärischer Akteure, was ein Erfordernis damaliger Kampftechniken in geschlossenen Formationen darstellte (vgl. Patel 2003: 233; Bröckling 1997: 22 f.). Allmählich rückte allerdings im Zuge der technischen Weiterentwicklung von Waffen und damit einhergehend der entsprechenden Anpassung der Kampfweisen die Funktion der tatsächlichen praktischen Verwertbarkeit von Exerzierroutinen für militärische Handlungsabläufe in den Hintergrund (vgl. Bröckling 1997: 23). Militärische Akteure wurden mehr und mehr Experten im Gebrauch von technisierten Waffen, Fahrzeugen und anderen technischen Kriegsgeräten, was Exerzierformen ihren praktisch-militärischen Anwendungsbezug nahm, wobei diese „Dressurpraktiken [...] als Mittel sozialer Kontrolle und Unterwerfung" (Bröckling 1997: 23) weiterhin eine wichtige Rolle innerhalb der militärischen Sozialisation spielten und bis heute spielen (vgl. Bröckling 1997: 23).

Das nachfolgende Beispiel aus dem Handlungszusammenhang „Postenablösung" zeigt das Kommandieren innerhalb einer für das Handlungsmuster des Befehls untypischen Konstellation, die nämlich durch hierarchische Gleichrangigkeit der Aktanten gekennzeichnet ist. Beteiligt sind zwei „Arbeitsmänner", von denen einer die neue Wache antritt und damit den zuvor Wachhabenden ablöst[90]:

(B 4)

> (a1) Der neue Posten kommandiert: (a2) „ab – gelöst!"
> (b1) Auf „ab" setzen beide Posten den linken Fuß nach rechts vorwärts auf die gleiche Höhe; (b2) auf „gelöst" drehen sich beide gleichzeitig auf dem linken Fußballen umeinander nach vorn und wechseln in einem Schritt ihre Plätze."
> (c1) Der **neue Posten** meldet: (c2) „Posten übernommen!"
> (d1) Der **alte Posten** macht eine Kehrtwendung und marschiert nach drei betonten Marschschritten zum Wachlokal. (e1) Hier meldet er sich bei dem neuen Wachhabenden: (e2) „Posten richtig übergeben! (e3) Auf Posten nichts Neues!" oder besondere Vorkommnisse. (f) Er hängt seinen Mantel (Tornister) um, tritt heraus und rückt mit der alten Wache ab.
> (Reichsarbeitsdienst 1939: 141 ff.)

Der jeweilige „neue Posten" übernimmt die Position des Kommandierenden (und wird bei seiner eigenen Ablösung vom nächsten Posten kommandiert). Untypisch ist neben der hierarchischen Gleichrangigkeit auch der Ablauf der Interaktion:

90 Im Analysebeispiel wird nur die Abschlusssequenz dieses Routinehandlungskomplexes betrachtet.

Das Kommando (a2) „ab – gelöst!" ist ein zweigeteiltes Kommando, dessen erster Teil eine vorbereitende Teilbewegung initiiert, die auf die gleichzeitige Ausführung der auf das zweite Teilkommando folgenden Teilbewegung hin ausgerichtet ist. Allerdings sind beide Aktanten an der Bewegungsfolge, die durch das Kommando initiiert wird, beteiligt (b1,2). Der Kommandierende setzt durch die normgerechte Äußerung des Kommandos einen Startpunkt, um die Bewegungen beider Aktanten zu synchronisieren. Der Abschluss des Handlungsprozesses wird mit der Äußerung „Posten übernommen!" (c2) ausgelöst, und zwar mit einer in den Handlungskomplex „Postenablösung" systematisch integrierten Realisierung des militärischen Sprechhandlungsmusters „Meldung machen".
Die typische Form der militärischen Meldung ist dadurch gekennzeichnet, dass ein Untergebener einen Vorgesetzten über ein Handlungsresultat, das (meist) auf einen Befehl zurückzuführen ist, oder über ein eingetretenes Ereignis informiert. Mit der ersten Variante wird häufig ein formeller Abschluss des Musters „Befehl – Gehorsam" realisiert, während die zweite Variante darauf abzielt, dem Vorgesetzten Wissen für weitere Handlungsplanungen bereitzustellen. Die spezifische Meldung im Beispiel (c2) weist allerdings einen komplexen Handlungscharakter auf: Der neue Wachposten gibt mit der Äußerung das Erreichen des vorgesehenen Handlungsresultats zu erkennen, wie an der Form des Partizips II („übernommen") deutlich wird. Damit entbindet er den vorherigen Posten formell von dessen Wachverpflichtung und realisiert implizit eine kommissive Sprechhandlung[91] hinsichtlich der nun von ihm auszuführenden Handlung „Wache halten". Wie in der Erläuterung in (d1) deutlich wird, wohnt der Meldung allerdings auch eine expeditive, kommandohafte Handlungsqualität inne, da sie beim abgelösten Posten unmittelbar das Abrufen und Ausführen einer normierten Handlungsfolge initiiert.
Der vordergründige Zweck des Handlungskomplexes „Postenablösung" ist die formelle Übergabe der Position des Postens und der damit verbundenen Verantwortlichkeit[92]. Der übergeordnete Zweckzusammenhang (vormilitärische Ausbildung und speziell die Gewöhnung an streng normierte, rituell ablaufende Handlungsformen) wird besonders daran deutlich, dass diese Handlungsform beinahe ohne Modifikationen aus dem militärischen Bereich adaptiert wurde: Identische Kommandos und ähnliche Erläuterungen der auszuführenden Bewegungsfolgen der „Postenablösung", wie sie im Analysebeispiel dokumentiert sind, finden sich in verschiedenen Wehrmacht-Handbüchern (vgl. Tschoeltsch 1943: 92, Altrichter 1941: 152). Ermöglicht wird ein unmittelbarer Übergang der Akteure in militärische Organisationseinheiten. Es müssen nur bestimmte Substitutionen erfolgen,

91 Einen Überblick über kommissive Sprechhandlungen geben Zifonun/Hoffmann/Strecker (1997: 145 ff.).

92 Fraglich ist, inwieweit in den Ausbildungslagern des Reichsarbeitsdienstes eine konkrete handlungspraktische Notwendigkeit von Wachposten bestanden hat, was den Aspekt der Handlungsnormierung im Hinblick auf die militärische Sozialisation (Ordnung, Unterordnung) in den Vordergrund treten lässt.

wie z.B. der Austausch des Spatens gegen eine Waffe etc. Nicht zuletzt wird auch die fraglose Eingliederung der „Volksgenossen" in andere Kommandostrukturen, z.B. innerhalb der Rüstungswirtschaft vorbereitet.
Der Erziehungscharakter des gesamten Handlungskomplexes „Wachdienst" wird im „Handbuch für den werdenden Führer im RAD", aus dem das Analysebeispiel stammt, in der Einleitung zum entsprechenden Kapitel expliziert: „**Wachdienst ist** verantwortungsvollster **Ehrendienst** von hervorragender erzieherischer Wirkung, vor allem in Bezug auf Pflichtauffassung und Entschlossenheit" (Reichsarbeitsdienst 1939: 129). Die erzieherische Wirkung des Wachdienstes stellt auch Altrichter im „Handbuch für den Reserveoffizier" heraus:

> „Außerdem hat der Wachdienst einen hohen erzieherischen Wert. Der Soldat lernt hierbei, unbeobachtet und **nur auf sich selbst** gestellt, **seine Pflicht** zu erfüllen. [...] Durch Niederkämpfen von Müdigkeit und dauerndem Zwang zur Aufmerksamkeit wird er zu Selbstüberwindung und Härte erzogen." (Altrichter 1941: 139)

Im folgenden Analysebeispiel wird die Handlung „Schaufeln" in Teilhandlungen zerlegt, die per Kommando initiiert werden:

(B 5)

> (a) Da war es nötig, zuerst eine Schaufelbühne, so der Fachausdruck, zu machen, d. h. den Sand oder die Erde vor dem Haufen zu glätten oder zu planieren, damit man die Schaufel hin- und herschieben konnte. (b) „Dann kam das Kommando „Schub!", und die Schaufel fuhr in das Erdreich. (c) Auf das Kommando „Hub!" zog man die gefüllte Schaufel wieder zurück und hob sie gleichzeitig dabei an, um die Ladung anschließend beim Kommando „Wurf!" auf die andere Seite zu werfen.
> [...]
> (d) Beim RAD aber verwendeten wir ganze Nachmittage darauf, diesen schwierigen Vorgang unter den Signalen aus der Trillerpfeife des Vormanns in einem Gelände hinter dem Dottenheimer Bahnhof links der Straße nach Walddachsbach zu erlernen, wobei immer eine Reihe von Arbeitsmännern die Erde auf die Haufen der gegenüberstehenden Arbeitsmänner beförderte, während diese im selben Augenblick die Erde auf die Haufen vor uns zurückwarfen.
> (Hellmuth 1987: 24 f.)

In diesem Beispiel kommt der Spaten nicht für das Exerzieren von „Spatengriffen" zum Einsatz, sondern für den ursprünglichen praktischen Zweck, der mit der Entwicklung dieses Werkzeugs verbunden ist, allerdings nur pseudohaft, indem nämlich der Zusammenhang von Handlungsdefizit, Handlung und Handlungsresultat eine Schleife bildet. Diese Schleife ist dadurch charakterisiert, dass

die gegenüberstehenden Aktanten reziprok durch ihr Erreichen der Zielkonstellation (Erde liegt auf der jeweils anderen Seite) eine neue defizitäre Ausgangskonstellation herstellen, an der sich der Eintritt in den nächsten Durchlauf des gleichen Musters vollzieht: Beide werfen nun in der gleichen Abfolge der Teilhandlungen – als Ausführungen der entsprechenden Teilkommandos „Schub! – Hub! – Wurf!" die Erde wieder auf die andere Seite und so weiter.
Die Handlung „Schaufeln" zweckadäquat auszuführen, ist relativ einfach. Für eine Übung, die auf die Verbesserung der Ausführung im Hinblick auf ein optimales Handlungsresultat gerichtet wäre, wäre eine kommandierte Handlungszerlegung in die Teilkommandos „Schub! – Hub! – Wurf!" und die entsprechenden Teilhandlungen mehr als entbehrlich, wahrscheinlich sogar hinderlich.[93] Hier steht offenbar die Gewöhnung an das zeitgleiche Handeln auf Kommando im Vordergrund und damit das Aufgeben von Individualität durch die Annahme der Rolle des absolut gehorchenden Befehlsempfängers des NS-Staates. Neben dem Moment der militärischen Sozialisation ist ferner noch die Funktion zu sehen, dass durch das Aufgehen des Einzelnen in der Masse der gleichförmig und gleichzeitig auf Kommando Agierenden – im Hinblick auf die Forcierung von Kameradschaft als Basisstufe der allseits propagierten „Volksgemeinschaft" – eine Überbrückung von sozialen Unterschieden erreicht werden sollte (vgl. Götz 2001: 328).[94]

3.3 Gegenwehr durch Gehorsam

In einer „Totalen Institution" gibt es systematische Freiräume für den Machtmissbrauch derjenigen, die Befehlspositionen innehaben.[95] Im Buch des Zeitzeugen Reinhardt Hellmuth finden sich eine Reihe von Reflexionen und konkreten Bei-

93 Dafür spricht auch die ironisierende Kommentierung des Zeitzeugen Hellmuth, wie sie etwa in (d) deutlich wird: „diesen schwierigen Vorgang". An anderer Stelle findet sich folgender Kommentar: „Was sollte das für einen Sinn haben, wenn wir bei „Schub- Hub und Wurf!" mit jeder Schaufel Erde auf den Haufen eines gegenüberstehenden Kameraden warfen, und er warf dann beim nächsten Kommando die gleiche Erde wieder zurück!" (Hellmuth 1987: 65)

94 Durch die Verwendung des „Arbeits"-Ideologems in der Bezeichnung „Reichsarbeitsdienst" wurde das Moment der Gleichheit der Verpflichteten, die ungeachtet ihres sozialen und bildungsmäßigen Hintergrunds die gleichen Tätigkeiten verrichten, im Symbolfeld verankert. Dazu Patel: „Der Begriff des „Arbeiters" stand letztlich für die Überwindung aller Klassenschranken und für eine antimaterialistische Wertung von Arbeit." (2003: 205). Im Zusammenhang mit der Gleichheit suggerierenden Gemeinschaft der Arbeitenden steht die Anlehnung an das mythisch aufgeladene Ideologem der „Schützengrabengemeinschaft" des Ersten Weltkriegs (vgl. Patel 2003: 205).

95 Der Anspruch, dass alle „Führer" sich durch Charisma die freiwillige Gefolgschaft ihrer Untergebenen erwerben sollten, und die Realität klafften häufig auseinander, so dass das Handlungsmuster des Befehls vor allem durch das drohende Sanktionssystem gestützt war (vgl. Patel 2011: 353).

spielen zu diesem Aspekt.[96] Zwar war Machtmissbrauch verboten, jedoch: „Eine echte Kontrolle gab es kaum, so daß die Scharfmacher freie Bahn hatten" (Hellmuth 1987: 32).
Systematische Erniedrigung seitens Befehlender provoziert allerdings zwangsläufig Gegenwehr, wenn Unterdrückte die Gelegenheit dazu erhalten und das damit verbundene Risiko überschaubar erscheint. Der Zeitzeuge Hellmuth erinnert sich an eine Strategie der Gegenwehr, die er „Übererfüllung sinnloser Befehle" nennt:

> „Aber wenn auf der einen Seite diese absolute Unterwerfung unter sinnlose Befehle und Schikanen, diese systematische Entpersönlichung eines anderen ohne jede Möglichkeit der Gegenwehr das eigentlich Schlimme an dieser Dienstzeit war – und viele empfanden das so, wie wir durch Gespräche untereinander bald herausfanden –, so gab es auf der anderen Seite immer wieder Möglichkeiten, die Führer und dieses System durch Übererfüllung sinnloser Befehle lächerlich zu machen." (Hellmuth 1987: 46)

Im folgenden Analysebeispiel besteht diese „Übererfüllung" darin, dass ein Befehl wörtlicher genommen wird als seitens des Vorgesetzten intendiert. In der Vorgeschichte liegt der zur Schikanierung erteilte Befehl des Vorgesetzten „Bull" an einen „Arbeitsmann" („Rudi"), auf den Flaggenmast zu klettern.[97] Dort sollen weitere Demütigungen folgen. Der Vorgesetzte befiehlt:

(B 6)

> (a1) „Sprechen Sie mirr[98] nach! (a2) Sie sind ein Blödmann!" (a3), was Rudi prompt wörtlich wiederholte, (a4) „Sie sind ein Blödmann!" (b1) Bull, der deutschen Grammatik unkundig, war einen Augenblick irritiert, dann schrie er zurück, (b2) „Nicht ich, Sie sind ein Blödmann!" (c) Rudi führte auch diesen Befehl aus und schrie den selben Wortlaut weit über den Hof, sehr zum Spaß der anderen Arbeitsmänner, die sich umdrehten, damit Bull nicht sah, daß sie grinsten.
> (Hellmuth 1987: 46)

Die Auflehnung des „Arbeitsmannes" „Rudi" besteht nicht etwa in direktem oder indirektem Ungehorsam, sondern in der, wie es der Verfasser des autobiografi-

96 Dokumentiert ist z.B. ein Befehl, der durch eine Drohung gestützt ist: „Einmal mussten wir die Abortgrube des Lagerkommandanten mit Eimern und einem Schöpfer ausleeren, der an einer Stange befestigt war. […] Als die Grube noch zu einem Viertel voll war, sie war Gottseidank nicht sehr tief, fiel Schick sein Taschenmesser hinein, mit dem er sich die Fingernägel auskratzte, während er uns beim Arbeiten zusah. Er befahl Sänger darauf, er solle das Messer sofort herausholen, aber nicht mit dem Schöpfer, mit dem wir es auch gar nicht erwischt hätten, sondern mit der Hand. Als der zögerte, drohte ihm Schick an, ihn wegen Befehlsverweigerung zu melden." (Hellmuth 1987: 41)

97 Der Flaggenmast eines RAD-Lagers befand sich üblicherweise in der Mitte des Lagerhofs, also an im gesamten Lager gut sichtbarer Stelle (vgl. die Abbildung in Patel 2003: 214).

98 So im Original.

schen Erlebnisberichtes bezeichnet, „Übererfüllung sinnloser Befehle". Der Befehl, welcher der Machtdemonstration des Vorgesetzten und der Demütigung des Untergebenen dienen soll, wird von „Bull" sprachlich nicht entsprechend dem mutmaßlich zu Grunde liegenden Handlungsplan realisiert, was „Rudi" ausnutzt und die Assertion (a2) wörtlich nachspricht, anstatt sie hinsichtlich der personendeiktischen Orientierung umzuformen. Auch der darauf folgende Reparaturversuch des Vorgesetzten (b2) misslingt: „Rudi" hält sich strikt an den Befehl (a1) und wiederholt die Assertion wörtlich.[99]

3.4 Zusammenfassung

Der Reichsarbeitsdienst gehörte zu einer Reihe von Erziehungs- und Sozialisationsinstitutionen, welche darauf ausgerichtet waren, die Angehörigen zu gehorsamen „Volksgenossen" zu erziehen, die bereitwillig für Deutschland in den Krieg zogen.
Die Analysebeispiele zeigen ausschnitthaft verschiedene Facetten der Importierung militärischer Handlungsformen und deren Ausrichtung einerseits auf den Zweck der Gewöhnung der Dienstpflichtigen an das streng normierte Handeln auf Befehl und andererseits auf die Gewöhnung an das Befehlen selbst.

Der analysierte Einberufungsbefehl (B 3) repräsentiert die standardisierte Form des staatlichen Zugriffs auf das Individuum, durch den sich per Post die zwangsweise und formelle Integration in den Befehlsapparat des RAD vollzog.
Bei Handlungsformen wie dem in (B 5) dokumentierten Schaufeln auf Kommando („Schub! – Hub! – Wurf!") steht der Zweck der Disziplinierung im Hinblick auf die Erzeugung von absolutem Gehorsam deutlich im Vordergrund. Die Polarität „Macht vs. Ohnmacht"[100] schafft die Bedingungen, um die Individuen gefügig zu machen, sie zu entindividualisieren.
Am Beispiel „Postenablösung" (B 1) aus dem Handlungszusammenhang „Wachdienst" lassen sich exemplarisch zwei Aspekte veranschaulichen: Der von der militärischen Form kopierte Handlungskomplex ist einerseits im Sinne einer systematischen vormilitärischen Ausbildung darauf ausgerichtet, dass die RAD-Angehörigen die entsprechenden Rituale bereits verinnerlicht haben, bevor sie in die Armee eintreten. Andererseits wirken die „Insassen" im Rahmen der Ausführung

99 Ob die Geschichte sich tatsächlich so zugetragen hat, mag dahingestellt bleiben. Der Erzähler weist sie jedenfalls als exemplarisch aus für eine Strategie der Gegenwehr, zu deren Anwendung es „immer wieder Möglichkeiten" gab (Hellmuth 1987: 46).

100 In diesem Beispiel zeigt sich tatsächlich eine strikte Trennung zwischen „Personal" und „Insassen".

des „Wachdienstes" aktiv daran mit, die angestrebte völlige Überwachung ihrer selbst zu ermöglichen, für die es sonst viel mehr „Personal" bräuchte.[101]
Ein Beispiel für Gegenwehr aus den Reihen der „Insassen" stellt die von Hellmuth erzählte Geschichte dar, in der das Herrschaftsmittel des Befehls gegen das „Personal" verwendet wird (B 6). Der Triumph des „Arbeitsmannes" „Rudi" besteht darin, den Spieß umzudrehen, so dass das Ziel des Vorgesetzten verfehlt und Letzterer der Lächerlichkeit preisgegeben wird.

101 In der „Überwachung" der „Insassen" sieht Goffman die wesentliche Funktion des „Personals" in „Totalen Institutionen" (1972: 18).

4. Befehl und Gehorsam in der NS-Wirtschaft

Im Rahmen der stetig forcierten Militarisierung der nationalsozialistischen Gesellschaft wurden militärische Organisations- und Handlungsformen auch auf den Bereich der Wirtschaft übertragen. Zentral war hierbei das „Gesetz zur Ordnung der nationalen Arbeit" vom 20.1.1934. Mit der Implementierung des nationalsozialistischen Führerprinzips im privatwirtschaftlichen Bereich wurde eine para-staatliche Grundkonstellation geschaffen, welche die Basis für das sprachliche Handlungsmuster von Befehl und Gehorsam bildete.
Bevor anhand exemplarischer Textanalysen spezifische Ausprägungen des Befehls in der industriellen Wirtschaft sowie die Einbettung in sprachliche und außersprachliche Handlungszusammenhänge rekonstruiert werden, geht es im Folgenden zunächst darum, die Übertragung militärtypischer Konstellationselemente im Rahmen der Neuordnung des Arbeitsrechts und die Rolle der zentralen Ideologeme – „Führen" und „Folgen", „Dienst" sowie „Pflicht" – aufzuzeigen.

4.1 „Betriebsgemeinschaft"

Im Zentrum des Arbeitsordnungsgesetzes von 1934 (AOG) stand das Konstrukt der „Betriebsgemeinschaft"[102], in der die Unternehmer als „Betriebsführer", die Angehörigen der Belegschaft als „Gefolgschaftsmitglieder" ihren je spezifischen „Dienst" für die „Volksgemeinschaft" leisten sollten.
Der Betriebsführer hatte die Befehlsgewalt über die Gefolgschaft inne (vgl. Frese 1991: 94, Rüthers 2005: 77). Die Gefolgschaftsmitglieder eines Betriebs waren bei völliger Ausschaltung von Mitbestimmung[103] qua Gesetz und Betriebsordnung zu „Treue" und „Gehorsam" ihrem Betriebsführer als Repräsentanten des Führerstaates gegenüber verpflichtet (vgl. Frese 1991: 94). Es entstand eine Verquickung von einerseits privatwirtschaftlichem Unternehmertum und andererseits staatlich verankerter autoritärer Organisationsstruktur:

102 Charakteristisch für die Zusammensetzung der NS-Ideologie ist eine *Amalgamierung* verschiedenster, häufig bereits bestehender Ideologeme und Konzepte (vgl. Ehlich 1989: 17). Bezüglich der NS-ideologischen Integration des Konzepts der „Betriebsgemeinschaft" betonen Mallmann/Paul: „Die Idee der Betriebsgemeinschaft war – wie so vieles – keine nationalsozialistische Erfindung, sondern in der Arbeitspädagogik und Betriebspsychologie der 20er Jahre schon längst formuliert worden." (1991: 146).

103 Nach der Zerschlagung der Gewerkschaften und dem Verbot von Streiks und Demonstrationen übernahm die 1934 gegründete Deutsche Arbeitsfront (DAF) als gleichgeschaltete Staatsorganisation die Vertretung der Arbeitnehmer (vgl. Spohn 1987: 126 ff.).

> „Die Verwertung des Eigentums blieb Privatangelegenheit des Unternehmers, das damit gesetzte Herrschaftsverhältnis zwischen Betriebsführer und Gefolgschaft wurde Teil der öffentlichen Ordnung." (Spohn 1987: 20)

Die „Weisungsbefugnis des Betriebsführers" wurde „ein Mittel zur Realisierung des unpersönlich gefaßten, auch über dem Unternehmer stehenden ‚Betriebszwecks'." (Spohn 1987: 22) Das Konzept der „Betriebsgemeinschaft" beinhaltete außerdem, dass Betriebsführer – in Anlehnung an die Obhutspflichten militärischer Führer – für die Fürsorge ihrer Gefolgschaft verantwortlich seien:

> „§1 Im Betriebe arbeiten der Unternehmer als Führer des Betriebes, die Angestellten und Arbeiter als Gefolgschaft gemeinsam zur Förderung der Betriebszwecke und zum gemeinen Nutzen von Volk und Staat.
> §2 [1] Der Führer des Betriebes entscheidet der Gefolgschaft gegenüber in allen betrieblichen Angelegenheiten, soweit sie durch dieses Gesetz geregelt werden.
> [2] Er hat für das Wohl der Gefolgschaft zu sorgen. Diese hat ihm die in der Betriebsgemeinschaft begründete Treue zu halten."
> („Gesetz zur Ordnung der nationalen Arbeit" vom 20.1.1934; Erster Abschnitt (Auszug); zit. n. Kranig 1984: 57)

Das militärische Muster von Befehl und Gehorsam – „Führen" und „Folgen" – schlug sich in den neuen Rollenbezeichnungen nieder:
Das Ideologem „Führen" (etymologisch von mhd. *vüeren*, ahd. *fuoren*, as. *fōrian*; vgl. Kluge 2002: 321) kennzeichnet innerhalb des Determinativkompositums „Betriebsführer" den Unternehmer als legitimierte Befehlsinstanz innerhalb einer para-staatlichen Befehlskette. Der Bereich, auf den sich die Reichweite des Befehlens erstreckt, wird mit dem Determinans „Betrieb" angegeben. Determinativkomposita dieser Art dienten in vielen NS-Organisationen der symbolischen Spezifizierung von Befehlsstrukturen: Beispielsweise befehligte innerhalb des Reichsarbeitsdienstes der „Truppführer" seinen „Trupp", der „Zugführer" seinen „Zug", der „Abteilungsführer" seine „Abteilung" usw. (vgl. Reichsarbeitsdienst 1939: 27).
Das der Belegschaft („Ge-folg-schaft") zugewiesene „Folgen"-Ideologem – etymologisch von mhd. *volgen*, ahd. *folgēn*, as. *folgon* (vgl. Kluge 2002: 307) – transportiert im Symbolfeld das dem Befehlen komplementäre Moment innerhalb des Musters: „gehorsam sein" (Kluge 2002: 307): handeln unter Suspendierung der eigenen Handlungsplanung. Das Verhältnis von „Führer" und „Gefolgschaft" sowie der daran gebundene Gehorsamsanspruch wurden häufig „pseudoreligiös

überhöht" (Schmitz-Berning 2000: 253[104]). Mit dem Konzept der „Betriebsgemeinschaft" war die Propaganda von der Auflösung der Klassengegensätze zwischen Unternehmern und Arbeitern verbunden (vgl. Spohn 1987: 9 f., 13). Der „Betriebsführer" stünde der „Gefolgschaft" „nicht mehr gegenüber", sondern stelle sich gemäß des Führerprinzips „an die Spitze" (Vögler 1934; zit. n. Frese 1991: 116) der Gemeinschaft.
In den zeitgenössischen Abhandlungen zum nationalsozialistischen Arbeitsrecht wurde häufig zu biologistischen (Körper-) Metaphern gegriffen, um die ideologische Idealvorstellung der nationalsozialistischen „Betriebsgemeinschaft" und ihre Einbindung in die übergeordnete „Volksgemeinschaft" zu veranschaulichen:

> „Der Betrieb ist im nationalsozialistischen Staat nicht mehr nur eine private Veranstaltung, sondern ein lebendiges Glied der sozialen und wirtschaftlichen Kräfteordnung und als solches teilhaftiger Organismus des ganzheitlichen Organismus von Volk und Staat." (Rössler 1935; zit. n. Spohn 1987: 12)

Mit der ideologischen und juristischen Ausrichtung der „Betriebsgemeinschaft" auf den (variabel gehaltenen) „Nutzen für die Volksgemeinschaft" und somit auf die Zwecke des Führerstaates ging die Umdeutung der Arbeit zu einem „Dienst"[105] einher (vgl. Götz 2001: 324). In den Worten des NS-Juristen Wolfgang Siebert: „Volksgemeinschaft als Grundlage und Mittelpunkt der Arbeit bedeutet zunächst, daß alle Arbeit auf das Wohl des Volkes gerichtet, Dienst in der Volksgemeinschaft sein muß." (Siebert 1942: 31) Die Arbeit, vormals Tauschobjekt zwischen Arbeitgeber und Arbeitnehmer zu beiderseitigem ökonomischen Nutzen, wurde umkonzeptualisiert zu einem Akt des Dienstes an der Gemeinschaft, gekoppelt an die individuelle Pflicht des einzelnen Mitglieds der Gemeinschaft (vgl. Spohn 1987: 33 f., Götz 2001: 324). Bei Verweigerung drohte Ausschluss:

> „Die Arbeit ist eine natürliche Pflicht des Volksgenossen, die er erfüllen muß, um in die Gemeinschaft eingegliedert zu sein. Was ihm die Natur gegeben hat, muß er als Beitrag wieder abstatten seinem Volk; es kann nur ein Recht in dieser Gemeinschaft geben, das erwächst aus der Erfüllung der zugewiesenen eigenen höchsten Pflicht (Adolf Hitler).

104 Aus Meyers Lexikon, Bd. 4 (1938: 1085; zit. n. Schmitz-Berning 2000: 253): „Gefolgschaft – Im nationalsozialistischen Sinne die auf Blutsverbundenheit und natürlicher Ungleichheit der Menschen beruhende sich im Führergrundsatz ausdrückende Verbundenheit von Führer und Geführten, wie auch die Gesamtheit der letzteren. Weltanschaulich-religiöse Grundlage ist die Überzeugung, daß jedes echte Führertum vom Schicksal gesandt ist und daß die Aufforderung, Gefolgschaft zu leisten, von höheren Mächten aus an die Geführten ergeht (‚Glaube an den Führer als weltanschaulich-religiöse Wurzel der Gefolgschaft'). Die in der Gefolgschaft enthaltenen sittlichen Verpflichtungen gipfeln in deren Treue zum Führer, in der Kameradschaft innerhalb der Gefolgschaft und in der Bewahrung der eigenen Ehre."

105 Das Verb *‚dienen'* (8. Jh.) geht auf mhd. *dienen*, ahd. *dionōn, thionōn*, as. *thionon* zurück (vgl. Kluge 2002: 199).

> Wer diesen Arbeitsauftrag schuldhaft nicht erfüllt, verwirkt also schließlich seine Rechtsstellung in der Gemeinschaft." (Siebert 1942: 32 f.)

Die „Pflicht" zur Arbeit, von der Siebert hier mit „belegendem" Verweis auf Hitler (als maßgebliche Instanz in ideologischen Fragen) spricht, wird in NS-typischer Weise pseudobiologisch („natürliche") und pseudoreligiös („höhere") gedeutet.

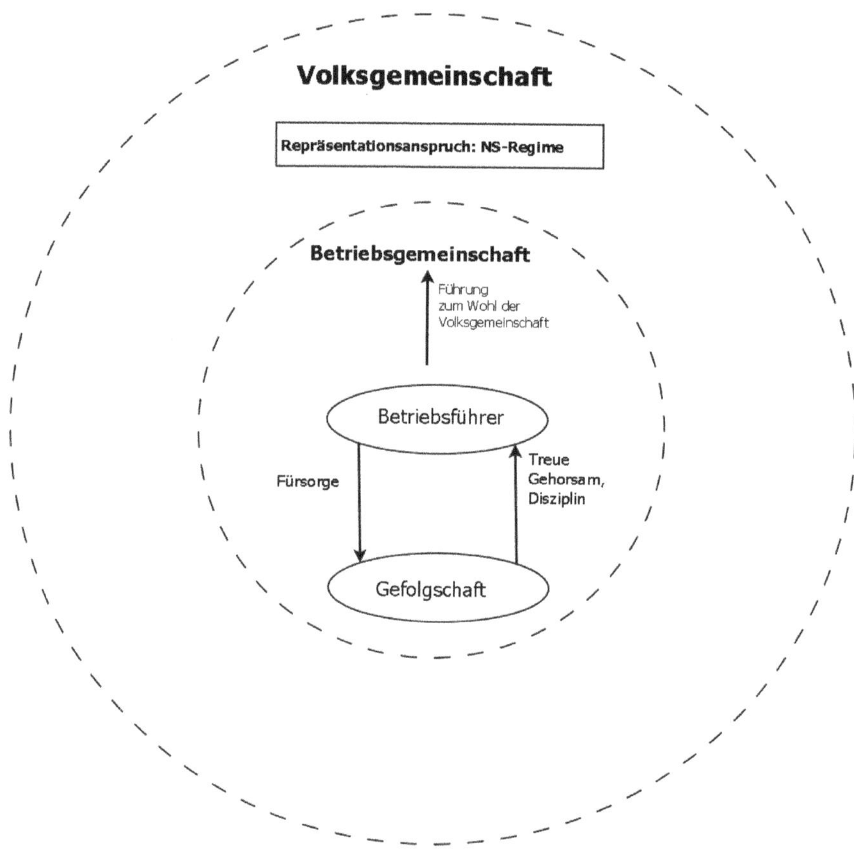

Abb. 2: Das NS-ideologische Konzept der „Betriebsgemeinschaft"

Das Konzept des Dienstes bildet einen wesentlichen Bestandteil des Fundaments, auf dem das militärische Handlungsmuster von Befehl und Gehorsam aufgebaut ist: Der militärische Befehl ist bezogen und beschränkt auf den Bereich dienstlicher, d.h., staatlich legitimierter und auf die Verteidigung des Staates und seiner Bewohner gegen Angriffe von außen orientierter Handlungen.
Im Nationalsozialismus wurde das Konzept staatlicher Verpflichtung von Zivilpersonen zu einem in den Führerstaat eingebundenen „Dienst" auf Bereiche ausgedehnt, die ursprünglich dieser Art staatlichen Zugriffs entzogen waren (vgl. Götz 2001: 323 ff.). Ein Beispiel aus der Hochschule:

> „Die vom Fachschaftsleiter angesetzte Arbeit ist Dienst. Versäumnis des Dienstes, Zuwiderhandlung gegen die Anordnung des Fachschaftsleiters und unkameradschaftliches Verhalten innerhalb der Fachschaft werden nach soldatischen Gesichtspunkten geahndet." (Richtlinien des Amtes für Wissenschaft der Deutschen Studentenschaft für den Aufbau der Fachschaften und Fachgruppen bzw. den Umbau der schon vorhandenen entsprechenden Einrichtungen. In: Der Deutsche Student, 1/August 1933, 60; zit. n. Schmitz-Berning 2000: 152)

Ein Beispiel aus dem BDM:

> „Wir stellen das Deutsche Mädel bewußt in den schweren Dienst an der Nation. Möge es im Verzicht auf manche Freiheit, die der Jugend anderer Generationen vergönnt war, das grössere Glück des Erlebnisses innerer selbstloser Gemeinschaft gewinnen."
> (v. Schirach 1934; zit. n. Schmitz-Berning 2000: 153)

Während der Ausdruck „Dienst" in der Wirtschaft den Handlungsbereich ‚Arbeit' als para-staatlichen qualifizierte, bezeichnete der Ausdruck „Pflicht"[106] die für eine Person oder eine Gruppe von Personen gültige Obligation hinsichtlich einer Handlung oder eines Handlungszusammenhangs, ausgehend von einer Instanz der Verpflichtung. Die allgemeine Pflicht der Gefolgschaftsmitglieder eines Wirtschaftsbetriebs, der Gemeinschaft durch Arbeit zu „dienen", wurde durch die Befehle des Betriebsführers spezifiziert. Dieser hatte – so die Erläuterungen Sieberts zur „Unternehmer- (Betriebsführer-) Anordnung" – „die Befugnis" [...], den Inhalt der Arbeitspflicht des Gefolgsmannes näher zu bestimmen, d. h. also

106 Zur Etymologie : „**Pflicht** *f.* (< 11. Jh.). mhd. *pfliht(e)*, ahd. *pfliht, fliht* [...] Die heutige Bedeutung geht über „Pflege" zu „Dienst, Obliegenheit" (so schon mittelhochdeutsch)." (Kluge 2002: 696) In NS-Texten ist der Ausdruck häufig auch in sakral überhöhender Verwendungsweise zu finden („heilige Pflicht"): In der Betriebsordnung des Neunkirchener Eisenwerks heißt es beispielsweise: „Arbeit ist nicht Last, ist nicht Mühsal oder Zwang oder gar Schande, Arbeit ist sittliche Pflicht, Arbeit ist Gottesgeschenk, Arbeit ist Segen. Deutsches Leben ist Arbeit. Alle Arbeit nur für Deutschland." (zit. n. Mallmann/Paul 1991: 149)

vor allem über Art, Umfang, Zeit und Ort der Arbeitsleistung zu entscheiden." (Siebert 1942: 78)
Die Betriebsführer verfügten über Sanktionsmöglichkeiten, die sie im Rahmen des NS-Führerprinzips nach eigenem Ermessen umsetzen konnten:

> „Der Betriebsführer hat eine besondere Disziplinargewalt, um die Ordnung und Sicherheit im Betriebe durchzusetzen. Die Bedeutung der betrieblichen Selbstgestaltungs- und Sicherungsaufgaben zeigt sich hier in einer Übertragung der Sühnefunktion auf den Betriebsführer zur selbstständigen Wahrnehmung: er kann Pflichtwidrigkeiten im Arbeitsleben, z.B. Arbeitsvertragsbrüche, ohne Mitwirkung des Staates ahnden." (Siebert 1942: 101)

Das Konzept der „Disziplinargewalt" als Teil der Absicherungssysteme der „Handlungsvoraussetzungen für den Befehl" (Ehlich 1989: 24) entstammt dem militärischen Bereich: Offiziere der Wehrmacht waren autorisiert, eine militärische „Disziplinarstrafgewalt" auszuüben, um „Disziplinarübertretungen" – im Wortlaut der Wehrmachtdisziplinarstrafordnung: „vorsätzliche oder fahrlässige Verstöße (Handlungen und Unterlassungen) gegen die militärische Zucht und Ordnung, die unter kein Strafgesetz fallen" (WDStO: 1942: 5), – zu bestrafen.
In den folgenden Teilkapiteln werden exemplarische Analysen von Texten aus der industriellen Wirtschaft der Kriegszeit vorgestellt, in der die „Verallgemeinerung von Befehlsstrukturen" (Ehlich 1989: 24) im Zuge der immer intensiver vorangetriebenen Ausrichtung aller gesellschaftlichen Bereiche auf die Zwecke des Krieges kulminierte (vgl. Ehlich 1989: 24).
Der Teil der Textuntersuchungen beginnt mit der Analyse eines „Dienstverpflichtungsbescheids" aus dem Jahr 1940 (B 7). Dessen Handlungscharakter entspricht – gestützt auf gesetzliche Neuordnungen, die eine Einberufung von „Volksgenossen" für zivile „Dienste" möglich machten – im Wesentlichen dem eines militärischen Einberufungsbefehls. Das zweite Analysebeispiel (B 8) enthält eine sprachlich verallgemeinerte Form eines Befehls zur Pflichtarbeit am 1. Mai und am Pfingstmontag 1944. Der „Terror als „backing" für die Akzeptanz der Befehle" (Ehlich 1989: 24) in der industriellen Kriegswirtschaft und seine Androhung werden anhand des dritten Beispieltextes (B 9) untersucht. Beim vierten Analysebeispiel (B 10) handelt es sich um Auszüge aus einer Rede Görings vor der „Gefolgschaft" eines Berliner Kriegswirtschaftsbetriebs am 9.9.1939, in der ein „Mob.-Befehl für jeden Deutschen" propagiert wird.[107] Abschließend (B 11) wird eine angebliche Meinungsäußerung einer Rüstungsarbeiterin analysiert, die in einem Zeitungsartikel („Völkischer Beobachter") als repräsentative (und zustimmende) „Stimme aus dem Volk" präsentiert wird.

---

107 Statt einer chronologischen Reihenfolge der Analysebeispiele wurde in diesem Kapitel eine aspektorientierte Reihenfolge gewählt.

4.2 „Dienstverpflichtung"

> „Man tut gut daran, sich immer wieder vor Augen zu halten, daß der Nationalsozialismus zunächst ein Sozialismus der Pflichten und erst im Rahmen der erfüllten Pflichten auch ein Sozialismus entsprechender Rechte ist. Die Dienstverpflichtung ist deshalb keine Beschränkung der Freizügigkeit, sondern höchster Einsatz im Lebenskampf unseres Volkes. Sie tritt im Kriege als wirtschaftlicher Gestellungsbefehl gleichberechtigt neben dem [sic!] militärischen Gestellungsbefehl." (Syrup (1941: 743; zit. n. Siebert 1942: 90, Fn. 3)

Die bereits dargestellten Handlungsvoraussetzungen für das Muster von Befehl und Gehorsam in der Wirtschaft wurden mit dem Arbeitsordnungsgesetz von 1934 geschaffen, das als übergeordneten Zweck der Arbeit das (von der Führung vorgegebene) Wohl der (rassisch konstituierten) „Volksgemeinschaft" definierte, was im Zuge der aggressiven Expansionsbestrebungen auf die Forcierung gesellschaftlicher Militarisierung hinauslief.
Das handlungspraktische Fundament für die Umsetzung der Pläne zu einer „Erweiterung des Lebensraums" bildete die Wiedereinführung der Wehrpflicht im Jahr 1935, durch die der Versailler Vertrag gebrochen wurde – eines der Versprechen, deren Einlösung dazu beitrug, der NS-Führung zu einer „Gloriole von kommunikativer Verläßlichkeit" (Ehlich 1998: 276) zu verhelfen. Erstmals seit der deutschen Kapitulation von 1918 wurden nun auf der Basis des „Gesetzes für den Aufbau der Wehrmacht" junge Männer zum aktiven militärischen Dienst einberufen, der in Friedenszeiten auf zwei Jahre festgelegt war. Neben die militärische Dienstpflicht und die (zumindest propagierte) grundsätzliche Arbeitspflicht traten sukzessiv radikalisierte Konzepte einer zivilen Dienstpflicht (vgl. zum Folgenden Götz 2001: 323 ff.[108]). Drei Hauptphasen können dabei unterschieden werden: 1. freiwillige (Arbeits-) Dienste, 2. allgemeine Pflichtdienste, 3. individuelle Dienstpflicht.
1. Die freiwilligen Dienste hatten als Mittel zur Eindämmung der Jugendarbeitslosigkeit ihren Ursprung bereits in der Weimarer Republik. Mit Beginn der Naziherrschaft wurde das Konzept im Sinne eines „Volksgemeinschaft" konstituierenden Elements ideologisch aufgeladen (Vertreter aller gesellschaftlichen Schichten sollten gemeinsam „vaterländischen" Dienst absolvieren.). In einigen Bereichen war die „Freiwilligkeit" zudem bereits in der Anfangsphase des NS-Staates mit enormem Druck verbunden. So war z.B. die Ableistung eines Arbeitsdienstes seit 1933 Grundbedingung für die Zulassung zu einem Hochschulstudium.
2. Eine allgemeine (befristete) zivile Dienstpflicht, die von Hitler am 1.2.1933 in seinem „Aufruf an das deutsche Volk" als ein „Grundpfeiler" bezeichnet wurde (zit. n. Götz 2001: 326) und noch im selben Jahr in Kraft treten sollte, wurde aufgrund des auf der Genfer Abrüstungskonferenz vom Juni 1933 erlassenen Verbots

---

108 Vgl. hierzu auch das online veröffentlichte Arbeitspapier (Götz 1997).

der Arbeitsdienstpflicht zunächst aufgeschoben (vgl. Götz 2001: 327) und erst zwei Jahre später unter der Bezeichnung „Reichsarbeitsdienstpflicht" eingeführt.[109]

3. Als eines der „Schubladengesetze" für den Fall eines Krieges war bereits 1935 ein Gesetz für die Einführung einer individuellen zivilen Dienstpflicht geplant (vgl. Mason 1975: 666). Darin heißt es:

> „Der Deutsche Volksdienst stellt die Arbeitskraft des deutschen Volkes in den Dienst der Reichsverteidigung ... Der Volksdienstpflichtige wird vom Arbeitsamt zur Dienstleistung einberufen und in eine Beschäftigung eingewiesen..." (zit. n. Mason 1975: 666)

Tatsächlich wurde eine zunächst befristete zivile Dienstpflicht bereits vor Kriegsbeginn durch die „Verordnung zur Sicherstellung des Kräftebedarfs für Aufgaben von besonderer staatspolitischer Bedeutung"[110] („Kräftebedarfsverordnung") vom 22.6.1938 eingeführt[111], vor allem, um den „Westwall-Bau" beschleunigen zu können (vgl. Mason 1975: 667 f.).

Die Dienstverpflichtung stellte das staatliche Mittel dar, mit dem in der militarisierten NS-Kriegswirtschaft „Volksgenossen" zwangsweise in ein kriegswirtschaftlich relevantes Arbeitsverhältnis eingegliedert werden konnten. Parallel zum militärischen Einberufungsbefehl oder Gestellungsbefehl als Medium der Eingliederung in die Wehrmacht wurden Adressaten eines Dienstverpflichtungsbescheids formell für einen bestimmten „Dienst" im Rahmen des „Arbeitseinsatzes" an einer bestimmten Arbeitsstelle verpflichtet. Neben dem offiziellen Terminus war der Propaganda-Ausdruck „wirtschaftlicher Gestellungsbefehl" verbreitet:

> „Der wirtschaftliche Gestellungsbefehl. Arbeitseinsatz durch Dienstverpflichtung. Der Arbeitseinsatz erfordert gegenwärtig ein schnelles Anpassen an die ständig wechselnden Notwendigkeiten der auf vollen Touren laufenden Kriegswirtschaft. [...] An die Stelle der freien Arbeitsvermittlung ist daher seit langem die gebundene Form der Dienstverpflichtung getreten. Sie ist in der Hand der Arbeitseinsatzbehörden das wirksame Instrument, um die verlangten Arbeitskräfte immer wieder bereitzustellen. Die Dienstverpflichtung ist zum wirtschaftlichen Gestellungsbefehl geworden und hat so zum Wohle der Kriegswirtschaft die militärischen Grundsätze der Arbeitseinsatzpraxis dienstbar gemacht." („Das Reich" vom 27.7.1941, 8; zit n. Schmitz-Berning 2000: 153)

---

109 Siehe vorangegangenes Kapitel.

110 Abgedruckt in Mason (1975: 669; Dok. 110).

111 In den Deutschland-Berichten der SOPADE wird dies folgendermaßen kommentiert: „Schon vor Ausbruch des Krieges war die Arbeitsverfassung in Deutschland schon so weit militarisiert und den Bedürfnissen der Kriegswirtschaft angepaßt, daß nur noch ein Schritt notwendig war, um die deutschen Arbeiter mit Kriegsbeginn vollends unter Kriegsrecht zu stellen." (SOPADE, 1940: 134; zit. n. Rüther 1990: 289; Fn. 10)

Anhand des folgenden Beispiels soll der am militärischen Einberufungsbefehl orientierte Handlungscharakter herausgearbeitet werden. Die Vorderseite des Dokuments (A) beinhaltet die eigentliche Dienstverpflichtung, auf der Rückseite (B) finden sich zusätzliche juristische Informationen, die mit der Überschrift „**Zur Beachtung**“ versehen sind. Ich gebe nur einen für die Analyse relevanten Auszug (die Androhung von Sanktionen bei Verweigerung oder Missachtung) der Rückseite wieder. Das Dokument enthält im Original handschriftliche Vermerke, die z.T. unleserlich sind und in der Analyse nicht berücksichtigt wurden. Namens- und Adressangaben wurden mit „*XXX*“ anonymisiert.

(B 7)

A (Vorderseite)
(a) Durchschlag dieses Bescheides erhalten der alte und der neue Betriebsführer. Der Durchschlag ist dem alten Betriebsführer zuzustellen.
(b1) **Verpflichtungsbescheid**
(b2) auf Grund der Verordnung zur Sicherstellung des Kräftebedarfs für Aufgaben von besonderer staatspolitischer Bedeutung vom 13. Februar 1939 (RGBl. I S. 206) und der Dienstpflicht-Durchführungsanordnung vom 2. März 1939 (RGBl. I S. 403)

(c1) Herrn/Frau/Fräulein *XXX*
Vor- und Zuname
(c2) In (*XXX*)

(d1) Sie werden hiermit auf unbegrenzte Zeit zur Dienstleistung als *Schweisser*

(d2) bei *Fa. XXX, Sol-Wald, XXX-Straße* verpflichtet.
Betrieb, Verwaltung

(e) Ihr bisheriges Beschäftigungsverhältnis erlischt mit dem *27.3.40*
Tag vor Beginn der Dienstleistung

(f1) Sie haben sich am *28.3.40* um *8* Uhr *00* Minuten in Solingen-Wald
(Ort)
(f2) *XXX-Straße* bei *Fa. XXX*
(Straße)

(f3) zur Arbeitsaufnahme zu melden.

(g) Die Hinweise auf der Rückseite sind zu beachten. (h) Die Arbeitsbedingungen sind Ihnen bekanntgegeben worden.

(i) Minden, den 23. September 1940 Arbeitsamt Minden Im Auftrage: Unterschrift

B (Rückseite)

(j) **Zur Beachtung.**

[...]

(k) 3. Die Nichtbefolgung oder Verletzung der Ihnen auferlegten Verpflichtungen werden mit Gefängnis und Geldstrafe, letztere in unbegrenzter Höhe, oder mit einer dieser Strafen bestraft (Zweite Verordnung zur Durchführung des Vierjahresplanes vom 5. November 1936 – RGBl. I S.936 -).

(Stadtarchiv Solingen, Fi 02, Nr. 81)

Bei dem Text handelt es sich um ein standardisiertes, behördliches Formular, in das spezifische Angaben (Adressierung; c1, c2, Tätigkeit und Betrieb; d1, d2, Ort und Zeit; e, f1, f2, Datierung des Schreibens; i) maschinengeschrieben eingetragen wurden. Als institutionelles Dokument kommt dem Text eine rechtliche Beweisfunktion (vgl. Ehlich 2007b: 191) hinsichtlich des Vollzugs der Handlung „Dienstverpflichtung" zu.[112] Der Hauptadressat[113] wird mit der leserdeiktischen Distanzform „Sie" (d1, f1) direkt angesprochen. Mitadressaten sind der bisherige sowie der zukünftige Betriebsführer, die eine Kopie des Schreibens erhalten[114]. Für den Text verantwortlich zeichnet das Arbeitsamt Minden. Das Determinativkompositum „Verpflichtungsbescheid" (b1) benennt die Gesamthandlung. Die befehlsspezifische Markierung des individuellen Zwangs wird über den Symbolfeldausdruck „Verpflichtung-" transportiert. Der Symbolfeldausdruck „-bescheid" weist den Text als Medium der formalisierten institutionellen Sprechhandlung „Dienstverpflichtung" aus und korrespondiert mit der illokutiven Deixis „hiermit" (d1), durch die in Kombination mit dem handlungsbezeichnenden „werden...verpflichtet" (d1,d2) eine für Einberufungsbefehle typische Explizitformel realisiert wird. Diese bildet den illokutiven Kern des Textes. Das *werden*-Passiv markiert das „Umschlagen einer Handlungsmöglichkeit in ein Handlungsergebnis" (Redder 1999: 315): das „Verpflichtet"-Sein.

Als einberufende Instanz tritt das Arbeitsamt Minden auf (i). Die auszuführende Tätigkeit wird mit „zur Dienstleistung als *Schweisser*" (d1) angegeben, und zwar „auf unbestimmte Zeit": Die „Verordnung zur Sicherstellung des Kräftebedarfs für Aufgaben von besonderer staatspolitischer Bedeutung" vom 22.6.1938 sah zunächst nur Dienstverpflichtungen „für eine begrenzte Zeit" vor (zit. n. Mason

112 Ehlich charakterisiert „Dokumente" als *„Mechanismen zur Glaubwürdigkeitsbearbeitung"* (2007b: 194).

113 Wenn im Folgenden vom „Adressaten" des Schreibens die Rede ist, ist der von der Dienstverpflichtung betroffene Hauptadressat gemeint.

114 Die o.a. Beweisfunktion kommt dem Dokument auch entsprechend gegenüber den Mitadressaten zu, wobei diese im Voraus über den Vorgang in Kenntnis gesetzt worden sind.

1975: 669).[115] Noch vor Kriegsbeginn wurden allerdings auf der Grundlage der in (b2) angeführten „Verordnung zur Sicherstellung des Kräftebedarfs für Aufgaben von besonderer staatspolitischer Bedeutung vom 13. Februar 1939“ die staatlichen Möglichkeiten der Einberufung von Arbeitskräften für die Zwecke der Kriegswirtschaft u.a. dahingehend erweitert, dass nun auch Dienstverpflichtungen „von unbeschränkter Dauer“ (zit. n. Mason 1975: 696) ausgesprochen werden konnten. Der für den „Mobilisierungsfall“ gültige militärische Totalitätsanspruch in Bezug auf die Dauer des Dienstes in der Wehrmacht wurde somit auf den Bereich der Kriegswirtschaft übertragen.[116] Die Angabe der Verordnung und der zugehörigen Durchführungsanordnung in (b2) dient als juristische Verankerung (Teil der zugrundeliegenden Konstellation) der Gesamthandlung, die dadurch als staatlich legitimierte ausgewiesen wird.

Typisch für Einberufungsbefehle ist der durch direkte Ansprache („Sie“) und modales *haben zu* gekennzeichnete Subbefehl (f1-f3), der die Einberufung konkretisiert und den Adressaten zur Meldung zur Arbeitsaufnahme mit dem Durchschlag des Bescheids als Beweis-Dokument verpflichtet (in Anlehnung an die militärische Meldung zum Dienst mit Gestellungsbefehl). Die „Zweite Verordnung zur Durchführung des Vierjahresplanes vom 5. November 1936“, auf die in (k) zwecks einer juristischen Anbindung der Sanktionsandrohung[117] („Gefängnis oder Geldstrafe...“) verwiesen wird, enthält – analog zu allen anderen im Rahmen des Vierjahresplans gegebenen Bestimmungen, Anordnungen, Verordnungen, Erlassen etc. – den folgenden Hinweis:

> „Wer den in solchen Anordnungen enthaltenen Geboten und Verboten zuwiderhandelt, wird mit Gefängnis und Geldstrafe, letztere in unbegrenzter Höhe, oder einer dieser Strafen bestraft.“ (zit. n. Mason 1975: 222)

---

115 Mason (1975: 669; Fn. 2) zufolge belief sich die ursprüngliche Befristung auf maximal ein halbes Jahr.

116 Schon im 1935 erlassenen „Gesetz für den Aufbau der Wehrmacht“ (1935) war für den Kriegsfall bestimmt worden, dass „jeder deutsche Mann und jede deutsche Frau zur Dienstleistung für das Vaterland verpflichtet“ werden könnte (Reichsgesetzblatt I: 375; zit. n. Götz 2001: 333).

117 Trotz der Sanktionsdrohungen wurde der „wirtschaftliche Gestellungsbefehl“ in vielen Fällen nicht einfach hingenommen, besonders, wenn der neue Dienstort weit weg von zu Hause war. Peter (1995: 214) führt in seiner Studie über die Rüstungspolitik in Baden mit Bezug auf interne Berichte der Arbeitsämter Villingen, Pforzheim und Karlsruhe im Jahr 1940 verschiedene Beispiele widerständigen Handelns an (Demonstrationen, kollektive Flucht größerer Gruppen). In einem Bericht des Arbeitsamtes Karlsruhe vom Januar 1941 wird die Dienstverpflichtung als „eine sehr unbeliebte Form des [sic!] zwischenbezirklichen Bedarfsdeckung“ bezeichnet, die „von den Betroffenen nur mit größtem Widerstreben hingenommen“ werde (GLA, 460/239, AA Karlsruhe an LAA, 4.1.1941; zit. n. Peter 1995: 214). Im Monatsbericht des Regierungspräsidenten von Niederbayern und der Oberpfalz vom 10.6.1944 kommt dies auch mit besonderer Deutlichkeit zum Ausdruck: „Die Dienstverpflichtung deutscher Arbeitskräfte kann vielfach nur noch mit polizeilichem Zwang durchgeführt werden [...]“ (zit. n. Broszat/Fröhlich/Wiesemann 1977: 318).

In der Konstellation, die durch die Dienstverpflichtungsverordnung sowie die zugehörige Durchführungsanordnung eine juristische Verankerung erhält, liegt das Handlungspotential, die Sprechhandlung „Befehl" auf einem spezifischen Feld zu vollziehen. Die befehlenden Instanzen sind die lokalen Arbeitsämter. Das hier analysierte Schreiben verpflichtet den Empfänger auf die zeitlich unbefristete Eingliederung in eine kriegswirtschaftliche Befehlsstruktur. Das entsprechende „Dienstverhältnis kann [...] nur mit Zustimmung des für den Dienstort zuständigen Arbeitsamts gelöst werden" („Dienstpflicht-Durchführungsanordnung" vom 2. März 1939, §20 (2), RGBl. 1, S. 403; zit. n. Mason 1975: 701).[118]

4.3 Pflichtarbeit am Feiertag

Beim nächsten Analysebeispiel handelt es sich um einen Plakattext, der auf den 20.4.1944 datiert ist. Es geht um die Verpflichtung der Gefolgschaftsmitglieder der Bergbau-Zechenbetriebe zur zusätzlichen Arbeit an zwei Feiertagen: am 1. Mai und am Pfingstmontag 1944. Bei der Wiedergabe des Textes habe ich die Hervorhebungen durch Fettdruck übernommen.

(B 8)

(a) **Arbeitskameraden im deutschen Kohlenbergbau!**
(b) Die steigende Härte des der Entscheidung zustrebenden Ringens fordert unbedingt die
(c) **Sicherung und Steigerung unserer Rüstung.**
(d) **Erste Voraussetzung dafür ist die Kohle.** (e) Deshalb muß auch
(f) **am Tag der nationalen Arbeit und am Pfingstmontag**
(g) Kohle gefördert werden.
(h) Die Zukunft unseres Volkes hängt von unserer Arbeitsleistung ab.
(i) Der Deutsche Bergmann wird auch am 1. Mai und am 2. Pfingsttag seinen **wichtigen**
(j) **Beitrag für den Entscheidungskampf** leisten.
(k) Berlin, den 20. April 1944.
(l) **Hubert Siebert**
(m) Leiter des Fachamtes Bergbau der deutschen Arbeitsfront
(n) **Paul Pleiger**
(o) Vorsitzender der Reichsvereinigung Kohle
(BBA, P/1722)

118 Im zeitgenössischen Rechtsverständnis war die Dienstverpflichtung ein „alleingestaltende[r] Verwaltungsakt" (Siebert 1942: 67), der den Arbeitsämtern zur Steuerung des „Arbeitseinsatzes" vorbehalten war.

In der auf den „Totalen Krieg" ausgerichteten NS-Wirtschaft herrschte im Jahr 1944 ein permanenter Arbeitskräftemangel, da ein großer Teil der männlichen Bevölkerung militärisch in den Krieg eingespannt war.[119] Für die in der Kriegswirtschaft verbliebenen Bergarbeiter und auch die Beschäftigten anderer kriegswichtiger Industriebereiche (z.B. Eisen erzeugende Industrie) gehörte es im fünften Kriegsjahr zur Normalität, Sonn- und Feiertagsschichten als zusätzliche Pflichtarbeit auferlegt zu bekommen. Die Entscheidung über eine Pflichtschicht im Kohlenbergbau an einem Feiertag oblag – sofern dieser vom Reichsarbeitsministerium zuvor als gesetzlicher eingestuft worden war – dem Leiter der Reichsvereinigung Kohle, Paul Pleiger, der „im Einvernehmen mit dem Fachamtsleiter Bergbau der DAF", wie es in verschiedenen Rundschreiben der Bezirksgruppe Steinkohlenbergbau Ruhr in übereinstimmendem Wortlaut heißt[120], festlegte, an welchen Sonn- bzw. Feiertagen die Arbeiter und Angestellten zu zusätzlichen Schichten verpflichtet wurden. Die Weitergabe der Pflichtarbeitstermine an die Zechenbetriebe im Ruhrgebiet erfolgte per Rundschreiben der Bezirksgruppe Steinkohlenbergbau Ruhr, die zwischen Staat und Zechenwirtschaft eine Scharnierfunktion innehatte (vgl. Seidel 2010). Im Jahr 1944 wurden den Zechenbetrieben jeweils für die nächsten drei Monate die Pflichttermine für Sonn- und Feiertagsarbeit (ca. zwei Sonntage pro Monat[121]) bekannt gegeben. Weitere Entscheidungen über zusätzliche Pflichtschichten an Feiertagen, die von Pleiger getroffen wurden, übermittelte die Bezirksgruppe Steinkohlenbergbau Ruhr den Zechenbetrieben in einzelnen Rundschreiben, so auch die Entscheidung bezüglich der Schichten am 1. Mai 1944[122] und am Pfingstmontag 1944[123].

Der nachfolgend zu analysierende Text gibt diese Handlungsentscheidung an die Arbeiter und Angestellten der Bergbaubetriebe am unteren Ende der Befehlskette weiter.[124] Das Plakat wurde von der Bezirksgruppe Steinkohlenbergbau Ruhr via Rundschreiben an die zugehörigen Zechenbetriebe verteilt und war für den Aushang in den Betrieben bestimmt. Verantwortlich für den Text zeichnen die oben genannten Pleiger und Siebert.

119 Dies galt im September 1944 für etwa die Hälfte der männlichen Bevölkerung im arbeitsfähigen Alter (vgl. Werner 1983: 364).

120 Vgl. z.B. die Rundschreiben Nr. 127; 30.3.1944 (BBA, 13/3047), Nr. 150; 18.4.1944 (BBA, 13/3048), Nr. 196; 24.5.1944 (BBA, 13/3048).

121 Vgl. die Rundschreiben der Bezirksgruppe Steinkohlenbergbau Ruhr Nr. 104 vom 15.3.1944 („Regelung der Pflichtschichten in den Monaten April/Mai/Juni 1944"); BBA, 13/3047 und Nr. 196 vom 24.5.1944 („Regelung der Pflichtschichten in den Monaten Juli/August/September 1944"); BBA, 13/3048.

122 Rundschreiben vom 18.4.1944 (Nr. 150) (BBA, 13/3048).

123 Aus dem Rundschreiben Nr. 156 vom 24.4.1944: „Wie aus dem Aushang hervorgeht, hat Herr Stadtrat Pleiger wegen der sehr angespannten Kohlenlage – entgegen seiner ursprünglichen Absicht – angeordnet, daß auch am 2. Pfingsttag in allen Betrieben des Kohlenbergbaus voll gearbeitet wird." (BBA, 13/3048)

124 Inwieweit die Arbeiter über die Bekanntgabe per Aushang hinaus anderweitig über die Pflichtarbeit informiert wurden, konnte ich nicht ermitteln. Ein individuell adressiertes Schreiben an jedes Gefolgschaftsmitglied ist allerdings unwahrscheinlich.

Auffällig ist mit Blick auf die hierarchische Konstellation die sprachliche Etablierung von Gemeinschaft zwischen den Verfassern[125] und den Adressaten. Dies geschieht durch die vokativische Verwendung des Gleichheit suggerierenden Ausdrucks „Arbeitskameraden"[126] (a) und durch die possessiv-gruppendeiktischen Formen „unseres", „unserer" (c, h).

Gliederung des Textes: Auf einen argumentativen Vorspann (b-h) folgt die Ableitung einer impliziten Handlungsaufforderung an die Adressaten mittels *werden* (i). Zweck des argumentativen Vorspanns ist es, die Adressaten davon zu überzeugen, dass die zusätzlichen Schichten an den benannten Feiertagen notwendig seien.[127] Die defizitäre Ausgangskonstellation, die bearbeitet werden soll, ist entsprechend dadurch gekennzeichnet, dass die Adressaten potentiell die Einschätzung hinsichtlich der Notwendigkeit der Pflichtarbeit an den benannten Feiertagen nicht teilen bzw. subjektiven Bedürfnissen (Erholung, Freizeit etc.) unterordnen und entgegen der in der Grundkonstellation liegenden Verpflichtung nicht zu den Feiertagsschichten erscheinen.[128]

---

125 Mit der Bezeichnung „Verfasser" sind die für den Text verantwortlich Zeichnenden gemeint, unabhängig davon, ob sie tatsächlich den Text verfasst haben.

126 Das Moment der Gleichheit ist etymologisch durch den Ursprung aus „l. *camera* „Gewölbe, gewölbte Decke, Wölbung", aus gr. *kamára* „Gewölbe, gewölbte Kammer"" (Kluge 2002: 463) zu erklären: „Soziativbildung ‚der in der gleichen Kammer lebt'" (Kluge 2002: 463). Ins Deutsche kam der Ausdruck „Kamerad" im 16. Jh. als Lehnwort aus frz. *camerade*, das auf it. *camerata m./f.* „Gefährte, Kammergemeinschaft" (Kluge 2002: 463) zurückgeht.

127 Im Rundschreiben der Reichsvereinigung Kohle an die „Leiter der Bezirksgruppen" vom 20.5.1944 wird dies (hier mit Blick auf die Pflichtarbeit am 2. Pfingstfeiertag 1944) deutlich: „Herr Pleiger erwartet dabei, daß seitens der verantwortlichen Führer der Betriebe alles geschieht, um die Belegschaften von dieser harten Notwendigkeit zu überzeugen und zu besonderer Bereitwilligkeit zu bringen, die Pfingstmontagsschicht zu verfahren." (BBA, 13/3048) Die Bezirksgruppe Steinkohlenbergbau Ruhr fügte, darauf Bezug nehmend, ihrem Rundschreiben Nr. 49 vom 23.5.1944 folgenden für die Akzeptanz speziell der Pflichtschicht am Pfingstmontag 1944 werbenden Text bei, mit der Empfehlung, diesen auszuhängen, um „der von Herrn Stadtrat Pleiger in dem Rundschreiben ausgesprochenen Erwartung zu entsprechen" (BBA, 13/3048):
„Bekanntmachung. Wie schon in dem Aufruf des Vorsitzenden der Reichsvereinigung Kohle und des Leiters des Fachamtes Bergbau der Deutschen Arbeitsfront vom 20. April zum Ausdruck kommt, erfordern die Sicherung und Steigerung unserer Rüstung, für die erste Voraussetzung die Kohle ist, Arbeit auch am Pfingstmontag. Mit den Arbeitskameraden der gesamten Eisen schaffenden Industrie und des größten Teils der übrigen Rüstungsindustrie wollen auch wir im Bergbau das Unserige zur Sicherstellung der Rüstung und zur siegreichen Beendigung des Krieges durch Arbeit an diesem Tag beitragen. Der Vorsitzende der Reichsvereinigung Kohle verweist bereits jetzt darauf, daß im Monat Juli von 5 Sonntagen 3 Sonntage arbeitsfrei bleiben werden." (BBA, 13/3048)

128 Rüther (1990: 294 ff.) behandelt exemplarisch die Reaktion der Arbeiter von vier Steinbruchbetrieben aus dem Kölner Raum auf die Bekanntmachung der Pflichtarbeit an Allerheiligen (1.11.) 1939. Ein großer Teil der Arbeiter dieser Betriebe widersetzte sich dem Befehl trotz der vorausgegangenen Drohung der Betriebsführer, dass Verweigerer als „Saboteur[e]" „von der Staatspolizei abgeholt", und „zur Arbeitslegion nach Polen gebracht" würden. (HstAD, RW 18/15; zit. n. Rüther 1990: 294) Die Gestapo reagierte prompt mit Verhaftungen von Arbeitern, die man als Anstifter ansah. (vgl. Rüther 1990: 294)

Der Vorspann enthält Verbalisierungselemente einer ‚Vorgeschichte' des Befehls zur Feiertagsarbeit und zielt auf die Akzeptanz der Pflichtschichten seitens der adressierten Bergbauarbeiter, und zwar, wie nachfolgend zu zeigen ist, durch deren mentalen Nachvollzug verschiedener ‚Stadien des Handlungsprozesses', der auf die Zuspitzung auf eine Handlungsalternative[129] hinausläuft.

Nach Rehbeins Beschreibung der ‚Stadien des Handlungsprozesses' (1977: 137 ff.) wird in der (engeren) ‚Vorgeschichte einer Handlung' seitens eines Handelnden zunächst ein ‚Handlungskontext' (0) erkannt und ‚eingeschätzt' (I). In Stadium (II) wird eine ‚Motivation' zum Vollzug einer Handlung ausgebildet, um die eingeschätzte Ausgangskonstellation zu verändern, wobei allerdings die hierfür geeigneten Handlungsmöglichkeiten noch unklar sind. In Stadium (III) wird das Ziel einer Handlung fokussiert (‚Zielsetzung'). Damit ist die ‚Vorgeschichte' abgeschlossen und es kommt zur ‚Planbildung' (IV) bzw. ‚Planübernahme' als Ausgangsstadium der ‚Geschichte' einer Handlung.

In Segment (b) des Analysetextes werden zunächst relevante Elemente eines ‚Handlungskontextes' verbalisiert: Mit der determinierten Genitivphrase „des der Entscheidung zustrebenden Ringens" wird eine als bekannt markierte Interpretation der Kriegsphase aktualisiert, auf die in Propaganda-Texten und Wehrmacht-Befehlen ab 1944 häufig Bezug genommen wurde[130] und die vornehmlich auf zwei Aspekte verweist: zum einen auf die Dringlichkeit der Einbindung aller personellen Ressourcen und zum anderen auf ein in Aussicht gestelltes baldiges Ende des Krieges.[131]

Als Element der ‚Situationseinschätzung' wird „steigende Härte" ebenfalls mittels Determination („die") als bekannt angezeigt. Die „steigende Härte" als dynamische Charakteristik des „Entscheidungskampfes" weist die bisherige Kriegsproduktion als nicht mehr adäquat aus. Hieraus wird die als notwendig charakterisierte („fordert unbedingt") übergeordnete ‚Zielsetzung' „Sicherung und Steigerung unserer Rüstung" abgeleitet, an die ein Bündel verschiedener Bedingungen gekoppelt ist.

Hier setzt mit (d) die Verbalisierung der ‚Motivation' für ein spezifischeres Handlungsensemble an: Als Basisbedingung für die zuvor verbalisierte übergeordnete ‚Zielsetzung' wird der Rohstoff, an dem es mangelt, angegeben, allerdings noch keine zu favorisierende Handlungsmöglichkeit. Über den Symbolfeldausdruck „Kohle" wird im Wissen allerdings ein erster (assoziativer) Bezug zwischen dem ‚Handlungskontext' und den Adressaten als Handelnden hergestellt.[132]

129 Verbalisiert in (i) und (j).

130 Besonders deutlich etwa in Hitlers letztem Befehl an die Soldaten der Ostfront vom 15.4.1945; vgl. Kap. 8.5.

131 Beides mündet in die Parole des „Durchhaltens" (vgl. Kap. 8).

132 Zur Funktionalität von „dafür" (d): Das aus dem deiktischen *da* und dem operativ-symbolischen *für* zusammengesetzte Verweiswort leistet die Verknüpfung zwischen der zuvor versprachlichten *Zielsetzung* und der als erforderlich ausgewiesenen „Kohle"; vgl. zur Funktionalität „zusammengesetzter Verweiswörter": Rehbein (1995).

In Segment (e) wird das Handlungsschema verbalisiert. „Deshalb" leistet hier eine kausale Anbindung einer Handlungsnotwendigkeit an das Wissen, das in (b-d) versprachlicht worden ist.[133] Das Modalverb „muß" kennzeichnet die notwendige Festlegung auf das Handlungsschema *Kohle fördern*, die Gradpartikel „auch" signalisiert eine additive Erweiterung der bereits etablierten Handlungsnotwendigkeit, und zwar in zeitlicher Hinsicht. Die Agens-Position wird – der sukzessiv konkretisierenden Systematik des aufbereiteten mentalen Nachvollzugs entsprechend – ausgespart. (h) schließt den Argumentationsvorspann mit der Behauptung einer direkten Kausalität zwischen der „Zukunft" des „Volkes" und der Arbeit im Bergbau ab. Implizit wird einerseits die aktive Teilhabe am Sieg in Aussicht gestellt („Zukunft" aktualisiert die präsuppositiv verankerten Versprechen der Führung im Hinblick auf den „Endsieg".), andererseits die Last der Mitverantwortung im Falle einer Niederlage übertragen[134].

(i) bringt schließlich die Adressaten des Textes als Thema ein (durch eine generisch zu interpretierende Nominalphrase): Die generische Verwendung des bestimmten Artikels im Singular[135] erlaubt die sprachliche Zusammenfassung einer als homogen definierten Gruppe (hier über die Funktion innerhalb der „Kampfgemeinschaft") und die Zuschreibung von Eigenschaften, die allen Angehörigen der Gruppe – i.S. einer „Gattung" (Hoffmann 2009: 315) – zukommen.[136] Dieses Verfahren wurde in der NS-Zeit besonders bei der Feindkategorisierung angewandt. Man findet es in einer rassenspezifizierenden Verwendung allerdings auch schon im antisemitischen Diskurs des 19. Jahrhunderts, z.B. bei Richard Wagner. Dazu Hoffmann (2004: 50):

> „Im definiten Singular *der Jude* erscheint die Art verkörpert in der Einheit einer Gestalt. In dieser Vergegenständlichung können ihr und allen Angehörigen Eigenschaften so zugeschrieben werden, wie das sonst bei einem Individuum geschieht. Dies wird die bevorzugte Redeweise über die Feinde: *der Jude, der Bolschewik, der Iwan.*"

---

133 Zur funktionalpragmatischen Analyse des Ausdrucks *deshalb* als aus einem deiktischen (*des*) und einem relationierenden (*halb*) Teil zusammengesetztes Verweiswort: Rehbein (1995: 170 ff.).

134 Die Behauptung einer direkten Kausalität zwischen Arbeitsleistung und „Sieg" ist typisch für die NS-Propaganda in der Kriegswirtschaft. Beispiele aus anderen Plakattexten aus dem Ruhrbergbau: „Jede Tonne ist ein Baustein zum Sieg!" (1943, BBA, P/1727); „Kohle ist in diesem Krieg so wichtig wie Munition. Je größer unsere Kohlenproduktion ist, umso schneller und sicherer werden wir siegen!" (1942, BBA, P/1726); „Die deutsche Kohlenproduktion ist die Grundlage unseres gesamten wirtschaftlichen Lebens und somit ausschlaggebend für den Endsieg. Je höher unsere Kohlenproduktion, umso härter sind die Schläge, die unsere Gegner hinnehmen müssen." (1941, BBA, P/1439)

135 Eine solche generische Form findet man auch im Befehl des Generalfeldmarschalls von Manstein vom 20.11.1941: „Der deutsche Soldat hat daher nicht allein die Aufgabe, die militärischen Machtmittel dieses Systems zu zerschlagen. Er tritt auch als Träger einer völkischen Idee und Rächer für alle Grausamkeiten, die ihm und dem deutschen Volk zugefügt wurden, auf." (IMT 1947-1949, Bd. 34: 129 ff.; vgl. hierzu auch die ausführliche Analyse in Kap. 6)

136 Zur Generizität vgl. auch Hoffmann (2003: 59 f.).

Hier (i) wird über die Verwendung des generisch gebrauchten definiten Artikels („der deutsche Bergarbeiter") einem entindividualisierten, verallgemeinerten Adressaten (als Funktionsträger) ein Handeln zugeschrieben, das durch *werden* vor der Realisierung in der zukünftigen Wirklichkeit als bereits sprachliche Wirklichkeit markiert ist (vgl. Redder 1999: 304 f.). Die Übernahme des Handlungsschemas („wichtigen Beitrag für den Entscheidungskampf leisten") in die individuelle Handlungsplanung der symbolisch indirekt adressierten Arbeiter wird vorausgesetzt. Die durch *werden* angezeigte Gewissheit ist Ausdruck der Vorausplanung des Handelns der Adressaten auf einem abgesteckten Feld (‚Arbeit') innerhalb eines para-staatlichen Befehl-Gehorsam-Gefüges und bringt die Illokution eines impliziten Befehls zur Entfaltung.

Eine wichtige Rolle kommt im Rahmen der oben analysierten Argumentation (b-h) den Ausdrücken zu, deren Funktion in der Erzeugung von Gemeinsamkeit zwischen Verfassern und Adressaten besteht:
in Segment (h) deiktisch: „unserer", „unseres", in der Ansprache in (a) nennend: „Arbeitskameraden". Es ist die gemeinsame Zugehörigkeit zur „Kampfgemeinschaft"[137], die suggeriert werden soll durch Einbezug der Verfasser in die Gruppe der Handelnden („unserer Arbeitsleistung", „unsere Rüstung") und durch Beanspruchung gemeinsamer Verantwortung gegenüber der „Volksgemeinschaft" („unseres Volkes"). In diese Strategie der sprachlichen Etablierung von Gemeinsamkeit ist auch die pathetisch-überhöhende Umschreibung („wichtigen Beitrag zum Entscheidungskampf leisten") des Handlungsschemas *Kohle fördern,* eingebunden, durch die die Verknüpfung mit dem in (b) verbalisierten Handlungskontext hergestellt wird.

Als argumentative Stützung der Akzeptanz der befohlenen Feiertagsarbeit werden die Bergbauarbeiter zur mentalen Teilhabe an verschiedenen Stadien der ‚Vorgeschichte' des Befehls eingeladen, die allerdings keine echte Teilhabe mit Interpretations- und Entscheidungsmöglichkeiten ist, sondern nur im Nachvollzug besteht und auf die adressatenseitige Ausbildung eines subjektiven „Wollens", einer „besondere(n) Bereitwilligkeit" (Pleigers Rundschreiben an die „Leiter der Bezirksgruppen" vom 20.5.1944; s.o.) hinsichtlich der Übernahme des in (h) verbalisierten Handlungsschemas abzielt.

137 Zum Kampfmodell als Handlungsmodell vgl. Hoffmann (2007). Der Anspruch, eine Gemeinschaft der „Kämpfer" zu etablieren, in der alle aufgrund ihrer Verantwortung die gleichen Opfer erbringen, um ihren Teil zum Sieg zu leisten, findet sich häufig in der NS-Kriegswirtschaftspropaganda.

Eine weitere Strategie zum übergeordneten Zweck der Akzeptanz des Arbeitsbefehls bestand in materieller Lockung.[138]
In der Kohle fördernden Industrie wurden von der Reichsvereinigung Kohle beispielsweise Sonderzuschläge für Pflichtschichten[139] (das sog. „Pleigergeld") und die Ausgabe zusätzlicher Lebensmittelrationen bestimmt, wie z.B. drei Dosen Ölsardinen für die unter Tage Arbeitenden und zwei Dosen für die über Tage Beschäftigten für die Schicht am 1. Mai (vgl. Rundschreiben Nr. 150 der Bezirksgruppe Steinkohlenbergbau Ruhr vom 18.4.1944; BBA, 13/3048[140]). Die wichtigsten Stützen des Arbeitsbefehls blieben allerdings die Androhung von Terror und der Terror selbst.

4.4 Sanktionsterror

Während bis ca. Ende 1938 in erster Linie die „tatsächlichen und imaginären Feinde" (Mason 1975: 167), nämlich Angehörige des sozialdemokratischen und des kommunistischen Lagers, Gewerkschaftsangehörige, Juden, sog. „Bibelforscher" etc. den offenen Terror des NS-Regimes zu spüren bekamen, wurde dieser ab Beginn des Krieges zunehmend als Instrument gegen die Bekämpfung verschiedener Ausprägungen von „Disziplinlosigkeit" in der Kriegswirtschaft genutzt (vgl. Mason 1975: 167 ff., Siegel 1982: 13 f., Peter 1995: 280 ff., Rüther 1990: 395 ff.).
Das Drohsystem staatlichen Terrors in den Betrieben wurde unter zunehmender Einbeziehung der Gestapo sukzessive ausgebaut. Mason nennt in diesem Zusammenhang das Beispiel einer Munitionsfabrik, in der im November 1939 eine fünfköpfige Einheit der Gestapo als ständig präsente Drohkulisse die Aufrechterhaltung der Arbeitsdisziplin überwachte (vgl. Mason 1975: 173). In Arbeitserziehungslager (AEL) konnten „Arbeitsvertragsbrüchige" eingewiesen werden, um sie für die spätere Wiedereingliederung in die Pflichtarbeit gefügig zu machen

138 Durch die „Kriegswirtschaftsverordnung" vom 4.9.1939 war die Zahlung von Zuschlägen für Sonntags-, Feiertags-, Nacht- und Mehrarbeit zwar verboten worden (§18, Absatz 3). Dieses Verbot wurde allerdings bereits am 16.11.1939 im Rahmen lohnpolitischer Zugeständnisse in den Monaten Oktober bis November 1939 („Der weiche Kurs"; Mason 1975: 1136) durch die „Verordnung zur Ergänzung des Abschnitts III der Kriegswirtschaftsverordnung" des Reichsarbeitsministers Syrup ab dem 27.11.1939 wieder außer Kraft gesetzt (Verordnung abgedruckt in Mason 1975: 1191), wobei man allerdings „für den planmäßigen Einsatz materieller Anreize [...] in der angespannten wirtschaftlichen Lage nach Mitte 1938 keinen Spielraum" hatte (Mason 1975: 171).

139 Vgl. Rundschreiben Nr. 127 der Bezirksgruppe Steinkohlenbergbau Ruhr vom 30.3.1944 (BBA, 13/3047) und Rundschreiben Nr. 156 der Bezirksgruppe Steinkohlenbergbau Ruhr vom 24.4.1944 (BBA, 13/3048)

140 Dort finden sich weitere Beispiele. Werner spricht in diesem Zusammenhang von „Trostpflaster" (1983: 242).

(vgl. Benz 2005: 13 ff., Pagenstecher 2005, v. Fransecky 2003: 27 ff., Mason 1975: 173).[141]

„Standgerichte der Arbeit" hatten den Zweck, ohne großen bürokratischen Aufwand direkt innerbetrieblich Sanktionen gegen ungehorsame Gefolgschaftsmitglieder zu verhängen (vgl. Mallmann/Paul 1991: 308 f.)[142]. Jedoch wurde der Sanktionsterror gegen deutsche Arbeiter häufig durch akuten Fachkräftemangel in der Kriegswirtschaft ausgebremst (vgl. Werner 1983: 365). Die ausländischen Dienstverpflichteten bekamen allerdings die volle Härte des Terrorapparates zu spüren.[143]

Eng verknüpft mit dem System staatlichen Terrors zur Absicherung des verallgemeinerten Arbeitsbefehls war das sprachliche Handlungsmuster der Drohung.[144] Befehlsinstanzen, die drohen, signalisieren, dass die Kontrollfelddominanz gefährdet ist. Dies kam beispielsweise innerhalb der Wehrmacht vor allem in der letzten Phase des Krieges zum Tragen, als der Gehorsam zunehmend schwand, z.B. angesichts sich abzeichnender Aussichtslosigkeit der militärischen Lage oder z.B. im Zusammenhang von Befehlen, die zur Gewalt gegen die eigenen Landsleute verpflichteten (siehe Kap. 8.3 und Kämper 2007).

Mit Drohungen wird bezweckt, dass ein Aktant (H) in seiner Handlungsplanung beeinflusst wird[145]; entweder hinsichtlich der Unterlassung einer ursprünglich favorisierten Handlung oder hinsichtlich der Realisierung einer Handlung gegen seinen eigentlichen Willen. Die Drohung als Stütze des Befehls hat eine „Konditionalstruktur" (Zifonun/Hoffmann/Strecker 1997: 137): Der Drohende kündigt Handlungen an für den Fall, dass der Adressat im Hinblick auf die Handlungsplanung nicht kooperiert. Voraussetzung für das Gelingen einer Drohung ist, dass erstens der Drohende aus Sicht des Adressaten als glaubwürdig in Bezug auf das „Wahrmachen" der Drohung eingeschätzt wird und zweitens, dass die angekündigte Handlung seitens des Adressaten als negativer eingestuft wird als der Eingriff in seine Handlungsplanung. Drohungen haben häufig einen prophylakti-

---

141 Den „Erziehungszweck" dieser Lager stellte Himmler in einem grundsätzlichen Erlass vom 28.5.1941 heraus: „Die Einweisung verfolgt einen Erziehungszweck, sie gilt nicht als Strafmaßnahme und darf nicht als solche vermerkt werden." (zit. n. v. Fransecky 2003: 29). Himmler betonte, dass die Arbeitserziehungslager „ausschließlich zur Aufnahme von Arbeitsverweigerern und arbeitsunlustigen Elementen, deren Verhalten Arbeitssabotage gleichkommt, bestimmt" seien (zit. n. v. Fransecky 2003: 29). Die Einstufung in die Kategorien „Arbeitsverweigerer" bzw. „arbeitsunlustige Elemente" oblag der Willkür der mit der Ausführung betrauten Dienststellen.

142 Besetzt waren sie mit jeweils einem Beamten, der den Vorsitz einnahm, und Repräsentanten der DAF, des Treuhänders der Arbeit sowie des Betriebes, in dem die Verhandlung stattfand (vgl. Mallmann/Paul 1991: 309).

143 Zum Sanktionsterror gegen Zwangsarbeiter in Rüstungsbetrieben vgl. (allgemein) Werner (1983: 365), (am Beispiel der Berliner Metallindustrie) v. Fransecky (2003: 55 ff.) und (am konkreten Beispiel der Berliner Ehrich und Graetz AG) Süß (2003: 223 ff.).

144 Zur ‚Drohung' vgl. Rehbein (1977: 333 ff.), (zusammenfassend) Zifonun/Hoffmann/Strecker (1997: 137).

145 Rehbein rechnet das ‚Drohen' zu den „regulative[n] Aufforderungen" (1977: 316). Der Effekt ist eine „*Umorientierung* des Handelns von H" (Rehbein 1977: 336).

schen Zweck, bearbeiten also eine seitens des Drohenden antizipierte defizitäre Ausgangskonstellation.

Beim folgenden Beispiel handelt es sich um eine Bekanntmachung durch einen Aushang vom 5. April 1943. Die Bestrafung einer Arbeiterin der Firma Ehrich und Graetz A.G. wegen „Arbeitsuntreue" wird den Gefolgschaftsmitgliedern zur Kenntnis gebracht.

(B 9)

> (a) Bekanntmachung
> (b1) Ein besonders krasser Fall von Arbeitsuntreue – (b2) wiederholtes unberechtigtes Fernbleiben von der Arbeit – (b3) fand damit seine vorläufige Sühne, (b4) daß die Angeschuldigte, (b5) es handelt sich um das Gfm. Klara N., (b6) auf Veranlassung des Reichstreuhänders der Arbeit von der Geheimen Staatspolizei zunächst in eine 42-tägige Vorbeugungshaft genommen wurde.
> (LAB A Rep. 250-01-05, Nr. 1-0052; zit n. v. Fransecky 2003: 52; Fn. 183)[146]

Der Text thematisiert die Bearbeitung eines „Falls": Der Verstoß einer Arbeiterin gegen die allgemeine Arbeitspflicht wird eingestuft als „ein Fall von Arbeitsuntreue", bewertet als „besonders krasser" (b1) und mit einer Sanktion bestraft. „Arbeitsuntreue" bzw. „Arbeitsvertragsbruch" waren innerhalb des NS-Arbeitsrechts Sammelbezeichnungen für Vergehen der Gefolgschaftsmitglieder gegen die „soziale Ehre" in den Betrieben. Der parenthetische Einschub (b2) benennt das vorausgegangene Normen verletzende Handeln der Arbeiterin, die ‚Vorgeschichte des Falls' (vgl. Hoffmann [erscheint]), die ihrerseits bereits in eine institutionsadäquat vorkategorisierte sprachliche Form gebracht worden ist („wiederholtes unberechtigtes Fernbleiben von der Arbeit"). Als Recht sprechende und Bestrafung befehlende Instanz („auf Veranlassung") wird der zuständige „Reichstreuhänder der Arbeit" genannt (b6). Die Vollstreckung einleitende Instanz ist die Gestapo (b6). Die Ausdrücke „vorläufige" (b3) und „zunächst" (b6) markieren die Unkalkulierbarkeit des Sanktionsterrors, dessen Akteure im Rahmen des Führerprinzips in ihrem Bereich die Entscheidungshoheit innehatten und sich nicht auf ein endgültiges Urteil festzulegen brauchten. Auf die angesetzte „42-tägige Vorbeugungshaft" (b6) kann – dies wird mit „zunächst" angezeigt – Weiteres folgen.
Dem Text liegt eine spezifische Mehrfachadressierung (i. S. von Kühn 1995)[147] zugrunde: Denjenigen, die sich eifrig als „Soldaten der Arbeit" in den Dienst der Gemeinschaft stellen, kann die Bekanntmachung der „Sühne" als Genugtuung

146 Der Text ist auch auszugsweise zitiert in Süß (2003: 242).

147 *Mehrfachadressierung* meint nach Kühn (1995) nicht nur, dass sich eine Äußerung an mehrere Hörer oder Leser richtet, sondern, dass ihr Handlungscharakter von unterschiedlichen Adressaten unterschiedlich interpretiert werden kann (vgl. Kühn 1995: 1). Zur Mehrfachadressierung vgl. auch Hoffmann (1984a).

dienen. Die namentliche Nennung der Betroffenen spielt hierbei eine große Rolle: Klara N. wird als „Arbeitsvertragsbrüchige" gebrandmarkt. Spezifisch adressiert an diejenigen, deren Opferbereitschaft nachlässt, die potentielle „Arbeitsvertragsbrüchige" sind, liefert der Text einen konkreten Beweis für den Sanktionsterror. Realisiert wird eine nicht explizit gemachte, verschleierte Drohung[148] als Stütze für den allgemeinen Arbeitsbefehl. Diese „Stimme" des Textes[149] übermittelt die Botschaft: Wer die Arbeit verweigert, dem geht es genauso. Die Bekanntmachung der Sanktion ist als ein wesentlicher Bestandteil in den Prozess der Bearbeitung des Falls eingebunden[150]. Der „offene Terror" wurde „zu einem unentbehrlichen Erziehungsmittel im Arbeitsalltag, zum letzten und wichtigsten Garanten des Fortbestandes ökonomischer und politischer Herrschaft" (Mason 1975: 173), darauf ausgelegt, „schnell, exemplarisch und abschreckend" zu sein (Mason 1975: 172).

4.5 Propagandistische Stützung des allgemeinen Arbeitsbefehls in der Kriegswirtschaft

4.5.1 Eine Rede im Rüstungsbetrieb

Im nächsten Analysebeispiel geht es um die propagandistische Stützung der Dienstverpflichtung und anderer arbeitspolitischer Beschlüsse zu Beginn des Krieges: Es handelt sich um Auszüge aus einer Rede von Hermann Göring in den Berliner Rheinmetall-Borsig-Werken vom 9. September 1939 vor der „Gefolgschaft". Letztere stellte allerdings ein repräsentatives Redepublikum dar, dessen Angehörige in der Funktion „stellvertretender Partizipanten" (Ehlich 1989: 21) in die Inszenierung vor dem breiten Rundfunk- und Zeitungspublikum[151] einbezogen wurden.

148 Hoffmann (2007: 45 ff.) arbeitet den spezifischen Einsatz der sprachlichen Handlung ‚Drohung' in einer als Rechtstext getarnten „Bekanntmachung" eines Gauleiters heraus.

149 Maas (1984) spricht von den verschiedenen „Stimmen eines Textes" bzw. von der „Polyphonie" eines Textes; siehe auch Kap. 1.3.

150 Ähnliche Aushänge der Essener „Gußstahlfabrik Friedrich Krupp" mit der Bekanntgabe der Inhaftierung von Gefolgschaftsangehörigen als Sanktion für deren „Arbeitsvertragsbruch" finden sich in den Akten des Historischen Archivs Krupp: vgl. HA Krupp, WA 41-2-164, H.v. A 207. Mason zitiert ein an alle Arbeiter der IG Farben Filmfabrik aus Wolfen ausgegebenes Merkblatt des Betriebsführers, „in dem er bedauerte, in Zukunft alle Bummelanten der Gestapo übergeben und ihre Namen auf dem Schwarzen Brett bekanntmachen zu müssen" (Mason 1975: 172).

151 Vgl. Mason (1975: 1044; Fn. 1).

(B 10)

(a1) Jeder deutsche Mensch, (a2) ob Mann oder Jüngling, (a3) ob Frau oder Mädel, (a4) ob Junge oder Greis (b) wird sich in den Dienst dieser Verteidigung stellen.

[...]

(c) Jetzt werden sie etwas erleben von Arbeit, wenn erst einmal das ganze deutsche Volk aufgerufen ist, den Kampf auf Leben oder Tod zu führen.

[...]

(d) Also die Rohstoffe, die wir brauchen, sind gesichert.[152] (e) Die Produktionswerkstätten haben wir. (f) Soweit wir sie nicht haben, werden sie geschaffen durch Umstellung, durch Erweiterung, durch Neubau. (g) Die Rohstoffe dafür sind vorhanden, werden ausgebeutet, werden herangeschafft. (h) Jetzt kommt es auf den Einsatz an, und zwar auf den Einsatz der arbeitenden Front. (i) Und hier muß das ganze Volk aufstehen und das ganze Volk sich jetzt einsetzen.

(j) Es gibt jetzt nicht mehr nur einen Mob.-Befehl für den Soldaten zwischen dem und dem Jahrgang, sondern heute gibt es einen Mob.-Befehl für jeden Deutschen, sobald er 16 Jahre alt geworden ist, Mädchen wie Junge.[153]

(k) Jeder steht von diesem Augenblick ab im Dienst der Reichsverteidigung, ob als Mutter in der Erziehung der Kinder, ob als Arbeiter am Schraubstock oder als Mann draußen am Maschinengewehr – das ist gleichgültig – oder ob die Jugend eingesetzt wird zu dieser oder jener nützlichen Arbeit. (l) Jeder steht im Dienst, über uns steht das Reich, und das Reich wird erhalten werden.

[...]

(m) Wir alle sind Frontkämpfer!

[...]

(n) So gibt es zwei Soldaten heute, den Soldaten an der Waffe und den Soldaten an der Maschine. (o) Ihr alle seid Frontkämpfer. (p1) Nur der Platz, wo der Führer euch hinstellt, ist verschieden; (p2) die Pflicht und die Verantwortung aber bleiben die gleiche, (p3) und jeder muß wissen, daß es auch auf jeden einzelnen ankommt. (q) Glaube doch keiner mehr, daß er sich ausnehmen kann! (r) Wer da glaubt, daß er sich ausnehmen kann, beiseite stehen kann, als ob ihn die Dinge nichts angingen, wird bald erkennen müssen, wie das Volk ihn nicht mehr kennen will […].

(zit. n. Mason 1975: 1044 f.)[154]

---

152 Mason kommentiert diese Aussage als „sehr fraglich" (1975: 1044; Fußnote 2).

153 Unterstreichungen von Mason (1975: 1044 ff.) übernommen.

154 Mason hat den Text (auszugsweise) und auch die Überschrift nach dem Abdruck im „Völkischen Beobachter" vom 11.9.1939 zitiert.

Nach dem deutschen Überfall auf Polen erfolgte am 3. September 1939 die Kriegserklärung Großbritanniens und Frankreichs gegen Deutschland. Die NS-Propaganda legte die deutsche Rolle als die des „Verteidigers" aus. „Verteidigung" wurde als maßgeblicher Handlungs-Referenzrahmen[155] des pflichtmäßigen Dienstes für die „Volksgemeinschaft" etabliert.

Direkte Ansprachen an das unmittelbare Redepublikum im Saal und an die durch die „Verallgemeinerung der Teilhabe" (Ehlich 1989: 20) mittelbar erreichten Adressaten (Rundfunkhörer, Zeitungsleser) finden sich außerhalb der für die Analyse ausgewählten Passagen. Es handelt sich vor allem um Ansprachen, in denen der Verfasser durch possessivdeiktische Determinative und Gleichheit suggerierende Symbolfeldausdrücke Gemeinschaft mit den Adressaten beansprucht, wie z.B. in der Eröffnung: „Meine Volksgenossen und Arbeitskameraden!"; später „meine Kameraden", „meine Volksgenossen". Ferner findet man den deiktischen Rednerverweis („ich") und die persönliche, in Verbindung mit den oben genannten Ansprachen Vertraulichkeit suggerierende direkte Adressierung mit hörerdeiktischem „Ihr" bzw. „euch" (o,p1). Durch gruppendeiktische Ausdrücke („wir": d,e,f, bzw. „uns": l) wird unmittelbar sprachlich Gemeinschaft etabliert, werden die Hörer erster und zweiter Ebene zur Teilnahme an der „Massenpartizipation" eingeladen bzw. genötigt.
Des Weiteren finden sich indirekte Ansprachen über Symbolfeldausdrücke: teilweise an die gesamte „Volksgemeinschaft" gerichtet („Jeder deutsche Mensch": a1, „ganze Volk": i), teilweise mit repräsentativ-exemplarischer Funktion Teilgruppen herausgreifend („Arbeiter am Schraubstock": k).

Eine auffällige Dominanz ist für Symbolfeldausdrücke bzw. Wendungen zu verzeichnen, die den Wortfeldern *Militär* und *Kampf* zuzuordnen sind: „Soldaten" (j,n), „Verteidigung"/ „Reichsverteidigung" (b/k), „sich in den Dienst [...] stellen" (b), „Kampf auf Leben und Tod" (c), „im Dienst" (k,l), „Frontkämpfer" (m,o), „Front" (h), „Einsatz" (h), „einsetzen" (i), „Mob.-Befehl" (j), „Maschinengewehr" (k), „Waffe" (n).
Der Redeausschnitt hat assertiven Charakter, dominantes Tempus ist das vergegenwärtigende Präsens. An zwei Stellen wird durch den Einsatz des Modalverbs *müssen* eine Handlungsnotwendigkeit ausgedrückt (i,p3).
Für den Zeitungsabdruck im „Völkischen Beobachter", nach dem Mason (1975) die Auszüge aus der Rede zitiert hat, ist als Überschrift: „Heute gibt es einen Mob.-Befehl für jeden Deutschen" aus Segment (j) gewählt und damit als zentral gekennzeichnet worden.
Thematisch geht es um die „Verteidigung" des Reiches (b,k) und deren Akteure. Der Ausdruck „Verteidigung" repräsentiert den maßgeblichen Referenzrahmen des Handelns, dem „jeder deutsche Mensch" verpflichtet sei. Allerdings geht es

155 Zum Terminus „Referenzrahmen" vgl. Welzer (2007).

nicht um eine Verteidigung mit Waffen, sondern um den „Einsatz der arbeitenden Front" (h) in einem „Kampf auf Leben oder Tod" (c). Der zentrale Anspruch auf umfassende Gültigkeit der Verpflichtung zum Handeln wird besonders über auffällig häufig verwendete all-quantifizierende Determinative transportiert. Ausnahmen werden ausgeschlossen: „jeder/jeden" (a,j,k,l, p3), „alle" (m,o).

Zu (a1): Der Totalitätsanspruch wird zunächst allgemein über die Nominalphrase „jeder deutsche Mensch" ausgedrückt. Parenthetisch in den Hauptsatz eingebettet, leisten in (a2-4) die mit dem Irrelevanzkonditionale „ob"[156] angebundenen Gegenüberstellungen von Symbolfeldausdrücken („ob Mann oder Jüngling" usw.) die Ausgestaltung eines Paradigmas von Möglichkeiten, durch die die Proposition im Hauptsatz nicht ihre Gültigkeit verliert. Gewissheit im Hinblick auf das Handeln der (verallgemeinerten) Adressaten („Jeder deutsche Mensch") drückt die modale Verwendung von *werden* in (b) aus, und zwar durch eine „*Versprachlichung* [...] *des Umschlagens von Möglichkeit in Wirklichkeit*" (Redder 1999: 304).
(k) enthält eine Modifikation der Proposition in (a-b): Statt der Markierung des Übergangs von Möglichkeit in Wirklichkeit („Jeder...wird") findet sich hier Faktizität markierendes Präsens („Jeder...steht"), wobei mit *‚im Dienst stehen'* zu einer militärtypischen Formulierung gegriffen wurde. Ebenfalls zitiert wird die syntaktische Struktur der Parenthese in (a2-4). Hier (k) sind es allerdings die verschiedenen Rollen im „Dienst der Reichsverteidigung" („ob als Mutter in der Erziehung der Kinder, ob als Arbeiter am Schraubstock oder als Mann draußen am Maschinengewehr"), die zur semantischen Ausgestaltung des All-Quantifikativums („Jeder") angeführt werden. In die Reihe wird noch die „Jugend" aufgenommen. Deren „Arbeit" bleibt unspezifiziert („zu dieser oder jener"). Sie wird allerdings über das Kriterium „nützlich" ebenfalls als „Dienst der Reichsverteidigung" qualifiziert. Den totalitären Verfügungsanspruch im Rahmen eines verallgemeinerten Verhältnisses von Befehl und Gehorsam signalisiert „herangezogen werden".
Mit (j) wird ein Szenario vorgestellt („Es gibt") und temporaldeiktisch („jetzt") als neues in die Gegenwart geholt.[157] Präsuppositiv wird der Kriegsbeginn als Ereignis eines Umbruchs aufgerufen, in dessen Folge die bisherige Einberufungs-Praxis („Mob.-Befehl für den Soldaten zwischen dem und dem Jahrgang") abgelöst wird von einer verallgemeinernden Übertragung des Schemas von Befehl und Gehorsam auf zivile Handlungsbereiche, die als „Dienste der Reichs-

156 Die Konstruktion mit „ob" wird von Zifonun/Hoffmann/Strecker als „Irrelevanzkonditionale" behandelt: „Es spezifiziert eine konditionale Beziehung zwischen einem Konsequens und einer Menge von Antezedenzbedingungen, die ein ganzes Spektrum von Möglichkeiten mehr oder weniger erschöpfend erfassen. Dabei wird ausgedrückt, daß keine dieser Möglichkeiten die Gültigkeit des Konsequens beeinflusst." (1997: 2319)

157 Die deiktische Orientierung auf den zeitlichen Nahbereich („jetzt") korrespondiert mit (n): „So gibt es zwei Soldaten heute" (s.u.).

verteidigung" deklariert werden. Alle „Volksgenossen" ab 16 Jahren werden damit zu (zumindest potentiellen) Befehlsempfängern des Staates qualifiziert.[158]
Das „Reich" wird in (l) als alles überdachende („über uns") und alle zum Dienst verpflichtende Instanz ausgewiesen, die zu „erhalten" (im Symbolfeld anknüpfend an den „Überlebenskampf") der übergeordnete Zweck des Kampfes sei und als sprachliche Wirklichkeit markiert wird („wird erhalten werden").
Adressatenseitig akzeptiert werden soll eine grundlegende Handlungskonstellation, die eine Unterwerfung ziviler Bürger unter staatliche Befehle in einem permanenten Ausnahmezustand („Kampf auf Leben und Tod") notwendig erscheinen lässt.
In (n) werden konkretisierend zwei „Soldatentypen" gegenübergestellt: Göring benennt den „Soldaten an der Waffe" und den „Soldaten an der Maschine", denen die gleiche „Pflicht und Verantwortung" (p2) zugewiesen werden. Was als Rollenbild für den militärischen Bereich allgemein als akzeptiert gilt und mit hohem Ansehen verknüpft ist, wird auf den Bereich der Arbeit übertragen: einerseits als Angebot an die Arbeiter, sich als „Soldaten" aufgewertet zu fühlen, andererseits als Forderung zur Übernahme von Pflichten, die im Rahmen des übertragenen Rollenbildes als berechtigt akzeptiert werden soll. Der Ausdruck „Soldaten" erhält eine Fährenfunktion (i. S. v. Maas 1984) im Hinblick auf die Übertragung des militärischen Rollenbildes. Damit korrespondiert die Fährenfunktion weiterer Symbolfeldausdrücke wie „Dienst", „Verteidigung", „Pflicht", „Verantwortung", „Kampf" (auf Leben und Tod), „einsetzen", „Mob.-Befehl" und besonders „Frontkämpfer" (s.u.), deren Funktion darin besteht, präsuppositives Wissen über das gesellschaftlich bereits etablierte und positiv konnotierte Soldaten-Rollenbild aufzurufen, das übertragen wird auf das im Adressatenwissen zu verankernde „para"-Soldaten-Rollenbild der zivilen Bereiche der „Reichsverteidigung", deren oberste Koordination dem „Führer" obliegt:
(p1) bedient sich des Führermythos: Als unfehlbarer Lenker des Reiches stellt „der Führer" die in der „Kampfgemeinschaft" eingereihten „Volksgenossen" auf ihren je spezifischen Platz. Bezeichnend ist hier die grammatische Form: Die Adressaten („euch") sind Objekte der Umsetzung der „Führergewalt" („hinstellt").[159] Betont wird das für den Befehl charakteristische Moment der absoluten Fremdplanung des Handelns. In Bezug auf die Dienstverpflichtung, deren propagandistische Aufwertung hier zentral ist, betrifft die Fremdplanung die Wahl der Arbeitsstelle und der Tätigkeit. Tatsächlich oblag das Instrument der

158 Mason kommentiert diese Äußerung (j) folgendermaßen: „Das ist stark übertrieben. Bei Kriegsbeginn erging der „wirtschaftliche Gestellungsbefehl" an rd. 517000 Arbeiter bzw. Arbeiterinnen, die die Arbeitsplätze der zur Wehrmacht einberufenen Rüstungsarbeiter u.a. einnehmen mussten." (1975: 1044)

159 Zeitgenössisch einflussreich definierte der NS-Jurist Ernst Huber die an die Person Hitlers gebundene „Führergewalt" als „umfassend und total" und konkretisierend: „sie erfasst alle Volksgenossen, die dem Führer zu Treue und Gehorsam verpflichtet sind" (Huber 1939: 230; zit. n. Schliesky 2004: 118 f.).

Dienstverpflichtung den zuständigen Arbeitsämtern. Deren Zuweisungspraxis wird als Werk des „Führers" ausgewiesen und soll so besonderes Gewicht erhalten.
(m): Die Gemeinschaft der „Frontkämpfer" wird gruppendeiktisch etabliert: der Redner zählt sich selbst dazu, die Gesamtheit der Adressaten soll sich der Gruppe zugehörig fühlen. Angebunden an den Aufbau einer Vorstellung von der Omnipräsenz der „Front", soll Gleichheit hinsichtlich der Bedeutung des individuellen Beitrags zur „Verteidigung" suggeriert werden. (Dadurch, dass die „Front" im „Kampf auf Leben und Tod" außerhalb und innerhalb der Reichsgrenzen ist, wird jeder, der etwas zur gemeinsamen Sache beiträgt, zum „Kämpfer" qualifiziert.)[160] Dies ist das integrative Moment, durch das die Adressaten von ihrem „opferbereiten Elan" (Maas 1984: 11) aus in die Bereitschaft zur Übernahme des militärischen Rollenbildes geleitet werden sollen. Angebunden an das durch den metaphorischen Gebrauch des Ausdrucks „Frontkämpfer" aktualisierte Adressatenwissen erfolgt dann auch die Zuweisung von militärischer „Pflicht" und „Verantwortung" in (p2). In (o) wird die deiktische Etablierung der „Frontkämpfer"-Gruppe aus (m) wiederholt, hier allerdings durch adressatendeiktisches Zeigen mit der Balanceform: „Ihr alle seid Frontkämpfer!"
Für diejenigen, die sich der externen Handlungsplanung widersetzen, hält der Text eine Drohung bereit, die den Ausschluss aus der „Volksgemeinschaft" ankündigt, wobei das „Volk" als Einheit gefasst wird, von der der Ausschluss ausgeht: (r) „Wer da glaubt, daß er sich ausnehmen kann, beiseite stehen kann, als ob ihn die Dinge nichts angehen, wird bald erkennen müssen, wie das Volk ihn nicht mehr kennen will."[161] Die sprachliche Handlung der Drohung bleibt in charakteristischer Weise vage, vollzieht sich über das kommunikative Verfahren der Anspielung.[162] Präsuppositiv als bekannt vorausgesetzt wird der Umgang mit „Arbeitsscheuen", „Asozialen", „Saboteuren" der Gemeinschaft.[163]
Die Äußerung erweist sich in typischer Weise als polyphon, entfaltet neben dem drohenden Charakter auch den Charakter einer Einladung an die Willfährigen zur hämischen Schadenfreude, zur moralischen Komplizenschaft mit den Bestrafern der Integrationsunwilligen.

160 Ähnlich äußerte sich der Berliner Betriebsführer Erich Graetz zu Beginn des 2. Weltkriegs vor der zum Appell angetretenen Gefolgschaft: „Unsere Aufgabe in der Wirtschaft dient nur dem Zweck, den Krieg siegreich zu beenden. [...] jeder ist heute Soldat des 3. Reiches." (1-1/03; zit. n. Süß 2003: 190)

161 Die Reklamierung eines Wissens um das, was „das Volk" denkt, fühlt und will, ist typisch für NS-propagandistische Redeweisen.

162 Zum Verfahren der Anspielung in Hitler-Reden vgl. Sauer (2003b).

163 Sanktionen bei Missachtungen von Dienstverpflichtungen sind in der obigen Analyse des Dienstverpflichtungsbescheids bereits angesprochen worden. Konkrete Beispiele nennen Mallmann/Paul (1991), etwa den Fall eines 18-jährigen Bergmannes, der einer Dienstverpflichtung nicht nachkam und daraufhin für mehrere Monate in das Konzentrationslager Sachsenhausen eingewiesen wurde (vgl. Mallmann/Paul 1991: 357). Zur Praxis der „Vorbeugungshaft" für „Arbeitsscheue" vgl. Ayaß (2005).

Damit verbunden ist die „Denunziation als Massenphänomen", die Ehlich (1989: 25) beschrieben hat und die als Möglichkeit der „Bekämpfung und Prävention" (Ehlich 1989: 25) der Verweigerung des Gehorsams ebenfalls eine gesamtgesellschaftliche Verallgemeinerung erfahren hat. So lässt sich (r) im Rahmen einer polyphonen Bedeutungsstruktur auch als impliziter Aufruf zur gegenseitigen Kontrolle und schließlich zur Denunziation derjenigen verstehen, die nicht die geforderte Hingabebereitschaft aufbringen.

Die Propaganda-Formel „Mob.-Befehl für jeden Deutschen" ist charakteristisch für die in der Kriegswirtschaft kulminierende „Verallgemeinerung des Befehls als zentraler Form sprachlichen Handelns" (Ehlich 1989: 24), die sich als der „unmittelbare sprachliche Ausdruck der allgemeinen Militarisierung des gesellschaftlichen Lebens" (Ehlich 1989: 25) auf alle „Volksgenossen" und alle gesellschaftlichen Handlungsfelder erstreckte. Der Staat „mobilisiert", setzt alle Kapazitäten „in Bewegung".

4.5.2 Die „Meinung" einer Rüstungsarbeiterin

Das letzte Beispiel entstammt dem Zeitungsartikel „Die beiden Tagewerke der Frau" aus dem „Westfälischen Beobachter" vom 17.7.1943 und zeigt das in der NS-Zeitungspropaganda häufig angewandte Verfahren fingierter Mündlichkeit: Als Beleg für die Zustimmung des Volkes im Hinblick auf die Zielvorgabe „Sieg" und die Akzeptanz der damit verbundenen Opfer wird das angebliche Zitat einer Rüstungsarbeiterin (im Artikel „Frau K." genannt) präsentiert, die über ihre familiäre Verpflichtung als alleinerziehende Mutter hinaus für die Kriegswirtschaft im „Einsatz" ist. Präsuppositives Wissen, auf das hier rekurriert wird, ist die NS-idologische Umdeutung der Rolle der Frau von der Mutter und Hausfrau hin zur Rüstungsarbeiterin.

(B 11)

> (a) „Wir wollen doch den Krieg gewinnen! (b) Darum machen wir es ja. (c) Es muß eben sein. (d) Wir wollen doch, daß es mal anders wird."
> (*Westfälischer Beobachter*, 17.7.1943; Stadtarchiv Bottrop)

Auffallend häufig ist der Gebrauch der Gruppendeixis „wir" (mit dem Angebot einer hörerinklusiven Lesart), durch die in Verbindung mit dem Modalverb *wollen* eine gemeinschaftliche Zielfokussierung (a,d) und in Verbindung mit „machen" (b) ein gemeinschaftliches Handeln suggeriert werden soll. Die Zielfokussierung wird in (a) mit der Abtönungspartikel „doch" etwaigem Widerspruch entgegengesetzt und in (b) als kausale Verankerung genutzt. Mit (c) wird eine unzweifelbare Feststellung der Notwendigkeit zum Handeln präsentiert und, damit verbunden, in (d) der verbale Ausgriff auf eine verheißungsvolle Zukunft („es mal anders ist"), die allerdings zeitlich unbestimmt ist („mal"[164]), vorgenommen. Die fingierte mündliche Meinungsäußerung im Analysebeispiel operiert auf der Folie möglicher Alltagsdiskurse, in denen Opposition gegen den verordneten „Einsatz" für die „Kampfgemeinschaft" geäußert wird. Die diskurstypischen Abtönungspartikeln (vgl. Zifonun/Hoffmann/Strecker 1997: 59) „doch" (a), „ja"[165] (b) und „eben"[166] (c) sollen dabei die persönliche Einstellung einer exemplarischen (repräsentativen) Sprecherin signalisieren, die die neue Rolle bereits angenommen hat und gegen mögliche Gegenstimmen argumentiert.

4.6 Zusammenfassung

In der NS-Wirtschaft bildete das Konzept des Dienstes an der „Volksgemeinschaft" eine wesentliche ideologische Grundlage, auf der das Führerprinzip und damit das kommunikative Muster von Befehl und Gehorsam etabliert werden konnte. Die Arbeit des Einzelnen wurde ideologisch als Beitrag zum Wohl des Volkes, später in der auf den „Totalen Krieg" ausgerichteten Rüstungswirtschaft konkretisierend als unentbehrlicher Beitrag zum Sieg im „Entscheidungskampf" (B 8) umgedeutet. Daran gekoppelt war die Stilisierung der Arbeiter zu „Soldaten an der Maschine" (B 10), mit der einerseits eine ideologische Aufwertung, andererseits ein drastisch erhöhter Gehorsamsdruck einherging, der mit der Orientierung am Rollenbild des „Soldaten an der Waffe" legitimiert wurde.

Das Beispiel des Dienstverpflichtungsbescheids (B 7) zeigt die Übertragung des Wehrmacht-typischen Einberufungsbefehls auf den Bereich der Wirtschaft, wodurch die Rolle des Befehls in der NS-Wirtschaft eine neue Qualität erhielt.[167] Die gesetzliche Grundlage für Dienstverpflichtungen von unbestimmter Dauer wurde am 13. Februar 1939 geschaffen. In den propagandistischen Bemühungen, für die Akzeptanz zu werben, wurde auf die Parallelisierung mit der militärischen Variante abgehoben („wirtschaftlicher Gestellungsbefehl") und die Notwendigkeit der Einbindung des ganzen Volkes in den „Kampf" propagiert.

---

164 Die Verwendung der umgangssprachlich verkürzten Form des operativ-symbolischen *einmal* hat die Funktion, die Suggerierung der Authentizität von Mündlichkeit zu unterstützen.

165 *ja* kennzeichnet hier den Ausdruck von „Gewissheit" (Hoffmann 2008).

166 Nach Zifonun/Hoffmann/Strecker markiert *eben* einen „Sachverhalt als eine den Kommunikationspartnern bekannte unabänderliche und daher hinzunehmende Tatsache" (1997: 1230).

167 Weiter verschärft wurde dies mit dem „Erlaß des Führers über den umfassenden Einsatz von Männern und Frauen für Aufgaben der Reichsverteidigung" vom 13.1.1943 (vgl. Götz 2001: 347). Dieser „Führererlass" verpflichtete grundsätzlich alle arbeitsfähigen Personen, die keiner Arbeit nachgingen, die Arbeitsämter aufzusuchen, um einen auf die Erfordernisse der Kriegswirtschaft ausgerichteten „Dienst" zugewiesen zu bekommen (vgl. Götz 2001: 347).

So verkündete Göring in seiner Rede am 9.9.1939 (B 10) die gesamtgesellschaftliche Mobilisierung („Mob.-Befehl für jeden Deutschen"), und zwar unter Rückgriff auf ein gesellschaftlich etabliertes Präsuppositionssystem militärischer Grundsätze, die „Verteidigung" von Volk und Staat sowie das zeitgenössisch gängige Soldaten-Rollenbild betreffend. So wie eine Mobilisierung von Soldaten und deren bedingungslose Unterstellung unter die militärische Befehlskette im Krieg unabdingbar seien, sei es auch auf dem kriegswirtschaftlichen Sektor notwendig, dass der zur „Verteidigung" Einberufene dort seinen „Dienst" verrichte, wo ihn „der Führer [...] hinstellt" (q1), und die „Pflicht und Verantwortung" (q2), übernimmt, die auch für Soldaten an der Front gelten.
Entsprechend dieser Handlungskonstellation, in der die „Führung" für alle gesellschaftlichen Akteure die Handlungsplanung übernimmt und die daraus resultierenden Entscheidungen unmittelbar oder vermittelt über eine Befehlskette verbindlich macht, fanden sich verallgemeinerte sprachliche Formen (B 8): „Der deutsche Bergmann wird auch am 1. Mai und am Pfingstmontag seinen wichtigen Beitrag zum Entscheidungskampf leisten."

Im Rahmen integrativer Strategien zur Stützung des Arbeitsbefehls bauten die NS-Propagandisten auf die permanente sprachliche Etablierung von Gemeinschaft und Gleichheit, besonders häufig repräsentiert durch die Gruppendeixis „wir" (bzw. possessive Gruppendeixeis: *unser/e/r*), einerseits aus dem Mund führender Redner (B 10: Göring) bzw. aus der Feder offensichtlicher Propaganda-Schreiber, andererseits angeblichen Vertretern aus dem Volk in den Mund gelegt (B 11: „Frau K."). Der Druck, sich diesem totalitären, kollektivbildenden „wir" zu unterstellen, war hoch. Eine offen kundgetane hörerexklusive Interpretation oder gar deren Manifestation im Handeln bzw. Nicht-Handeln konnte sehr schnell gefährlich werden. Hier kam neben dem staatlichen Spitzelsystem die Denunziation als „kleine Macht der „Volksgenossen"" (Diewald-Kerkmann 1995) zum Tragen, von der in immensem Maß Gebrauch gemacht wurde, um die zu „Saboteuren" Erklärten ihrer Bestrafung zuzuführen.

Dass die Nazis ihr ideologisches Konzept von *Führen* und *Folgen* in derart verallgemeinerter Weise überhaupt auch im Bereich der Ökonomie umsetzen konnten, hat zum einen damit zu tun, dass sie an eine lange gesellschaftliche Tradition autoritärer Strukturen und militaristischer Kontinuität (vgl. Wette 2005, Bauer 1988: 78 f.) anknüpfen konnten. Zum anderen erzeugte besonders der spezifische Einsatz des Handlungsmusters des Versprechens wesentliche „Handlungsvoraussetzungen für den Befehl" (Ehlich 1989: 24). Innerhalb der permanent beschworenen „Kampf"- und „Schicksalsgemeinschaft" bildete der verallgemeinerte Befehl einen wechselseitigen Wirkungszusammenhang mit dem Versprechen (vgl. Ehlich 1989: 24). Gestützt auf die Einlösung vieler kleiner Versprechen erwarb sich die NS-Führung mit dem obersten Führer Hitler an der Spitze sukzessive einen

„kommunikative[n] Kredit" (Ehlich 1998: 276), der für die Erzeugung der überwiegenden gesellschaftlichen Akzeptanz externer Handlungsplanung eine enorme Rolle spielte: Bei weiten Teilen der deutschen Bevölkerung wurde das Vertrauen erzeugt, dass der „Wille des Führers" die für die „Volksgemeinschaft" notwendige und damit einzig richtige Handlungsalternative bereithalte. Diese Sichtweise wurde propagandistisch im Rahmen der fortwährenden Bemühungen um die Etablierung eines „Führerkultes" besonders fokussiert, die Selbstverständlichkeit der Unterstellung des Einzelnen als unentbehrlicher Teil des „Volkskörpers" unter den Willen Hitlers in immer neuen (und dabei immer gleichen) sprachlichen Varianten verkündet.[168]
Die Versprechungen der Führung, etwa im Hinblick auf wirtschaftliche Unabhängigkeit, konnten ihrerseits nur gestützt auf den verallgemeinerten Befehl erfüllt werden (vgl. Ehlich 1989: 24).
Das zentrale Versprechen, auf das der Anspruch auf Gehorsam in der späteren Kriegszeit gestützt war, war das Versprechen des „Endsiegs" und einer verheißungsvollen „Zukunft", das mit dem materiellen Wohlstand eines herrschenden Volkes lockte. In den oben analysierten Beispielen findet sich dieses Versprechen in impliziter Form, aktualisiert durch das Ideologem „Zukunft" und dessen Umschreibungen (B 8, B 10, B 11).

Die para-staatliche Handlungskonstellation, die als notwendige strukturelle Voraussetzung für die Rolle des Befehls in der Wirtschaft schon in der Anfangsphase der NS-Herrschaft – durch die Implementierung des Führerprinzips – etabliert wurde, wurde im Verlauf des Krieges immer weiter verschärft, insbesondere durch das Drohsystem staatlichen Terrors. Drohungen bildeten – ausgesprochen und unausgesprochen – die wirksamste Absicherung des Befehls in der Wirtschaft, besonders, als die erdrückende Realitätserfahrung der Glaubwürdigkeit der Versprechungen mehr und mehr die Grundlage entzog. Die Bekanntmachung einer vollzogenen Sanktion in einem „Fall von Arbeitsvertragsbruch" (B 9) steht exemplarisch für eine verschleierte Form der Drohung. Drohungen waren im sprachlichen Handeln im NS besonders wirksam als „Überlagerungsstruktur", „als Teil einer übergreifenden Struktur", „die auf vorausliegende Texte und durch sie hindurch auf bestimmte Erfahrungen ‚zeigt'" (Sauer 1998: 21). So „zeigt" die o.a. Bekanntmachung auf den allgemeinen Arbeitsbefehl und gleichzeitig auf vorausgegangene Drohungen. In dieser Weise liefert sie einen Beleg für die Realisierung des durch frühere Drohungen erfolgten verbalen Zukunftsausgriffs und erneuert gleichzeitig – allerdings in diffuser, für die Betroffenen schwer zu kalkulie-

168 Ein prägnantes Beispiel hierfür ist eine Sentenz mit pseudo-sakralem Charakter, die als Variante wöchentlich wechselnder „Sinnsprüche" vom 28.10.-02.11.1940 in der Lehrlingshalle des Braunschweiger VW-Werks prangte: „Der Wille des Führers ist uns Befehl." (zit. n. Kipp 2006)

render Weise – diese früheren Drohungen, ohne dass sie offen verbalisiert werden müssten.

In der letzten Kriegsphase, als vielen das eigene „Verstricktsein ins Regime“ (Sauer 2003b: 414) und damit ihre sukzessiv angenommene Komplizenrolle (vgl. Sauer 2003b: 414) die Propaganda von der Rache der Feinde im Falle einer deutschen Niederlage plausibel machte, setzten sie weiter auf die Karte des Folgens, ließen sich weitgehend zum „Durchhalten“ bewegen, warteten sehnsüchtig auf die „Wunderwaffe“.[169]
Auf die wirtschaftliche Einspannung der „Volksgenossen“ für die Zwecke des Krieges folgte ab September 1944 die militärische Indienstnahme der bis dahin zivilen Teile der männlichen Bevölkerung zwischen 16 und 60 Jahren für den „Volkssturm“.[170] Viele, die in dieser Phase noch gehorsam als Rüstungsarbeiter ihre Pflicht erfüllten, taten dies wohl auch in der Hoffnung, im Betrieb einen „sicheren Unterschlupf zu finden“ (Werner 1983: 365) und von der Einberufung zur Front verschont zu bleiben.

---

169 Zur Reaktion deutscher Soldaten auf die von Goebbels im Juli 1944 angekündigte „Wunderwaffe“ vgl. die Feldpostbriefe in Latzel (2000).

170 Der grundlegende „Erlaß des Führers über die Bildung des deutschen Volkssturms“ vom 25.09.1944 (abgedruckt in Seidler 1989: 377 f.) wurde erst knapp einen Monat später bekanntgemacht: Zeitungsabdruck am 19.10.1944, Abdruck im „Reichsgesetzblatt“ am 20.10.1944 (vgl. Seidler 1989: 70). Die „Ausführungsbestimmungen zum Führer-Befehl über die Bildung des Deutschen Volkssturmes“ („Anordnung 277/44“ vom 27.09.1944) sind in Mammach (1981: 171 ff.) abgedruckt. Verpflichtet wurden männliche „Volksgenossen“ über 16 und unter 60 Jahren, die nicht bereits im aktiven Wehrdienst standen oder seitens des zuständigen Arbeitsamtes den Status einer kriegswirtschaftlich unentbehrlichen Arbeitskraft anerkannt bekamen.

5. Pervertierte Form: der Befehl im Konzentrationslager

In diesem Kapitel wird anhand exemplarischer Analysen von schriftlich überlieferten Äußerungen[171] die Anwendung des Befehls in den NS-Konzentrationslagern untersucht. Im Fokus stehen Befehle an Häftlinge. Zentral ist dabei die Frage nach Besonderheiten der sprachlichen Realisierungsformen im Kontext spezifischer Konstellationen sowie vor dem Hintergrund des spezifischen Machtverhältnisses, dem die Häftlinge unterworfen waren (s.u.).

5.1 *Absolute Macht* als Basis des Befehls

In den Konzentrationslagern war das zentrale Sprechhandlungsmuster innerhalb der Kommunikation zwischen den SS-Wachmannschaften und den Häftlingen der Befehl. Beschränkungen gab es dabei so gut wie nicht: Handlungen aller Art konnten befohlen werden. Verweigerungen führten in der Regel zur Ausübung rohester, nicht selten tödlicher Gewalt. Die Todesdrohung war allgegenwärtig.[172]
Der Gehorsam der Konzentrationslager-Häftlinge gegenüber denjenigen, die die Befehlsgewalt innehatten, beruhte in diesem hermetisch abgeriegelten sozialen System, das Goffman als einen spezifischen Typ „Totaler Institutionen" (vgl. Goffmann 1972) bezeichnet hat, auf „absolute[r] Macht" (Sofsky 2008; für die folgenden Ausführungen zu ‚absoluter Macht' in Abgrenzung zu ‚sozialer Sanktionsmacht' vgl. Sofsky 2008: 28).[173] Im Gegensatz zu „Soziale[r] Sanktionsmacht" (Sofsky 2008: 28), die Gehorsam durch die Androhung von festgelegten Sanktionen im Falle des Ungehorsams erreicht, ist bei ‚absoluter Macht' der Beherrschte, auch wenn er die Befehle befolgt, keineswegs vor Sanktionen gefeit. Bei ‚sozialer Sanktionsmacht' behält der Untergebene die „Wahl zum Gehorsam" (Sofsky 2008: 28): Er wird nur bestraft, wenn er sich dagegen entscheidet. Es ist – anders als bei ‚absoluter Macht' – immer im Interesse der Sanktionsmacht, dass der Beherrschte sich für den Gehorsam entscheidet, weil dadurch die Ziele der Sanktionsmacht vorangebracht werden (vgl. Sofsky 2008: 28).
Kennzeichnend für die Machstrukturen innerhalb des im Konzentrationslager etablierten Systems ‚absoluter Macht' war ein gestaffeltes hierarchisches Gefüge, in dem wenige Häftlinge, die so genannten „Funktionshäftlinge", einen privilegierten Status innehatten. Zu nennen sind in diesem Zusammenhang besonders

---

171 Ich greife auf Berichte und Erzählungen von Überlebenden zurück. Zur Reflexion der Analyse dieser Daten siehe Kap. 1.5.

172 Aus dem Bericht von Walter Poller: „Plötzlich ein Kommando von vorne: „Achtung, Augen hierher! Der Blick ist geradeaus nach vorn zu richten! Wer den Kopf auch nur einen Augenblick seitwärts wendet oder sich sonstwie bewegt, wird sofort erschossen." (Poller 1947: 21 f.).

173 Vgl. auch die frühe Arbeit zu den NS-Konzentrationslagern von Eugen Kogon (1946).

die Funktionen und Machtanteile der so genannten „Kapos“[174] und „Blockältesten“[175]. Als Konzentrationslager-Inhaftierte waren sie potentiell ‚absoluter Macht‘ ausgesetzt. Gleichzeitig waren sie aber auch „Komplizen des Systems“ (Sofsky 2008: 31) mit z.T. immensen Handlungsspielräumen in Bezug auf die Disziplinierung der ihnen unterstellten Gefangenen. Im Rahmen dieser Spielräume beteiligten sie sich nicht selten an der Ausübung des Terrors[176], der nach Sofsky für sie „ein Mittel der Selbsterhaltung“ (2008: 31) darstellte.[177] Sofsky spricht in diesem Zusammenhang von einem „unauflösbare[n] Strukturdilemma“, in das Funktionshäftlinge „verstrickt“ wurden (2008: 31). Von den zuständigen SS-Angehörigen („Blockführer“, „Lagerführer“) wurden sie mit Privilegien ausgestattet, so lange sie sich als nützlich erwiesen. Die ihnen zugeteilten Häftlinge mussten ihre Befehle unbedingt befolgen.[178] Dadurch, dass diese Art von Funktionshäftlingen mit bestimmten Aufgabenbereichen und Machtanteilen in die Befehlskette eingegliedert und ihnen Anreize für die Loyalität gegenüber den Herren im Lager geboten wurden, wurden die SS-Wachmannschaften enorm entlastet, sodass große Massen von Häftlingen unter Einsatz von relativ wenig SS-Personal[179] kontrolliert werden konnten (vgl. Sofsky 2008: 152).

Das Leben der gewöhnlichen Häftlinge war bis in die alltäglichsten Bereiche hinein genauestens vorgeschrieben (vgl. hierzu und zum Folgenden Sofsky 2008: 84 f.). Festgelegt war, wie man das Bett zu bauen, welche Gegenstände man wo und wie zu lagern oder was man wann anzuziehen hatte. Bei Zuwiderhandlungen drohten schwere Strafen, häufig kollektiver Art, was den „Druck der Mitgefangenen“ (Sofsky 2008: 85) erhöhte.

Die schrankenlose Gewalt, vor der die Häftlinge auch bei korrektester Ausführung der Befehle nicht sicher waren, lehrte viele, jeden noch so absurden und erniedrigenden Befehl auszuführen.[180] Wer sich widersetzte, bekam ohnehin die

174 Die „Kapos“ führten die „Arbeitskommandos“ (vgl. Sofsky 2008: 154 f.).

175 Die „Blockältesten“ waren vor allem für die Disziplinierung und Verwaltung der ihnen unterstellten Häftlingsbaracken zuständig (vgl. Sofsky 2008: 154).

176 Zu diesem Aspekt ausführlich: Sofsky (2008: 84).

177 Insofern „verwischte das Regime die Trennlinie zwischen Personal und Insassen.“ (Sofsky 2008: 152)

178 Dazu der Konzentrationslager-Überlebende Walter Poller: „Nach wenigen Tagen aber wußten wir bereits, daß es nicht nur zwei Sorten, sondern eine ganze Reihe von Abstufungen im Lager gab, und wir waren, je nachdem welche Art Häftling vor uns stand, genau so bedingungslos und augenblicks bereit, seinen Befehl auszuführen. Es mag vielleicht ein Unterschied zwischen dem Befehl eines Scharführers und dem eines derartigen Elitehäftlings gewesen sein, aber dieser Unterschied war nur gradueller, nicht prinzipieller Art.“ (1947: 28) Kupfer-Koberwitz berichtet von einem Kapo, der Häftlingen befahl, einen anderen, fieberkranken Häftling, der während der Arbeit innegehalten hatte, zu entkleiden und in den Schnee zu legen. (Kupfer-Koberwitz 1956: 195 f.)

179 Im Konzentrationslager Auschwitz z.B. waren durchschnittlich etwa 3000 bis 4000 SS-Angehörige als Wachen tätig (vgl. Frei et al. 2000: Einleitung: ii).

180 Nach Goffman ist der „Verlust der Selbstbestimmung“ im Konzentrationslager „offenbar ritualisiert worden.“ (1972: 50)

Brutalität ‚absoluter Macht' zu spüren. Prügelstrafen wurden in der Regel öffentlich vollstreckt.[181] Doch ging es nicht darum, durch die Androhung von Sanktionen und deren Vollzug bei Übertretung bestimmter Vorschriften den Häftlingen eine verlässliche Ordnung aufzuzwingen (vgl. Sofsky 2008: 247). Sogar die Erkundigung eines Häftlings nach Vorschriften, die er bereitwillig befolgen wollte, um sich vor Sanktionen zu schützen, konnte mit Gewalt beantwortet werden.[182] Durch das Gewirr von zu befolgenden „Regeln", die oft schier unmöglich einzuhalten waren, deren Kenntnis Neuankömmlingen unmöglich war und die aufgrund ihrer Vagheit den Peinigern weit reichende Interpretationsspielräume ermöglichten, wurde den Häftlingen die Möglichkeit vorenthalten, durch das eigene, vorschriftenkonforme Handeln Sicherheit vor Übergriffen zu erlangen (vgl. Sofsky 2008: 247). Allerdings wurde in vielen Bereichen der Schein einer ‚sozialen Sanktionsmacht' aufrechterhalten, besonders zur Legitimation nach außen[183]. Die „Freiheit des Terror" (Sofsky 2008: 30) erhielt dadurch einen „institutionellen Unterbau" (Sofsky 2008: 30), der die Willkür in eine dienstliche Verkleidung hüllte.

Eine weitere Strategie, die im Rahmen des Sanktionsterrors angewandt wurde, bestand in der Errichtung einer systematischen „Normenfalle" (Sofsky 2008: 248): Befolgte man die eine Vorschrift, konnte man durch gerade dieses bewusst konforme Handeln eine weitere, mit der ersten konfligierende Vorschrift verletzen[184]:

---

181 Der Bericht von Walter Poller enthält folgendes Beispiel: „Als wir näher an das Tor heranmarschiert waren, sahen wir den „Strafvollzug", und trotzdem wir Neulinge ausnahmslos schon wie magnetisiert und versteinert nach der fürchterlichen Szene schauten, rief uns unser Kapo mit brutaler Stentorstimme zu: „Zugänge! Augen rechts! Seht euch die Sache hier an. So werdet ihr auch durchgeprügelt, wenn ihr nicht fleißig arbeitet. Der da auf dem Bock hat bei der Arbeit gefaulenzt." (Poller 1947: 102)
Die Prügelstrafen wurden häufig dadurch verschärft, dass das Opfer die Hiebe zählen musste. Dazu Poller: „Nach der Vorschrift hatte der Scharführer die Schläge laut nachzuzählen. Er ließ das immer von dem Häftling machen, und wenn dieser das unter den Qualen vergaß, wurden aus den zudiktierten 5 häufig 30 und mehr Stockhiebe, je nachdem in welcher Laune der Prügelknecht war." (1947: 104) Ähnliches berichtet auch Kupfer-Koberwitz (vgl. 1956: 26 f.).

182 vgl. das Beispiel in Sofsky (2008: 365; Anm. 6 zu S. 247).

183 Walter Poller berichtet über Formulare, in denen die Anwendung der Prügelstrafen dokumentiert werden sollte. Eingetragen werden sollten das dem Häftling zur Last gelegte Delikt, die Entscheidung des zuständigen SS-Führers über die Höhe der verhängten Strafe (5, 10, 25, 50 Schläge…) sowie eine gutachterliche Entscheidung des Lagerarztes in der Frage, ob der Gesundheitszustand des betreffenden Häftlings die Bestrafung zulasse oder nicht. Allerdings wurden dem Bericht Pollers zufolge die Prügelstrafen nur äußerst selten über das Formular dokumentiert (vgl. Poller 1947: 100 ff.)

184 Zum Prinzip der „Normenfalle" in militärischen Institutionen Bröckling: „Nicht der Leistungsanspruch der einzelnen Norm, sondern ihre gekoppelte Vielzahl läßt die Normenfalle zuschnappen und versetzt den Rekruten in einen Zustand ständiger Kritisier- und Bestrafbarkeit." (1997: 25)

> „So stand auf verdreckte Schuhe eine Strafe, weil dies gegen die Vorschriften der Sauberkeit verstieß. Andererseits waren aber saubere Schuhe ein Indiz dafür, daß sich einer vor der Arbeit gedrückt und die allgemeine Arbeitspflicht verletzt hatte." (Sofsky 2008: 248)

In verschiedenen Konzentrationslager-Berichten sind Schilderungen von Vorgängen enthalten, in denen Wachleute Häftlingen die Mütze vom Kopf nahmen, diese in die so genannte „neutrale Zone" vor dem Lagerzaun warfen, und den Häftlingen daraufhin den Befehl gaben, die Mütze zurückzuholen. Wer dann in Ausführung des Befehls diese Zone betrat, wurde erschossen.[185] Die Häftlinge wurden auf diese Weise einem unlösbaren Dilemma ausgesetzt: Sich dem Befehl, die Mütze zu holen, zu widersetzen, war mit dem hohen Risiko verbunden, wegen „Befehlsverweigerung" zu Tode geprügelt zu werden. Hier hat man es mit ‚Pseudo-Befehlen'[186] zu tun, deren Zweck darin besteht, systematisch Gewaltanlässe zu erzeugen. Beispiele für willkürliche Tötungsgewalt gibt es in den Zeugenaussagen und den Erlebnisberichten von Überlebenden in großer Zahl.[187]

Die legitimatorische Basis für eine Konzentrationslager-Einweisung stellten sog. „Schutzhaftbefehle" dar. Wer einen Schutzhaftbefehl ausgestellt bekam, hatte faktisch keine juristischen Möglichkeiten dagegen in der Hand. Die Gestapostellen konnten auf der Grundlage der „Verordnung zum Schutz von Volk und Staat" vom 28.02.1933 selbstständig – ohne richterlichen Beschluss – von diesem machtvollen Terrorinstrument Gebrauch machen und unbefristete Inhaftierungen verhängen (vgl. Hensle 2005: 80).

Bei der Einlieferung in ein Konzentrationslager vollzog sich für die „Zugänge", wie die neu angekommenen Gefangenen genannt wurden, der Wechsel von der Privatperson mit bürgerlichem Namen zu einem praktisch rechtlosen Häftling, der wie alle anderen gekleidet, den gleichen Handlungsnormierungen unterworfen, in der gleichen Weise dem Terror des SS-Lagerpersonals ausgesetzt war, wie

185 Ein Auszug aus einer Zeugenaussage im Auschwitz-Prozess: „Sommer war SS-Rottenführer und gehörte zur Torwache. Ich habe dreimal gesehen, wie Sommer die Mütze von jüdischen Häftlingen in die sogenannte „Neutrale Zone" vor den elektrischen Zaun warf. Dann befahl er dem Häftling, seine Mütze wiederzuholen. Wenn dieser dann die „Neutrale Zone" betrat, wurde er von dem Wachposten erschossen, da es streng verboten war, diese Zone zu betreten." (Fritz Bauer Institut und Staatliches Museum Auschwitz-Birkenau 2005: 11955)

186 Eine Beschreibung dieses Typs findet sich in Kap. 10.2.8.

187 Misshandlungen der Häftlinge durch das Lagerpersonal waren im Konzentrationslager Auschwitz offiziell verboten. Expliziert wird ein solches Verbot im Kommandanturbefehl Nr. 4/44 vom 22.02.1944: „Bei dieser Gelegenheit mache ich nochmals ausdrücklich auf den bestehenden Befehl aufmerksam, daß kein SS-Mann Hand an einen Häftling legen darf. Im 5. Kriegsjahr ist alles daran zu setzen die Arbeitskraft der Häftlinge zu erhalten." (zit. n. Frei et al. 2000: 413) Bezeichnenderweise hebt die nachgeschobene Begründung für das Verbot ausschließlich auf die Nützlichkeit der Gefangenen im Rahmen der Zwangsarbeit ab.

alle anderen statt über seinen Namen durch eine Häftlingsnummer identifiziert wurde[188] usw.

Im folgenden Beispiel einer Ansprache eines Polizeioffiziers werden die neuen Gefangenen noch mit der höflichen Anrededeixis *Sie* adressiert (g,h):

(B 12)

> (a) Wer einen Fluchtversuch unternimmt oder auch nur irgend etwas tut, was als Fluchtversuch gedeutet werden kann, wird sofort erschossen. (b) Wir sind nicht gewohnt, lange zu fackeln. (c) Sie haben auf der Stelle alles zu tun, was von Ihnen verlangt wird. (d) Jede Gehorsamsverweigerung wird unnachsichtlich geahndet. (e) Was das bedeutet, werden Sie bald erfahren. (f) Beklagen Sie sich nicht über ihr Schicksal, Sie sind selbst schuld daran. (g) Wir werden Sie jetzt schubweise abtransportieren. (h) Nur die von einem Polizeibeamten Aufgeforderten dürfen sich von der Stelle bewegen, alle anderen bleiben auf der Stelle stehen.
> (Poller 1947: 21)

In der Ansprache sind wesentliche Charakteristika ‚absoluter Macht' enthalten, durch die sich der Befehl im Konzentrationslager innerhalb der Kommunikation zwischen SS-Angehörigen und Häftlingen von allen spezifischen Ausprägungen in anderen institutionellen und para-institutionellen Bereichen im „Dritten Reich" unterschied:
Zentral ist der Zwang zum absoluten Gehorsam, ganz gleich, was der Inhalt des Befehls ist (c). Die Stützen für den Gehorsam sind die Androhung von Gewalt und die Gewalt selbst. Für die Häftlinge war jede kleine Abweichung von den Vorschriften und Befehlen und besonders eine offene Verweigerung ein unkalkulierbares Risiko, bei dem sie nie vorhersehen konnten, welche Strafe sie zu erwarten hatten. Sicher war nur, dass Ungehorsam, sofern er den Aufsehern bekannt wurde, immer sanktioniert wurde (d).
Bezeichnend ist in (a) das Modalverb *können* in Bezug auf die Interpretation etwaiger Handlungen von Häftlingen als „Fluchtversuch[e]". *Können* markiert hier die enormen Handlungsspielräume der SS-Wachen. „Irgend etwas tut" deutet zudem auf die Unbestimmtheit hin. Die Unmittelbarkeit der Gewaltanwendung wird durch „sofort" angezeigt: Eine Verhandlung o.ä. ist nicht zu erwarten. Das Handlungskonzept „Fluchtvereitelung" stellte sich für die SS-Wachen als Möglichkeit für willkürliche Erschießungen von Häftlingen dar, da man nachträglich

188 Kupfer-Koberwitz berichtet von einer diesbezüglichen Einweisung durch seinen „Stubenältesten": „Er deutete auf die Nummer auf meiner Brust: „Das bist jetzt Du, diese Nummer, das ist jetzt eigentlich Dein Dachauer Name, eine Nummer, alles andere kommt erst in zweiter Linie."" (1956: 42)

relativ leicht einen solchen Vorgang mit der Phrase „Auf der Flucht erschossen" legitimierend etikettieren und zu den Akten legen konnte.[189]

In den Standort- und Kommandanturbefehlen des Konzentrationslagers Auschwitz finden sich einige „Belobigungen" von Wachmännern, denen eine Danksagung des Lagerkommandanten gewidmet ist dafür, dass sie „durch ihr umsichtiges Verhalten die Flucht von Häftlingen verhindert" haben (Kommandanturbefehl Nr. 11/44 aus dem Konzentrationslager Auschwitz vom 11.11.1944; zit. n. Frei et al. 2000: 510). In dieser typisch camouflageartigen Redeweise verbirgt sich die alltägliche Mordpraxis. Dazu Frei et al.: „[...] im Jargon der Lager-SS bedeutete dies nichts anderes, als daß Flüchtende erschossen worden waren." (2000: Einleitung vi) Halbwegs explizit wurde die Art und Weise der „Fluchtvereitelung" in den Belobigungen nur selten formuliert[190]. Als „Belohnung" für Erschießungen von flüchtenden Häftlingen gab es z.B. „5 Tage Sonderurlaub" (Standortbefehl Nr. 57/43 aus dem Konzentrationslager Auschwitz vom 30.12.1943; zit. n. Frei et al. 2000: 388)[191] oder in einem Fall „für besonders SS-mäßige Haltung" eine Fahrt nach Berlin, wo der Betreffende vom Leiter des Wirtschafts- und Verwaltungshauptamtes ein Foto mit persönlicher Widmung überreicht bekam (Standortbefehl Nr. 31/44 aus dem Konzentrationslager Auschwitz vom 27.12.1944; zit. n. Frei et al. 2000: 523; vgl. auch Frei et al. 2000: Einleitung: vi).

5.2 Appell

Einstudierte komplexe Handlungsmuster wie der Appell, die durch immer wiederkehrende Handlungskonstellationen gekennzeichnet sind, erfordern routinemäßig abrufbare sprachliche Formen. In diesem Bereich spielen mündliche Befehle als direkt handlungsauslösende Kommandos eine zentrale Rolle. Die Handlungspläne werden nicht durch das Kommando übermittelt, sondern im mentalen Bereich des Hörers, wo sie bereits gespeichert sind, abgerufen und sofort im Anschluss ausgeführt.

---

189 Vgl. das Beispiel im Bericht von Wolfgang Langhoff (1935/1981: 208 f.).

190 Eine explizite Formulierung enthält der Kommandanturbefehl Nr. 10/44 aus dem Konzentrationslager Auschwitz vom 4.10.1944 (Rubrik „Belobigungen"): „Folgenden SS-Angehörigen spreche ich für ihr umsichtiges und entschlossenes Verhalten im Wachdienst meine besondere Anerkennung aus: [...] Diese konnten auf Grund ihrer Aufmerksamkeit rechtzeitig und mit Erfolg von der Schusswaffe Gebrauch machen und dadurch die Häftlingsflucht verhindern." (zit. n. Frei et al. 2000: 498); Ein ähnliches Beispiel: Kommandanturbefehl Nr. 15/41 vom 4.7.1941: „Bei einem Fluchtversuch eines Häftlings in Dwory zeigte der SS-Rottenführer *Stolten*, der als Blockführer dem Kommando zugeteilt war, ein sehr umsichtiges Verhalten. Es gelang ihm, die Flucht zu vereiteln und ihn bei seinem Vorhaben zu erschießen." (zit. n. Frei et al. 2000: 51)

191 Vgl. auch: Standortbefehl Nr. 10/44 aus dem Konzentrationslager Auschwitz vom 22.03.1944 (abgedruckt in: Frei et al. 2000: 425).

Kommandos und deren Ausführung werden beim Militär z.B. auf dem Truppenübungsplatz oder Exerzierplatz eingeübt, um im Praxisfall reibungslos zu funktionieren. Die Soldaten werden darauf trainiert (im militärischen Jargon: „gedrillt"), auf eine bestimmte Äußerung in einer festgelegten, meist elliptischen (s.u.), Realisierungsform handelnd zu reagieren, ohne dass eine hörerseitige Planeignung erforderlich wäre. Die Handlungsfolge ‚Kommando – Handlungsausführung' ist unmittelbar. Dies korrespondiert mit dem Umstand, dass die auszuführende Handlung bei dieser Art von Befehlen innerhalb des Sprechzeitraums erfolgen soll und nicht etwa für einen Zeitpunkt X in der Zukunft vorgesehen ist. Prozeduren der Planaktualisierung und Illokutionsmarker sind auf das Nötigste komprimiert bzw. ergeben sich aus empraktischer Einbettung (s.u.). Erforderlich für das „Gelingen" eines Kommandobefehls ist, wie oben angeführt, dass der entsprechende Handlungsplan bereits im Wissen des Untergebenen gespeichert ist, um als Hörer-Reaktion unmittelbar abgerufen werden zu können. Bei diesem Handlungswissen handelt es sich um Routinewissen.
Die durch Kommandos ausgelösten Routinehandlungen sind in der Regel einfache Handlungen der Bewegung („Hinlegen", „Marsch", „Augen rechts"), Teilhandlungen des Kämpfens („Anlegen", „Feuer") u.ä.
Ein wichtiges Charakteristikum militärischer Exerzierhandlungen beim Appell ist, dass die gleiche Handlung von vielen Aktanten direkt nach der Realisierung des jeweiligen Kommandos ausgeführt wird. Angestrebt ist dabei eine möglichst gleichzeitige und gleichförmige Ausführung durch alle Handelnden, mit deren Routinisierung während der Ausbildung in militärischen Organisationen viel Zeit verbracht wird. Mit dem Ziel der gleichzeitigen Ausführung der Bewegungen durch eine große Gruppe von Aktanten korrespondiert die Zerlegung in Teilhandlungen und damit einhergehend die Zerlegung der Kommandos in Teilkommandos. Diese Zerlegung hat den Zweck, die weitgehende Gleichzeitigkeit und Gleichförmigkeit der Bewegungen sicherzustellen.
Die sprachlichen Formen sind standardisiert (vgl. Klein/Sauer/Hanssen 1981: 188), so dass beispielsweise ein Soldat, der zu einer anderen Einheit wechseln würde, sich nicht erst an die dort gültigen Kommandos gewöhnen müsste. Dokumentiert sind sie in Dienstvorschriften.

In den Konzentrationslagern wurden die täglichen Morgen- und Abendappelle häufig über Stunden ausgedehnt und dazu genutzt, die Gefangenen zu quälen[192], wobei regelmäßig Häftlinge während der Prozedur vor Entkräftung und Kälte starben. Dass offizielle Vorschrift und gängige Praxis oft auseinanderfielen, illustriert der Kommandanturbefehl 4/44 des zum Auschwitz-Komplex gehörenden Außenlagers Monowitz vom 22.02.1944:

192 Abweichendes Verhalten beim Appell wurde häufig sanktioniert. Vgl. das Beispiel im Bericht von Kupfer-Koberwitz (1956: 43).

„Bei der letzten Kommandantentagung in Berlin wurde seitens des Hauptamtschefs betont, daß Zählappelle so kurz als irgendmöglich zu halten sind, damit die Häftlinge nicht länger als notwendig stehen müssen. Ich weise die Lagerführer auf die Durchführung der notwendigen Abkürzung des einmaligen Appells besonders hin. Bei der verhältnismäßig geringen Häftlingszahl in den einzelnen Außenlagern darf ein Appell nicht länger als 5, höchstens 10 Minuten dauern." (zit. n. Frei et al. 2000: 412)

Den Blockältesten und Kapos oblag meist die Führung des ihnen zugeteilten Blocks zum und beim Appell, der allerdings von einem SS-Angehörigen (Blockführer) überwacht wurde.[193]

Die folgenden zwei Handlungssequenzen sind im Bericht von Kupfer-Koberwitz (1956) dokumentiert.

(B 13)

(a) Gleich darauf stand der Blockälteste neben uns und kommandierte:
(b1) „Ach ... tung! – (b2) Still ... ge ... standen!"
(c) Bei dem Wort „Achtung" richteten sich alle auf, nahmen Haltung an.
(d) Bei „Stillgestanden" schlugen sie die Hacken zusammen, legten die Hände an die Hosennaht und blickten starr gerade aus.
(Kupfer-Koberwitz 1956: 42)

Bei der im Beispiel enthaltenen Kommando-Ausführungs-Sequenz handelt es sich um eine aus dem militärischen Bereich adaptierte Form, bestehend aus einem sog. „Ankündigungskommando" (b1) und einem sog. „Ausführungskommando" (b2).[194] (b1) initiiert eine vorbereitende Handlung: die Einnahme der so genannten „Hab-Acht-Stellung"; beschrieben in (c). Von dieser Körperhaltung aus erfolgt die mit (b2) ausgelöste, wie in (d) beschriebene Einnahme der Zielhaltung. Die Abfolge der beiden Teilbefehle und die zu initiierenden normierten Bewegungsfolgen sind den Adressaten als standardisierte Handlungssequenzen bekannt, so dass die Ausführung in der Gruppe normiert ablaufen kann. Bei Abweichungen Einzelner sind Strafen zu erwarten.
Zu (b1): Der Symbolfeldausdruck *Achtung* (Verbalabstraktum zum Verb *achten*; vgl. Kluge 2002: 14) leistet die Aktualisierung eines Routine-Handlungswissens: die Einnahme einer achtungsvollen, aufmerksamen Haltung gegenüber dem Vorgesetzten, in der die Hörer z.B. weitere Kommandos erwarten. Der Gebrauch des

193 Ein Beispiel einer solchen heterogenen Befehlskette beim Appell enthält der Bericht von Kupfer-Koberwitz: „Der SS-Mann begann wieder zu zählen, lief die Reihen ab, sagte dann zu dem Blockältesten: „Stimmt. Rühren lassen." Dann nahm er die Meldung der Gruppe neben uns in Empfang. Wir standen noch stramm, bis der Blockälteste sein Kommando gab: „Block 12! Mützen auf!" Die Mützen flogen auf die Köpfe, die Hände sanken sofort wieder herab, ganz gleich wie die Mützen saßen. Dann kam das zweite Kommando: „Rührt...Euch!"" (1956: 44)

194 Vgl. z.B. die Dienstordnung der Hitlerjugend: Reichsjugendführung (1935: 220).

Symbolfeldausdrucks ist hier para-expeditiv, d.h., er wird in lenkender Funktion verwendet. Der damit verbundene direkte Eingriff in die Hörer-Handlungsplanung zielt auf das Erreichen des oben beschriebenen Handlungsresultats.
Von besonderer Bedeutung ist in (b1) die spezifische Prosodie. Das Kommando wird in zwei Silben getrennt realisiert[195]: *<ach>*; [a:x] und *<tung>*; [tuŋ]. Hier kommt eine zeitliche Dimension ins Spiel, die mit der Ausführung der Handlung korrespondiert: Durch das gedehnt und mit einer gleichbleibenden Tonbewegung gesprochene *<ach>* wird den Aktanten Zeit gegeben, den Abschluss der Handlung vorzubereiten; der zum Resultat führende Handlungsprozess findet begleitend zur gedehnt gesprochenen ersten Silbe des Kommandos statt. Erst kurz nach *<tung>*, das durch den stimmlosen Plosivlaut /t/ eine Akzentuierung ermöglicht und intonatorisch durch ein fallendes Tonmuster[196] charakterisiert ist, wird das Handlungsresultat (eingenommene „Hab-Acht-Stellung") erwartet.
Das „Ausführungskommando" (b2) initiiert die Einnahme der Endposition, wobei der gleichförmige Bewegungsablauf durch die dehnende Aussprache ermöglicht wird. Der Handlungsabschluss erfolgt unmittelbar nach *stand-*. Zur sprachlichen Form des Ausdrucks: Beim Kommando „Stillgestanden!" wird das Partizip II genutzt, um das Ergebnis einer noch auszuführenden Handlung, die sich im Verbalstamm symbolisch niederschlägt, zu verbalisieren.[197] Nach Bredel/Töpler „kodiert" das Partizip II „das Ergebnis eines Prozesses/ einer Handlung" (2009: 853). Entscheidend für diese Funktionalität ist der „*ge*-Marker" (Bredel/Töpler 2009: 852).

(B 14)

(a) Da ertönte ein neues Kommando:
(b) Mützen ... ab!
(c) Die rechte Hand aller flog bei „Mützen" zum Kopf, bei „ab" rissen sie die Mützen vom Kopf.
(Kupfer-Koberwitz 1956: 43)

Der Ausruf des Symbolfeldausdrucks „Mützen" (b) ist nur von Insidern im Handlungsraum in seiner illokutiven Qualität als Teilkommando und damit als Aktivierung des Handlungsplans *‚rechte Hand an die Mütze legen'* (siehe c) rezipierbar. Insofern hat man es auch hier mit einem lenkend (para-expeditiv) verwendeten Symbolfeldausdruck zu tun. Erforderlich für die Entfaltung dieser Handlungsqualität ist, dass die Hörer zuvor mit der Folge von Kommando und erwarteter Handlung vertraut gemacht wurden.

---

195 Dass Silben- und Morphemgrenze auseinanderfallen, ist ein im Deutschen häufiger Fall.
196 Zur funktionalen Kategorisierung von Tonmustern vgl. Zifonun/Hoffmann/Strecker (1997: 192 ff.).
197 Belege zu diesem Kommando (mit Erläuterungen der zu initiierenden Stellung) finden sich in Diensthandbüchern verschiedener NS-Institutionen: Wehrmacht: Altrichter (1941: 119); Hitlerjugend: Reichsjugendführung (1935: 220). Das Kommando wurde sogar bereits von den „Pimpfen" im „Jungvolk" der Hitlerjugend eingeübt (vgl. Reichsjugendführung 1938: 150).

Gleiches gilt auch für den zweiten Teilbefehl, wobei das direktive Adverb „ab" (mit der Grundbedeutung „von – weg"; Kluge 2002: 3) bereits eine handlungsbezogene Pointierung (→ Bewegungsrichtung) leistet. Es wird deutlich, dass der Zweck des Kommandos „Mützen ab!" nicht lediglich darin besteht, dass die Häftlinge als Handlungsresultat ihre Mützen statt auf dem Kopf in der Hand halten. Wäre dies so, würde eine Zerlegung der Handlung wenig Sinn ergeben, da man es hier nicht mit einem komplexen Handlungsablauf zu tun hat, dessen Ausführung der Vereinfachung bedürfte. Vielmehr besteht der Zweck im Erreichen einer einheitlichen und gleichzeitigen Ausführung der normierten Handlung durch die angetretenen Häftlinge des Blocks und damit in der Herstellung von Disziplin und Unterordnung. Die Individualität des Einzelnen geht so in der Masse der unter enormem Druck gleichförmig Handelnden unter, was generell militärische Appellformen kennzeichnet. Allerdings:

> „In militärischen Organisationen ist die Abrichtung und Demütigung eine Zwischenphase, in der aus Rekruten folgsame Soldaten mit Korpsgeist gemacht werden. Für die absolute Macht jedoch ist die Erniedrigung Selbstzweck." (Sofsky 2008: 85)[198]

Im nächsten Beispiel erreichen die Kommandos die Adressaten vermittelt durch einen Lautsprecher:

(B 15)

> (a) In den riesigen Lautsprechern, die über den Platz verteilt sind, knarrt es. (b) Sofort steht wieder alles still, als hätte irgendein gigantischer Marionettenspieler die Fäden seiner Puppen plötzlich aus der Hand gelegt. (c) Ich höre ein Klopfen im Lautsprecher. (d) Offenbar wird ausprobiert, ob die Anlage funktioniert. (e) Dann ein Kommando, hohl, hallend und übermenschlich laut: (f) „Achtung! Lager – stillgestanden! (g) Augen – rechts!" (h) Ich sehe nichts von den Dingen, die oben am Tor vor sich gehen, aber ich stehe genau so erstarrt und unbeweglich da, wie die Zehntausende meiner Schicksalsgefährten. Und wenn ich es müßte und könnte, hielte ich wohl auch noch den Atem an. (i) Nun knarrt es wieder in den Lautsprechern und dann: (j) „Augen – gerade – aus! (k) Rührt euch!" (l) Und augenblicks kommt wieder die verhaltene Bewegung in die Blocks. [...] (m) Wieder knarrt der Lautsprecher: (n) „Zugänge ans Tor! (o) Arbeitskommandos antreten!" (p) Wie auf einen Schlag kommt lebhafte Bewegung in die Massen, alles scheint durcheinander zu laufen. (q) Es

---

198 Die Prozedur des Mützen-Abnehmens war, wie Walter Poller berichtet, nicht auf die Morgen- und Abendappelle beschränkt: „Wir marschieren durchs Tor, den Karachoweg hinauf, durch das zweite Tor hinaus. Mehrfach kommandiert dabei unser Kapo: „Mützen – ab!" und dann hinterher „Mützen – auf!" Jeder SS.-Offizier muß von der Kolonne gegrüßt werden." (Poller 1947: 41)
Zacheusz Pawlak beschreibt in seinem Bericht den Vorgang des „Einübens" dieses Befehls: vgl. Pawlak (1979: 20)

> ist wie in einem plötzlich aufgescheuchten Bienenschwarm, aber dennoch, es ist kein Durcheinander, und schon nach wenigen Tagen beobachte ich, wie schnell und sicher sich die Zehntausende neu gruppieren.
> (Poller 1947: 39 f.)

Das bloße „Knarren" der Lautsprecher hat auf das Handeln der Häftlinge gleichsam die Wirkung eines gesprochenen Befehls (a,b); Es wird als Signal für die unmittelbar folgende Ansprache aufgefasst und wirkt para-expeditiv, als lenkender Eingriff in die Handlungsplanung der angetretenen Häftlinge, so dass sie still stehen (b). Die Befehle (f,g,j,k,n,o) stammen von einer für die Gefangenen nicht sichtbaren Befehlsinstanz mit Befehlsgewalt über die Insassen des gesamten Lagers.
Die Befehlsausgabe über Mikrofon und Lautsprecher ist Ausdruck einer enormen Rationalisierung der Massenlenkung. Die Tausende von Häftlingen werden in ihrer Gesamtheit (als Masse von gleichförmig Handelnden) durch den Befehl veranlasst, in einer bestimmten Haltung absolut regungslos zu verharren (f), und erst durch ein weiteres Kommando wieder in Bewegung gesetzt (k).

Ein weiterer über Lautsprecher übertragener Befehl ist im folgenden Beispiel dokumentiert:

(B 16)

> (a) Immer wieder, wenn die vielen Tausend Häftlinge morgens auf dem Appellplatz blockweise angetreten waren und die Abnahme des Appells besonders lange dauerte, ertönte es durch die Lautsprecheranlage: (b) „Der Stubendienst in den Wald!" (c) Dann wußten wir, es hatte wieder einmal irgendeiner den Verzweiflungsmut gefunden, seinen Lagerqualen „freiwillig" ein Ende zu setzen. (d) Dann gingen die Blockältesten mit den Häftlingen, die für den Stubendienst in den Baracken und Blocks abgestellt waren, in Schützenlinie ausgeschwärmt in den am Fuße des Lagers gelegenen Buchenwald. (e) Häufig dauerte es nur zehn oder zwanzig Minuten, manchmal aber auch bedeutend länger, bis ein Rufen und Johlen, das sich wellenförmig bis an das Lagertor fortpflanzte, mitteilte, daß man den „Mistvogel" gefunden hatte. (f) Ein Scharführer überzeugte sich von dem Vorhandensein der Leiche, und der Appell konnte abgenommen werden. (g) Der Vorfall machte nur auf Neulinge Eindruck, die alten Lagerhäftlinge blieben unberührt und für die Lagerverwaltung war die Angelegenheit sicherlich die gleichgültigste und belangloseste Sache von der Welt.
> (Poller 1960: 114)

Über das, was sich in der Vorgeschichte des Befehls ereignet hat, wird nichts gesagt. Es handelt sich um etwas Alltägliches. Man macht sich nicht die Mühe, die Häftlinge über den mutmaßlichen Selbstmord eines anderen Häftlings zu informieren und den weiteren Vorgang zu erläutern, bevor entsprechende Befehle ausgegeben werden. Vielmehr ist die kommunikative Auseinandersetzung auf das an eine Teilgruppe adressierte Kommando (b) reduziert; es ist der sprachliche Ausdruck der Alltäglichkeit der Ausgangskonstellation (c) und ihrer routinemäßigen Bearbeitung.
Der Befehl ist als ‚empraktische Ellipse' realisiert. Nach Zifonun/Hoffmann/Strecker wird (allgemein) bei Ellipsen „systematisch nicht versprachlicht, was aufgrund gemeinsamer Orientierung in der Sprechsituation, im aktuellen Handlungszusammenhang oder auf der Basis sprachlichen Wissens in den Hintergrund eingehen und mitverstanden werden kann." (1997: 413). Der hier vorliegende Typ der empraktischen Ellipse „basiert darauf, dass schon vor der Äußerung die Konstellation des Handelns verstanden und die Anschlussmöglichkeiten für Aktionen eingeschränkt sind, so dass die Handlungscharakteristik bereits gegeben ist" (Hoffmann 2006: 93).[199]

Ein Neuling im Lager hätte aufgrund seines Routinewissens über den Ablauf des Musterkomplexes ‚Appell' die Äußerung (b) ebenfalls als Befehl verstehen können, durch den bestimmte Hörer aus der großen Gruppe der angetretenen Häftlinge, nämlich die Angehörigen der Gruppe „Stubendienst" (vokativischer Teil), veranlasst werden sollen, sich in den Wald zu begeben. Allerdings wäre sein Verständnis der Äußerung wahrscheinlich auf eben diesen Handlungsplan beschränkt gewesen; er hätte nicht gewusst, was im Wald zu tun gewesen wäre.
Dagegen verstehen die adressierten Hörer von (b) (Angehörige der Gruppe „Stubendienst") und auch die bereits erfahrenen Häftlinge auf der Basis ihres Routinewissens das Kommando als kommunikativen Ausgangspunkt für ein ganzes Ensemble von Routinehandlungen: *Suchdienst formieren, in den Wald gehen, „in Schützenlinie" einen vermissten Häftling suchen, Meldung über den Fund erstatten* usw., wobei die Ausgangskonstellation durch das Kommando (b) gewissermaßen mitgeführt wird. Da das Kommando auf diese spezielle, wiederkehrende Konstellation und die daran anschließenden Handlungsprozesse sozusagen exklusiv festgelegt ist, können die Adressierten erschließen, was nicht expliziert wird.
Anlass für das Kommando ist folgende defizitäre Ausgangskonstellation: Der Musterablauf des Appells wird durch den mutmaßlichen Suizid eines Häftlings gestört. Diese Störung wird aufgrund ihres wiederkehrenden Auftretens[200] in den Ablauf des Musterkomplexes ‚Appell' als mögliche Musterposition integriert,

199 Die ‚empraktische Ellipse' als Realisierungsvariante des Befehls wird ausführlich in Kap. 11.3 beschrieben.
200 Auch in der Wahrnehmung der Häftlinge ist der Tod ein Stück gewohnter Alltag, demgegenüber man abstumpft: vgl. Segment (g).

dergestalt, dass zu ihrer Bearbeitung eine sprachliche Form zu einer fest stehenden Formel (Kommando) gerinnt, die den Hörern vertraut gemacht wird und auf die zu Gunsten der Rationalisierung des Gesamtprozesses routinemäßig zurückgegriffen werden kann.

5.3 Befehl: Zusammenstellung eines Kabarettprogramms

Das folgende Analysebeispiel enthält einen Befehl an eine Insassin zur Gestaltung eines Kabarettprogramms. Ich fasse die Vorgeschichte der nachfolgend in segmentierter Form wiedergegeben Interaktion zusammen: Die Autorin des Berichts, Ruth Elias, hat mit anderen Insassinnen für die Silvesternacht ein Unterhaltungsprogramm zusammengestellt, dessen Aufführung von dem unerwarteten Eintreten des Lagerführers unterbrochen wird, in dem Moment, in dem sie ein Lied vorträgt. Der Lagerführer befiehlt ihr, sich am nächsten Morgen um zehn Uhr in seinem Büro zu melden.

Die von Elias wiedergegebene Interaktion im Büro des Lagerführers:

(B 17)

> (a) „Binnen zehn Tagen stellst du ein komplettes Kabarettprogramm zusammen. (b) Der Speisesaalblock samt der Bühne steht dir zur Verfügung. (c) Es wird dort auch ein Klavier zur Begleitung der Lieder stehen."
> (d): „Aber Herr Lagerführer, (e) nie habe ich so etwas in meinem Leben gemacht. (f) Ich weiß nicht, wie das geht, (g) ich kann das doch gar nicht. (h) Wie stellt man ein Kabarettprogramm zusammen?"
> (i): „Das ist deine Sache, wie man ein Kabarettprogramm zusammenstellt. (j) Du hast eben einen Befehl erhalten. (k) Wenn dieser Befehl nicht ausgeführt wird, bedeutet das für dich – Bunker."
> (Elias 1988: 228)

Die Interaktion beginnt mit einem Befehl des Lagerführers (a). Die Illokution ist markiert durch das Verb im futurisch zu interpretierenden Präsens, das hier eine antizipierende Vergegenwärtigung fremden Handelns in einer Zeitspanne von zehn Tagen kennzeichnet und die Verbalisierung des Handlungsplans ‚*komplettes Kabarettprogramm zusammenstellen*' leistet. Verschiedene Dimensionen der Handlung, die aus einem komplexen Ensemble von Teilhandlungen besteht, werden an den Befehl gekoppelt und hervorgehoben: Es wird eine Frist angegeben (10 Tage), nach deren Ablauf ein Resultat (zusammengestelltes Kabarettprogramm) erwartet wird. In den Segmenten (b) und (c) sind spezifizierende Angaben enthalten über die Erweiterung des Handlungsraums und die im Zusammenhang mit dem übertragenen Handlungskonzept stehenden Handlungsmöglichkeiten.

Die Insassin eröffnet die Turnübernahme mit „Aber Herr Lagerführer!" (d). *Aber* signalisiert eine „Fokusumlenkung" (Zifonun/Hoffmann/Strecker 1997: 2403 ff.). Umgelenkt wird auf ein nachfolgend zu verbalisierendes argumentatives Wissen, durch das die Gültigkeit der vorangehenden Äußerung des Lagerführers in Frage gestellt wird. Bewirkt werden soll, dass er eine Korrektur in seiner Einschätzung der Voraussetzungen des Befehls vornimmt. Der Ausdruck wird verwendet an einer Musterposition, an der ein Turnwechsel typisch ist; allerdings wird im Rahmen der Erfüllung des Musters eine standardisierte Wendung vom Typ kommissiver Sprechhandlungen erwartet, durch die die Befehlsempfängerin die Akzeptanz des Befehls zum Ausdruck bringt (etwa „Zu Befehl, Herr Lagerführer!"). In der Anrede („Herr Lagerführer") zeigt sich die für die vorliegende Konstellation charakteristische Präformierung: Die den Häftlingen vorgeschriebene Anredeform in der Kommunikation mit dem Lagerpersonal war „Herr" + Rang- bzw. Rollenbezeichnung.[201] Auch in der Abrichtung der Häftlinge im Bereich der Anredeformen und vorgeschriebenen Floskeln[202] manifestierte sich die Erniedrigung der Insassen und damit die Emporhebung der Wachen, die sich ein künstliches Herrscher-Untertan-Verhältnis schufen. Indem Elias in diesem Beispiel die formelle Anrede verwendet, signalisiert sie die Anerkennung des Machtgefälles und damit, dass ihre Erwiderung nicht als Akt des Widerstands gedeutet werden soll. In den nachfolgenden Äußerungen (e-g) wird eine dreigliedrige Argumentation entfaltet. (e): *Keine Vorerfahrung mit dem Handlungsschema*; (f): *fehlendes Handlungswissen*; (g): *Äußerung des Nicht-Könnens* (Die Partikel *doch* wirkt verstärkend auf die Proposition.) (g): Die Inhaftierte signalisiert implizit die grundsätzliche Bereitschaft zur Ausführung des Befehls. Die Äußerung des Wissens- und Könnendefizits in Bezug auf das übermittelte Handlungsschema in (f) und (g) mündet in das eingeschobene Fragemuster (h), das den Versuch darstellt, aus dem Handlungsmuster des Befehls auszubrechen. Das markierte Wissensdefizit betrifft den im Befehl übertragenen Handlungsplan selbst. (i): In der Antwort des Lagerführers wird das Fragemuster nicht erfüllt. Vielmehr signalisiert er, dass er die Äußerung des Wissensdefizits nicht als Grund anerkennt, die Gültigkeit des Befehls auszusetzen. Da es um eine Handlung geht, die in der Zukunft (zehn Tage später) abgeschlossen sein soll, besteht grundsätzlich die Möglichkeit, das entsprechende Handlungswissen rechtzeitig zu erwerben. Mit (j) wird die Sprechhandlung des Befehls (a) deskriptiv reaktualisiert, der Zwangscharakter bleibt bestehen. In (k) wird eine Drohung realisiert, durch den konditionalen Nebensatz an den Befehl gekoppelt. Die angedrohte Sanktion wird lediglich durch einen Symbolfeldausdruck im Wissen der Hörerin aktualisiert: „Bunker". Der Symbolfeldausdruck als

201 Vgl. Kupfer-Koberwitz (1956: 27; 43; 65; 71).

202 Z.B. mussten die Häftlinge in Dachau vor dem Betreten eines Büros, in dem ein SS-Angehöriger saß, die folgende Formel verwenden: „Bitte gehorsamst, eintreten zu dürfen." (Kupfer-Koberwitz 1956: 19)

Andeutung für eine drohende Sanktionsmaßnahme genügt, um ein Schreckensszenario im Vorstellungsraum der Autorin zu aktualisieren:

> „Bunker. Ein grausiges Wort und eine grausige Stelle in Konzentrationslagern. Ein Ort ohne Fenster, ohne Licht, wo kaum Platz zum Hinlegen auf der offenen Erde ist. Die Menschen kamen von dort halb verrückt zurück. Ein jeder fürchtete sich davor. Wie kann ich dem Bunker entgehen?"
> (Elias 1988: 228)

5.4 Intervention gegen einen Befehl

Im nächsten Beispiel geht es um eine „Vor-Selektion" jüdischer Gefangener im Rahmen eines Häftlingstransports.

(B 18)

> (a) Wir nähern uns der polnischen Grenze. [...] (b) Dann hörten wir, wie draußen an den Schiebetüren gearbeitet wurde, und plötzlich ertönte der Ruf: (c) „Alle Männer raus!" (d) So schnell die eingerosteten Beine es erlaubten, springen alle herunter und bald stehen wir in Reih und Glied vor dem Zug. (e) Wir sind in Cosel, wie die Bahnhofsaufschrift uns zeigt, also Gottlob noch im Vaterlande. (f) „Männer über 50 und Kranke wieder rein in den Zug!" (g) lautete das nächste Kommando. (h) Ich weiß nicht, wie es kam, aber ich wollte nicht weiterfahren mit den Alten, den Kranken, den Frauen und den Kindern, und entgegen meinem Vorsatz, mich ohne Widerstand vom Schicksal treiben zu lassen, wandte ich mich an einen Wachposten. (i) „Ich bin zwar über 50, aber ich bin Arzt."
> (j) „Dann hierbleiben!" (k) lautete das Kommando.
> (Wollenberg 1992: 56)

Die Befehle in (c) und (f) sind in einen größeren Handlungszusammenhang eingebettet: Es findet ein Transport einer Gruppe jüdischer Häftlinge (ca. 1000 Personen) statt, die an einem bestimmten Ort (Cosel an der deutsch-polnischen Grenze) aufgeteilt werden soll. Es sollen zwei Teilgruppen gebildet werden, bestehend zum einen aus den männlichen und gesunden Gefangenen unter fünfzig Jahren, die für die Verwendung im Zwangsarbeiterlager Johannsdorf vorgesehen sind, und zum anderen aus den übrigen Gefangenen (Frauen, Kinder, kranke und über fünfzigjährige Männer), die ins Vernichtungslager Auschwitz transportiert werden sollen.

Die Häftlinge werden einer groben „Selektion" unterzogen. Kriterien sind das Alter und der Gesundheitszustand der Häftlinge. Allerdings wird die „Selektion" als „Selbstselektion" durchgeführt im Rahmen vorgegebener Kriterien, die als symbolische Repräsentationen in den Adressierungen der Befehle (c, f) („Alle Männer", „Männer über 50 und Kranke") enthalten sind, ohne dass jedoch den Häftlingen mitgeteilt wird, was es mit der Gruppeneinteilung auf sich hat. Die befehlenden SS-Angehörigen können hier einerseits auf die Ahnungslosigkeit der Gefangenen und andererseits auf deren Angst vor Sanktionen im Fall einer aufgedeckten Einschmuggelung in die „falsche" Gruppe bauen. Die Gefangenen sind aufgefordert – überwacht von den Wachen –, sich selbst als Adressaten des einen oder des anderen Befehls zuzuordnen.

Der Autor des Berichts, der als über fünfzigjähriger Mann der für die Weiterfahrt bestimmten Gruppe zugehört, tritt in Interaktion mit einem Wachmann und erwirkt durch seine Intervention (i), dass er in die andere Gruppe eingeordnet wird. Funktional bedeutsam ist dabei der Gebrauch von „zwar" und „aber": Mit „zwar" signalisiert er die Einräumung des in seinem Fall zutreffenden Kriteriums („über Fünfzig"). Mit „aber" markiert er das nachfolgend zu etablierende Wissen („ich bin Arzt") als argumentativ gewichtigeres.[203] Er spielt auf das eigentliche, hintergründige Kriterium an, dessen Verschleierung durch die in den Befehlen verwendeten Adressierungen geleistet werden sollte: (+/-) *nützlich*.

Der Wachmann akzeptiert das im zweiten Konjunkt von (i) etablierte Wissen als eines, das die Gültigkeit des Befehls für diesen Gefangenen plausibel in Frage stellt und modifiziert den Befehl zu (j): „Dann hierbleiben!", wobei „Dann" den konditionalen Anschluss an (i) leistet.

Der Arzt Wollenberg ahnt, dass die „Selektion" am Bahnhof darauf hinausläuft, für die Zwangsarbeit „Brauchbare" von „Unbrauchbaren" zu trennen. Er gibt sich gegenüber dem Wachposten, der gewisse Handlungsspielräume hat und über die groben Kriterien hinausgehend nach eigenem Ermessen „selektieren" kann, als „nützlich" zu erkennen, um der drohenden Vernichtung zu entgehen, was tatsächlich dazu führt, dass die Geltung des ihn betreffenden Befehls aufgehoben und er stattdessen in die andere Gruppe eingeordnet wird.

---

203 Zu diesem Verfahren Zifonun/Hoffmann/Strecker: „Die Kombination *zwar … aber* leistet gegenüber einfachem *aber* eine stärkere Verklammerung der Konjunkte und eine Hervorhebung des Kontrastes zwischen ihnen, ansonsten bleibt die Bedeutung von *aber* erhalten. Das *zwar* (aus mhd. *ze ware* ‚fürwahr') kennzeichnet eine Einräumung und soll den Übergang vom ersten Konjunkt zum zweiten erleichtern. So kann noch deutlicher eine Argumentation vorweggenommen werden, in der dem Proponenten des zweiten Konjunkts das erste entgegengehalten wird. Oder es wird im *zwar*-Teil etwas aufgegriffen, was schon bekannt, erschließbar oder in den Diskurs eingeführt ist und nicht bestritten werden soll." (1997: 2410)

5.5 Eine erzwungene Unterschrift

Beim folgenden Beispiel handelt es sich um einen Befehl an einen Häftling zur Unterschriftleistung, durch die ein ihm vorgelegter „Antrag auf freiwillige Sterilisation" rechtskräftig wird:

(B 19)

> (a1) „Hier, (a2) mach die Sache kurz, (a3) unterschreibe!" [...] (b) Wenn sich das Opfer nur leise anschickte, irgendeine Frage zu stellen oder einen Einwand zu erheben, dann sorgten ein paar Faustschläge und Fußtritte der SDG.s für „schnelle Bereinigung" des Falles, und der Häftling unterschrieb mit einer noch etwas stärker zitternden Hand. (c) Nur in den wenigsten Fällen bereitete die freiwillige Unterschriftsleistung größere „Schwierigkeiten".
> (Poller 1947: 108 f.)

Für diejenigen Häftlinge, die man zwangsweise sterilisieren wollte, deren Akten jedoch keinen „medizinischen" Ansatzpunkt für eine Legitimation enthielten[204], die man im Zweifelsfall z.B. den Angehörigen präsentieren konnte, gab es im Konzentrationslager Buchenwald ein Formular, mit dem Häftlinge eine „freiwillige" Sterilisation beantragen konnten (vgl. Poller 1947: 108).
Ein Antrag ist eine institutionelle Handlung, mit der ein Institutionsklient unter Berufung auf gesetzliche Grundlagen versucht, die Vertreter der jeweiligen Institution (in der Terminologie Ehlichs und Rehbeins: die ‚Agenten') dazu zu bewegen, im Rahmen eines abgesteckten Kontrollfelds eine für ihn vorteilhafte Veränderung der Wirklichkeit vorzunehmen. Es handelt sich also um einen spezifischen Mustertyp aus dem Bereich institutioneller Aufforderungen. Anträge bedürfen in aller Regel der Schriftform, wobei manche „formlosen" Charakter haben können, d.h., dass der Klient in nicht-standardisierter Formulierung sein Anliegen niederschreibt. Für andere Anträge ist festgelegt, dass sie unter Verwendung eines spezifischen Formulars gestellt werden müssen, um überhaupt als Antrag für das jeweilige Anliegen anerkannt zu werden. Ein grundsätzliches Kennzeichen von Anträgen aller Art ist, dass das, was sie bewirken sollen, im Interesse des Antragsstellers ist.

---

204 Opfer von zwangsweisen Kastrationen und Sterilisationen konnte, dem Bericht von Walter Poller zufolge, jeder Häftling sein, „aus dessen Akten irgendwie hervorging, daß er an Schizophrenie, Epilepsie, angeborenem Schwachsinn, zirkulärem Irresein, Fallsucht oder Trunksucht litt oder, daß er wegen eines Sittlichkeitsvergehens (!) oder –verbrechens vorbestraft war." (Poller 1947: 107) Poller berichtet weiter: „Zum Glück erfolgten derartige Meldungen bei der Schlaksigkeit und der Dummheit, mit der die Akten in der politischen Abteilung geführt wurden, in vielen Fällen überhaupt nicht, und es bedurfte immer wieder der „Anregung" des Lagerarztes, um von dort einige Namen zu erhalten." (Poller 1947: 107)

Eine Unterschrift hat in institutionellen Zusammenhängen den Charakter eines identitätsmarkierenden Beweises, sie zeigt den Abschluss eines subjektiven Entscheidungsprozesses an; im obigen Beispiel wird durch sie ein Rechtsakt (Antragstellung) besiegelt. Durch die Unterschrift erfolgt eine „Verdauerung" (Ehlich 1994: 19) der Einwilligung des Häftlings im Hinblick auf mögliche bürokratische und juristische Folgen. Die Unterschrift dient in der Nachgeschichte des Handlungszusammenhangs „Zwangssterilisation" als Beweis für die Einwilligung des Opfers und raubt diesem jede Möglichkeit der Beschwerde: Der Unterschreibende wird als Initiator der Sterilisation erkennbar, denn:

> „immer ist mit der Unterschrift verbunden, dass derjenige, der mit ihr identifiziert wird, an den Vollzug der unterzeichneten sprachlichen Handlung einschließlich etwaiger Anschlusshandlungen über den eigentlichen Vollzugszeitpunkt hinaus gebunden wird, und zwar auch dann, wenn zwischenzeitlich ein Sinneswandel eintreten sollte." (Bührig/Meyer 2007: 644)

Die Textart „Antrag" wird hier als institutionelles Beweis-Dokument für camouflageartige Taktiken[205] genutzt, um das Handeln (Zwangssterilisation) zum Schein als legitimes zu etikettieren und gegen nachträgliche rechtliche Vorwürfe zu immunisieren.

Wie der Überlebende des Konzentrationslagers Buchenwald, Walter Poller, der als Arztschreiber viele solche Situationen als Augenzeuge erlebt hat, berichtet, gab es für die betreffenden Personen in aller Regel nur die Möglichkeit, sich für den Gehorsam zu entscheiden und das eigene Schicksal damit selbst zu besiegeln oder dem Druck etwas länger standzuhalten, die Misshandlungen zu erleiden und wieder und wieder die gleiche Situation zu durchlaufen (vgl. Poller 1947: 108 f.). Der etwaige Bruch des Musters durch Verweigerung zog in dem berichteten Vorgang also nicht nur die gewaltsame Sanktion, sondern den erneuten Durchlauf des gleichen Musters nach sich.

Zur Analyse des Befehls (a):

(a1): Die Lokaldeixis „hier" ist entweder der verbale Begleiter für eine im Bericht ausgesparte Zeigegeste, mit der auf die Stelle im Formular verwiesen wird, die für die Unterschrift des Antragsstellers vorgesehen ist, oder es wird begleitend das Dokument gereicht. (a2): „mach die Sache kurz" fordert den Häftling direkt lenkend – die Imperativform „mach" hat eine expeditive Handlungscharakteristik – zur zeitlich unmittelbaren Kooperation auf. Der Gesamtvorgang wird verschleiernd als „Sache" bezeichnet. Mit „kurz machen" wird ein präsuppositives Wissen über im Lager allgemein bekannte gewaltsame Handlungspraxen aktualisiert, das vom SS-Arzt als gemeinsam geteiltes vorausgesetzt wird. Die Andro-

205 Vgl. zu diesem Terminus Hoffmann (2001).

hung von Gewalt wird dabei allerdings nicht expliziert. Vielmehr genügt eine Andeutung und die Präsenz der Schläger im Raum (die „SDGs"; b). Realisiert wird diese Andeutung durch die Verbalphrase *kurz machen*, die das Gegenteil „lang machen" assoziativ im Hörerwissen aktualisiert. Der Handlungsraum des Häftlings wird implizit sprachlich markiert als eingeschränkt auf die beiden Alternativen: entweder im Hinblick auf den Befehl (a3), der mit der Imperativform direkt lenkend realisiert ist, zu kooperieren oder aber durch Anwendung von Gewalt dazu gezwungen zu werden.

5.6 Zusammenfassung

In den NS-Konzentrationslagern herrschten die SS-Wachmannschaften über die Häftlinge mit ‚absoluter Macht' (Sofsky 2008). Der Gehorsam der Häftlinge wurde, wenn die allgegenwärtige Drohkulisse als Stütze nicht ausreichte, in der Regel gewaltsam erzwungen. Befehle und das Drohsystem, in das sie eingelagert waren, wurden auch systematisch dazu genutzt, Handlungen von Häftlingen zu erzwingen, die eine Verletzung lagerinterner Normen darstellten und den SS-Wachen die Legitimation zur nicht selten tödlichen Gewaltanwendung gaben. Interventionsversuche gegen einen Befehl waren nur selten erfolgreich und immer höchst riskant.

Das aus dem militärischen Bereich stammende Handlungsmuster des Appells bestimmte in pervertierter Form routinemäßig den Tagesablauf. Es wurde eingegliedert in den systematischen Terror und diente neben seinem vordergründigen Zweck der Zählung und Zuteilung der Gefangenen zu Arbeitskommandos in erster Linie der Entindividualisierung, permanenten Erniedrigung und auch der physischen und psychischen Quälerei der Gefangenen.

Die Appelle boten den SS-Angehörigen vielerlei Gelegenheiten, ihr Überlegenheitsgefühl und sadistische Triebe auszukosten. Die Gefangenen wurden einer Abrichtung zu Exerzierhandlungen, Ehrenbezeigungen und spezifischen Anredeformen in der Kommunikation mit den SS-Angehörigen unterzogen. Die Kommandos „Mützen ab!" und „Mützen auf!" stehen exemplarisch für eigens zum Zweck der Manifestierung der Rollenhierarchie und der damit verbundenen Emporhebung der Einen sowie Erniedrigung der Anderen entwickelte Exerzierformen.

Die Häftlinge wurden beim Eintritt in das Lagersystem ihrer bürgerlichen Existenz beraubt und fortan vom Lagerpersonal über eine Nummer, mit der persönlichen Anrededeixis *du* oder mit einem Ausdruck der Beschimpfung adressiert. Als kollektive Anredeformen in Befehlen an Sprechergruppen dienten vor allem verwaltungsmäßige Bezeichnungen in vokativischer (para-expeditiver) Verwendung („Lager", „Block 39", „Arbeitskommandos", „Zugänge").

Die entmenschlichende Sicht auf die Häftlinge schlug sich – wie (B 16) illustriert – nicht zuletzt auch in der Verbalisierung der Befehle nieder, mit denen die Rationalisierung der mit dem alltäglichen Sterben verbundenen Handlungsprozesse vorangetrieben wurde.

6. Ideologische Überformung des Befehls in der Wehrmacht im Rahmen der Erweiterung der Kriegsführung zum „Weltanschauungskampf"

Gegenstand dieses Kapitels ist die mit Beginn des sog. „Barbarossa"-Feldzugs deutlich forcierte ideologische Überformung von Befehl und Gehorsam innerhalb der Wehrmacht. Exemplarisch wird der Befehl des Oberkommandierenden der 11. Armee der Wehrmacht, Erich von Manstein, vom 20.11.1941 analysiert. An diesem Beispiel lässt sich die Einarbeitung ideologischer Wissensbestände und ihre spezifische Zweckausrichtung im Hinblick auf die von den Adressaten geforderten Handlungspraxen sowie auf die geforderte Haltung zum Krieg gegen die Sowjetunion aufzeigen. Mit dem Befehl war, dies ist nachfolgend herauszuarbeiten, der spezifische Zweck verbunden, die Etablierung der Akzeptanz und damit Umsetzung einer Handlungsvorgabe voranzutreiben, die auf weltanschaulich geprägten Zielvorgaben fußte und mit der sowohl völkerrechtliche Bestimmungen als auch deutsches Militärstrafrecht (§47 MStGB; s.u.) gebrochen wurden.

Intertextuelle Bezüge bestehen zwischen dem hier zu analysierenden Befehl und insbesondere dem „Kommissarbefehl"[206], der am 6. Juni 1941, also Wochen vor dem Beginn des Ostfeldzugs (22. Juni 1941) vom OKW herausgegeben wurde und nach dem die Soldaten die politischen Funktionäre der sowjetischen Armee „grundsätzlich sofort mit der Waffe zu erledigen" hatten, dem „Erlaß über die Ausübung der Kriegsgerichtsbarkeit im Gebiete „Barbarossa" und über besondere Maßnahmen der Truppe" vom 13.5.1941[207] sowie dem Befehl des Feldmarschalls von Reichenau vom 10.10.1941[208], nach dessen Vorlage der Manstein-Befehl mit großer Wahrscheinlichkeit entstanden ist. Einerseits weisen deutliche Ähnlichkeiten zwischen diesen beiden Befehlen und andererseits die Zeugenaussage von Mansteins auf eine Adaption des Reichenau-Befehls hin. Von Manstein hat während des Kriegsverbrecherprozesses in Nürnberg zu Protokoll gegeben, dass er den Befehl als „Muster" zugesandt bekommen habe (IMT 1947-1949, Bd. 20: 697). Zum Zeitpunkt dieser Aussage hat er jedoch in Unkenntnis der dem Gericht vorliegenden Beweisstücke noch die Herausgabe eines eigenen, auf die Vorlage zurückgehenden Befehls geleugnet (vgl. IMT 1947-1949, Bd. 20: 697).

206 Wiedergegeben in Ueberschär (1991: 259 f.).

207 Durch diesen Erlass wurde den lokalen Befehlshabern faktisch freie Hand gelassen in der „Bestrafung" von Zivilisten in den besetzten Gebieten. Der Erlass ist wiedergegeben in Ueberschär (1991: 252 f.).

208 Verlesen während des Prozesses gegen die Hauptkriegsverbrecher: IMT 1947-1949, Bd. 4: 510 ff.; D 411, US 556.

6.1 Situationsanalyse

Das „Unternehmen Barbarossa" wurde am 22. Juni 1941 begonnen. Zum Zeitpunkt der Veröffentlichung des hier zu analysierenden Befehls dauerte der Ostfeldzug bereits knapp 5 Monate an. Auf Basis NS-weltanschaulicher Orientierung wurde die Kriegsführung zunehmend ausgedehnt auf außernormative Handlungsweisen (vgl. Messerschmidt 2001). Dies stand nicht nur im Konflikt mit übergreifendem Völkerrecht oder internationalem Kriegsrecht: Nach §47 des deutschen Militärstrafgesetzbuches (MStGB) war die Ahndung verbrecherischer Handlungen vorgesehen, auch wenn sie durch dienstliche Befehle initiiert worden waren. Dieser Paragraph war zwar bis zum Kriegsende gültig, spielte aber praktisch keine Rolle:

> „Wären die Bestimmungen dieser gesetzlichen Vorschrift [§47 des MStGB; Anm. d. Verf.] angewendet worden, so hätten viele Angehörige der Generalität, des Offizierskorps und sehr viele Soldaten bestraft werden müssen, ganz abgesehen von Polizei-, SS- und SD-Angehörigen. Im Krieg gegen die Sowjetunion ist dies nicht geschehen, ebensowenig auf dem Balkan. In Polen gab es Versuche der Heeresführung, Mordtaten gerichtlich zu ahnden. Hitlers Amnestiebefehl hat derartige Ansätze zum Scheitern gebracht." (Messerschmidt 2001: 905)

Die Akzeptanz der ideologischen Ausrichtung des Ostfeldzugs seitens der militärischen Führer und damit deren überwiegende zumindest stillschweigende Akzeptanz verbrecherischer Befehle ist eine Konsequenz aus der schon in der Etablierungsphase der NS-Herrschaft bestehenden „Übereinstimmung im Feindbild" (Juden, Bolschewisten, Marxisten, Demokraten, Pazifisten)[209] und „Teilidentität in den Zielen" (Territoriumserweiterung und Brechung des Versailler Vertrags) von „nationalkonservative[n] Eliten nebst Anhang" und „Nationalsozialisten" (Messerschmidt 2001: 906).

Vor dem Beginn des „Unternehmens Barbarossa" machte Hitler der militärischen Elite unmissverständlich klar, worum es in diesem Krieg gehen sollte. In einer Rede vor Generälen am 30.3.1941 erklärte er: „Es handelt sich um einen Vernichtungskampf. [...] Wir führen nicht Krieg, um den Feind zu konservieren." (zit. n. Messerschmidt 2001: 911) Legitimiert wurde die Zielsetzung mit der Behauptung, dass es sich um einen unvermeidlichen Weltanschauungskrieg handle, in dem man dem Feind zuvorkommen müsse (vgl. Römer 2008b: 53 f.).

Was Hitlers Argumentation hinsichtlich der Unvermeidlichkeit dieses Krieges und der daraus gefolgerten Notwendigkeit eines prophylaktischen Schlages betrifft, bestand vor Kriegsbeginn in der Wehrmacht-Generalität ein breiter Konsens der Zustimmung (vgl. Römer 2008b: 53, 58), der die Ansprachen der Truppenführer an ihre Untergebenen prägte (vgl. Römer 2008b: 56). Allerdings ging

209 Zum nationalsozialistischen Russland-Feindbild vgl. Wette (2002a: 25 ff.).

die militärische Führungselite zu diesem Zeitpunkt nicht von einer zeitlich akuten Gefahr einer sowjetischen Invasion aus (vgl. Römer 2008b: 58).
Den einfachen Soldaten gegenüber wurde ihr spezifischer Zweck größtenteils erst am Vortag des Angriffs bekannt gegeben (vgl. Römer 2008b: 59). Mittels diverser Propagandamittel wurde versucht, Spekulationen in verschiedene Richtungen zu evozieren, um damit vom tatsächlichen Angriffsziel abzulenken (vgl. Römer 2008b: 59). Diese Verschleierungstaktik ging, als der Krieg gegen die Sowjetunion dann tatsächlich begonnen wurde, zunächst angesichts des entsprechenden Ausbleibens vorbereitender Indoktrination damit einher, dass, wie Generalleutnant von Cochenhausen am 16.6.1941 vor den Regimentskommandeuren betonte, bei den Soldaten der „Krieg [...] noch nicht populär und auch schwer einzusehen" (zit. n. Römer 2008b: 61) sei. Die in der Folge einer Ansprache Hitlers an die Soldaten unternommenen propagandistischen Bemühungen führten allerdings bald zu einer Dominanz der Zustimmung zum Krieg gegen die Sowjetunion innerhalb der Truppe (vgl. Römer 2008b: 65 f.).

NS-ideologische Feindbilder, die Propaganda hinsichtlich eines notwendigen Präventivschlags in einem „unausweichlichen Kampf der Ideologien" und das auf militärischer Tradition fußende Gefüge von Befehl und Gehorsam bildeten ein wirksames Amalgam, das die Basis für die handlungspraktische Umsetzung der verbrecherischen Ausrichtung des Krieges darstellte:

> „Die Verbindung von Ideologie und Befehl hat, wie die Auswirkungen erweisen, eine beinahe unwiderstehliche Stringenz bewirkt. Soldaten sind vielfach Vollstrecker im Glauben an die von der Führung beschworenen Notwendigkeiten im „Existenzkampf" geworden. Der Befehl „legitimierte" seinen Zweck, weil die politisch-militärische Führung von vornherein den Sinn des Krieges im Osten vorgegeben hatte. Ideologie in Befehls- und Weisungsform wurde zum Antriebsaggregat einer Kriegsführung, für die Menschlichkeit ohne Sinn blieb." (Messerschmidt 2001: 906)

6.2 Textanalyse

(B 20)[210]

(1) Armeeoberkommando 11 A.H. Qu. den 20.11.1941
(2) Abt. Ic/AO Nr.2379/41 geh.
(3) GEHEIM
(4) Seit dem 22.6. steht das deutsche Volk in einem Kampf auf Leben und Tod gegen das bolschewistische System. (5) Dieser Kampf wird nicht in hergebrachter Form gegen die Sowjetische Wehrmacht allein nach europäischen Kriegsregeln geführt. (6) Auch hinter der Front wird weiter gekämpft. (7) Partisanen, in Zivil gekleidete Heckenschützen, überfallen einzelne Soldaten und kleinere Trupps und suchen durch Sabotage mit Minen und Höllenmaschinen unseren Nachschub zu stören. (8) Zurückgebliebene Bolschewisten halten durch Terror die vom Bolschewismus befreite Bevölkerung in Unruhe und suchen dadurch die politische und wirtschaftliche Befriedung des Landes zu sabotieren. (9) Ernte und Fabriken werden zerstört und damit besonders die Stadtbevölkerung rücksichtslos dem Hunger ausgeliefert.
(10) Das Judentum bildet den Mittelsmann zwischen dem Feind im Rücken und den noch kämpfenden Resten der Roten Wehrmacht und der Roten Führung. (11) Es hält stärker als in Europa alle Schlüsselpunkte der politischen Führung und Verwaltung, des Handels und des Handwerks besetzt und bildet weiter die Zelle für alle Unruhen und möglichen Erhebungen. (12) Das jüdisch-bolschewistische System muss ein für allemal ausgerottet werden. (13) Nie wieder darf es in unseren europäischen Lebensraum eingreifen.
(14) Der deutsche Soldat hat daher nicht allein die Aufgabe, die militärischen Machtmittel dieses Systems zu zerschlagen. (15) Er tritt auch als Träger einer völkischen Idee und Rächer für alle Grausamkeiten, die ihm und dem deutschen Volk zugefügt wurden, auf. (16) Der Kampf hinter der Front wird noch nicht ernst genug genommen. (17) Aktive Mitarbeit aller Soldaten muss bei der Entwaffnung der Bevölkerung, der Kontrolle und Festnahme aller sich herumtreibender Soldaten und Zivilisten und der Entfernung der bolschewistischen Symbole gefordert werden. (18) Jede Sabotage muss sofort und mit schärfsten Massnahmen gesühnt, alle Anzeichen hierfür gemeldet werden. (19) Die Ernährungslage der Heimat macht es erforderlich, dass sich die Truppe weitgehendst aus dem Lande ernährt und dass darüberhinaus möglichst grosse Bestände der Heimat zur Verfügung gestellt werden. (20) Besonders in den feindlichen Städten wird ein grosser Teil der Bevölkerung hungern müssen. (21) Trotzdem

210 Aufgrund des großen Umfangs des Beispiels wird hier eine Zahlennummerierung verwendet.

darf aus missverstandener Menschlichkeit nichts von dem, was die Heimat unter Entbehrungen abgibt, an Gefangene und Bevölkerung – soweit sie nicht im Dienste der deutschen Wehrmacht stehen – verteilt werden.
(22) Für die Notwendigkeit der harten Sühne am Judentum, dem geistigen Träger des bolschewistischen Terrors, muss der Soldat Verständnis aufbringen. (23) Sie ist auch notwendig, um alle Erhebungen, die meist von Juden angezettelt werden, im Keime zu ersticken.
(24) Aufgabe der Führer aller Grade ist es, den Sinn für den gegenwärtigen Kampf dauernd wach zu halten. (25) Es muss verhindert werden, dass durch Gedankenlosigkeit der bolschewistische Kampf hinter der Front unterstützt wird.
(26) Von den nichtbolschewistischen Ukrainern, Russen und Tartaren muss erwartet werden, dass sie sich zu der neuen Ordnung bekennen. (27) Die Teilnahmslosigkeit zahlreicher, angeblich sowjetischfeindlicher Elemente muss einer klaren Entscheidung zur aktiven Mitarbeit gegen den Bolschewismus weichen. (28) Wo sie nicht besteht, muss sie durch entsprechende Massnahmen erzwungen werden.
(29) Die freiwillige Mitarbeit am Aufbau des besetzten Landes bedeutet für die Erreichung unserer wirtschaftlichen und politischen Ziele eine absolute Notwendigkeit. (30) Sie hat eine gerechte Behandlung aller nichtbolschewistischen Teile der Bevölkerung, die z.T. jahrelang gegen den Bolschewismus heldenhaft gekämpft haben, zur Voraussetzung.
(31) Die Herrschaft in diesem Lande verpflichtet uns zur Leistung, zur Härte gegen sich selbst und zur Zurückstellung der Person. (32) Die Haltung jedes Soldaten wird dauernd beobachtet. (33) Sie macht eine feindliche Propaganda zur Unmöglichkeit oder gibt Ansatzpunkte für sie.
(34) Nimmt der Soldat dem Bauern auf dem Lande die letzte Kuh, die Zuchtsau, das letzte Huhn oder das Saatgut, so kann eine Belebung der Wirtschaft nicht erreicht werden. (35) Bei allen Massnahmen ist nicht der augenblickliche Erfolg entscheidend. (36) Alle Massnahmen müssen deshalb auf ihre Dauerwirkung geprüft werden. (37) Achtung vor den religiösen Gebräuchen, besonders der mohamedanischen Tartaren, muss verlangt werden.
(38) Im Verfolg dieser Gedanken kommt neben anderen durch die spätere Verwaltung durchzuführenden Massnahmen der propagandistischen Aufklärung der Bevölkerung, der Förderung der persönlichen Initiative z.B. durch Prämien, der weitgehenden Heranziehung der Bevölkerung zur Partisanenbekämpfung und dem Ausbau der einheimischen Hilfspolizei erhöhte Bedeutung zu.
(39) **Zur Erreichung dieses Zieles muss gefordert werden:**

(40) Aktive Mitarbeit der Soldaten beim Kampf gegen den Feind im Rücken,
(41) Bei Nacht keine einzelnen Soldaten,
(42) Alle Fahrzeuge mit ausreichender Bewaffnung,
(43) Selbstbewusste, nicht überhebliche Haltung aller Soldaten,
(44) Zurückhaltung gegenüber Gefangenen und dem anderen Geschlecht,
(45) Kein Verschwenden von Lebensmitteln.
(46) **Mit aller Schärfe ist einzuschreiten:**
(47) Gegen Willkür und Eigennutz,
(48) Gegen Verwilderung und Undisziplin,
(50) Gegen jede Verletzung der soldatischen Ehre.

(51) Verteiler:
(52) bis. Rgt. und
(53) selbst.Btl.

Der Oberbefehlshaber:
v. Manstein

(zit. n. IMT 1947-1949, Bd. 34: 129 ff.; Dok. 4064-PS)

Bei dem Text handelt es sich um ein Wehrmacht-Befehlsschreiben mit Datierung auf den 20.11.1941. Als Verantwortlicher tritt der Oberbefehlshaber der 11. Armee Erich von Manstein in Erscheinung, einmal zu Beginn des Textes durch Nennung der Instanz, der er vorsteht, und einmal namentlich in der Signatur. Es ist möglich, dass der Text nicht von dem Unterzeichneten selbst, sondern von Mitarbeitern aus der OKW-Rechtsabteilung auf dessen Befehl hin verfasst und zur Unterschrift vorgelegt wurde. Von Manstein hat als Zeuge in seiner Aussage während der Verhandlung gegen die Hauptkriegsverbrecher des Nazi-Regimes dieses übliche Prozedere begründend herangezogen, um seine behauptete mangelnde Erinnerung an den Wortlaut des Befehls zu untermauern.[211]

Schriftlich wurde der Befehl an Kommandeure bis zur Regiments- und Bataillonsebene weitergegeben. Die mündliche Weitergabe erfolgte an alle weiteren Befehlshaber und einfachen Soldaten der 11. Armee.[212]

211 Insbesondere an den ersten Teil will sich von Manstein zunächst nicht erinnern können, während er den zweiten, für ihn in der Verhandlung weniger prekären Teil „erkennt". Im weiteren Verlauf der Befragung (nachdem seine Verantwortung nicht mehr zu leugnen ist) gibt er sich große Mühe, die Rahmenforderung (12: „Das jüdisch-bolschewistische System muss ein für alle Mal ausgerottet werden!") herunterzuspielen, indem er sich argumentativ auf den abstrakten Begriff „System" stützt, womit nicht die Menschen gemeint seien (vgl. IMT 1947-1949, Bd. 20: 700 f.).

212 Diese Strukturierung der Weitergabe ist typisch für schriftliche Wehrmacht-Befehle von hohen Kommandostellen. Üblicherweise wurden solche Befehle, wie auch Tagesbefehle von Kommandanten, beim Appell verlesen.

Die Adressaten werden vor allem indirekt im Symbolfeld angesprochen, und zwar durch Zuordnung zu den Gruppen:
1. allgemein „der deutsche Soldat", „Soldaten" (mit quantifizierenden Determinativen: „alle", „jeder") und 2. „Führer aller Grade" (Soldaten im Unteroffiziers- und Offiziersrang).
Ferner findet man vereinzelt gruppendeiktische Ansprachen, durch die sich der Verfasser als handelndes Subjekt in den Text einbringt und durch die Gemeinsamkeit beansprucht wird („unseren", „uns").
Der Text ist in insgesamt 17 Abschnitte unterteilt.

6.2.1 Untersuchung der Symbolfeldausdrücke

Wortfeld 1: „Kampf":

„Kampf auf Leben und Tod", „nicht in hergebrachter Form", „europäischen Kriegsregeln", „hinter der Front", „Kampf hinter der Front", „gegenwärtigen Kampf", „bolschewistische Kampf hinter der Front", „Kampf gegen den Feind im Rücken"

Der Ausdruck „Kampf" repräsentiert ein zentrales NS-Ideologem. Das Handlungskonzept des „Kampfes" wurde schon in der Anfangsphase der NS-Bewegung genutzt, um die wie auch immer geartete handlungspraktische Umsetzung ideologischer Zielsetzungen zu legitimieren:

> „Von Anfang an unterhielten NS-Gruppierungen wie die SA, später die SS, ein Konzept, das jegliche gesellschaftliche Aktion als „Kampf" sah und militärischer Auseinandersetzung gleichstellte. Phasen der Illegalität wurden als „Kampfzeit" heroisiert, der Toten als „alte Kämpfer" rituell (München, Feldherrenhalle) gedacht." (Hoffmann 2007: 48)

Im Verlauf des Krieges wurde das Kampfkonzept sukzessive zum Konzept des weltanschaulichen „Existenzkampfes" erweitert, das der politischen und militärischen Führung eine Abstreifung von geltenden Normenzwängen ermöglichte. Hier steht das Kampfkonzept im Dienst der Anbindung der aktuellen militärischen Ziele und Handlungsweisen im Ostfeldzug an NS-ideologische Kernbereiche. Über das Symbolfeld wird der ideologische Wissensbestand aktualisiert und damit dem Handeln ein Bezugsrahmen zugeordnet, der die Ausdehnung über das Maß des völker- und kriegsrechtlich „Erlaubten" rechtfertigen soll. Analog zum Ideologem-Komplex des „Kampfes der Völker" wird auch die Handlungsweise der militärischen Gegner als „Kampf" bezeichnet.

Wortfeld 2: Feindkategorisierungen:

a) symbolische Feindbenennung:
„bolschewistische System“, „Sowjetische Wehrmacht“, „Partisanen“, „in Zivil gekleidete Heckenschützen“, „Zurückgebliebene Bolschewisten“, „Judentum [...] Mittelsmann“, „Feind im Rücken“, „noch kämpfenden Resten der Roten Wehrmacht und der Roten Führung“, „jüdisch-bolschewistische System“, „sich herumtreibender Soldaten und Zivilisten“, „Judentum“; „geistigen Träger des bolschewistischen Terrors“, „Bolschewismus“, „Feind im Rücken“

b) symbolische Charakterisierung des Handelns:
„überfallen“, „suchen durch Sabotage mit Minen und Höllenmaschinen unseren Nachschub zu stören“, „Ernte und Fabriken werden zerstört“, „Terror“, „Unruhe“, „rücksichtslos“, „Sabotage“, „Erhebungen“

Bezüglich der Symbolfeldausdrücke, mit denen die (sowjetischen[213]) Feinde charakterisiert werden, lässt sich eine starke Tendenz zu einer sukzessiven Konkretisierung entlang ihrer Chronologie im Text verzeichnen, ausgehend vom abstrakten „bolschewistische[n] System“ über die „sowjetische Wehrmacht“ bis hin zu Bezeichnungen, die attributiv differenzierte, jeweils kontextspezifische und handlungscharakterisierende Akzentuierungen leisten („in Zivil gekleidete Heckenschützen“, „zurückgebliebene Bolschewisten“, „noch kämpfenden Resten der Roten Wehrmacht und der Roten Führung“, „sich herumtreibender Soldaten und Zivilisten“). Allerdings finden sich auch Ausdrücke, mit denen gebildete Teilgruppen wieder abstrakt zusammengefasst werden („Feind im Rücken“ (mit zweimaligem Vorkommen), „Bolschewismus“, durch Themensubsumption: „jüdisch-bolschewistische[s] System“).
Auffällig sind Symbolfeldausdrücke mit der funktionalen Ausrichtung, die (konkreten) Feindgruppen als unorganisiert und in der Wahl ihrer Mittel und Methoden feige und „unsoldatisch“ zu charakterisieren: „in Zivil gekleidete Heckenschützen“, „sich herumtreibende Soldaten und Zivilisten“, „Feind im Rücken“, „Partisanen“; dazu die entsprechenden Handlungen: „Sabotage mit Minen und Höllenmaschinen“, „überfallen“, „Ernte und Fabriken werden zerstört“. Eine zusammenfassende Charakterisierung erfolgt durch den Ausdruck „Terror“. Die feindlichen Soldaten und Widerständler sollen im Hinblick auf die Rechtfertigung geforderter Handlungspraxen nicht als legitime militärische Akteure wahrgenommen werden, die der „soldatischen Ehre“ (vgl. 46) gemäß handeln, sondern als ungeordnet und nicht „regelkonform“ agierende verbrecherische Banden.

213 Das „Judentum“ wird als „System“ behandelt. Konkrete Personengruppen werden nicht bezeichnet.

Die einzige im Text vorkommende Bezeichnung der Feinde als „Soldaten" wird attributiv durch „sich herumtreibender" (17) mit einer Negativkennzeichnung (ungeordnetes Auftreten) versehen.[214]

Wortfeld 3: Adressatengruppen a) und b)

a) alle Soldaten (allgemein):
„einzelne Soldaten", „Der deutsche Soldat", „Träger einer völkischen Idee und Rächer für alle Grausamkeiten", „aller Soldaten", „die Truppe", „der Soldat", „jedes Soldaten", „der Soldat", „der Soldaten", „Soldaten", „aller Soldaten"

Den Symbolfeldausdrücken, die Feindkategorisierungen leisten, steht – als Oppositionsbildung – die sich durch den Text ziehende weitgehend einheitliche Benennung der Adressaten mit „Soldaten", (an einigen Stellen mit definiter Nominalphrase im Singular, die generisch zu interpretieren ist) gegenüber.[215]

b) Befehlshaber (nur einmal thematisiert):
Statt einer offiziellen militärischen Bezeichnung (z.B. „Offiziere") stellt „Führer aller Grade" eine symbolische Anbindung an das NS-Führerprinzip dar.

Wortfeld 4: Bevölkerung in den besetzten Gebieten:

„die vom Bolschewismus befreite Bevölkerung", „Stadtbevölkerung", „Bevölkerung", „nichtbolschewistischen Ukrainern", „Russen und Tartaren", „angeblich sowjetischfeindlicher Elemente", „nichtbolschewistischen Teile der Bevölkerung", „Bauern auf dem Land"
Zu diesem Wortfeld findet man eine weitere Differenzierung über das Kriterium +/- sympathisierend (s.u.).

Ein weiteres, untergeordnetes Wortfeld ist das der biologistischen Metaphern (wie z.B. „Lebensraum" (13)), mit denen rassenideologisches Wissen aktualisiert wird.

214 Der Ausdruck „Sabotage" wurde allerdings auch wehrmachtintern als Terminus für die Zerstörung wichtiger militärischer Einrichtungen der Feinde durch spezielle, z.T. aus verbündeten Organisationen anderer Nationalitäten gebildete Einsatzgruppen (z.B. aufständische ukrainische Emigranten aus Galizien, die mit der Wehrmacht verbündet waren) gebraucht (vgl. IMT 1947-1949, Bd. 2: 519).

215 Eine einzelne Verwendung des Ausdrucks „Truppe" findet sich in (19).

Vorkommen von Modalverben:

Das Modalverb *müssen* wird insgesamt zwölf Mal, überwiegend in Passivkonstruktionen verwendet.[216]
Die Verwendungen von *müssen* in (27) und (28) drücken einen Zwang für die Bevölkerung in den besetzten Gebieten sowie eine Verpflichtung der deutschen Soldaten (Adressaten) im Hinblick auf die Durchsetzung dieses Zwangs aus.
Handlungseinschränkungen mittels normativ zu deutendem *nicht dürfen* finden sich in (13).

6.2.2 Gliederung des Textes

Das zentrale Thema[217] ist der „Kampf". Daraus entwickelte Unterthemen sind die Feinde (Teilgruppen: A1 (abstrakt): „bolschewistische System", „sowjetische Wehrmacht"; A2 (konkret): „Partisanen", „zurückgebliebene Bolschewisten", B: „Judentum"; Subsumption: „jüdisch-bolschewistische") sowie die Adressatengruppen 1 und 2 („Soldaten", „Führer aller Grade"). Ein zweiter großer Themenkomplex (ab 26) behandelt die Besatzerherrschaft und die von der einheimischen Bevölkerung geforderte Haltung.

Der Text lässt sich in folgende Handlungsschritte gliedern:

I. Titulatur (1,2)
II. Überschrift: Deklaration des geheimen Status (3)
III: Begründung; Argumentative Vorbereitung (4-11)
IIIa: Einleitung in die Begründung (4,5)
IIIb: Assertive Darstellung von Partisanen-Kampfmethoden/Charakterisierung der Feinde; Zoom (6-9)
IIIc: Ideologischer Einschub zur Rolle des „Judentums" im zuvor angesprochenen „Kampf"/Einflechtung des Topos vom „Feind im Rücken" (10,11)

---

216 Zu unterscheiden sind bei den im Text vorkommenden Verwendungen a) normative Verwendungen mit Bezug auf „Redehintergründe" (Zifonun/Hoffmann/Strecker 1997: 1882 ff.) mit maximalem Verpflichtungsgrad (11 Mal), b) circumstantielle Verwendungen mit Bezug auf zwingende äußere Umstände (einmal: 20), c) teleologische Verwendungen mit Bezug auf ein anvisiertes Ziel (einmal: 39). Mit den normativen Verwendungen werden in diesem Text die Handlungsverpflichtungen auf die Adressaten übertragen. Für letztere ergibt sich durch die Konstellation zwischen Befehlendem und Adressaten die Modalität des Zwangs und die interpretativ zu leistende Agens-Zuordnung. In (12) wird ein normativer Rahmenzwang ausgedrückt, dem die Übermittlung weiterer, praktischer Handlungszwänge für die Soldaten folgt.

217 Unter einem ‚Thema' versteht Hoffmann einen „kommunikativ konstituierte[n] Gegenstand oder Sachverhalt, von dem in einem Text/Textteil oder Diskurs/Diskursteil fortlaufend die Rede ist." (Hoffmann 2000: 350)

IV: Forderung/Rahmendirektive: Vernichtung des „jüdisch-bolschewistischen Systems“ (12,13)
V: Schlussfolgerung für das Handeln der Soldaten: Erweiterung der Rollenerwartung: „Träger einer völkischen Idee“ und „Rächer“ (14,15)
VI: Eingeschobene Assertion: Aktueller Anlass für die nachfolgenden konkreten Direktiven
VIIa: Assertive Übermittlung konkreter Handlungsplanungen (Verpflichtung) (17-21) mit eingeschobener Darstellung der „Ernährungslage“ und der Konsequenzen für die Bevölkerung (19,20)
VIIb: Normativer Zwang zum „Verständnis“ der Soldaten für Gräueltaten (22) mit angeschlossener Begründung (23)
VIIc: Verpflichtung aller Kommandeure der 11. Armee („Führer aller Grade“) darauf, indoktrinierend auf die Soldaten einzuwirken, um deren Verständnis für das außernormative Handeln sowie deren Kooperationsbereitschaft zu sichern (24,25)
VIII (26-28): Assertion: Zwang für die Bevölkerung zu einer kollaborativen Haltung (26,27) und an die Adressatengruppen gerichtete Direktive zur gewaltsamen Durchsetzung (28)
IX: Belehrung über das geeignete Benehmen der Besatzer (Adressatengruppen) im Hinblick auf die Etablierung von Kooperationsbereitschaft seitens der unterjochten Bevölkerung (28-38) mit vorangestellter Begründung (29) und illustrativem Exkurs in einen hypothetischen Handlungsraum (34); an die Kommandeure gerichtete Direktiven hinsichtlich zu postulierender Handlungsmaximen (35-37); assertive Darstellung geeigneter organisatorischer „Maßnahmen“
X: Zusammenfassung der Direktiven mit kausalem Anschluss an die Zielvorgabe; stichpunktartige Zusammenfassung des von den Soldaten zu erwartenden Verhaltens als Grundlage für konkrete Befehle der jeweiligen Kommandeure (39-49); hervorgehobener Befehl zur Ahndung „unsoldatischer“ Handlungen (46-49)
XI: Adressierung (50)
XII: Signatur (51)

6.2.3 Textanalyse entlang der Gliederung nach Handlungsschritten

I: Verantwortlich zeichnet der Oberkommandeur des 11. Heeres der Wehrmacht, von Manstein. Datiert ist der Text auf den 20.11.1941. In der abgekürzten Dokumentkennung findet sich das Kürzel „geh.“.
II: Die durch Großbuchstaben hervorgehobene Überschrift wiederholt den Hinweis auf den geheimen Status des Dokuments.
III: Den Direktiven in (14-23) wird ein mehrgliedriger Begründungsvorspann vorangestellt (vom Allgemeinen zum Konkreten):

IIIa: Einleitung in die Begründung: Eingeführt wird das zentrale Thema „Kampf". Segment (4) stellt eine kontextuelle Einbettung und allgemeine Charakterisierung des Krieges gegen die Sowjetunion als „Existenzkampf" (thematische Progression des Themas „Kampf") dar, womit die Etablierung eines Referenzrahmens vorbereitet wird, der die Missachtung völker- und kriegsrechtlicher Normen erlaubt. Mit (5) wird eine Folie der „regelkonformen" Kriegsführung („nach europäischen Kriegsregeln") etabliert, vor der sich Handlungen der Feinde negativ charakterisieren lassen, um daraus gefolgerte Modifikationen der eigenen Handlungsweise zu rechtfertigen.[218]
IIIb: (6) orientiert im Vorstellungsraum auf den „Kampf hinter der Front" (siehe auch 16) und führt in die Bearbeitung des bei den Adressaten unterstellten Wissensdefizits (Unsicherheit des Gebietes; Gefahr durch Partisanen) ein.[219] Mit dem Ausdruck „Partisanen" (7) wird die Kategorisierung einer Feind-Untergruppe vorgenommen, deren Angehörige als arglistig, hinterhältig und feige, kurz als „unsoldatisch" erscheinen sollen. Diese Kennzeichnung erfolgt über die Benennung der Kleidung („in Zivil") sowie der zugeschriebenen Kampfweise („überfallen") und über die Charakterisierung als „Heckenschützen".[220]
Als Opfer heimtückischer Angriffe erscheinen „einzelne (deutsche) Soldaten" (Herstellung eines assoziativen Bezugs zu den Adressaten). In (8) werden die Besatzer zu Befreiern und Friedensstiftern umgedeutet, während die Friedensstiftung von „zurückgebliebene"[n] „Bolschewisten" „sabotiert" wird. Die den Feinden zugeordneten Ausdrücke „Unruhe" und „Terror" stehen in Opposition zu „Befriedung".
IIIc: Die Darstellung der Rolle des „Judentum[s]" (10) erfolgt vor dem Hintergrund eines ideologischen Wissens, dessen adressatenseitige Kenntnis vorausgesetzt wird und an dem angesetzt werden kann, um diese Feindgruppe näher zu charakterisieren und daraus allgemeine Handlungsnotwendigkeiten zu folgern, von denen wiederum spezifische Handlungsverpflichtungen abgeleitet werden.
Die Personifikation „Mittelsmann" (10) lässt die mit dem Abstraktum „Judentum" bezeichnete Feindgruppe und deren Rolle im Kampf anschaulich werden: Ein „Mittelsmann" schafft Verbindungen zwischen Gruppen. Hier soll

218 Im Protokoll der Besprechung beim Generalquartiermeister (Gen.Qu.) am 16.5. 1941 findet sich beispielsweise die Formulierung „Kriegsbrauch mit östlichen Mitteln" (BA-MA, RH 20-16/1012, Bl. 66-73; zit. n. Römer 2008a: 54): Etabliert werden soll die Sichtweise, dass man sich der Handlungsweise der Feinde anpasst.

219 Durch die Platzierung der lokalen Information an einer klassischen Themastelle (prä-V2) am Satzanfang wird eine „Topikalisierung" (Zifonun/Hoffmann/Strecker 1997: 1577) und somit eine Betonung der Ortsangabe erreicht.

220 Die Bezeichnung „Partisanen" sowie ihre lokale Verortung durch die Präpositionalphrase „hinter der Front" leisten eine Charakterisierung, welche das Handeln dieser Gruppe in Opposition zu „europäischen Kriegsregeln" stellt, wobei in (5) sprachlich nicht eindeutig gemacht wird, welcher Partei das Abweichen von den Regeln zugerechnet werden soll. Zunächst wird das abweichende Handeln der Feinde dargestellt, woraus die Notwendigkeit einer Modifikation der deutschen Handlungsweise abgeleitet wird. Insofern scheint auch eine Lesart von (5) vorgesehen zu sein, nach der auch die deutsche Handlungsweise als abweichende gekennzeichnet wird.

ein dreigliedriger Feindbild-Komplex im Vorstellungsraum etabliert werden, dem ein lokal orientierendes Konzept zu Grunde liegt.[221] Segment (11) setzt die für die besetzten Gebiete behaupteten Verhältnisse in Relation zu denen, die die Adressaten aus der Heimat kennen. Vor dem Hintergrund der massiven Verfolgung von Juden innerhalb der Reichsgrenzen müssen die dem „Judentum" zugeschriebenen Handlungsmöglichen in den umkämpften Gebieten offenbar plausibilisiert werden, um die Behauptung einer konkreten Gefahr zu untermauern. Das „Judentum" wird als ein Feind charakterisiert, der unrechtmäßig („hält besetzt") ein enormes Machtpotential („alle Schlüsselpunkte") besitzt. Die Zuschreibung der Urheberschaft aller („möglichen") Widerstände liefert einen zweiten Gesichtspunkt im Hinblick auf die Rechtfertigung der in (12) folgenden Forderungen bzw. Rahmendirektiven.

(4-11) dienen der argumentativen Vorbereitung der Adressaten auf die Forderungen in (12) und (13) und auf die daraus kausal abgeleiteten modifizierten Handlungsschemata (14), die für die Adressaten im Rahmen einer erweiterten Rolle vorgesehen sind. Die Feindgruppen werden sprachlich in den vorangegangenen Passagen ausschließlich als Agens behandelt. In (12) schlägt dies um in eine Passivierung der Feinde bzw. der dem weiteren Kreis der Feinde zugeordneten Angehörigen der Bevölkerung in den besetzten Gebieten, die sich durch den restlichen Text zieht. In den darauf folgenden Assertionenketten wird als Agens ausschließlich die Adressatengruppe thematisiert.[222]

IV: Vorbereitet durch den komplexen Begründungsvorspann wird in (12) eine zentrale Forderung formuliert, die mit der vor dem Krieg von Hitler vorgegebenen Ausrichtung des „Unternehmens Barbarossa" als Vernichtungsfeldzug korrespondiert. Anwendung findet das Feindbildamalgam „jüdisch-bolschewistisch", das für die Verquickung von rassenpolitischen und militärischen Zielen genutzt wurde (vgl. Wette 2002a: 27).

Die Verwendung des Modalverbs („muss") in (12) hat einen ambivalenten Charakter. Einerseits wird eine aus dem Vorangegangenen gefolgerte Notwendigkeit ausgedrückt (epistemischer Gebrauch des Modalverbs[223]); adverbial durch „ein für allemal" verstärkt. Andererseits steckt hierin der allgemeine Auftrag (normative Lesart des Modalverbs). Verschleiernd wird im Zusammenhang mit dem ein Handlungsresultat ausdrückenden Partizip „ausgerottet" das Abstraktum „System" verwendet.[224] Mit dem Ausdruck „Lebensraum" (13) (ein zentrales NS-Ideologem) wird ein Anspruch auf Natürlichkeit im Hinblick auf die nationalsozialistischen ideologischen und politischen Ziele erhoben, während konträr dazu „eingreifen" einen widernatürlichen Akt impliziert. Die aus der „völkischen Weltan-

---

221 Mit „Feind im Rücken" werden das lokal orientierende Konzept „hinter der Front" (6) und die in (7-8) erfolgte genauere Charakterisierung der Feindgruppe („Partisanen") wieder aufgegriffen.

222 Dies steht im Dienst der argumentativen Struktur des Textes, die auf die Ableitung von Direktiven ausgerichtet ist (s.u.).

223 Vgl. hierzu Zifonun/Hoffmann/Strecker (1997: 1267 ff.).

224 s.o.

schauung" und den rassenbiologischen Grundsätzen hergeleitete Theorie vom auf natürlichen Gesetzen beruhenden feindlichen Antagonismus „rassisch unterschiedlicher" Völker diente als Grundlage für die Propagierung eines „Kampfes auf Leben und Tod" und für die Legitimation der damit verbundenen praktischen Konsequenzen. In Bezug auf den „inneren Feind" – Juden – wurde eine „historische Notwendigkeit" gefolgert, nach der die „Gefahr" für das eigene Volk unschädlich gemacht werden müsse.
„ein für allemal" (12) und „nie wieder" (13) verbalisieren den Absolutheitsanspruch in Bezug auf die verwendeten Modalitäten. Mit dem Verfasser und Adressaten einschließenden deiktischen Possessivum in (13) wird an entscheidender Stelle Gemeinsamkeit beansprucht: „unseren europäischen Lebensraum".[225]
V: In (14) wird aus der vorangegangenen Assertionenkette die Erweiterung des Soldaten-Rollenbildes kausal gefolgert. Diese Erweiterung wird markiert durch „nicht allein" (14) und „sondern auch" (15). Das Kausaladverb „daher" leistet hierbei den kausalen Anschluss des Nachfolgenden an das zuvor versprachlichte Wissen.[226] Die Soldaten werden assertiv über eine vereinheitlichende thematische Behandlung („Der deutsche Soldat": generisch zu interpretierendes Determinativ im Singular)[227] auf die Übernahme eines erweiterten Rollenbildes verpflichtet, nämlich das des „Rächer[s]" (15), was nichts mit militärischen Pflichten auf Gesetzesgrundlage zu tun hat.[228] Die Zuweisung der „Rächer"-Rolle steht jedoch in einer Spannung zu den in den letzten Zeilen des Textes befohlenen Verhinderungen von „Willkür und Eigennutz" (45), „Verwilderung und Undisziplin" (46), „Verletzung der soldatischen Ehre" (47). Vor dem Hintergrund der befohlenen Erweiterung der soldatischen Rolle und damit der kalkulierten Handlungsspielräume (s.u.) erschien es dem Befehlenden offenbar erforderlich, die „Einhaltung der Manneszucht" in die Direktive aufzunehmen um „unsoldatische" Handlungsweisen zu verhindern. Vage bleiben die Gründe, aus denen „der deutsche Soldat" die Rolle des „Rächers" übernehmen soll. Der Text führt „Grausamkeiten" (15) an,

225 Der Ausdruck „europäisch" markiert bereits eine geplante territoriale Neuordnung (vgl. die Analyse von Sauer (1998: 364 ff.) zur Verwendung des Begriffs „Neues Europa" in der „Deutschen Zeitung in den Niederlanden").

226 Zur Funktionalität des Ausdrucks *daher* vgl. Rehbein (1995: 184 f.). Siehe hierzu auch Kap. 9.1.2.

227 Die Verwendung von „der deutsche Soldat" findet sich mehrmals im Text (teilweise mit phorischer Fortführung, teilweise verkürzt zu „der Soldat"), und zwar, um einem „prototypischen deutschen Soldaten" situationsspezifische Rollenerwartungen und Haltungen sowie Pflichten zuzuschreiben. Ferner tauchen bei der Thematisierung der Adressatengruppen Pluralformen mit quantifizierendem Determinativ („alle Soldaten") (17, 43, 32: „jedes Soldaten") auf. Hier unterstreicht das Determinativ die Bindung jedes einzelnen Dienstverpflichteten an die direktiven Vorgaben. Der Ausdruck „Soldat" bzw. seine Pluralform wird fast durchweg für die Benennung der Wehrmachtangehörigen gebraucht. Dies steht im Kontrast zur variantenreichen Feindbenennung (s.o.).
Vgl. analoge Bildungen, die für eine vereinheitlichende Feindbild-Konstruktion verwendet wurden: *der Russe, der Jude* usw.

228 Die Verwendung des Ausdrucks „Rächer" korrespondiert mit „harte Sühne", für die „der deutsche Soldat" Verständnis aufbringen müsse (22).

die die Adressaten in doppelter Weise tangieren: Zur Opferrolle, die das „deutsche Volk" einnimmt, kommt verstärkend durch „ihm" (anaphorische Fortführung von „der deutsche Soldat") der Bezug zu den Adressaten hinzu, wobei die Adressierung analog zur durchgängigen indirekten Adressierungsstrategie in diesem Text nur über die Zuordnung zur Generifizierung „der (deutsche) Soldat" erfolgt. Wen genau die Rache treffen soll, wird allgemein gehalten.
VI: Die eingeschobene Assertion in (16) gibt einen zeitlich und situativ aktuellen Anlass (Deklaration einer defizitären Ausgangskonstellation) für die nachfolgenden direktiven Sprechhandlungen an, nämlich die zum aktuellen Zeitpunkt der Textentstehung als unzureichend charakterisierte Einstellung der Adressaten.
VIIa: In (17) und (18) werden Handlungsplanungen sowie die Verpflichtung zu ihrer Übernahme verbalisiert. Statt der sonst in schriftlichen Wehrmacht-Befehlen üblichen Realisierung mit modalem *sein zu* bzw. *haben zu* sind hier Konstruktionen mit *müssen* gewählt worden. In (18) zeigt sich die Verschleierung ideologischer Überformung mit bürokratischen Sprachverwendungen: Der verschleiernde behördensprachliche Ausdruck „Massnahmen" [sic!] (durch Attribuierung näher spezifiziert: „schärfste", „geeignete")[229] verankert die „Sühne" von „Sabotage" im Bereich staatlicher Legitimität, „muss [...] gemeldet werden" verweist auf ordnungsgemäße institutionelle Abläufe.
In (20) wird die Ausbeutung der besetzten Gebiete und die damit einhergehende Verelendung der Bevölkerung als eine äußere Notwendigkeit dargestellt. „Trotzdem" (21) spezifiziert das Nachfolgende konzessiv und leistet eine besondere Gewichtung des Verbots („darf nichts abgegeben werden"). Die Nominalphrase „Missverstandene Menschlichkeit" bringt dabei im Hinblick auf eine präventive

229 Während der Ausdruck „geeignete" eine Zweckfokussierung anzeigt, wird mit dem Superlativ „schärfste" Tötungsgewalt impliziert. Belege zu dieser Lesart finden sich in den Beweisdokumenten der Nürnberger Kriegsverbrecherprozesse. Zwei Beispiele werden hier zur Dokumentation herangezogen: Beim ersten Beispiel handelt es sich um einen geheimen Bericht des Chefs der Deutschen Polizei in Belgien vom 13.12.1944, in dem nachträglich über Mordaktionen aus der Zeit der Besetzung Belgiens berichtet wird: „Die steigenden Verhetzungen der Bevölkerung durch den zu Terrorhandlungen und Sabotage auffordernden feindlichen Rundfunk und die feindliche Presse [...] und das passive Verhalten der Bevölkerung, insbesondere der landeseigenen Verwaltung, das völlige Versagen der Staatsanwaltschaften, Untersuchungsrichter und der Gerichtspolizei bei der Aufdeckung und Verhinderung von Terrorhandlungen, haben schließlich zu den schärfsten Vorbeugungs- und Sühnemaßnahmen, der Erschießung von dem Täterkreis nahestehenden Personen, geführt." (zit. n. IMT 1947-1949, Bd. 6: 165 f.)
Das zweite Beispiel ist ein Befehl Wilhelm Keitels vom 16. September 1941. Es geht um die Niederschlagung kommunistischer Aufstände: „Bei jedem Vorfall der Auflehnung gegen die deutsche Besatzungsmacht, gleichgültig wie die Umstände im einzelnen liegen mögen, muß auf kommunistische Ursprünge geschlossen werden. Um die Umtriebe im Keime zu ersticken, sind beim ersten Anlaß unverzüglich die schärfsten Mittel anzuwenden, um die Autorität der Besatzungsmacht durchzusetzen und einem weiteren Umsichgreifen vorzubeugen. Dabei ist zu bedenken, daß ein Menschenleben in den betroffenen Ländern vielfach nichts gilt, und eine abschreckende Wirkung nur durch ungewöhnliche Härte erreicht werden kann. Als Sühne für ein deutsches Soldatenleben muß in diesem Falle im allgemeinen die Todesstrafe gelten." (RF-1432, 389-PS; zit. n. IMT 1947-1949, Bd. 7: 125)

Bearbeitung adressatenseitiger Widerstände eine negative Charakterisierung möglichen Mitleids zum Ausdruck. Mit der Einschränkung in der Parenthese wird auf ein zweckrationales Konzept zurückgegriffen: Die Bevölkerung soll rein unter dem Aspekt des Nutzens für die deutsche Armee sowie für die politischen und militärischen Ziele der Führung gesehen werden: Persönliche Not gilt nicht als Kriterium für humanitäre Hilfe.

VIIb: In (22) wird eine auf die Haltung abzielende Erwartung an die Soldaten ausgedrückt, die sich durch die Verwendung von *müssen* als normativer Zwang darstellt. Es geht um die Übernahme der Notwendigkeitseinschätzung sowie die Unterordnung eigener moralischer Empfindungen und damit einhergehend um die Anerkennung des Referenzrahmens „notwendige Sühne" für Gräueltaten an der Bevölkerung und an gefangengenommenen Feinden. Dies steht in Verbindung mit der postulierten Rollenerweiterung der Soldaten zu „Rächern" und stellt einen indirekten Bezug zu den SS-Mordaktionen her (vgl. hierzu Wette 2002a: 101). Segment (23) unterstützt begründend den formulierten Zwang durch die Angabe eines funktionalen Aspekts.

VIIc: (24) enthält einen assertiv realisierten, an die Adressatengruppe 2 (Offiziere; s.o.) gerichteten Befehl zur indoktrinierenden und unterweisenden Einwirkung auf die Untergebenen.

VIII: In Segment (26) wird der für die in der Nähe des Feindes gruppierten „Ukrainer, Russen und Tartaren" geltende Zwang formuliert, sich zur Besatzerherrschaft zu „bekennen" (korrespondiert mit „klare Entscheidung": 27). Die Nominalphrase „neue Ordnung" impliziert, wie Sauer am Beispiel von Texten aus der „Deutschen Zeitung in den Niederlanden" analysiert hat, eine Ordnung im Sinne einer „Aufteilung nach Oben und Unten" auf der „Achse Macht-Ohnmacht" (Sauer 1998: 369), der sich die Bewohner der besetzten Gebiete fügen müssen. Die erzwungene Compliance mit den Besatzern wird in (27) konkretisiert: Gefordert wird eine eindeutige Positionierung gegen den „Bolschewismus", die symbolisch gekennzeichnet ist durch einen Übergang von Passivität („Teilnahmslosigkeit") zu Aktivität („aktiven Mitarbeit"). Im Falle der Nichterfüllung der von den deutschen Soldaten zu übernehmenden Erwartung an die Bevölkerung ergibt sich die Pflicht zur Anwendung von Zwangsmaßnahmen. Hier findet man wieder die charakteristische kalkulierte Vagheit: „Entsprechende Massnahmen" (28) eröffnet einen Spielraum für die Wahl der Mittel (vgl. IIIa;17).[230]

IX: Als Rahmenbedingung für die Erreichung der Ziele in den eingenommenen Gebieten wird in (29) die kollaborative Haltung der Bevölkerung genannt. Es

230 Eindeutiger ist dies im Reichenau-Befehl formuliert: „Die Teilnahmslosigkeit zahlreicher angeblich sowjetfeindlicher Elemente, die einer abwartenden Haltung entspricht, muß einer klaren Entscheidung zur aktiven Mitarbeit gegen den Bolschewismus weichen. Wenn nicht, kann sich niemand beklagen, als Angehöriger des Sowjet-Systems gewertet und behandelt zu werden. Der Schrecken vor den deutschen Gegenmaßnahmen muß stärker sein als die Drohung der umherirrenden bolschewistischen Restteile." (zit. n. IMT 1947-1949, Bd. 4: 511)

folgt in (30) die Ableitung der Maxime einer „gerechte[n] Behandlung“ der nicht dem Feind zugeordneten Bevölkerungsgruppen.
In (31) wird eine adressaten-inklusive Gruppendeixis verwendet, die Verfasser und Adressaten als Wir-Gruppe erkennbar macht und sprachlich Gleichheit suggeriert. Die gruppenkonstituierenden Elemente sind „Herrschaft“ als Besatzer[231] sowie die daraus abgeleiteten Verpflichtungen im Rahmen der „nationalsozialistische[n] Moral“ (Welzer 2007: 48 ff.): „Leistung“, „Härte gegen sich selbst“ „Zurückstellung der Person“. Mit den letztgenannten Verpflichtungen wird auf die Unterordnung des Einzelnen unter die Gemeinschaft abgehoben. Das eigenständige moralische Empfinden muss dem Rollenbewusstsein als funktionaler „Teil der Sache“ weichen. Dazu Welzer:

> „Auch das partikulare Moralkonzept, vor dessen Hintergrund sich die Täter orientieren und bewegen, verpflichtet das Individuum auf ein Handeln, das über seine eigenen Interessen und über seine eigene leibliche Existenz hinausgeht und einem Gemeinwohl dient.“ (2007: 36)[232]

In (32) werden Handlungsmöglichkeiten des Feindes („Propaganda“) als direkt abhängig vom Betragen der einzelnen Soldaten dargestellt. Um Verantwortung der einzelnen Soldaten für das Erreichen der langfristigen wirtschaftlichen Besatzungsziele geht es in (34): Das szenisch vergegenwärtigende Präsens[233] mit dem Verb in Spitzenstellung („Nimmt der Soldat dem Bauern auf dem Lande die letzte Kuh“) kennzeichnet den Bruch des formellen Stils des OKW-Befehls zu Gunsten eines durch einfache Sprache bestimmten Exkurses, in dem beispielhaft der Zusammenhang zwischen dem Handeln der Soldaten und dem anvisierten Ziel (formuliert in 29) deutlich gemacht werden soll. Die Symbolfeldausdrücke in der Aufzählung repräsentieren essentielle wirtschaftliche Grundlagen. Bei aller (als notwendig unterstellten) Ausbeutung (vgl. 19-21) soll eine minimale wirtschaftliche Basis der Bevölkerung im Hinblick auf die Zielvorgabe „Compliance“ erhalten bleiben, um somit eine Gewinn bringende Besatzerherrschaft zu ermöglichen. Moralische Gesichtspunkte spielen dabei keine Rolle. Vielmehr geht es hier um die Strategie einer gleichsam „nachhaltigen“ wirtschaftlichen Ausbeutung.
Die in (36) durch (teleologisch zu interpretierendes) *müssen* gekennzeichnete Maxime knüpft durch „daher“ folgernd an das in (35) verbalisierte Sentenzenwissen an. Die Maxime in (37) betrifft die Haltung gegenüber einer weiteren Teilgruppe, die assoziativ etabliert wird. Segment (38) enthält weitere Handlungsanleitungen im Hinblick auf die Zielvorgabe.

---

231 Als Herrschende konnten sich auch die einfachen Soldaten tatsächlich ansehen, da die Bevölkerung in den besetzten Gebieten ihnen völlig schutz- und rechtlos ausgeliefert war.
232 Gleichzeitig ermöglicht eine „Zurückstellung der Person“ in der Selbstwahrnehmung der Soldaten auch eine persönliche Distanzierung vom Handeln als Rolleninhaber.
233 Vgl. Zifonun/Hoffmann/Strecker (1997: 350 f.).

X: In den Segmenten (39-49) werden die übermittelten Befehle, kausal an die formulierte Zielvorgabe angebunden, in einer merkblatt-artigen Auflistung zusammengefasst.[234] Diese stichpunktartige Bündelung dient als Grundlage für konkretisierende Befehle der Kommandeure „im Feld". Segment (38) knüpft an die Subbefehle in (17) und (18) an. Die Segmente (39) und (40) geben Sicherheitsvorkehrungen wieder. Die Segmente (41,42,45,46,47) zielen einerseits auf die Sicherung der Truppenmoral und andererseits auf das Ansehen der Besatzer mit Blick auf die inkorporativen Ziele.
Der Subbefehl (44) zur Ahndung „unsoldatischer" Handlungen (45-47) ist sprachlich durch die einzige im Text auftauchende modale Verwendung von *sein zu* sowie der Präpositionalphrase „mit aller Schärfe" und im Druck hervorgehoben.
XI: Die Angabe der Empfänger des Schreibens am Ende des Textes (50) ist standardisiert. Als Schriftstück erhalten den Text alle Offiziere der 11. Armee bis hinunter zu den genannten hierarchischen Ebenen.
XII: Ebenfalls standardisiert ist die Signatur des Befehlenden mit Nennung des Dienstrangs am Ende des Textes (51).

6.2.4 Handlungsstruktur

Der Anlass für den Text besteht in einer aktualisierenden Orientierung der Adressaten auf situationsspezifische Handlungsweisen und damit zusammenhängende Denkmuster im zum Veröffentlichungszeitpunkt bereits rund 5 Monate andauernden Ostfeldzug. Unterstellte und zu bearbeitende Wissensdefizite sind: a) die Kampfweise der Feinde sowie die Bedeutung der militärischen Mission im Sinne eines „Weltanschauungskampfes" und daran geknüpfte Pflichten der Soldaten, b) Notwendigkeiten in Bezug auf die langfristigen Besatzungsziele.
Die Ausrichtung des Ostfeldzugs auf Vernichtung, die den Oberkommandierenden von Hitler schon Ende März 1941 verdeutlicht worden war, musste den Offizieren im Frontgebiet (und dahinter) und den ihnen unterstellten Soldaten offenbar erst noch plausibel gemacht werden. In der als neu propagierten, durch behauptete situative Erfordernisse und das NS-Kampfmodell legitimierten Handlungsweise, bei der das Terrain internationalen Kriegsrechts verlassen sowie bestehende deutsche Militärgrundsätze und Gesetzgebungen (§47) verletzt wurden, sollten die Adressaten einen funktional und ideologisch begründeten Sinn sehen, um sie zu akzeptieren und danach zu handeln.
Zudem wurde den Wehrmachteinheiten die logistische Unterstützung der „Sicherheitsdienst-Kommandos" anbefohlen, die mit der Ermordung von Juden und politischen Funktionären der sowjetischen Armee betraut waren.

234 Hier dominieren Nominalisierungen.

Begründungen stellen in diesem Analysebeispiel die wichtigsten Stützen für die direktiven Anteile dar. Dabei wird auf NS-ideologisches Wissen rekurriert, werden die Feinde kategorisiert und situative Erfordernisse angeführt. Funktional auf die argumentative Struktur im Rahmen der Begründungen der im Text übermittelten Befehle ausgerichtet, erscheint der Wechsel der Perspektive von der aktiven Thematisierung der Feindgruppen bis einschließlich (11) zur völligen sprachlichen Passivierung, einhergehend mit der thematischen Einführung des „deutschen Soldaten" als handelndem Subjekt, eingeleitet durch das den Bezug zwischen dem im Vorspann verbalisierten Wissen und den direktiv ausgerichteten Handlungsschritten herstellende zusammengesetzte Kausaladverb *daher*.
Die Begründungen zu den beiden Handlungsbereichen ‚*Kampf gegen militärisch aktive Feinde*' und ‚*Verhalten gegenüber der unterjochten Bevölkerung*' werden unterschiedlich eingearbeitet. Die Begründungen für den ersten Handlungsbereich bilden einen Vorspann zur Stützung der nachfolgenden direktiven Sprechhandlungen, während die auf den zweiten Handlungsbereich bezogenen Direktiven in Begründungszusammenhänge eingebettet sind (Wechsel von direktiv zu interpretierenden Assertionen und begründenden Assertionen).
Den Symbolfeldausdrücken, welche die Feindcharakterisierung leisten, kommt eine wichtige Funktion im Hinblick auf den Zweckbereich der Sinnvermittlung und damit auf die adressatenseitige Übernahme der Rollenerweiterung zu. Durch die Kategorisierung, welche die Feinde als entgegen der soldatischen Tugenden handelnde, illegitime Akteure charakterisiert, werden diesen implizit auch die entsprechenden militärischen Rechte und Ehren abgesprochen. Der soldatische Moralkodex wird so durchbrochen, der neue Referenzrahmen „Sühne" etabliert. Gefordert wird von den Soldaten die uneingeschränkte Rollenidentifikation und die Zurückstellung der „persönlichen Moral" zu Gunsten einer „nationalsozialistische[n] Moral" (Welzer 2007: 48 ff.).[235]
Im Bereich symbolischer Prozeduren, die funktional mit diesem Zweckbereich verbunden sind, können unterschieden werden:

1) Abwertung der Opfer:
   a) Kategorisierung als nicht legitimierte Akteure[236]
   b) Kategorisierung i.S. einer entmenschlichenden Abwertung

235 Im Hinblick auf die Durchbrechung des soldatischen Moralkodexes spielen auch Sentenzen, die eine Folgerung der Notwendigkeit zum Handeln suggerieren, eine Rolle, wie das folgende Beispiel aus einem Korpsbefehl vom 12. November 1941 illustriert: „Jeder, den wir heute nicht erschießen, schießt morgen auf uns." (Korpsbefehl des XX.AK/Abt. 1c Nr.5555/41 geh. v. 12.11. 1941, in: BA-MA, RH 24-51/57, Bl. 149 f.; zit. n. Römer 2008a: 83). Noch deutlich weiter ging der Kommandeur der 132. Infanteriedivision in einem Befehlszusatz: „Besser 100 Russen erschossen, als 1 deutscher Soldat verwundet." (Befehl der Gruppe von Schwedler (IV. AK) v. 10. 8. 1941 mit Zusätzen des Div.Kdr. der 132. Inf.Div. v. 14. 8. 1941, in: BA-MA, RH 26-132/36, Anl. 110; zit. n. Römer 2008a: 90).

236 Z.B. „Heckenschützen", „Saboteure", „Partisanen", „Freischärler" (zum „Freischärler"-Begriff vgl. Römer 2008a: 57).

2) Negativcharakterisierung der Handlungen der Feinde
3) Charakterisierung der befohlenen Handlungen:
a) legitimierend: „harte, aber notwendige und gerechte Strafe[n]" (Eintrag im Tagebuch des Uffz. Paul M., II./Inf.Rgt. 154, v. 28. 7. 1941, in: BA-MA, RH 37/2787; zit. n. Römer 2008a: 97)
b) den symbolischen Charakterisierungen der Handlungsweisen der Feinde angepasst
c) behördensprachlich verschleiernd: „Maßnahmen"[237]
d) die eigene Handlungsweise moralisch bewertend: „Wir bleiben das anständige deutsche Heer." (Eintrag im KTB (Ia) des VI. AK v. 18. 6. 1941, in: BA-MA, RH 24-6/26, Bl. 18; zit. n. Römer 2008a: 66)

Die einzelnen Subbefehle werden durch direktiv zu interpretierende Assertionen realisiert, markiert durch den Einsatz spezifischer Modalverben (*müssen, nicht dürfen, sein zu*). Direkte Ansprachen finden sich nicht. Diese Realisierungsweise ist typisch für allgemeine OKW-Befehlsschreiben, in denen von höheren Kommandoebenen eine große Gruppe von Adressaten angesprochen wird. Generell sind die sprachlichen Formen der übermittelten Subbefehle gekennzeichnet durch Depersonalisierung (fehlende Agens-Benennung) und Zielfokussierung (Handlungsresultate angebende Partizipien, die an die Modalverben gekoppelt sind).
Hier findet sich zudem eine je spezifische Adressierung an zwei Gruppen: zum einen an alle Soldaten im betreffenden Operationsgebiet, zum anderen an die Befehlshaber aller Ebenen, denen der Text in unterschiedlicher Weise zugänglich gemacht wurde: den Soldaten mündlich und den Offizieren bis einschließlich zur Regimentsebene schriftlich (siehe „Verteiler"; 50). Den Offizieren wird a) die Aufgabe der Sinnvermittlung des „Kampfes" übertragen und b) die Überwachung der Einhaltung von Verhaltensmaximen. Die Verpflichtung der Offiziere zur politisch-ideologischen Beeinflussung der praktisch handelnden Akteure spiegelt sich symbolisch in ihrer Benennung: „Führer".
Der Text stellt einen allgemeinen Rahmenbefehl dar, der neben den Funktionen der Sinnvermittlung und Etablierung einer Rollenerweiterung Orientierung für konkrete Handlungsinitiierungen schafft und diese argumentativ legitimiert. Für Befehle dieses Typs wird der Terminus ‚Archébefehl' vorgeschlagen.[238]

237 Beispielsweise im oben analysierten Befehl: (18).
238 Die Bezeichnung ‚Archébefehl' ist aus einem Gespräch mit Ludger Hoffmann hervorgegangen. Eine genauere Beschreibung dieses Typs findet sich in Kap. 10.2.3.

7. Alltägliche Mordbefehle

In diesem Kapitel werden Befehle und Befehlszusammenhänge analysiert, in denen die Alltäglichkeit des Mordens von Angehörigen der Polizei und der SS widergespiegelt wird.
Die ersten Analysebeispiele sind dokumentierte Funksprüche des Kommandeurs der „Kampfgruppe Nord" des Polizeibataillons 307 (Siegfried Binz) vom 14.2. und 15.2.1943. Während des Unternehmens „Hornung" führte dessen „Kampfgruppe" zahlreiche „Säuberungsaktionen" in Weißrussland durch (vgl. Klemp 2005: 37 ff.).
Den Hergang der Mordaktionen vom 14.2. und 15.2. 1943 hat Klemp rekonstruiert:

> „Am 14. Februar setzte die „Kampfgruppe" Binz/Nord ihr todbringendes Werk fort. Das Schutzmannschaftsbataillon meldete um 17.45 Uhr: „30 Bandenverdächtige erledigt". Um 19 Uhr meldete das Polizeibataillon 307: 89 „Feindtote" und wieder einmal keine eigenen Verluste. Um 19.40 Uhr funkte Kommandeur Binz an alle Bataillone: „Batl. können in heutige Ausgangsstellung Rückmarsch antreten, hierbei alles erschießen und zerstören." Dieser Befehl wirkte sich für die Zahlen der Abendmeldung dieses Tages der Kampfgruppe Nord an den Führungsstab der Kampfgruppe von Gottberg aus, die den Oberbefehl über das Unternehmen „Hornung" hatte: „28 Banditen und 157 Verdächtige erschossen, 89 Häuser zerstört, 12 Gewehre erbeutet." Um dem Mordbefehl Nachdruck zu verleihen, ließ Binz noch zweimal an die Bataillone funken, am 14. Februar um 23 Uhr: „alles erschießen und zerstören". In diesem Sinne ging es am 15. Februar 1943 weiter. Binz befahl um 6 Uhr morgens: „Auf dem Rückmarsch radikale Zerstörung aller Gebäude, auch entlegenster und kleinster. Vernichtung aller Personen, soweit nicht zum Viehtreiben benötigt. ... Gebiet soll Niemandsland werden. Hierfür volle Verantwortung der Kommandeure." (Klemp 2005: 39)

Nachfolgend werden zwei der im Zitat enthaltenen Funkbefehle sowie eine Vollzugsmeldung, mit der die Resultate der Ausführung eines vorausgegangenen Mordbefehls an die übergeordnete Befehlsinstanz übermittelt wurden, analysiert.

(B 21)

> (a1) Batl. können in heutige Ausgangsstellung Rückmarsch antreten, (a2) hierbei alles erschießen und zerstören.

Mit (a1) wird den Bataillonen die Erlaubnis („können") zum Rückzug erteilt. Segment (a2) enthält die Verbalisierung eines verallgemeinerten Mordbefehls, der durch das mit einer biprozeduralen Handlungsqualität operierende „hierbei" einen beiläufigen Charakter erhält: Während „hier-" im Textraum auf den in (a1) verbalisierten, als „erlaubt“ ausgewiesenen Handlungsplan „Rückzug antreten“ orientiert, markiert „-bei“ über eine operative Prozedur die Handlungspläne „alles erschießen und zerstören“ als bedarfsweise Begleithandlungen des im Vordergrund stehenden Rückzugs. Das Quantifikativum „alles“ spiegelt die Ausrichtung der Operation als Mission der totalen Vernichtung. Die über Infinitive repräsentierten Handlungspläne werden nicht in Begründungszusammenhänge eingebettet. Das von NS-Organisationen häufig genutzte Konzept der Scheinlegalität braucht hier nicht angewandt zu werden, da die Akteure ohnehin wissen, worum es geht. Analog zur genozidalen Ausrichtung des Russlandkrieges wird für das Morden der Referenzrahmen „Arbeit“ aktualisiert (vgl. Welzer 2007: 202 f.).

(B 22)

> (a1) Auf dem Rückmarsch radikale Zerstörung aller Gebäude, (a2) auch entlegenster und kleinster. (b) Vernichtung aller Personen, soweit nicht zum Viehtreiben benötigt. ... (c) Gebiet soll Niemandsland werden. (d) Hierfür volle Verantwortung der Kommandeure.

In diesem Funkspruch findet man die gleichen Mord- und Zerstörungsbefehle wie im vorangegangenen Beispiel, allerdings mit einer Einschränkung, die auf den ökonomischen Nutzen der Opfer abhebt (b). Die Begründung (c) gibt die übergeordnete Zielvorgabe („soll...werden“) bekannt. (d) hat den Zweck, moralische Skrupel und rechtliche Bedenken der Akteure im Hinblick auf ihr Handeln antizipierend zu bearbeiten, indem – analog zur externen Handlungsplanung – ein Referenzrahmen externer Verantwortlichkeit (vgl. Welzer 2007: 27) aufgebaut wird. Erreicht werden soll die Bereitschaft zu einer enthemmten Mordpraxis im Dienst der in (c) angegebenen Zielvorgabe der Aktionen.

Das folgende Beispiel zeigt die NS-typische bürokratische Verarbeitung ungeheuerlicher Vorgänge. Seitens der „Kampfgruppe“ Nord wurden die Ergebnisse des Tages an den für das Unternehmen „Hornung“ verantwortlichen Führungsstab gefunkt:

(B 23)

> (a1) 28 Banditen und 157 Verdächtige erschossen, (a2) 89 Häuser zerstört, (a3) 12 Gewehre erbeutet.

Es handelt sich hierbei um die Verbalisierung einer Vollzugsmeldung, die als finale Musterposition an einen vorausgegangenen Rahmenbefehl anschließt. In der Vollzugsmeldung werden unter Verwendung von Partizipien II, die resultativ wirken, die Handlungsergebnisse des Tages aufgezählt. Die Mordopfer werden in die Kategorien „Banditen“ und „Verdächtige“ eingeordnet, wobei auf die zweite

Kategorie fünfmal mehr Opfer entfallen. Die Anzahl von zwölf erbeuteten Gewehren in Relation zu den insgesamt 185 Mordopfern spricht für sich.

Das nächste Analysebeispiel stammt aus einem im Rahmen eines Zeitzeugen-Projektes von Steinhoff/Pechel/Showalter (1989) aufgezeichneten Interview mit dem 1926 geborenen Peter Petersen. Dieser erzählt[239] von einem Erlebnis eines befreundeten SS-Angehörigen. Zentral ist in der Erzählung der an den SS-Angehörigen gerichtete Befehl, gefangene sowjetische Soldaten zu erschießen, den er mit der Begründung zurückweist, dass es sich um „Soldaten" und nicht um „Partisanen" handle. In der Erzählung wird ein Diskurs zwischen besagtem SS-Angehörigen und einem Waffen-SS-General rekonstruiert. Dabei wird auch wörtliche Rede wiedergegeben.[240] Bei der Erzählung handelt es sich um eine realitätsnahe Rekonstruktion[241], die sich dafür eignet, Hypothesen über charakteristische sprachliche Formen, Möglichkeiten und Grenzen innerhalb des Musterablaufs sowie Momente der durch die Organisation „SS" vorgeprägten Befehlskonstellation analytisch zu entwickeln.

(B 24)

> (a) Dann aber hatte ich ein ziemlich erschütterndes Erlebnis. (b) Einer meiner Freunde, der zwei Jahre älter war als ich, kam 1942 auf Urlaub und besuchte seine alte Schule. (c) Er hatte erreicht, was ich wollte, er war SS-Untersturmführer und hatte sich völlig verändert in seinem Wesen. (d) Als ich ihn darauf ansprach, ließ er mich schwören, daß ich die Geschichte niemals erzählen würde, so lange er lebe. (e) Das habe ich getan. (f) Er hat erzählt, er sei an der Front gewesen, hätte Gefangene, russische Soldaten gemacht und den Bataillonskommandeur gefragt, was er mit ihnen machen solle. (g1) Dann hatte er das Pech, daß gleichzeitig der General der Waffen-SS, der den Abschnitt befehligte, auf dem Bataillonsgefechtsstand war und den Hörer nahm und sagte: (g2) „Erschießen Sie sie." (h1) Er hätte dann gesagt: (h2) „Moment, das sind doch keine Partisanen, sondern reguläre Soldaten. (h3) Die kann ich doch nicht einfach abschießen." (i) Und dann sei er zurückbefohlen worden zum Bataillon, habe einen fürchterlichen Anpfiff bekommen. (j) Damit er begreife, dass dies kein Kindergartenkrieg sei, würde er jetzt in Odessa ein Erschießungskommando übernehmen, das hieße Partisanen, deutsche Deserteure und was weiß ich noch alles, zu erschießen. (k) Da hat er mir also die Geschichte erzählt. (l1) Er sagte: (l2) „Ich hatte nicht den Mut, das zu verweigern, sonst wäre ich erschossen worden." (m) Dann ist er wie-

239 Die im Interview mit dem Zeitzeugen festgehaltene Wiedergabe von Erinnertem weist wesentliche Charakteristika einer Realisierung des Handlungsmusters „Erzählen" auf.

240 Dies markiert in mustertypischer Weise den Relevanzpunkt der Erzählung (vgl. Hoffmann 1984b).

241 Die Analyse von Befehlen, die nur in rekonstruierter Form (Tagebuchberichte, Zeitzeugen-Erzählungen) vorliegen, wird in Kap. 1.5 methodisch reflektiert.

der zurückgegangen an die Front, und später haben wir eine Gedächtnisfeier gehabt, weil er „auf dem Felde der Ehre" gefallen war. (n) Ich weiß nicht, ob er wieder an die Front kam, ob es tatsächlich so war, oder ob er sich selber erschossen hat, oder was auch immer.
(Steinhoff/Peschel/Showalter 1989: 49)

Der in der Erzählung wiedergegebene Handlungszusammenhang kann in die folgenden Stadien unterteilt werden:[242]
[1] Vorgeschichte: Der SS-Untersturmführer „macht Gefangene" (sowjetische Soldaten) und fordert telefonisch vom direkten Vorgesetzten seines Bataillons Befehle an.
[2] Der zufällig dort anwesende Waffen-SS-General des betreffenden Abschnitts übernimmt die Befehlsposition und erteilt den Befehl [3].
[3] Befehl (g2): „Erschießen Sie sie." (Befehl sprachlich realisiert durch das Handlungsverb im Imperativ und Verwendung der Distanzform)
[4] Zurückweisung des Untergebenen (h2): „Moment, das sind doch keine Partisanen, sondern reguläre Soldaten. (h3) Die kann ich doch nicht einfach abschießen."
[5] Verlassen des Musters[243]
[6] Nachgeschichte 1: Befehl (i): Rückkehr zum Gefechtsstand
[7] Nachgeschichte 2: Sanktion in Form eines anderen Exekutionsbefehls
[8] Nachgeschichte 3: keine Verweigerung mangels Mut, Ausführung des Befehls
[9] Nachgeschichte 4: Erzählung über den Befehl

Der Befehl (g2) wird realisiert durch das Handlungsverb (*erschießen*) im Imperativ. Die Verwendung der Distanzform kennzeichnet die institutionelle Kommunikation. Die Äußerung ist auf das Notwendigste beschränkt: die Opfer werden durch phorisches „sie" thematisch fortgeführt[244], eine Begründung wird nicht angeführt. Der Waffen-SS-General demonstriert seine Macht. Er befiehlt eine Handlung, die über die Rahmenbefehle[245] hinausgeht und normative Grenzen tangiert: die Ermordung von gefangenen sowjetischen Soldaten, was auch nach zeitgenössischem deutschen Recht ein Kriegsverbrechen darstellte.

242 Die Stadien des Handlungsprozesses werden mit Ziffern in eckigen Klammern, die für die Analyse herangezogenen Äußerungen in runden Klammern alphabetisch durchnummeriert.

243 Über die Ausführung oder das Ausbleiben der befohlenen Ermordung der Gefangenen erfährt man in der Erzählung nichts.

244 Die thematische Einführung ist in der nur zusammengefasst überlieferten Meldung und Befehlsanforderung des Untergebenen zu vermuten.

245 Der „Kriegsgerichtsbarkeitserlass" sowie verschiedene spezifizierende Befehle zur Partisanenbekämpfung sahen die Exekution von nichtmilitärischen russischen Widerstandskämpfern und z.T. auch von „Partisanenverdächtigen" bzw. Helfern der Partisanen vor. Im Befehl der 17. Inf.-Div./Abt. Ic. vom 17.11.1941 heißt es beispielsweise: „Partisanenverdächtige Elemente sind rücksichtslos zu erschießen." (BA-MA, RH 26-17/72; zit. n. Römer 2008a: 82)

Der Befehl wird zurückgewiesen mit der Äußerung (h3). (h2) stellt eine vorgezogene Begründung dar, durch die die Zurückweisung zur Geltung gebracht werden soll.
Mit dem para-expeditiv eingesetzten Ausdruck „Moment" (h2) unterbricht der Untergebene den Fortgang des Musterablaufs und lenkt die Aufmerksamkeit des Vorgesetzten auf das nachfolgend zu verbalisierende Begründungswissen. Über die Charakterisierung der gefangenen Soldaten, auf die mit „das" objektdeiktisch verwiesen wird, erfolgt eine Markierung der befohlenen Handlung als illegitim, worauf die Zurückweisung in (h3) gestützt ist.
Zentral ist in der Begründung (h2) die Opposition „Partisanen" vs. „reguläre Soldaten", durch die im Symbolfeld die Diskrepanz verankert wird zwischen der befohlenen Handlung und den potentiellen legitimen Handlungen, die im institutionell festgelegten Möglichkeitsbereich des Untergebenen liegen.[246] Dem Attribut „regulär" kommt dabei der Zweck der symbolischen Verstärkung des Ausdrucks „Soldaten" zu.
Aufbauend auf dem in (h2) verbalisierten Begründungswissen äußert der Untergebene in (h3) ein subjektives (Sprecherdeixis „ich") „Nicht-Können"[247] (h3), mit dem er ein dienstliches „Nicht-Dürfen" im Rahmen übergeordneter Befehle und kriegsrechtlicher Konventionen sowie darüber hinaus eine subjektive, moralisch bedingte Restriktion anzeigt. Zwei Momente der institutionell bedingten Modalität „nicht dürfen" werden aktualisiert: die Sperrung des Handlungsraums hinsichtlich der Erteilung dieses Befehls und hinsichtlich der Ausführung des übermittelten Handlungsplans.
Mit der Objektdeixis „die" orientiert der Untergebene einerseits im Rederaum auf die gefangenen Soldaten, anderseits im Vorstellungsraum auf alle Personen der Kategorie „reguläre Soldaten", die potentiell in seine Gefangenschaft geraten. Durch diese Verweisprozedur wird die Kontrastierung unterstützt, die durch die symbolisch aufgebaute Opposition („Partisanen" vs. „reguläre Soldaten") in (h2) verankert worden ist. Durch die Wahl der Symbolfeldausdrücke „einfach" und „abschießen" wird die Charakterisierung der geforderten Handlung als illegitim verstärkt: Ausgedrückt wird im Zusammenhang mit der benannten Tötungshandlung eine spontane Willkür – analog zur Tötung von Tieren.[248] Neben dem institutionellen „Rechtsgefühl" des Befehlsempfängers tangiert der Befehl offenbar auch sein Moralgefühl, das auf dem soldatischen Kodex basiert. Ob er einen Befehl zur Erschießung von „Partisanen" als rechtmäßig angenommen hätte,

246 Indirekt wird Bezug genommen auf eine Handlungspraxis im Russlandfeldzug, die präsuppositiv als Wissensfundament bei beiden Interaktanten vorhanden ist: die Erschießung von Personen, die in die (überaus vage) Feindkategorie „Partisanen" eingestuft werden.

247 Die Abtönungspartikel „doch" verstärkt die ausgedrückte Modalität.

248 Der Ausdruck findet sich z.B. in einem Kommandantursonderbefehl des Konzentrationslagers Auschwitz vom 9.6.1941, der ein Jagdverbot an den Teichen in der Umgebung des Lagers enthält: „Lediglich die von mir beauftragten [...] haben die Genehmigung, Vögel und Raubzeug abzuschießen." (zit. n. Frei et al. 2000: 45)

bleibt offen. Die von ihm erzählte Nachgeschichte, die Durchführung einer anderen, sanktionsweise befohlenen Exekution spricht allerdings dafür.

Die spezifische Konstellation in diesem Beispiel ist gekennzeichnet durch die zufällige Anwesenheit des Waffen-SS-Generals und dessen Suspendierung der Machtbefugnisse des eigentlichen direkten Vorgesetzten, der nach Einschätzung des Erzählers wahrscheinlich anders entschieden hätte. Dies wird durch die eingeschobene Situationsbewertung „Dann hatte er das Pech" (g1) ausgedrückt, die Petersen vermutlich von seinem Freund übernommen hat.
Der geltende normative Rahmen, auf den der Untergebene indirekt Bezug nimmt, wird seitens des Waffen-SS-Generals missachtet. Dessen persönliche Autorität, die er aufgrund seiner Stellung im Befehlsgefüge innehat, setzt zum einen die Kontrollfelddominanz des eigentlich zuständigen Befehlshabers außer Kraft und verkürzt den Befehlsweg.
Zum anderen, und das ist ein entscheidendes Charakteristikum für die Konstellation bei Befehlen innerhalb der SS, setzt sich der Waffen-SS-General als ranghöchster anwesender Führer – kraft des ihm im Rahmen des Führerprinzips zugesprochenen Wissens- und Entscheidungsmonopols und des damit einhergehenden Handlungsspielraums innerhalb seines Befehlssektors – über geltende Normen hinweg und macht seine persönliche Entscheidung zur Richtschnur des Handelns. Die Äußerung des Nicht-Könnens seitens des Untergebenen mit dem indirekten Verweis auf die Illegitimität der geforderten Handlung wird nicht akzeptiert.

Das Handeln des Befehlshabers, das gekennzeichnet ist durch eigenverantwortliches Entscheiden und somit durch Dynamisierung des Handlungsprozesses, illustriert, was Sofsky in seiner Untersuchung des sozialen Systems „Konzentrationslager" über die Organisation SS formuliert:

> „Die SS war eine organisierte „Bewegung", eine Parteieinrichtung, die von der Spitze als Motor der Expansion und des Terrors betrachtet wurde. Dem hätte eine starre Bürokratie nur im Wege gestanden. Die Formalisierung erlangte nicht den Objektivitätsgrad herkömmlicher Verwaltungen, in denen die gesetzten Regeln für alle verbindlich sind. [...] Das Ausmaß an Machtdelegation, lokaler Selbstständigkeit und spontaner Improvisation darf keinesfalls unterschätzt werden. Von ihren Mitgliedern forderte die SS nicht Kadavergehorsam, sondern Eigeninitiative, nicht Buchstabentreue, sondern flexible „Aktionen", getreu dem Grundsatz, daß derjenige die Zuständigkeit gewinnt, der etwas tut." (Sofsky 2008: 30)

Das letzte Beispiel stammt aus dem Brief eines SS-Angehörigen. Es handelt sich auch hier um eine Rekonstruktion eines Diskurses. In diesem Fall ist der Erzähler selbst involviert.

(B 25)

> (a) Unser Kommandeur war ein verrückter Hund! (b) Kaum waren wir nämlich eine Zeit draußen, als immer wieder Sabotagen vorkamen. (c) Auch Partisanenüberfälle gab es. (d) Bei solchen Vorfällen wußte der Chef nichts Besseres, als aus der ahnungslosen Bevölkerung der Orte, wo diese Dinge geschehen sind, jeweils zehn oder zwanzig Menschen aufhängen zu lassen. (e1) Und er gab mir immer wieder den Befehl: (e2) „Fertigen Sie einen Galgen an!" (f) Du kannst Dir vorstellen, wie erschrocken ich war, als ich diesen Befehl zum erstenmal erhielt. (g1) Ich sagte auch zu ihm: (g2) „Sturmbannführer! (g3) Ich bitte Sie, mich von diesem Befehl zu befreien." (h1) Und er sagte nur: (h2) „Sie Schlappschwanz! (h3) Sie wollen ein SS-Mann sein!" (i) Und ich mußte den Befehl ausführen. (j) Der Bleistift zitterte in meiner Hand, als ich an meinem Tisch saß und überlegte, wie ich einen Galgen anfertigen soll. (k) Ich habe keinen gezeichnet – ich ging nur in die Schreinerabteilung und bat die Leute dort, mir behilflich zu sein. (l1) Ich brauchte nicht lange zu bitten – sie hatten schnell einen Galgen fertig und ich konnte melden: (l2) „Sturmbannführer, Befehl ausgeführt!" (m) Ich war bei der Hinrichtung nicht anwesend, aber von da an sah ich Tag und Nacht einen Galgen, den ich hatte anfertigen lassen, mit einem Gehenkten. – (n1) Meinem Chef machte es natürlich Spaß, mich zu quälen, und so oft eine Hinrichtung war – und das war nicht selten – hörte ich von ihm den ironischen Befehl: (n2) „Sturmmann X, Sie sind ja Fachmann im Galgenbau. (n3) Bauen Sie einen für zwei, drei, vier Mann." (o) Und ich ging immer wieder in die Schreinerei, und der Galgen wurde angefertigt. (p) Alle fuhren in Urlaub, nur mich ließ er nicht fahren.
> (zit. n. Buchheim 1965: 306 f.)

In der Vorgeschichte des Befehls bestimmt der Kommandeur die Exekution von einheimischen Zivilisten durch Erhängen als kollektive „Sühnemaßnahme" (ein während des Ostfeldzugs häufig verübtes Kriegsverbrechen). Für die Durchführung benötigt er einen Galgen. Er wählt einen Untergebenen aus, den er für die Herstellung des Galgens verantwortlich macht.

Die sprachliche Realisierung des Befehls (e2) enthält eine knappe Übermittlung des Handlungsplans (*Galgen anfertigen*). Die Adressierung über die Distanzform „Sie" markiert die institutionelle Kommunikation innerhalb der Organisation „SS". Die Entgegnung des Befehlsempfängers (g2,3) ist eine Bitte um Entpflichtung. Eine Diskussion des Befehlsinhalts, die Äußerung des Nicht-Wollens, Nicht-Könnens oder gar die Zurückweisung des Befehls stellen sich dem Untergebenen hier anscheinend nicht als mögliche Handlungsalternativen dar. Im Fall einer Zurückweisung hat der Untergebene Sanktionen zu gewärtigen. Im Interventionsversuch des Untergebenen, der performativ realisierten Bitte, wird der Kommandant unter Beachtung der institutionell vorgeschrieben formellen Anrede (g2: „Sturmbannführer") adressiert. Damit bekräftigt der Befehlsempfänger die Akzeptanz des Machtgefälles. Die einzige, sich für ihn darstellende Möglichkeit der Einflussnahme besteht in dem Handlungsmuster der Bitte, durch die er den hierarchisch über ihm Stehenden dazu bewegen will, ihn vom Befehl zu entpflichten. Hier ist der Untergebene auf die Motivation des Kommandeurs zur Kooperation angewiesen. Die Bitte wird allerdings mit einer Beleidigung abgewiesen, der Befehl behält seine Rechtskräftigkeit und gelangt zur Ausführung.[249] Abgeschlossen wird das Handlungsmuster mit der Mitteilung über das Handlungsresultat. Der Befehl wird noch weitere Male ausgesprochen und ausgeführt.

In den Kriegsverbrecher-Prozessen wurde vielfach seitens der Verteidiger das Argument ins Feld geführt, dass es einen akuten Befehlsnotstand gegeben habe, und zwar in dem Sinne, dass bei Verweigerung eines Mordbefehls die Todesstrafe gedroht habe (vgl. Schäfer 2007: 180 ff.). Dies hat sich, wenn auch die Unkalkulierbarkeit der NS-Justiz ein permanentes, präsuppositiv verankertes Drohsystem darstellte, in keinem einzigen Fall bestätigen lassen (vgl. Schäfer 2007: 190 ff., Lichtenstein 1995: 120).

Die Beiträge in Wette (2002b) behandeln Handlungsspielräume, die Wehrmacht-Angehörige nutzten, um – sei es offen Befehle verweigernd[250] oder sich die kom-

---

249 Der Vorgesetzte setzt in diesem Beispiel das um, was Heinrich Himmler in seiner „Posener Rede" am 4.10.1943 den anwesenden SS-Angehörigen eingeschärft hatte: „Wenn also einer glaubt, er könne die Befolgung eines Befehles nicht verantworten, dann hat er das ehrlich zu melden: ich kann es nicht verantworten, ich bitte, mich davon zu entbinden. Dann wird wohl in den meisten Fällen der Befehl kommen: Sie haben das doch durchzuführen." (IMT 1947-1949, Bd. 29: 150 f.; 1919-PS)

250 Hier sei auf das Beispiel des Wehrmacht-Soldaten Reinhold Lofy verwiesen. Dieser verweigerte unter Berufung auf seinen christlichen Glauben den Befehl eines Feldwebels, einen Juden zu erschießen. Die Verweigerung hatte für ihn weder Sanktionen zur Folge, noch stand sie seiner kurz darauf erfolgten Beförderung im Weg (vgl. dazu die ausführliche Dokumentation in Wüllner 2002).
Ueberschär (2004) zeichnet die Verweigerung eines Mordbefehls durch den Polizeioffizier Klaus Hornig nach. Hornig hatte im Herbst 1941 den Befehl erhalten, mit seinem Polizeizug in der Nähe des polnischen Ortes Zamosk 780 gefangene sowjetische Soldaten zu erschießen, was er seinem Vorgesetzten gegenüber unter Berufung auf § 47 des Militärstrafgesetzbuches und auf seinen katholischen Glauben verweigerte. Als der Dienstvorgesetzte den Befehl nicht aufhob, entzog sich Hornig anderweitig der Ausführung, indem er seine Einheit Sicherungsaufgaben durchführen ließ, während die Exekutionen von einem anderen Polizeizug allein durchgeführt wurden (vgl. Ueberschär 2004: 84 ff.)

plizierten bürokratischen Strukturen und Befehlswege zunutze machend[251] – die Ausführung von Mordbefehlen zu verhindern oder doch zumindest zu erschweren und somit die Zahl der Opfer zu reduzieren. Allerdings sollte die Existenz von solchen Handlungsspielräumen

> „nicht dahingehend missverstanden werden, als habe die Wehrmacht gleichsam ein erkennbares oder berechenbares Vakuum bestehen lassen, das nonkonformistische Soldaten eigentlich nur zu nutzen brauchten. Tatsächlich hielt die Wehrmacht solche Nischen für Individualität und Gewissen nicht bereit. Einen Handlungsspielraum hatte nur derjenige Soldat, der sich mit Mut und Risikobereitschaft die Freiheit nahm, sein Handeln nicht ausschließlich an den Befehlen der Vorgesetzten zu orientieren, sondern an Humanität und Gewissen, und der sich von den Strafandrohungen sowie von der Härte der Militärgerichtsbarkeit nicht abschrecken ließ." (Wette 2002b: 20)

251 Beispielsweise nutzte der Wehrmacht-Oberstleutnant Dr. Albert Battel seine lokale Befehlslizenz, um in der polnischen Stadt Przemyśl 90 jüdische Arbeiter, die für die Wehrmacht tätig waren, und deren Familien (insgesamt 270 Personen) vor dem Zugriff der SS-Mordkommandos zu bewaren. Zuvor hatte er eine Brücke, die als einziger Zugang zum Ghetto, in dem die Juden von Przemyśl eingepfercht waren, diente, sperren und die zur Deportation und Ermordung der Juden angerückten SS-Einheiten unter Androhung von Waffengewalt am Betreten der Brücke hindern lassen (vgl. die ausführliche Dokumentation in Haase 2002).

8. Durchhaltebefehle in der letzten Kriegsphase

Hitlers Krieg war seit 1942/43 mit militärischen Mitteln nicht mehr zu gewinnen (vgl. Müller/Ueberschär 2005: 14). An der „Heimatfront" bekam man ab 1942 feindliche Luftangriffe zu spüren, die im weiteren Verlauf zu gezielten Flächenbombardements auf Wohngebiete erheblich ausgeweitet wurden.
Zur Unterstützung der Verteidigung des Reiches wurden ab Oktober 1944 die „waffenfähigen" Männer zwischen 16 und 60 Jahren, die nicht entweder bereits an der Front eingesetzt oder aber für rüstungsrelevante Arbeiten herangezogen worden waren, für den „Volkssturm" einberufen (vgl. Müller/Ueberschär 2005: 43 ff.).[252] Von Juli 1944 bis zum Kriegsende fielen auf deutscher Seite mehr Menschen den Kampfhandlungen, die nun vor allem auf deutschem Territorium ausgetragen wurden, zum Opfer als in der gesamten Zeitspanne zwischen September 1939 und Juli 1944 (vgl. Wette 2002a: 182).
Die NS-Führung sah sich angesichts der stetig auswegloser werdenden militärischen Lage zunehmend mit dem Problem des rapide schwindenden Glaubens der Bevölkerung und der militärischen Akteure an die Einlösung der Versprechen des „Endsiegs" konfrontiert. Die Handlungsroutine von Befehl und Gehorsam sowie das blinde Vertrauen in den „Lenker" Hitler und seine Führungsmannschaft wurden zunehmend überlagert von der nackten Angst der Angehörigen der „Kampfgemeinschaft" um die eigene physische Existenz. Ab Mitte 1944 gab es sowohl an der Ost- als auch an der Westfront deutliche Erosionserscheinungen innerhalb der Armee (vgl. Messerschmidt 2005b: 404 f.).
Um der allmählichen Auflösung der „Kampfgemeinschaft" entgegenzuwirken, wurde seitens der Führung alles daran gesetzt, eine Handlungsmaxime des Durchhaltens zu etablieren (vgl. Wette 2002a: 183). Ihre Gültigkeit wurde für die gesamte „Volksgemeinschaft" beansprucht. Bei der praktischen Umsetzung dieser Maxime innerhalb der Zivilbevölkerung kam den lokalen NSDAP-Führern eine bedeutende Rolle zu (vgl. Blank 2004: 110 f.).[253]
Die propagandistische Stützung der Durchhaltemaxime und der daran angebundenen Befehle wurde in erster Linie durch das ständig aktualisierte Schreckensszenario von der drohenden Rache der Feinde, die angetreten seien, um das deutsche Volk zu vernichten bzw. zu versklaven, versucht (vgl. Wette 2002a: 183). Wet-

252 Der dafür grundlegende „Erlaß des Führers über die Bildung des deutschen Volkssturms" wurde am 18.10.1944 herausgegeben (abgedruckt in Müller/Ueberschär 2005: 160 f.). Kaum ausgebildet und meist miserabel bewaffnet nahmen im Westen Schätzungen zufolge etwa 150000, im Osten etwa 650000 Volkssturmverpflichtete am Krieg teil (vgl. Neitzel 2005: 34 f.).

253 Illustrierend dazu: Ein Bürger der Stadt Hagen verfasste am 12.4.1945 folgenden Tagebucheintrag: „Der Kreisleiter [hat] eben auf der Springe [der Marktplatz] verkündet, dass Hagen bis zum letzten verteidigt würde. Die gesamte Bevölkerung ist bestürzt über diesen sinnlosen Beschluss, der auch noch dem Rest der Stadt den Garaus macht und doch bei dem Zerfall der Truppen nichts erreicht." (zit. n. Blank 2004: 110 f.; Anm. in Klammern im Original)

te spricht in diesem Zusammenhang von einer „Projektion der eigenen Kriegs- und Vernichtungspolitik auf die alliierten Kriegsgegner" (Wette 2002a: 183). Nach den ersten Erfahrungen mit den Besatzern erschien dieses Szenario dem überwiegenden Teil der Bevölkerung im Westen des Reiches wenig plausibel, wie ein auf den 27.3.1945 datierter Lagebericht der SD-Außenstelle Stuttgart illustriert:

> „Angst vor den Amerikanern und Engländern bestehe nirgends, denn man wisse aus den bereits besetzten Gebieten, daß es den dortigen Bewohnern unter der alliierten Besetzung gut gehe." (zit. n. Neitzel 2005: 34)

Im Osten war die Verbreitung des Rache-Szenarios allerdings wirkungsvoller (vgl. Neitzel 2005: 32). Seine Verbalisierung findet sich als argumentatives Versatzstück häufig in Befehlen der letzten Kriegsphase, beispielsweise in Hitlers letztem Tagesbefehl an die Soldaten der Ostfront vom 16.4.1945 (B 32).

Angebunden an die Durchhaltemaxime und die propagandistische Zuspitzung auf die beiden Alternativen „totaler Sieg" oder „totaler Untergang" (vgl. Wette 2002a: 183) bestand die Strategie in der Endphase des Krieges vor allem darin, ohne Rücksicht auf Verluste – vor allem an Menschen –, immer neue Haltebefehle auszugeben. Gefordert wurde die Verteidigung „bis zur letzten Patrone"[254] und, wie es in Hitlers Weisung für die Kriegsführung Nr. 52 vom 28.1.1944 heißt, ein „erbarmungsloser" Kampf „auch gegen jeden Führer und jede Truppe, die in dieser Stunde versagen sollten." (zit. n. Messerschmidt 2005b: 402).

In den letzten Monaten des Krieges wurde der Sanktionsterror gegen Soldaten, Parteifunktionäre und Zivilisten, die Durchhaltebefehle verweigerten oder missachteten, immer weiter verschärft (Zum Durchhalteterror in der letzten Phase des Krieges vgl. Haase 2006, Zarusky 2006, Kohlhaas 2006, Henke 1996; Messerschmidt 2005b, Ueberschär 1985, Müller/Ueberschär 2005, Wette 1985). Überall im Reich waren Standgerichte damit beschäftigt, über „Wehrkraftzersetzer", „Saboteure" und „Fahnenflüchtige" zu richten. Ab Februar 1945 wurden Standgerichte für die Verurteilung von Zivilisten eingerichtet (vgl. Kohlhaas 2006: 64). Die „Verfahren" hatten mit einer juristischen Verhandlung nichts zu tun. Entsprechend schnell erging dann in der Regel auch das Urteil und erfolgte die Vollstreckung. Die Standgerichte arbeiteten als „Vernichtungsinstrumente in juristischer Drapierung" (Henke 1996: 845), die noch mechanisch ihr Werk fortsetzten, als die „Kampfgemeinschaft" bereits in großen Teilen zerfallen war (vgl. Messerschmidt 2005b: 407). Die NS-Justiz begnügte sich allerdings nicht nur mit denen, die sie zu fassen bekam: Mit terroristischen Geiselverhaftungen, wie man sie bereits im Ostfeldzug angewandt hatte, sollten in Abwesenheit Verurteilte dazu gebracht werden, sich der Vollstreckung zu stellen, um ihre in „Sippenhaftung" genommenen

254 Aus dem „Befehl für die Aufstellung eines Kampfkommandanten für die Stadt Aachen vom 25.9.1944: „Die Stadt Aachen ist gemäß Führerbefehl als fester Platz bis zur letzten Patrone zu verteidigen." (LAV NRW RW, 37-11/207)

Familienangehörigen zu schützen (vgl. Haase 2006: 93). Später wurde die Standgerichts-Praxis mehr und mehr von einem völlig enthemmten Terror abgelöst, bei dem auf Befehl desjenigen, der lokal das Sagen hatte, die Opfer einfach umgebracht wurden (vgl. Kohlhaas 2006: 65).[255] Haase resümiert die Standgerichtspraxis der letzten Kriegsmonate folgendermaßen:

> „So wurde die letzte Kriegsphase angesichts der de jure kaum zu überschauenden Befehlslage de facto durch Rechtlosigkeit und Willkür geprägt – eine Situation, in der Richter und Gerichtsherren gleichwohl über Handlungsspielräume verfügten." (Haase 2006: 84)

Diese Handlungsspielräume wurden von den lokalen Akteuren, die über Leben und Tod entschieden, nicht selten in vorauseilend gehorsamer Ausführung der von der Führung vorgegebenen terroristischen Leitlinie genutzt. Immer häufiger gerieten Zivilisten in einer „Atmosphäre des Ausmerzens und Abknallens, des Aufhängens und Totschießens" (Wolfrum 2006: 12) ins Visier der mordwütigen lokalen Wehrmacht-, SS- und Polizei-Kommandanten oder der lokalen NSDAP-Funktionäre (vgl. Kohlhaas 2006: 63 f.). Die enthemmte Praxis des Sanktionsterrors führte häufig auch zu persönlich motivierten Racheakten lokaler NS-Funktionäre unter dem Mantel der Bekämpfung von „Wehrkraftzersetzung" (vgl. Henke 1996: 846, Kohlhaas 2006: 63 f.).

Als „anschauliche" Drohung wurden vielerorts gelynchte Soldaten und sogar Zivilisten (Beispiele in Wolfrum 2006) öffentlich präsentiert und mit Plakaten behängt, auf denen explizite oder implizite Drohungen, gerichtet an andere Kriegsmüde, zu lesen waren: z.B. „Ich hänge hier, weil ich zu feige bin, mein Vaterland zu verteidigen" (zit. n. Schröder 1992: 282) oder „so geht`s jedem, der feige ist" (zit. n. Schröder 1992: 282). Soldaten, die ohne gültigen Marschbefehl angetroffen wurden, waren der akuten Gefahr ausgesetzt, an Ort und Stelle als „Deserteure" hingerichtet zu werden.[256]

In dieser letzten Phase des Krieges wurde die Propaganda-Parole „Du bist nichts, dein Volk ist alles." vollends als hohle Phrase enttarnt. Zwar wurde „Du bist nichts" wörtlicher genommen als je zuvor und begründend für die propagierte Notwendigkeit des Sich-Opferns wurde der Erhalt des Volkes angeführt, doch

---

255 Beispiele für Ermordungen von Soldaten und Zivilisten im Rahmen des Durchhalteterrors sind dokumentiert in Henke (1996), Kohlhaas (2006), Wolfrum (2006: 544), Ueberschär/Müller (2005), Kämper (2007), Messerschmidt (2005b: 418 f.).

256 In den letzten Monaten vor Kriegsende versuchten viele militärische Akteure, sich dem Zwang zum Weiterkämpfen durch gefälschte Marschbefehle u.ä. Dokumente zu entziehen, mittels derer sie sich bei etwaigen Kontrollen ausweisen konnten, um so dem Strafgericht zu entgehen (vgl. Schröder 1992: 286). Mit einem entsprechenden Befehl reagierte die militärische Führung am 23.2.1945 auf diese Strategie der Pflichtentziehung: „[...] Ein Untergebener, der sich Reisepapiere durch irreführende Angaben erschleicht oder mit gefälschten oder fremden Papieren reist, ist grundsätzlich mit dem Tode zu bestrafen. Aburteilung und Vollstreckung hat auf der Stelle zu erfolgen." (zit. n. Schröder 1992: 286)

ging es letztlich nicht um das Volk, sondern um das möglichst lange Hinauszögern des Untergangs des faschistischen NS-Systems und derjenigen, die noch daran glaubten und/oder nichts mehr zu verlieren hatten (vgl. Wette 2002a: 191).

Im Folgenden werden Befehle aus der Phase zwischen September 1944 und April 1945 analysiert. Alle Befehle sind mehr oder weniger explizit an die Maxime des Durchhaltens angebunden, deren Übernahme zu einer allgemeinen Pflicht gemacht wurde. Sie bildeten die Grundlage für das weitgehend loyale Handeln der hohen Wehrmacht-Generäle, SS-Führer, Parteifunktionäre, aber auch der Akteure auf mittleren und unteren hierarchischen Ebenen in einer Situation, in der bei halbwegs nüchterner Betrachtung das sture Weiterkämpfen nicht auf „Sieg oder Untergang", sondern nur noch auf „Untergang" hinauslaufen konnte.

8.1 „Halten der Stellung oder Vernichtung"

Das erste Beispiel ist ein Erlass Hitlers vom 16.9.1944, in dem in allgemeiner Weise die Ausrichtung der Verteidigung festgelegt wird. Es handelt es sich um einen Archébefehl,[257] durch den der Handlungsgrundsatz „Halten der Stellung oder Vernichtung" verpflichtend gemacht wird und an dem nachfolgende Befehle verankert sind. Allgemein wird mit der Bekanntmachung des Erlasses der Handlungsraum für die Besatzungen von Verteidigungspunkten gesperrt hinsichtlich der Handlungsmöglichkeiten ‚Rückzug' und ‚Kapitulation'.

(B 26)

> (a) Der Kampf im Westen hat auf weiten Abschnitten auf deutschen Heimatboden übergegriffen, deutsche Städte und Dörfer werden Kampfgebiet. (b) Diese Tatsache muß unsere Kampfführung fanatisieren und unter Einsatz jedes wehrfähigen Mannes in der Kampfzone zur äußersten Härte steigern. (c1) Jeder Bunker, jeder Häuserblock in einer deutschen Stadt, jedes deutsche Dorf muß zu einer Festung werden, (c2) an der sich der Feind ent- oder verblutet oder die ihre Besatzung im Kampf Mann gegen Mann unter sich begräbt. (d) Es gibt jetzt kein großzügiges Operieren mehr, sondern nur Halten der Stellung oder Vernichtung. (e) Die Führer aller Grade sind dafür verantwortlich, daß dieser Fanatismus in der Truppe und in der Bevölkerung geweckt, ständig gesteigert [wird] und als Waffe gegen die Eindringlinge auf deutschem Boden zur Auswirkung kommt.
> (zit. n. Kunz 2005: 234; Anm. in Klammern im Original)

---

257 Zu diesem Befehlstyp siehe Kap. 6.2.4 und 10.2.3.

Der Text beginnt (a) mit der Verbalisierung der defizitären Ausgangskonstellation, deren Bearbeitung der Erlass leisten soll. In (b) wird als „Tatsache“ bezeichnet, was nicht mehr zu leugnen ist. Abgeleitet wird eine allgemeine Handlungsnotwendigkeit („muß“) hinsichtlich einer Veränderung der „Kampfführung“. Der diese Veränderung charakterisierende Ausdruck „fanatisieren“[258] repräsentiert ein zentrales NS-Ideologem.

Exkurs: ***fanatisch***

Der Ausdruck *fanatisch* kam im 16. Jahrhundert als Lehnwort ins Deutsche und geht auf das lateinische *fānāticus* („religiös schwärmerisch, von der Gottheit ergriffen“; Kluge 2002: 275; vgl. auch Schmitz-Berning 2000: 224) zurück. Bis ins 18. Jahrhundert hinein überwog im Deutschen eine auf religiöse Kontexte bezogene, negativ konnotierte Verwendungsweise (vgl. Schmitz-Berning 2000: 224). Ein Gebrauch in politischen Zusammenhängen – allerdings nach wie vor als negativwertender Ausdruck – geht auf entsprechende englische und französische Verwendungsweisen im ausgehenden 18. Jahrhundert zurück (vgl. Schmitz-Berning 2000: 224 f.). In der Zeit des Nationalsozialismus etablierte sich eine stark positive Wertung des Ausdrucks (vgl. Schmitz-Berning 2000: 226 ff.). Hitler hatte diese Verwendungsweise bereits in „Mein Kampf“ häufig eingesetzt (vgl. Schmitz-Berning 2000: 227), beispielsweise um seine ideologische „Entwicklung“ zu charakterisieren: „Ich war vom schwächlichen Weltbürger zum fanatischen Antisemiten geworden.“ (zit. n. Schmitz-Berning 2000: 227). In der 1941er Ausgabe des „Duden“ findet sich die Beschreibung „sich unbedingt, rücksichtslos einsetzend“ (zit. n. Schmitz-Berning 2000: 224).
Im Zuge der im Verlauf des Krieges forcierten NS-Ideologisierung der Wehrmacht wurde „Fanatismus“ als Kämpfereinstellung institutionell vorangetrieben. Die ab Februar 1944 mit der ideologischen Schulung der Wehrmacht-Angehörigen betrauten Nationalsozialistischen Führungsoffiziere (NSFO)[259] hatten die Funktion, innerhalb der Truppe einen „unbeugsamen Fanatismus“ zu schüren (Abt. NSF, 25.8.1944; zit. n. Zimmermann 2009: 124). In der Durchhaltepropaganda sowie in den Haltebefehlen der letzten Kriegsphase wurden Ableitungen von *fanatisch* besonders häufig gebraucht. Der Ausdruck aktualisiert die geforderte radikal opferbereite Einstellung zum Kampf und den blinden Glauben an die Weltanschauung, der gegen Ratio und Emotionen (Angst, Mitgefühl) abschirmt: Ein „fanatischer NS-Kämpfer“ fragt nicht nach dem „Warum“ der Befehle, lässt sich nicht durch sein Gewissen von der Ausführung seiner Befehle abhalten. Er kämpft, wenn es befohlen worden ist, „bis zum letzten Atemzug“ gegen jede noch so klare Übermacht usw. – soweit die Idealvorstellungen, die innerhalb der SS von Beginn an die Sozialisation ihrer Mitglieder prägten, im Verlauf des Krieges

---

258 korrespondiert mit „Fanatismus“ (e)
259 Vgl. hierzu Wette (2002a: 189 f.).

in der Wehrmacht mehr und mehr an Einfluss gewannen und gegen Ende des Krieges zu einem dominierenden Leitbild wurden.
Exkurs Ende

In (b) charakterisiert der Ausdruck „fanatisieren" einen als notwendig markierten Prozess hin zu einer Art der „Kampfführung", die in Abgrenzung zu einer rationalen, abwägenden Strategie steht. Militärisch-taktisches Kalkül wird durch sturen Kampfwillen ersetzt, der Handlungsraum in Bezug auf einen Rückzug kategorisch gesperrt (d).
Mit der Entfaltung des Szenarios in (c) erfährt die in (b) formulierte Notwendigkeit ihre Konkretisierung: Zentral ist die radikale Zuspitzung auf die möglichen Resultate „Sieg oder Untergang": Der militärische Festungsbegriff[260] wird radikalisiert (c1) und auf alle möglichen (All-Quantifikativa „jeder", „jedes"), für den Gesamtprozess noch so unbedeutend erscheinenden Verteidigungspunkte (repräsentiert durch „Bunker", „Häuserblock")[261] angewandt. In (c2) wird der von Hitler und den militärischen Führern gepflegte Mythos vom heldenhaften Untergang eingearbeitet.[262]
In (d) wird ein neuer Handlungsgrundsatz („es gibt") für den Kampf etabliert und mit „jetzt" im zeitlichen Nahbereich verankert. Der Grundsatz enthält die ausnahmslose Zuspitzung auf das Handlungskonzept des Kampfes, wobei „Halten der Stellung oder Vernichtung" deutlich macht, dass hier kein weiträumiger, auf Eroberung ausgerichteter Kampf mehr gemeint ist. Durch den Subbefehl in (e) wird die Einwirkung auf Soldaten und Zivilbevölkerung hinsichtlich der geforderten Einstellung zum Kampf („Fanatismus" als „Waffe") zu einer allgemeinen Pflicht der „Führer aller Grade" gemacht.
Typisch für einen Prozess zunehmender Entinstitutionalisierung militärischer Befehle in der letzten Kriegsphase sind metaphorische Wendungen wie in (c2): „an der sich der Feind ent- oder verblutet oder die ihre Besatzung im Kampf Mann gegen Mann unter sich begräbt".

---

260 Im Verlauf der Kampfhandlungen auf deutschem Territorium wurden immer mehr Städte zu „Festungen" bzw. „festen Plätzen" – selbstständig (ohne militärische Unterstützung) operierenden Verteidigungspunkten – erklärt, deren Besatzungen – das ist das Entscheidende – den Kampf unter keinen Umständen aufgeben durften.

261 Einzelne Beispiele tatsächlich erfolgreicher Verteidigungen von Bunkern gegen eine feindliche Übermacht wurden propagandistisch entsprechend ausgeschlachtet (vgl. Zimmermann 2009: 138).

262 Das Bild vom „Kampf Mann gegen Mann", das hier bemüht wird, illustriert, was Wette als „Strategie der Derealisierung" (2002a: 188) beschrieben hat, die bereits zur Verklärung der Stalingrad-Niederlage angewandt wurde.

8.2 Kriterium für die Befehlslizenz: ideologische Überzeugung und Siegesglaube

Das folgende Beispiel ist ein grundsätzlicher Befehl Hitlers vom 25.11.1944, der innerhalb der Wehrmacht und der SS bis auf Offiziers- bzw. Führerebene schriftlich verteilt und an alle einfachen Soldaten bzw. „SS-Männer" mündlich weitergegeben werden sollte. Er ist beispielsweise enthalten im Oberabschnittsbefehl Nr.55/44 des SS-Oberabschnitts Rhein/Westmark vom 28.12.1944, herausgegeben von SS-Gruppenführer Stroop[263].
Der Befehl ist vorgesehen für Konstellationen, in denen keine Kommunikation zwischen lokalen militärischen Befehlshabern und den übergeordneten Kommandostellen möglich ist. Er schränkt den Handlungsraum militärischer Befehlshaber dahingehend ein, dass die Alternative der Kapitulation kategorisch ausgeschlossen wird.

(B 27)

(a) Der Führer Hauptquartier, 25.11.1944

(b) Der Krieg entscheidet über Sein oder Nichtsein des deutschen Volkes.
(c) Er fordert rücksichtslosen Einsatz jedes Einzelnen. (d) Todesmutige Tapferkeit der Truppen, standhaftes Ausharren aller Dienstgrade und unbeugsame überlegene Führung haben auch aussichtslos erscheinende Lagen gemeistert.
(e) Führer deutscher Soldaten kann nur sein, wer mit allen Kräften des Geistes, der Seele und des Körpers seinen Männern täglich die Forderungen vorlebt, die er an sie stellen muß. (f) Tatkraft und Entschlussfreudigkeit, Charakterfestigkeit und Glaubensstärke, und harte unbedingte Einsatzbereitschaft sind seine unerlässlichen Eigenschaften für den Kampf.
(g) Wer sie nicht oder nicht mehr besitzt, kann nicht Führer sein und hat abzutreten.
(h) b.w.

(i) Ich befehle daher:
(j) Glaubt ein Truppenführer, der auf sich gestellt ist, den Kampf aufgeben zu müssen, so hat er erst seine Offiziere, dann Unteroffiziere, danach die Mannschaften zu befragen, ob einer von ihnen den Auftrag

263 Mit Datierung auf den 28.12.1944 gab der SS-Gruppenführer des Oberabschnitts Rhein/Westmark, Stroop, den oben analysierten Grundsatzbefehl, mit folgendem Zusatz versehen, an seine Untergebenen weiter: „Nachstehender Führerbefehl ist an alle SS-Führer auszuhändigen und im Unterricht allen Unterführern und Männern bekannt zu geben. Er soll in uns den eisernen Willen erwecken, nirgends und niemals – auch wenn das Häufchen noch so klein ist – zu kapitulieren und nachzugeben." (HStA Wiesbaden 483, Nr. 6917-6922; zit. n. Wippermann 1986: 166)

erfüllen und den Kampf fortführen will. (k) Ist dies der Fall, übergibt er diesem – ohne Rücksicht auf Dienstgrad – die Befehlsgewalt und tritt selbst mit ein. (l) Der neue Führer übernimmt das Kommando mit allen Rechten und Pflichten.

(m) gez. Adolf Hitler
(HStA Wiesbaden 483, Nr. 6917-6922; zit. n. Wippermann 1986: 167)

Der Text weist folgende Gliederungsstruktur auf: Vorangestellt ist ein Begründungsvorspann (b-g), der in (i) durch die explizit-performative Formel „ich befehle daher:" mit der Verbalisierung des Befehls (j-l) verbunden wird. Der Text schließt mit der Signatur Hitlers (m).
Verfasserbezüge finden sich in (a), (i) und (m). Die Adressaten werden indirekt im Symbolfeld angesprochen (s.u.).

Zu (b-g): Der Begründungsvorspann arbeitet mit einer pseudo-logischen Argumentationsstruktur, wie man sie häufig in NS-Texten findet. Er beginnt mit der Charakterisierung des Krieges als Existenzkampf („Sein oder Nichtsein"). Präsuppositives Wissen, das aktualisiert werden soll, ist das Szenario der Vernichtung des deutschen Volkes durch die Feinde. Damit zusammenhängend und ebenfalls präsuppositiv verankert ist die NS-ideologische Deutung des Krieges als eines natürlichen Prozesses, in dem die in biologischer Konkurrenz zueinander stehenden Völker um Leben oder Tod ringen. Die Urheberschaft der zur allgemeinen Pflicht erhobenen Handlungsmaxime wird in den Bereich „höherer Gewalt" verschoben.[264] In (d) findet sich eine Assertion, die wohl ermutigen soll: „haben auch [...] gemeistert" suggeriert empirischen Bezug, als gäbe es benennbare Beispiele.
In (e–f) wird ein Rollenbild militärischer Führer entworfen. Dieses ist zugespitzt auf charakterliche Eigenschaften, die zum „Durchhalten" um jeden Preis und zur Erfüllung einer entsprechenden Vorbildfunktion qualifizieren. Diese „Eigenschaften" wurden in den Befehlen der letzten Kriegsphase immer wieder als wesentliche Elemente einer erfolgreichen Verteidigung herausgestellt.[265] (g): Die Entsprechung des Rollenbildes wird zur Bedingung gemacht für die Handlungsmöglich-

264 Eine soldatenseitige Aneignung dieser Sichtweise illustriert der folgende Auszug aus einem Feldpostbrief vom 18.11.1944: „Der Krieg fordert von jedem Einzelnen furchtbar harte Opfer." (zit. n. Echternkamp 2006: 114)

265 Forciert wurde auch die permanente Einwirkung auf die Untergebenen. Aus der Notiz einer Kommandeursbesprechung des Wehrkreises VII vom 5.2.1945: „Es kommt darauf an, daß klar und entschlossen durchgehalten wird. Ich vertraue darauf, daß die Kommandeure und Dienststellenleiter wirklich erreichen, daß kein Offizier sich dem Gebot der Stunde versagt und in und außer Dienst erkennen läßt, daß es ihm mit dem Durchhaltewillen ernst ist. Kein Wort der Brandmarkung von Versagern ist zu scharf. Hier muß jeder Kommandeur sofort durchgreifen, daß nicht nur der Versager ausgeschaltet wird, sondern daraus auch die erzieherische Wirkung auf alle anderen Offiziere sichergestellt wird." (zit. n. Kunz 2005: 243)

keit „Führer sein" („kann nur Führer sein"/„kann nicht Führer sein"). Für den Fall der Nichterfüllung wird die Befehlslizenz suspendiert und der Befehl zum Rücktritt wirksam.

Die Verbindung zwischen dem Begründungsvorspann und dem eigentlichen Befehlstext wird durch (i) geleistet. Die explizit-performative Formel mit der verfasserdeiktischen Orientierung auf die Person Hitlers als oberstem Befehlshaber und die kausale Anbindung an den propositionalen Gehalt des Begründungsvorspanns durch „daher" stellen eine formalisierte Wendung dar, die typisch für „Führerbefehle" ist.

(j): Der Befehl setzt an bei einer potentiellen Situationseinschätzung („glaubt") eines militärischen Führers, der in einer Gefechtssituation keine Handlungsmöglichkeiten außer der Kapitulation sieht („aufgeben muß"). Im Fall des Eintretens dieser Bedingung würde – ganz gleich, wie selbstmörderisch eine Fortsetzung des Kampfes wäre – das Entscheidungsrecht des jeweiligen Truppenführers suspendiert werden. Es handelt sich hierbei um einen ‚schwebenden Befehl'[266] mit einer konditionalen Struktur: Für mögliche Situationen vom Typ X ist ein Handlungsplan vorgesehen, der bei Vorliegen entsprechender, im Befehlstext festgelegter Konstellationselemente abgerufen wird. Für die Aktualisierung des Handlungsplans sind zwei Konstellationselemente entscheidend: Zum einen die Unterbrechung der Befehlskette nach oben („auf sich gestellt"), zum anderen die Einschätzung des lokalen Führers hinsichtlich der situativen Notwendigkeit einer Kapitulation. Handlungsspielräume, die durch die Unterbrechung der Befehlskette entstehen und die seitens lokaler Truppenführer genutzt werden könnten, um unter Ausnutzung ihrer persönlichen Befehlsgewalt den Kampf zu beenden, sollen aufgehoben werden, um den allgemeinen Durchhaltebefehl – gegebenenfalls unter personeller Neuordnung der Befehlskette „ohne Rücksicht auf Dienstgrad" (k) – gegen etwaige Rückzugsbefehle zu immunisieren. Gleichermaßen grotesk und auch bezeichnend für die Auflösungserscheinungen in der letzten Kriegsphase ist, dass selbst die Möglichkeit einkalkuliert ist, dass sich kein Akteur im Offiziers- oder Unteroffiziersrang zur Übernahme der militärischen Führung und damit der Verantwortung bereit erklären würde. Die institutionell legitimierte Befehlshierarchie wird zu Gunsten einer auf Glauben an den Weltanschauungskampf gegründeten Hierarchie von „Befähigten" aufgebrochen, die Lizenz zum Befehlen ausschließlich an die Unterstellung unter den unbedingten Durchhaltebefehl und an die weltanschauliche Überzeugung gekoppelt.[267]

266 Der Terminus ist aus einem Gespräch mit Ludger Hoffmann hervorgegangen. Für eine Beschreibung dieses Typs siehe Kap. 10.2.3.

267 Vgl. hierzu auch den per Fernschreiben an das Armeeoberkommando 9, das Panzerkommando 3 und die Kommandanten des Verteidigungsbereichs Berlin gerichteten Befehl: „Zu Kommandanten von Festungen dürfen nur fanatische und bewährte Nationalsozialisten, tapfere und harte Kämpfer ernannt werden. Der Dienstgrad spielt keine Rolle." (zit. n. Gosztony 1985: 167)

Zur Absicherung des Befehls kommen die Untergebenen als Kontrollinstanz ins Spiel: Die Bekanntgabe an alle Soldaten und SS-Männer zielt im Rahmen einer polyphonen Adressierungsstruktur darauf ab, Kommandeure an der Nutzung ihrer Befehlsgewalt zur eigenmächtigen Kapitulation oder zum selbst verantworteten Rückzug zu hindern. Im Falle einer Entscheidung zur Aufgabe des Kampfes würde ein Truppenführer riskieren, nicht nur seine Befehlsgewalt zu verlieren, sondern auch, von seinen Untergebenen als Verweigerer eines „Führerbefehls" angesehen zu werden. Zudem würden Anzeichen von Schwäche bzw. des Verlustes der „Vorbildfunktion" (e) von den Untergebenen registriert werden.
Das von Auflösungserscheinungen zersetzte und in seinem Überleben bedrohte System reagiert mit Immunisierungsstrategien, um sich vor etwaigem Ungehorsam zu schützen.

8.3 „Durchgreifen": Terrorpraxen gegen die eigene Zivilbevölkerung

Beim nächsten Beispiel handelt es sich um einen Befehl des „Reichsführers SS" Himmler vom 3.4.1945, der die Adressaten darauf verpflichtet, gewaltsam gegen Angehörige der eigenen Zivilbevölkerung vorzugehen, die in verschiedener Weise dem allgemeinen Durchhaltebefehl zuwiderhandeln. Spezifiziert ist der Befehl hinsichtlich der Erschießung aller Männer, die sich in einem Haus aufhalten, aus dem ein weißes Tuch heraushängt.

(B 28)

> (a) 1.) Im jetzigen Zeitpunkt des Krieges kommt es einzig und allein auf den sturen und unnachgiebigen Willen zum Durchhalten an.
> (b) 2.) Gegen das Heraushängen weißer Tücher, das Öffnen bereits geschlossener Panzersperren, das Nichtantreten zum Volkssturm und ähnliche Erscheinungen ist mit härtesten Maßnahmen durchzugreifen.
> (c) 3.) Aus einem Haus, aus dem eine weiße Fahne erscheint, sind alle männlichen Personen zu erschießen. (d) Es darf bei diesen Maßnahmen keinen Augenblick gezögert werden.
> (zit. n. Salewski/Lippert 1998: 305)

Dieser Befehl Himmlers wurde innerhalb verschiedener Befehlsketten (Wehrmacht, Polizei) weitergegeben.[268] In einer Rundfunkansprache vom 20.4.1945 und in einem Befehl des „Reichsverteidigungskommissars" Goebbels an die Einwohner Berlins vom 23.4.1945 wurde die Zivilbevölkerung von der Praxis in Kenntnis

268 Mitunterzeichner des Befehls waren der Leiter der Parteikanzlei Martin Bormann, der sich gegen Ende des Krieges zu einem der wichtigsten Vertrauten Hitlers mauserte und von diesem in seinem Testament als „treuester Parteigenosse" genannt wurde, und der OKW-Chef Wilhelm Keitel (vgl. Bauer 1969: 647).

gesetzt.[269] Von der Ausführung zeugen diverse Berichte von Zeitgenossen.[270] Ein wesentlicher Bestandteil der Vorgeschichte des Befehls war ein Bericht des Sonderbeauftragten der Parteikanzlei, in dem auf Unterwerfungshandlungen seitens der Bevölkerung im Westen des Reiches (z.B. das Hissen weißer Fahnen) hingewiesen worden war (vgl. Messerschmidt 2005b: 407).

Mit (a) wird ein Begründungsvorspann realisiert, allerdings in verkürzter Form; als Komprimat von Wissensbeständen, die als bekannt vorausgesetzt werden: Die Adressaten werden temporaldeiktisch („jetzigen“) auf die aktuelle Kriegsphase orientiert, „einzig und allein“ hebt den „sturen und unnachgiebigen Willen zum Durchhalten“ als alles entscheidende mentale Handlung hervor. Präsuppositives

---

269 Der norwegische Journalist Theo Findahl von der Osloer Zeitung „Aftenposten“ schrieb in seinem Bericht aus Berlin vom 20.4.1945: „Um zwei Uhr schreit Goebbels im Radio, daß alle Soldaten und Volkssturmleute, die die deutsche Reichshauptstadt verteidigen sollen, jetzt die Orte besetzt haben, die ihnen befohlen waren, und den Kampf aufnehmen werden, sobald sich russische Panzer oder Truppen zeigen. [...] Jedes Haus, das die weiße Fahne hißt, ist ein Pestbazillus, schreit der kleine Doktor, und wird die Behandlung erfahren, die es verdient. Es ist das Gebot der Stunde, daß bis zur letzten Rücksichtslosigkeit gekämpft werden soll.“ (zit. n. Gosztony 1985: 224) Am 23.4.1945 richtete Goebbels die folgende Ansprache an die Berliner Bevölkerung: „Die Stadt Berlin wird bis zum letzten verteidigt. [...] Sollten Provokateure oder verbrecherische Elemente versuchen, durch das Hissen von weißen Fahnen oder sonstiges feiges Verhalten in die zur Verteidigung der Stadt entschlossene Bevölkerung Unruhe zu tragen und ihren Widerstand zu lähmen, so ist dagegen mit allen Mitteln einzugreifen. Jeder Berliner ist für sein Haus und seine Wohnung selbst verantwortlich. Häuser und Wohnungen, die weiße Fahnen hissen, haben kein Recht mehr auf Schutz der Gemeinschaftshilfe und werden entsprechend behandelt werden. Die Bewohner solcher Häuser sind verantwortlich zu machen. Der örtliche Hoheitsträger der Partei hat eisern darüber zu wachen und demgemäß zu handeln. Solche Häuser wären Krankheitsbazillen am Körper unserer Stadt, ihre rücksichtslose Bekämpfung ist daher ein Gebot der Stunde.“ (zit. n. Gosztony 1985: 232 f.)

270 Aus dem Bericht von Lothar Loewe: „Dann hatte ich ein grausiges Erlebnis. Also, es war in einer der Seitenstraßen, dort hatten Leute die weiße Fahne gehißt, als Zeichen der Übergabe. [...] Aber da war das Mietshaus mit weißen Bettüchern an den Fenstern. Das werde ich nie vergessen, da kam die SS, und die sind dann in dieses Haus rein, haben da die Männer rausgeholt. Sie holten die raus und erschossen die da mitten auf der Straße.“ (zit. n. Steinhoff/Pechel/Showalter 1989: 615)
In einem Bericht des Armeeoberkommandos 7, kurz vor Kriegsende, findet sich folgende Schilderung: „Der Bürgermeister von Tiefenbrunn [...] hat an seinem Haus die weiße Fahne gehißt und die Gemeinde verlassen. Daraufhin wurde [...] das Haus des Bürgermeisters von der Truppe in Brand gesteckt.“ (zit. n. Kunz 2005: 238 f.)
Der Befehl kam allerdings auch nicht bei allen Einheiten an oder wurde ignoriert, wie Manfred Messerschmidt berichtet: „Auf der Straße nach Stadthagen kam mir das Lied in den Sinn: „mit Mann und Roß und Wagen hat sie der Herr geschlagen“. Die flüchtende Truppe war vollkommen entmotorisiert, sie bestand nur noch aus Pferdekarren und dahintrottenden müden Gestalten. Vielleicht registrierten sie die weißen Fahnen an den Häusern. Es muss um den 10. April herum gewesen sein. Die weißen Fahnen ... ein uns damals nicht bekannter Himmler-Befehl von Ende März sah vor, alle männlichen Einwohner eines Hauses, in dem eine weiße Fahne gezeigt wurde, zu erschießen. Als verantwortlich galten alle vom 14. Lebensjahr an aufwärts. Kontakte von Soldaten zur Zivilbevölkerung sollten unterbunden werden. Auf der Straße nach Stadthagen hätten Feldpolizei, eifrige Offiziere und SS-Kommandos eine Menge zu tun gehabt. Unser „Vorbeimarsch“ blieb folgenlos.“ (Messerschmidt 2006: 390)

Wissen, auf das rekurriert wird, ist die Propagierung des „Durchhaltens" um jeden Preis und die zentrale Bedeutung für den Erfolg des Kampfes, die der Ausbildung eines entsprechenden subjektiven Willens zukomme. Die Entscheidung über „Sieg oder Untergang" wird in den moralischen Verantwortungsbereich des Einzelnen verlagert, dessen mentale Haltung als entscheidender Faktor ausgewiesen wird.[271] Im Falle der Niederlage kann der mangelnde Wille des Volkes und dessen „Schwäche" gegenüber dem „Ostvolk" begründet herangezogen sowie der Untergang des Volkes – in NS-ideologischer Konsequenz – als gerechtfertigt hingestellt werden (vgl. Wette 2002a: 190 f.).

Das Verb *durchhalten* (in NS-Texten der Endphase meist in substantivierter Form) enthält den impliziten Verweis auf das Versprechen der Überwindung eines Leidensprozesses. Es handelt sich um ein *Durchhalten* bis zu einem erlösenden Ereignis X, das implikativ mitschwingt: die Wende des Krieges durch den Einsatz der „Wunderwaffe", der „Endsieg" etc.

Segment (b) enthält die Verbalisierung eines allgemeinen Handlungsschemas, das angewandt werden soll, um „Sabotage" und „wehrkraftzersetzenden" Gehorsamsverweigerungen seitens der Bevölkerung zu begegnen. Der Befehlsmarker ist modales *sein zu*.

Die defizitäre Grundkonstellation, die durch den Befehl bearbeitet werden soll (angezeigt durch „gegen"), besteht darin, dass von Teilen der Bevölkerung in den umkämpften Gebieten innerhalb der deutschen Reichsgrenzen der von der Führung verordnete Kampf aufgegeben und damit die Führungsmacht des Regimes missachtet wird.

Das Handlungsschema wird durch „durchgreifen" repräsentiert: es geht nicht um Bestrafung, sondern um Abschreckung, die auf die Aufrechterhaltung des Gehorsams zielt. Die Präpositionalphrase „mit härtesten Maßnahmen" präzisiert, dass hier Tötungsgewalt zum Einsatz kommen soll. Der Ausdruck „Maßnahmen", der in (d) nochmals unterstreichend verwendet wird, soll dabei staatliche Legitimität suggerieren[272], eine minimal aufrecht erhaltene sprachliche Camouflage-Strategie[273], die in den letzten Kriegswochen zunehmend aufgegeben wurde.

Durch das letzte in der Aufzählung genannte konstellative Element („ähnlichen Erscheinungen") werden den lokalen Führern enorme Entscheidungs- und damit

---

271 Deutlich wird dies auch im Befehl zur Verteidigung Berlins des befehlshabenden Generalleutnants Reymann vom 9.3.1945, in dem in grotesk verharmlosender Weise auf die desolate Ausbildungssituation der Verteidiger Bezug genommen und als wesentliches Element die Haltung zum Kampf herausgestellt wird: „Es kommt gar nicht darauf an, daß jeder Verteidiger der Reichshauptstadt die Technik des Waffenhandwerks bis ins einzelne gut beherrscht, sondern vielmehr darauf, daß *jeder Kämpfer* vom *fanatischen Willen* zum *Kämpfen-Wollen* beseelt und durchdrungen ist, daß er weiß, daß die Welt mit angehaltenem Atem diesem Kampf zusieht und daß der Kampf um Berlin die Kriegsentscheidung bringen kann." (zit. n. Burkert/Matußek/Obschernitzki 1985: 47 f.)

272 Vgl. auch die Analyse des Ausdrucks im Rahmen der Untersuchung des Manstein-Befehls vom 22.11.1941 in Kap. 6.

273 Zum Verfahren der *Camouflage* in NS-Texten vgl. Hoffmann (2001).

Handlungsspielräume eröffnet.[274] Was den explizierten konstellativen Elementen („Heraushängen weißer Tücher“ usw.), auf die mit „durchgreifen“ reagiert werden soll, „ähnlich“ ist, obliegt ihrem eigenen Ermessen. Die kalkulierte Vagheit zielt auf eine Ausführungspraxis, die im Zweifel gegen die Beschuldigten gerichtet ist. Der Willkür wird somit Tür und Tor geöffnet.
Segment (c) enthält einen Sub-Befehl, der den allgemeinen Befehl in (b) präzisiert. Opfer sollen auch Unbeteiligte sein, von denen die Verhinderung der an die feindlichen Invasoren adressierten Unterwerfungshandlung (*weißes Tuch heraushängen*) erwartet wird. Ein Zusatz zu diesem Befehl präzisiert, dass alle über 14-jährigen männlichen Hausbewohner gemeint seien (vgl. Kunz 2005: 238; Fn. 435). Der Prozess von Beweisführung, Urteil und Vollstreckung wird drastisch reduziert. Dabei geht es nicht um eine Bestrafung von „Tätern“, sondern um die abschreckende Wirkung auf die Bevölkerung in den umkämpften Gebieten. Der Zweck dieser Terrorpraxis ist es, eine Angst zu verbreiten, die größer ist als die Angst vor den Gefahren des Weiterkämpfens. Diese Strategie wurde bereits im Ostfeldzug im Rahmen der Partisanenbekämpfung angewandt („Sühnekollektivmaßnahmen“) und hat ihren Niederschlag in entsprechenden Befehlen gefunden.[275]
(d): Das strikte Verbot des Zögerns („darf keinen Augenblick“) zielt ab auf die Verhinderung adressatenseitiger Aktivierung subjektiver Planungs- und Entscheidungsprozesse, z.B. ausgelöst durch Gewissenskonflikte, was zur Missachtung des Befehls führen könnte.

Der Mannheimer Wehrmachtkommandant Pettersdorf formulierte eine spezifische Version des Befehls, die er in seinem lokalen Befehlsbereich weitergab. In Gerichtsakten dokumentiert ist eine Befehlskette, an deren unterem Ende die Ausführung durch Mannheimer Polizeibeamte stand[276]: Sie erschossen ihre Mannheimer Mitbürger Hermann Adis, Erich Kurt Heinrich Paul und Adolf Doland (zum Tathergang vgl. Kämper 2007 und die Urteile LG Mannheim vom

274 Zur Vagheit (dort im Hinblick auf die symbolische Feindkategorisierung: „Partisanen“) vgl. die Analyse des Manstein-Befehls in Kap. 6.

275 Wilhelm Keitel hat in einem Befehl vom 23. Juli 1941 den Zweck dieses Terrors expliziert: „Im Hinblick auf die weite Ausdehnung der besetzten Gebiete im Osten werden die für Sicherheitszwecke vorhandenen Kräfte in diesen Gebieten nur dann genügen, wenn jeder Widerstand bestraft wird, nicht durch gesetzliche Verfolgung des Schuldigen, sondern durch Verbreitung eines solchen Terrors durch die Wehrmacht, der geeignet ist, jede Neigung zum Widerstand unter der Bevölkerung auszumerzen […]. Kommandeure müssen die Mittel finden, um die Ordnung durch drakonische Maßnahmen aufrechtzuerhalten.“ (zit. n. IMT 1947-1949, Bd. 1: 264)

276 Die Befehlskette wird in der Urteilsdokumentation rekonstruiert (Die Abkürzungen in runden Klammern stehen für die verschiedenen Angeklagten): „Der Himmler-Befehl gelangte telefonisch an das Polizeipräsidium. Vom Polizeipräsidium (D.) an T. telefonisch durchgegeben, von T. telefonisch rückbestätigt mit Weisung an D. zur Bekanntgabe an die andern. Mündliche Bekanntgabe an B. auf der Straße selbst durch T. mit dem Auftrag, schriftliche Bestätigung abzuwarten. Diese schriftliche Bestätigung erfolgt durch die Überbringung des Befehls durch Zeugen Ko.“ (I KMs 1/47; zit. n. Bauer 1969: 648 f.)

11.6.1948, I KMs 1/47 und LG Mannheim vom 28.2.1947, I KMs 1/47; dokumentiert in Bauer 1969: 619 ff.).

(B 29)

> (a1) Das feige Verhalten der Bevölkerung nimmt in der letzten Zeit überhand, (a2) so dass mit den schärfsten Mitteln eingegriffen werden muss. (b1) Ich befehle, (b2) ab sofort in den Häusern, an denen weisse Tücher oder Fahnen geflaggt werden, die männliche Bevölkerung über 14 Jahre an Ort und Stelle zu erschiessen. (c) Wer diesen Befehl nicht ausführt, wird erschossen.
> (zit. n. Kämper 2007: 124)[277]

In (a1) wird die defizitäre Ausgangskonstellation, in (a2) die vom Originalbefehl übernommene Handlungsnotwendigkeit verbalisiert. Hier zeigt sich deutlich die Auflösung der „Kampfgemeinschaft", wenn der Verfasser allgemein vom „feige[n] Verhalten der Bevölkerung" spricht, die nun als „innerer" Feind attackiert wird. Die Illokution des Befehls wird durch die explizit-performative Formel mit deiktischer Orientierung auf den Befehlenden (b1) hervorgehoben. Die unmittelbare Gültigkeit wird durch „ab sofort" markiert. Mit (c) geht der lokale Befehlshaber noch über den ursprünglichen Befehl hinaus: Offen verbalisiert ist eine massive Drohung, gerichtet an die Adressaten des Befehls.

8.4 Persönliche Verpflichtung eines „Kampfkommandanten"

Mit dem folgenden Befehl wurde ein „Kampfkommandant" zur Verteidigung der zur „Festung" erklärten Stadt Gotha verpflichtet (Auszug aus der vom Adressaten unterschriebenen Verpflichtungserklärung):

(B 30)

> (a) Als Kampfkommandant des Standortes Gotha verpflichte ich Sie, gemäß § 63 MStGB mit Ihrer Soldatenehre und auf Leib und Leben zur bedingungslosen Verteidigung des Ihnen anvertrauten Standortes bis zum Tode. (b) Das Übergabeangebot des Feindes ist abzulehnen. (c) Für Sie und Ihre Besatzung gibt es nur Kampf bis zum äußersten.
> (zit. n. Messerschmidt 2005b: 417)

277 Eine weitere „Fahnenbefehl"-Version eines Wehrmacht-Kommandanten (General Schulz) wird in Kunz (2005: 238) zitiert. Zur Erteilung des Befehls innerhalb der Wehrmacht-Befehlsketten vgl. auch Messerschmidt (2005b: 407).

Die Adressierung mit der Rollenbezeichnung „als Kampfkommandant" (a) und die deiktische Orientierung auf den Adressaten (Distanzform: „Sie", „Ihnen"; a,c) sowie die juristische Verankerung (a: „gemäß § 63 MStGB") machen den formellen Charakter des Dokuments aus.[278]
Den illokutiven Kern bildet die explizit-performativ realisierte Verpflichtung des Adressaten (a: „verpflichte ich Sie"). Der Befehl zur Verteidigung lässt keine Abweichung zu (a: „bedingungslosen", „bis zum Tode"). Der übertragene Handlungsplan repräsentiert einen Prozess, der entweder durch das unwahrscheinliche Resultat eines erfolgreichen Verteidigungsversuchs oder durch den Tod aller Verteidiger zum Abschluss kommt. Dies wird durch die Explizierung der Handlungskonstellation in (c) abschließend deutlich gemacht, in der der Handlungsraum für die Verteidiger als maximal eingeschränkt markiert wird („Für Sie und Ihre Besatzung gibt es nur Kampf bis zum äußersten."). Segment (b) enthält den Subbefehl ‚Übergabeangebot ablehnen'[279].
Neben der Stützung des Befehls durch die juristische Verankerung und der damit explizierten Sanktionsbewehrung wird das Konzept der militärischen Ehre (a: „Soldatenehre") bemüht.
Der Adressat des Befehls (Oberstleutnant Gadolla) wird persönlich verantwortlich und haftbar gemacht für die Verteidigung des ihm „anvertrauten Standortes". Angesichts der militärischen Lage wurde durch Verpflichtungen wie diese der höchst wahrscheinliche Tod der Verteidigungsbesatzung der betreffenden „Festung" und die Inkaufnahme hoher ziviler Opfer im Voraus festgelegt. Ein möglicher Ausweg für den Kommandanten ergab sich nur durch die riskante Verweigerung.

Zur Nachgeschichte des oben analysierten Befehls: Als eine weitere Verteidigung der Stadt völlig aussichtslos erschien, fuhr Gadolla am 3.4.1945 auf Drängen verschiedener lokaler NS-Funktionäre und des Bürgermeisters von Gotha mit weißer Fahne in Richtung der alliierten Truppen, um den weiteren Beschuss der Stadt und damit weitere Opfer zu verhindern. Auf dem Weg dorthin wurde er gefasst, am 4.4.1945 von einem Standgericht in Weimar zum Tod verurteilt und am 5.4.1945 hingerichtet (vgl. Messerschmidt 2005b: 417).

278 § 63 des MStGB enthält folgenden Passus:
„(1) Mit dem Tode wird bestraft:
1. der Kommandant eines festen Platzes, der ihn dem Feinde übergibt, ohne zuvor alle Mittel zur Verteidigung des Platzes erschöpft zu haben [...]" (MStGB 1940: 14).

279 Darauf, dass ein „Übergabeangebot" der feindlichen Übermacht verfasserseitig als wahrscheinlich angesehen wird, deutet die Verwendung des Determinativs („das") hin.

8.5 Ein letzter Aufruf des „Führers"

Beim nächsten Beispiel handelt es sich um den letzten Tagesbefehl Hitlers an die Soldaten der Ostfront vom 16.4.1945. Die Weitergabe erfolgte bis zu den Soldaten der untersten Dienstgrade, wobei diese mündlich unterrichtet wurden.

(B 31)

(a) Soldaten der deutschen Ostfront!

(b) Zum letzten Male ist der jüdisch-bolschewistische Todfeind mit seinen Massen zum Angriff angetreten. (c) Er versucht, Deutschland zu zertrümmern und unser Volk auszurotten. (d) Ihr Soldaten aus dem Osten wißt zu einem hohen Teil heute bereits selbst, welches Schicksal vor allem den deutschen Frauen und Kindern droht. (e1) Während die Alten, Männer und Kinder ermordet werden, (e2) werden Frauen und Mädchen zu Kasernenhuren erniedrigt. (f) Der Rest marschiert nach Sibirien.

(g) Wir haben diesen Stoß vorhergesehen, und es ist seit dem Januar dieses Jahres alles geschehen, um eine starke Front aufzubauen. (h) Eine gewaltige Artillerie empfängt den Feind. (i) Die Ausfälle unserer Infanterie sind durch zahllose neue Einheiten ergänzt. (j) Alarmeinheiten, Neuaufstellungen und Volkssturm verstärken unsere Front. (k) Der Bolschewist wird dieses Mal das alte Schicksal Asiens erleben, das heißt, er muß und wird vor der Hauptstadt des Deutschen Reiches verbluten.

(l) Wer in diesem Augenblick seine Pflicht nicht erfüllt, handelt als Verräter an unserem Volk. (m) Das Regiment oder die Division, die ihren Platz verlassen, benehmen sich so schimpflich, daß sie sich vor den Frauen und Kindern, die in unseren Städten dem Bombenterror standhalten, werden schämen müssen.

(n1) Achtet vor allem auf die verräterischen wenigen Offiziere, die – (n2) um ihr eigenes erbärmliches Leben zu sichern – (n3) im russischen Solde, (n4) vielleicht sogar in deutscher Uniform, gegen uns kämpfen werden.

(o1) Wer Euch Befehle zum Rückzug gibt, (o2) ohne daß Ihr ihn genau kennt, (o3) ist sofort festzunehmen und nötigenfalls augenblicklich umzulegen – (o4) ganz gleich, welchen Rang er besitzt.

(p) Wenn in diesen kommenden Tagen und Wochen jeder Soldat an der Ostfront seine Pflicht erfüllt, wird der letzte Ansturm Asiens zerbrechen, genauso wie am Ende auch der Einbruch unserer Gegner im Westen trotz allem scheitern wird.

(q) Berlin bleibt deutsch. (r) Wien ist wieder deutsch und Europa wird niemals russisch. (s) Bildet eine verschworene Gemeinschaft zur Verteidigung nicht des leeren Begriffes eines Vaterlandes, sondern zur

Verteidigung Eurer Heimat, Eurer Frauen, Eurer Kinder und damit unserer Zukunft!
(t) In diesen Stunden blickt das ganze deutsche Volk auf Euch, meine Ostkämpfer, und hofft nur darauf, daß durch Eure Standhaftigkeit, Euren Fanatismus, durch Eure Waffen und unter Eurer Führung der bolschewistische Ansturm in einem Blutbade erstickt. (u) In dem Augenblick, in dem das Schicksal den größten Kriegsverbrecher aller Zeiten von dieser Erde weggenommen hat, wird sich die Wende dieses Krieges entscheiden.
(v) gez. Adolf Hitler
(zit. n. Ueberschär/Müller 2005:167)[280]

In NS-Tagesbefehlen von Kommandanten in Gefechtsgebieten geht es häufig um die Herstellung bzw. Forcierung einer grundsätzlichen Einstellung der Adressaten zum Kampf.[281] Im vorliegenden Beispiel ist es der schon längst aussichtslose Kampf gegen die weit überlegene russische Armee, zu dessen Fortführung („Durchhalten") seitens der „Soldaten der Ostfront" Motivation ausgebildet werden soll. Daran angebunden ist ein Befehl zur Anwendung von Tötungsgewalt gegen Kommandeure, die ihre Befehlsgewalt gegen den grundsätzlichen Befehl der Führung zum Kampf „Auf Leben und Tod" zu nutzen versuchen.
Der kommunikative Rahmen – der „Führer" wendet sich persönlich an das Kollektiv der Soldaten an der Ostfront – wird deutlich an der die Distanz des Textes überbrückenden direkten Ansprache durch die vokativisch gebrauchte Benennung der Adressaten in (a) und der Häufung Vertraulichkeit suggerierender adressatendeiktischer Ausdrücke („Ihr, Eure, Euch"). Ferner findet man die doppelte Adressierung durch die Kombination von adressatendeiktischen Ausdrücken und rollenbezeichnenden Symbolfeldausdrücken wie in (d): „Ihr Soldaten aus dem Osten" und in (t) die possessiv-deiktische Orientierung auf den „Führer" in Kombination mit Adressatendeixis und vokativisch verwendeter Rollenbezeichnung: „Euch, meine Ostkämpfer". Adressaten und Verfasser einschließende possessive Determinative sollen Gemeinschaft etablieren: „unser Volk" (c) „unsere Front" (j), „unserem Volk" (l). Direkt adressiert wird zudem über Imperative (n1, s).

---

280 Ähnlich äußerte sich auch Schörner, der Oberbefehlshaber der Heeresgruppe Mitte am 10.4.1945, der die Vernichtung des Feindes als einzige Handlungsmöglichkeit herausstellte, um das Szenario abzuwenden: „Das Ziel der Bolschewisten, die Versklavung deutscher Männer, die Verschleppung unserer Kinder und unserer Frauen kann nur durch das Auslöschen dieses brutalen Feindes verhindert werden." (zit. n. Schwendemann 2004: 140)

281 Vgl. hierzu auch den Tagesbefehl des Kommandanten der Panzergruppe 4, Hoepner vom 21.6.1941; wiedergegeben in Ueberschär (2000: 170). Allgemein sah die Heeresdienstvorschrift der Wehrmacht (HdV 300/1 Abschnitt „Truppenführung") folgende Zweckbereiche für Tagesbefehle vor: „**89.** Tagesbefehle (Korps-, Divisions- usw. Tagesbefehle) beziehen sich auf den inneren Dienst, Eingaben, persönliche Angelegenheiten, Anerkennung usw." (HdV. 300/1: 29)

Eine adressaten-exklusive Gruppendeixis („wir") wird in (g) verwendet, mit der Hitler auf die militärische Führung orientiert.
Im Bereich der Modalverben findet man Verwendungen von *müssen*, modalem *sein zu* und *werden*.

In (b) wird eine grundlegende Handlungskonstellation vorgestellt. Dies geschieht vor allem mit Mitteln des Symbolfelds: Der Feind erscheint als Aggressor, ist „zum Angriff angetreten". Der Verweis auf die kriegsentscheidende Bedeutung erfolgt durch „Zum letzten Male".[282] (Damit wird der Kampf allerdings auch pseudo-historisch als Finale eines langen geschichtlichen Prozesses hingestellt; s.u.)
Der militärische Gegner wird charakterisiert durch die Benennung als der „jüdisch-bolschewistische Todfeind". Diese Amalgamierung zweier ideologisch aufgebauter Feindbilder findet man häufig in der NS-Kriegspropaganda.[283] Der Ausdruck „Todfeind" verweist auf die propagierte grundsätzliche Handlungskonstellation des „Kampfes auf Leben und Tod". (Diese Handlungskonstellation wird in (c) durch die Angabe der dem Feind zugeschriebenen Zielsetzung: „Deutschland zu zertrümmern und unser Volk zu versklaven" konkretisiert.) Mit „Massen" (b) wird Wissen aktualisiert, einerseits die numerische Überlegenheit der russischen Armee, andererseits deren NS-propagandistische Charakterisierung als barbarische „Horde" betreffend. In (d) wendet sich Hitler direkt an die Adressaten. Plausibilisiert werden soll das Szenario aus (c-e). Der Verfasser setzt an bei der Beanspruchung gemeinsam geteilten Wissens, indem die Adressaten auf sich und ihr eigenes Wissen verwiesen werden: „Ihr Soldaten aus dem Osten wißt [...] selbst". Es geht um ein drohendes „Schicksal" der „deutschen Frauen und Kinder", das durch „welches" als bestimmtes, noch zu charakterisierendes „Schicksal" markiert ist.
Diese Art der Wissenspräsentation zielt darauf, Wissen, das die Adressaten tatsächlich haben, zu aktivieren, ganz gleich, ob es sich, wie suggeriert, um Erfahrungswissen handelt oder um ein diffuses Wissen, das aus Erzählungen, der Propaganda in den Frontzeitungen usw. stammt. Für das in (c-e) vergegenwärtigte Szenario kann so Faktizität beansprucht werden, um es als Argumentationsbasis für die Ableitung von Handlungsnotwendigkeiten zu verwenden. Die Einschränkung der Reklamierung des Adressatenwissens durch „zu einem hohen Teil" schirmt die Behauptung gegen Widerspruch ab.
In den Segmenten (g-j) wird das Bild einer vorbereiteten militärischen Führung (deiktischer Verweis mit „wir") entfaltet, die den feindlichen Angriff frühzeitig antizipiert und Vorkehrungen getroffen hat, um eine günstige Ausgangskonstel-

282 Dies korrespondiert mit „in diesem Augenblick" (l).
283 Zum NS-Feindbildkomplex „Jüdischer Bolschewismus" vgl. Wette (2002a: 25 ff.). Die Feindcharakterisierung durch die Verwendung eines anderen Versatzstückes des Russland-Feindbildkomplexes, nämlich „Asien" findet sich in (k) und (p); dazu s.u.

lation herzustellen. Dies geschieht vor allem mit Mitteln des Symbolfelds: „gewaltige Artillerie", „zahllose neue Einheiten" usw. sollen in der Vorstellung ein Bild militärischer Schlagkraft aufbauen, wodurch die „Massen" des Feindes oder „Ausfälle" der „Infanterie" entkräftet werden sollen. Dies mündet in den durch „wird" angezeigten verbalen Zukunftsausgriff in (k). Hitler tritt als Prophet auf[284], der voraussieht, was den Feind (repräsentiert durch „Bolschewist" mit generisch zu interpretierendem Determinativ im Singular: „der"), erwartet[285], nämlich „das alte Schicksal Asiens": „verbluten". Den Ausdruck „Asien", stellvertretend für das Feindbild der „asiatischen Bedrohung", findet man auch in (p): „letzte Ansturm Asiens". Die Verteidigung des Reiches gegen die russische Übermacht wird stilisiert zur Verteidigung des Abendlandes und seiner Kultur gegen die „asiatischen Horden". (zu diesem Motiv und seiner Verwendung in der Wehrmacht-Propaganda vgl. Förster 1994: 160 f.)

In (l-o) wird über ein komplexes Verfahren eine „Verräter"-Feindgruppe etabliert, um darauf aufbauend die Handlungsplanung der Adressaten zu bearbeiten. Die Auflösungserscheinungen an allen Fronten bilden den situativen Hintergrund. Die NS-Führung fürchtete offenbar die Ausweitung dieser Erosionen zu kollektiven Rückzügen ganzer „Divisionen" und „Regimenter" (m). Zunächst wird in (l) über das Zuteilungskriterium „Pflicht nicht erfüllt", die Kategorisierung zu „Verräter an unserem Volk" vorgenommen, wobei durch das Gemeinschaft suggerierende possessive Determinativ („unserem") eine adressatenseitige Übernahme der Kategorisierung nahegelegt wird. (l) enthält eine moralische Bewertung der militärischen Akteure, die den Rückzug antreten (m: „benehmen sich [...] schimpflich"). Zentral ist der Einbezug der Zivilbevölkerung als moralische Instanz, aufbauend auf der Oppositionsbildung: „Regimenter und Divisionen, die ihren Platz verlassen" vs. „Frauen und Kindern, die [...] dem Bombenterror standhalten". Durch Symbolfeldausdrücke wie „schimpflich", „schämen" wird das präsuppositiv verankerte Konzept der soldatischen Ehre aufgerufen.

Mit dem auf direkten Eingriff in die Handlungsplanung zielenden Imperativ („Achtet") soll die Aufmerksamkeit fokussiert werden auf Angehörige der (nachfolgend) in (n1-n3) zu etablierenden Feindgruppe. Das Feindbild wird vor allem mit Mitteln des Symbolfelds entfaltet: Ausgangspunkt ist in (n1) die kategorisierende Benennung („verräterischen Offiziere"), durch die der assoziative Bezug zu in (l-m) verbalisiertem Wissen hergestellt wird. Darauf folgt, parenthetisch eingeschoben, in (n2) die Zuschreibung einer stark negativ bewerteten Motivation („um ihr erbärmliches Leben zu retten") für das Überlaufen zum Feind (n3: „im russischen Solde"), das betrügerische Auftreten (n4: „in deutscher Uniform"; vermeintliche Zugehörigkeit) und das gegen den allgemeinen Durchhaltebefehl gerichtete Handeln unter Missbrauch der Befehlslizenz (o1: „Euch Befehle zum

284 Zur Selbstdarstellung Hitlers als „Prophet" vgl. Hoffmann (2007), Sauer (2003b).

285 Die „Prophezeiung" wird gestützt durch „muß", das den Gehalt als Notwendigkeit epistemisch ausweist, die sich aus den konstellativen Elementen ergibt.

Rückzug erteilt"). Angebunden ist (o3) ein Befehl (markiert durch modales *sein zu*), der den Umgang mit „verräterischen Offizieren" festlegt. Konstellative Ansatzpunkte für die adressatenseitige Aktualisierung der Handlungspläne (1) *festnehmen* bzw. (2) *umlegen* sind die Erteilung des Befehls zum Rückzug (o1) und die Nicht-Vertrautheit mit dem Befehlenden (o2). Der Ausdruck „nötigenfalls" stellt eine kausale Relation her zwischen der Ausführung des Handlungsplans und der Einschätzung der relevanten konstellativen Elemente seitens der zur Ausführung bestimmten Akteure, die zur Tötungsgewalt gegen Vorgesetzte autorisiert werden.

Die Wahl des Verbs *umlegen* zur Benennung des Handlungsplans ist ein deutliches Anzeichen für den Zustand des Systems, dessen Maskerade der Scheinlegalität bereits völlig aufgegeben worden ist. Befohlen wird eine Praxis willkürlicher Lynchjustiz, bei der initiativ werden kann, wer es im Rahmen der von der Führung vorgegebenen Linie für nötig hält.

Segment (s) enthält einen Aufruf, realisiert mit dem auf direkten Eingriff in die Handlungsplanung zielenden Imperativ („Bildet eine verschworene Gemeinschaft").

Den Referenzrahmen des Handelns bezeichnet der Ausdruck „Verteidigung". Der persönliche Bezug zu den Adressaten wird durch die Kopplung der adressatenbezogenen, biprozedural funktionierenden (deiktisch/operativ) possessiven Determinative („Eurer" etc.) mit den Ausdrücken „Heimat", „Frauen", „Kinder" hergestellt[286]. Dies mündet in „unsere Zukunft": Beansprucht wird eine gemeinsame Gruppe, die nicht nur Verfasser und Adressaten, sondern alle Angehörigen der „Volksgemeinschaft" einschließt. Das Ideologem „Zukunft" verweist implizit auf die propagandistisch etablierten Verheißungen im Zusammenhang mit dem Sieg. Adressatenseitig übernommen werden soll die Einschätzung der Modalität des Müssens im Hinblick auf den „fanatisch" geführten Kampf als notwendige „Verteidigung", und daran anschließend die Transferierung in ein Wollen.[287]

Segment (p) weist den Sieg als gewiss aus („wird"), allerdings gekoppelt an die Kondition der kollektiven Pflichterfüllung („Wenn [...] jeder Soldat seine Pflicht erfüllt"). In zeitlicher Ferne angesiedelt, aber dennoch mit der gleichen Gewissheit markiert, wird der Sieg an der Westfront. Dies wird in (q-r) untermauert.

(t): Im Vorstellungsraum wird, angelehnt an den Aufruf in (s), eine Konstellation von Handelnden entfaltet, bestehend aus dem Volk als Einheit („ganze Volk"), das aus der Ferne erwartungsvoll „blickt" und „hofft", dem Kollektiv der zum Kampf verpflichteten Soldaten, auf die mit „Euch" „gezeigt" wird, dem über allem wachenden und alles vorausplanenden übermächtigen „Führer", der sich possessiv-deiktisch mit „meine" einbringt, und den Feinden (symbolisch repräsentiert durch: „bolschewistische Ansturm"). Den Aktualitätsbezug leistet die Präpositionalphrase „in diesen Stunden". Die Forderungen an die Soldaten, die

286 Zur biprozeduralen Qualität possessiver Determinative vgl. Hoffmann (2009).
287 Zu „Interrelationen von Modalverben": Ehlich/Rehbein (1972).

durch die Symbolfeldausdrücke „Standfestigkeit", „Fanatismus" etc. (t2) repräsentiert werden, erscheinen als Erwartungen des Volkes.
Der Text schließt mit einer Prophezeiung (markiert durch „wird"). Bezeichnend ist der Rückgriff auf das „Schicksal" als in den Kampf eingreifende Instanz.

In diesem letzten Tagesbefehl Hitlers an die Soldaten der Ostfront wird noch einmal der Führermythos bemüht. Hitler tritt als allmächtiger Führer auf, der die Soldaten vertraulich und direkt adressiert. Charakteristisch ist der einschwörende Charakter. Die zahlreich verwendeten personendeiktischen Ausdrücke überbrücken die Distanz des Textes. Sie sind funktional auf die mündliche Weitergabe an die einfachen Soldaten (Verlesen des Textes beim Appell) ausgerichtet.
Ausgangspunkt der Argumentation ist die auf einem komplexen Feindbild-Amalgam basierende Entfaltung des Rache-Szenarios im Falle einer Niederlage, plausibilisiert durch die Beanspruchung des Zugangs zum Adressatenwissen. Die Darstellung der eigenen militärischen Stärke bildet das Fundament für den Appell an das Pflichtbewusstsein der Adressaten: Sie soll die Aussicht auf den Sieg realistisch erscheinen lassen. Bei der Bezugnahme auf das zu schützende Volk, das erwartungsvoll auf die Adressaten „blickt" (t1), wird besonders auf Frauen und Kinder abgehoben. Hier kommt die Zuweisung von moralischer Verpflichtung ins Spiel.
Funktional in die Argumentation zur Herstellung von Handlungsbereitschaft eingearbeitet sind Sprechhandlungen vom Typ ‚Prophezeiung'. Der Verfasser baut darauf, dass an der Ostfront seine Glaubwürdigkeit noch nicht aufgezehrt ist.
Eine für NS-Befehle und Propagandatexte der letzten Kriegsphase typische Strategie besteht in der Zuweisung der Verantwortung für den Ausgang des Krieges, wie im vorliegenden Beispiel über die kausale Verankerung der vorhergesagten Zukunft am Handeln der Adressaten (p).
Um dem eigenmächtigen Handeln von Kommandeuren hinsichtlich einer Nutzung der Autorität zum kollektiven Rückzug die Grundlage zu entziehen, wird für die adressatenseitige Übernahme der im Text verbalisierten Bewertung des Handlungskonzepts „Rückzugs" und derjenigen, die es anwenden, argumentiert. Daran schließt sich der integrierte Befehl zur Anwendung unmittelbarer Tötungsgewalt an. Autorisiert hierzu sind alle.

8.6 Verallgemeinerung

In den vorangegangenen Analysebeispielen wurde als übergreifender Zweckzusammenhang die Aufrechterhaltung des Gehorsams von Soldaten und Bevölkerung im Hinblick auf die befohlene unbedingte Fortführung des Kampfes herausgearbeitet. Bei den Beispielen handelt es sich um Befehle aus dem institutionellen Kontext von Wehrmacht und SS. Die beiden letzten Beispiele weisen eine verallgemeinerte Adressierung auf. Der folgende Befehl Heinrich Himmlers wurde am 12. April 1945 per Fernschreiben weitergegeben:

(B 32)

(a) Jedes Dorf und jede Stadt werden mit allen Mitteln verteidigt und gehalten. (b1) Jeder für die Verteidigung eines Ortes verantwortliche deutsche Mann, (b2) der gegen diese selbstverständliche nationale Pflicht verstößt, (b3) verliert Ehre und Leben.
(zit. n. Kohlhaas 2006: 65)

Die Verwendung des *werden*-Passivs[288] in (a) markiert die Illokution des Befehls. In den Partizipien („verteidigt", „gehalten") manifestiert sich die Handlungsplanung als bereits sprachliche Wirklichkeit, die von den Angehörigen der „Kampfgemeinschaft" als dem Befehl der Führung Unterworfene in Handeln umgesetzt werden muss. Die Häufung all-quantifizierender Determinative, bezogen auf die zu verteidigenden Orte („jedes Dorf und jede Stadt"), die Handlungsweise („mit allen Mitteln") und die von der Todesdrohung Betroffenen (b1,b2: „jeder…"), macht den Absolutheitsanspruch deutlich. Verallgemeinert ist auch die Benennung der Adressaten (b1). Die Drohung (b3) (sprachlich markiert durch szenisch vergegenwärtigendes Präsens) lässt offen, was als Verstoß angesehen und mit dem Tod bestraft werden kann und überlässt denjenigen, für die sich (b3) konstellationsbedingt als Befehl darstellt, Deutungs- und Handlungsspielräume.

Beim letzten Beispiel handelt es sich um einen an die Zivilbevölkerung der umkämpften Reichshauptstadt Berlin adressierten „Führerbefehl".

(B 33)

(a) Führerbefehl.
(b) An die Berliner Bevölkerung!
(c) Merkt Euch, (d) jeder, der die Maßnahmen, die unsere Widerstandskraft schwächen, propagiert oder gar billigt, ist ein Verräter! (e) Er ist augenblicklich zu erschießen oder zu erhängen! (f) Das gilt auch dann, wenn angeblich solche Maßnahmen im Auftrage des Gauleiters Reichsminister Dr. Goebbels oder gar im Namen des Führers befohlen werden sollten.
(g) gez. Adolf Hitler
(h) 22. April 1945
(zit. n. Deutsches Historisches Museum Berlin; Inv.-Nr. Do2 2000/1746)[289]

---

288 Zu funktional-grammatischen Bestimmungen des *werden*-Passivs vgl. Redder (1999).

289 Der Text ist auch in Ruhl (1980: 38) abgedruckt, dort allerdings in einer Version ohne die Überschrift (a) und die Adressierung (b). Stattdessen ist diese Version mit „Eine ernste Mahnung des Führers" überschrieben. In dieser Version wurde der Text auch veröffentlicht im „Kampfblatt für die Verteidiger Groß-Berlins", „Panzerbär" (Ausgabe vom 23.4.1945); vgl. Kuby (1980: 138).

Der Befehl ist auf den 22.4.1945 datiert. An diesem Tag berief Hitler im „Führerbunker" seine Generäle zur Lagebesprechung ein, auf der er die Niederlage eingestand, die Schuld jedoch in gewohnter Manier Anderen gab (vgl. Müller/Ueberschär 2005: 84).
Berlin war zu diesem Zeitpunkt bereits von russischen Truppen eingekesselt. Für die Verteidigung war ein allgemeiner Haltebefehl in Kraft. Der Kampf um die Reichshauptstadt wurde noch bis zum 2. Mai fortgesetzt, dem Tag, an dem der Befehlshaber der Verteidiger Berlins bedingungslos kapitulierte.[290] Hitler selbst brachte sich am 30.4.1945 um, nachdem er sein „politisches" sowie sein „privates Testament" geschrieben hatte.[291]

Ein ausdrücklicher „Führerbefehl", der an die Bevölkerung gerichtet ist, ist ungewöhnlich, hier allerdings symptomatisch für die gesamtgesellschaftliche Verallgemeinerung des Durchhaltebefehls in der letzten Kriegsphase. Der direkte Verfasserbezug steckt in der Überschrift (a), die im Symbolfeld die Illokution markiert, und in der Signatur (f).
Die Adressierung ist explizit (b), so dass in (c) die direkte Ansprache in der zweiten Person erfolgen kann. Entsprechend der zugrundeliegenden Konstellation zwischen Hitler als oberstem Führer und den Adressaten – Angehörigen der „Volksgemeinschaft", die zu absolutem Gehorsam verpflichtet sind – wird in (c) die persönliche Ansprache („Euch") verwendet.[292] Der auf direkten Eingriff in die Adressaten-Handlungsplanung abzielende Imperativ fordert in Kombination mit der persönlichen Adressatendeixis („Merkt Euch") in eindringlicher Weise zur Wissensaneignung auf. Das, was die Adressaten sich merken sollen, wird in der Assertionenkette (d-e) verbalisiert.
(d) enthält eine verallgemeinernde Kategorisierung („Verräter") von Personen aus dem Adressatenkreis über das Kriterium *‚Widerstandskraft schwächen'*.
Die Konstellationselemente, bei deren Wahrnehmung das Handlungsschema („erschießen oder erhängen") abgerufen werden soll, werden nicht genannt. Lediglich die gemutmaßte Wirkung der Handlungen wird angegeben. Damit werden den ausführenden Akteuren enorme Interpretationsspielräume – und damit Handlungsspielräume – gewährt. Maximal eingeschränkt wird der Handlungsraum allerdings hinsichtlich des abzurufenden Handlungsplans und der zeitlichen Unmittelbarkeit („augenblicklich").
(e) enthält die Immunisierung gegen jegliche potentiellen Befehle, die darauf abzielen, durch Kapitulationshandlungen den Kampf zu beenden. Diese werden im Voraus als Akte von „Verrätern" markiert. Mögliche Befehle, die durch den Ver-

290 Für einen komprimierten Überblick zu den Ereignissen in Berlin in den letzten Tagen vor der Kapitulation vgl. Müller/Ueberschär (2005: 88 ff.).
291 Beide Dokumente in Müller/Ueberschär (2005: 168 f. bzw. 172 f.)
292 Analog dazu: die durchgängig vertrauliche Adressierung im vorangegangenen Analysebeispiel.

weis auf die Befehlskette („Im Auftrage des Reichsministers [...] oder gar des Führers“) erteilt werden sollten, werden im Voraus als illegitime markiert.

Der Text richtet sich an die zur Verteidigung aufgerufene Bevölkerung Berlins. Für verschiedene Adressaten-Subgruppen sind allerdings je spezifische Illokutionspotentiale enthalten:
1) Eine unverschleierte, terroristische Drohung, gerichtet an die Kriegsmüden, entfaltet ihren Charakter besonders durch die Vagheit der Kategorisierung von Handlungen, durch die man sich zum „Verräter“ machen kann, und damit durch die Unkalkulierbarkeit des Terrors. 2) Gerichtet an die übrigen zur Verteidigung Berufenen ist der Befehl zur Ausübung der Terrorpraxis. Wer diesen Befehl missachtet, „billigt“ die „Maßnahmen“ der „Verräter“ und läuft damit Gefahr, selbst als „Verräter“ kategorisiert zu werden.

Symptomatisch ist der Stil dieses „Führerbefehls“, der von institutioneller Formalität entledigt ist und in selbstdemaskierender Weise die terroristische Brutalität offen zeigt. Dies kommt besonders in (c) zum Ausdruck, aber auch in der Kategorisierung der potentiellen Opfer des Befehls über die Zuschreibung des „Verräter“-Attributs als minimale kausale Verankerung der Terrorpraxis.
Der aggressive Stil schriftlicher Mündlichkeit und das Fehlen institutioneller Formalität deuten darauf hin, dass es bei der Entstehung des Textes kein langes Feilen Hitlers an den Formulierungen gegeben hat. Vielmehr dürfte der Text – wie üblich – von Hitler diktiert und in diesem Fall sofort zur hastigen Vervielfältigung[293] weitervermittelt worden sein. Dafür sprechen auch stilistische Mängel wie die unpassend wirkende Steigerung „propagiert oder gar billigt“ (d), wobei mit der Wahl des Verbs *billigen,* das alle möglichen Handlungen oder Unterlassungen benennen könnte, eine für potentielle Opfer des Durchhalteterrors gefährliche Vagheit ins Spiel kommt.

---

293 Angesichts der zusammengebrochenen Organisations- und Produktionsstrukturen wurden in der letzten Kriegsphase Texte wie dieser häufig handschriftlich vervielfältigt – aus Sicht einer Zeitzeugin symptomatisch für den Zustand des NS-Systems: „Am Ahornbaum gegenüber hängen, mit Heftzwecken festgepinnt, zwei Anschläge. Kartonstücke, mit Rotstift und Blaustift säuberlich handbeschrieben und mit den Worten „Hitler“ und „Goebbels“ untermalt. Das eine Schild warnt vor Kapitulation und droht mit Erhängen und Erschießen. Das andere, „Forderungen an die Berliner“ betitelt, warnt vor aufsässigen Ausländern und fordert alle Männer auf, zu kämpfen. Die Zettel fallen überhaupt nicht auf. Das Handgekritzel wirkt so kläglich und unernst, so geflüstert.“ (Anonyma 2003: 27 f.)

8.7 Zusammenfassung

Exemplarisch analysiert wurden Befehle aus der Zeit zwischen September 1944 und April 1945, die im Zusammenhang mit der Handlungsmaxime des „Durchhaltens" stehen. Die persönliche Aneignung dieser Maxime wurde zur allgemeinen Pflicht erhoben, die daran angebundenen Befehlsstrukturen wurden in ungeheurer Weise verallgemeinert. Wer ihr zuwiderhandelte, setzte sich der Gefahr aus, vom zunehmend entfesselten Endphasenterror erfasst zu werden.

Als argumentative Grundlage für die Zuspitzung auf „Sieg oder Untergang" wurde der „Rassen- und Weltanschauungskampf" propagiert, der notwendiger Weise mit „totalem Sieg" oder völligem „Untergang" enden müsse und in letzterem Fall die Vernichtung des deutschen Volkes durch die Rache der Feinde nach sich ziehen würde.

Hitlers Grunderlass vom 16.9.1944 (B 26) stellt einen Archébefehl dar. Durch ihn wird der Handlungsgrundsatz „Halten der Stellung oder Vernichtung" etabliert. Der „Führerbefehl" vom 22.11.1944 (B 27) koppelt die Befehlslizenz der Kommandeure an die unbedingte Bereitschaft zur Fortführung des Kampfes in jeder Gefechtslage, wie aussichtslos diese auch sein mag. Dadurch soll die Durchsetzung des Handlungsgrundsatzes bis zu den untersten hierarchischen Ebenen gestützt werden. Entscheidend ist hierbei die Integration einer Kontrollinstanz. Diese Funktion wird dem Kollektiv der einfachen Soldaten und SS-Männer zuteil, und zwar, indem ihnen der Befehl bekannt gemacht wird. Im Rahmen einer polyphonen Adressierungsstruktur erfolgt deren implizite Ansprache als Kontrollinstanz. In (B 31) werden die Soldaten der Ostfront direkt als Kontrollinstanz adressiert und erhalten den Befehl zur Ausübung von Tötungsgewalt gegen Kommandeure, die den Rückzug befehlen.

Der Terror, der zu Beginn der NS-Zeit massiv öffentlich in Erscheinung trat, dann in einer zweiten Phase mehr im Verborgenen praktiziert wurde (immer aber so, dass eine diffuse, schwer zu kalkulierende Gefährlichkeit von ihm ausging), wurde nun offen gegen jeden gerichtet, der sich nicht an die Maxime des Durchhaltens binden lassen wollte. Hierbei wurde besonders auf den Effekt der Abschreckung gesetzt: siehe Himmler-Befehl; (B 28), (B 29). (B 29) stellt eine spezifisch formulierte Weitergabe eines lokalen Kommandeurs dar, der seine Variante des Himmler-Befehls noch mit der an die potentiell Ausführenden gerichteten Drohung versehen hat, dass sie im Fall einer Missachtung selbst erschossen würden.

Eine übergreifende Charakteristik, die sich in den analysierten Beispielen zeigt, ist eine kalkuliert vage Verbalisierung der konstellativen Ansatzpunkte für die Anwendung der Lynchjustiz, die – im Falle einer allgemeinen Adressierung – ein und dieselbe Äußerung für die Einen als völlig unberechenbare Drohung, für Andere als Lizenz für die Beteiligung am Terror erscheinen ließ.

Die Autorisierung zur Anwendung von Tötungsgewalt wurde per Befehl immer weiter verallgemeinert, so dass am Ende die einfachen „Soldaten der Ostfront" (B 31) den Befehl und damit auch die Legitimation bekamen, ihnen nicht genau bekannte Vorgesetzte, „ganz gleich, welchen Rang sie besitzen", die im Gefecht den Rückzug befehlen sollten, „nötigenfalls augenblicklich umzulegen". Der sprachliche Stil dieses Befehls zeugt von einer völligen Abkopplung von institutionellen Beschränkungen und von einer Selbst-Demaskierung eines terroristischen Systems, die sich im letzten Beispiel (B 33) besonders deutlich zeigt.
Die NS-Führung forcierte zunehmend eine „Strategie der Selbstvernichtung" (Schwendemann 1999[294]). Wenn die Niederlage schon unausweichlich war,[295] so sollte es wenigstens eine „Wiederholung der Stalingrad-Erfahrung in einer größeren Dimension" (Wette 2002a: 190) geben[296]: „Kämpfend sollte die deutsche Nation untergehen." (Wette 2002a: 190). Diese Ausrichtung wurde von einem großen Teil der Generäle mitgetragen (vgl. Neitzel 2005: 29 f.). Doch wie ist deren weitgehend loyales Festhalten an der NS-Führung und der befohlenen Fortsetzung des Kampfes um jeden Preis – angesichts der offensichtlichen Chancenlosigkeit – zu erklären?[297] Eine Rolle spielten die aus der Reichswehr-/Wehrmachttradition stammende Bindung an den Eid, dessen Bezugsinstanz seit 1934 die Person Hitlers war, das eigene Verstricktsein vieler hoher Militärs in den verbrecherischen Weltanschauungskrieg, die nationalsozialistische Überzeugung vieler von ihnen, schließlich das Konzept der militärischen Ehre und – damit verbunden – die romantisch verklärte Vorstellung vom Untergang in Ehren, welcher einer schändlichen Kapitulation vorzuziehen sei (vgl. Neitzel 2005: 30, Wette 2002a: 191 f.). Allerdings dachten die meisten Generäle natürlich nicht daran, sich selbst im wörtlichen Sinn in den „Kampf bis zum letzten Atemzug" zu begeben: „Während die Befehle der Generalität für die ihnen anvertrauten Soldaten den tausendfachen Tod brachten, haben sie selber nur ein geringes persönliches Risiko auf sich genommen." (Neitzel 2005: 30) Durch Ungehorsam gegen Haltebefehle selbst Opfer des Standgericht-Terrors zu werden – wie im Fall Gadolla geschehen (B 30) – riskierten nur wenige Offiziere (vgl. Neitzel 2005: 31). In der Mehrzahl „garantierten sie kraft ihrer militärischen Befehlsbefugnisse, dass der als „heroisch" verstandene Kampf in den Abgrund auch tatsächlich durchgefochten wurde." (Wette 2002a: 181).

---

294 Aufsatztitel.

295 Dazu Wette: „Die Frage, ob sie [Hitler und seine Führungsriege; Anm. d. Verf.] den „Endsieg" tatsächlich für erreichbar hielten, lässt sich im Hinblick auf Hitler dahingehend beantworten, dass er über die realen Kräfteverhältnisse der Kriegsparteien – insbesondere die wichtigsten kriegswirtschaftlichen Daten – in allen Phasen des Krieges gut unterrichtet war. [...] Spätestens seit Stalingrad wusste er, dass dieser Krieg für Deutschland nicht mehr gewonnen werden konnte." (Wette 2002a: 189)

296 Im Zuge der propagandistischen Ausschlachtung der Vernichtung der 6. Armee bei Stalingrad hatte Goebbels sich um die Verklärung dieses Ereignisses zu einem heldenhaften Untergang bemüht (vgl. Wette 2002a: 188).

297 Vgl. zu dieser Fragestellung Neitzel (2005: 29 f.).

In Vollendung eines Prozesses, der seit dem Beginn des Russlandfeldzugs sukzessive vorangetrieben wurde, kulminierte die ideologische Überformung des militärischen Handlungsmusters von Befehl und Gehorsam in der letzten Kriegsphase. Die militärische Hierarchie wurde überlagert von einer Hierarchie der überzeugten („fanatischen"; s.o.) NS-Kämpfer, die den Kampf als Selbstzweck verinnerlicht hatten.

9. Absicherung des Befehls

In der NS-Zeit bildeten das Führerprinzip und die daran angebundenen institutionellen und para-institutionellen Befehlshierarchien die Basis für die gesamtgesellschaftliche Ausbreitung und „Verallgemeinerung von Befehlsstrukturen" (Ehlich 1989: 24). Die spezifische Ausprägung zusätzlicher Absicherung konkreter Einzelbefehle und ganzer Befehlskomplexe durch einerseits explizite, in die Realisierung des Befehlsmusters bzw. in den Handlungszusammenhang integrierte Handlungsmuster, andererseits präsuppositiv verankerte Absicherungssysteme wurde im empirischen Teil dieser Arbeit anhand exemplarischer Analysen herausgearbeitet. In diesem Kapitel soll nun eine systematische Darstellung dieser Stützen erarbeitet werden. Die in den analysierten Befehlstexten zum Vorschein gekommenen expliziten sprachlichen Begleitmuster sind Begründung, Versprechen und Drohung. Im Bereich stützender Präsuppositionssysteme sind Propaganda, staatlicher Terror und damit zusammenhängend die Drohung als *„Überlagerungsstruktur"* (Sauer 1998: 21), Eid bzw. andere verbale Selbstverpflichtungen, präsuppositive Versprechen sowie sozialer Druck durch die Gruppe (vgl. Welzer 2007) zu nennen.

9.1 Absichernde Begleitmuster

Der Zweck von sprachlichen Handlungsmustern, die Befehle begleiten, besteht darin, die adressatenseitige Akzeptanz der Befehle zu stützen. Generell ist die hierarchische Standardkonstellation beim Befehlen gekennzeichnet durch eine Dominanz des Befehlenden über das Kontrollfeld des Adressaten. Ein institutionell legitimierter Zwang hinsichtlich der Übernahme des in einem Befehl enthaltenen Handlungsplans durch den Adressaten ist also (innerhalb eines abgesteckten Bereichs „befehlbarer" Handlungen) generell gegeben. Zusätzliche den Gehorsam sichernde Begleithandlungsmuster kommen dann zum Einsatz, wenn Abweichungen von der Standard-Konstellation zu erwarten oder bereits eingetreten sind.

Nachfolgend soll nun versucht werden, genauer zu fassen, was unter einer Abweichung von der Standard-Konstellation des Befehls zu verstehen ist. Die zu klärende Frage lautet: Was sind typische Charakteristika von Handlungskonstellationen, in denen seitens Befehlender zum Zweck der Stützung der adressatenseitigen Akzeptanz des Befehls ein begleitendes sprachliches Handlungsmuster verwendet wird?
Diese Frage soll zunächst für den Fall des stützenden Einsatzes von Begründungen geklärt werden, um davon ausgehend Unterschiede und Gemeinsamkeiten

zu den von der Standard-Konstellation abweichenden Konstellationen zu erfassen, in denen Drohungen, Versprechen oder Kombinationen verschiedener stützender sprachlicher Handlungsmuster zur Anwendung kommen.

9.1.1 Einsatz von stützenden Begründungen

Als Ausgangspunkt für eine Erarbeitung einer für den befehlsstützenden Einsatz der Begründung spezifischen Zweckbestimmung greife ich zunächst auf eine allgemeine Bestimmung von Zifonun/Hoffmann/Strecker zurück: „Der Zweck der Begründung besteht darin, die Bezugshandlung zur Geltung zu bringen, so daß ihr Zweck und gegebenenfalls weitere damit verbundene Ziele erreicht werden." (1997: 120). Insofern soll – übertragen auf den Einsatz einer Begründung zur Stützung eines Befehls – eine Konstellation hergestellt werden, die durch eine hörer- bzw. adressatenseitige kooperative Haltung im Hinblick auf die auszuführende Handlung gekennzeichnet ist.[298] Ehlich/Rehbein unterscheiden zwischen vier verschiedenen Typen des Begründens (1986: 97 ff.). Bei befehlsstützenden Begründungen, wie sie im analysierten Material meiner Untersuchung zu finden sind, hat man es mit Typ III zu tun. Dieser Typ setzt an bei einem Wollen des Äußerungsproduzenten hinsichtlich einer adressatenseitigen Handlung: „S will, daß H eine Handlung F tut." (Ehlich/Rehbein 1986: 111) Der Äußerungsproduzent markiert ein für den Adressaten geltendes Sollen, das durch die Wirkung der Begründung zu einem Wollen des Adressaten werden soll: „Das Begründungsmuster operiert [...] auf der Transferstelle vom Sollen zum Wollen (entsprechend ist beim Müssen die Begründung hinfällig)." (Ehlich/Rehbein 1986: 112) Bei den hier zu diskutierenden Fällen liegt allerdings ein durch eine institutionelle Befehlskonstellation bedingtes, grundsätzliches adressatenseitiges Müssen vor, das, wie nachfolgend zu zeigen ist, im Fall von Abweichungen von der Standard-Konstellation abgeschwächt wird, sodass die Befehlsinstanz faktisch oder potenziell auf die Herstellung einer kooperativen Haltung bei den Adressaten angewiesen ist. Daraus ergibt sich die Abschwächung der Modalität des Müssens zur Modalität des Sollens.

Ich beziehe mich im Folgenden auf Befehlstexte, denen aufgrund von verfasserseitig antizipierten, potentiellen Widerständen gegen den betreffenden Befehl eine Begründung vorangestellt ist. Solche Antizipationen beruhen auf Einschät-

298 Ehlich/Rehbein (1986: 94) sprechen von einer „Begründung" (i.S. eines Handlungsergebnisses), wenn der Zweck, die „Veränderung im Wissen des Hörers" (Ehlich/Rehbein 1986: 94), tatsächlich erreicht wird. Andernfalls liegt lediglich ein „Begründungsversuch" (Ehlich/Rehbein 1986: 95) vor. Im Zuge der in dieser Arbeit durchgeführten Textanalysen konnten nur potentielle Aneignungen durch Leser herausgearbeitet werden, da mangels geeigneter Daten keine oder keine systematische Betrachtung tatsächlicher Aneignungen der Texte durch ihre Adressaten möglich war. Insofern erscheint jedwedes hier analysierte Begründen als Versuch.

zungen der Befehlsinstanz hinsichtlich einer Abweichung vorliegender Konstellationen von der Standard-Konstellation.

Aus den Ergebnissen der empirischen Analysen ergeben sich folgende Hypothesen zu Konstellationen, die vom Standardfall abweichen:
Begründungen sind schriftlichen NS-Befehlen vorangestellt, wenn a) der Handlungsplan selbst, auf dessen Ausführung durch einen Befehl verpflichtet wird, außerhalb des üblichen oder legitimen Bereichs angesiedelt ist und damit andere Notwendigkeitsinstanzen z.B. moralischer oder religiöser Art tangiert werden, b) wenn Handlungsspielräume der zur Ausführung vorgesehenen Akteure vorhanden sind.

Zu a): Die Handlungsbereiche, auf die sich Befehle im NS erstreckten, wurden sukzessive erweitert.
(Gerade im Ostfeldzug wurden die Wehrmacht-Soldaten im Rahmen der Rollen-erweiterung zu „Rächer[n]" und „Träger[n] einer völkischen Idee" (v. Manstein 1941)[299] auf außernormative Handlungsweisen verpflichtet.)

Zu b): Handlungsspielräume in einem Gefüge von Befehl und Gehorsam ergeben sich immer da, wo entweder den Akteuren bewusst Freiräume für selbstständiges Agieren zugestanden werden oder die Konstellation, in der eine befohlene Handlung stattfinden soll, gekennzeichnet ist durch ein Defizit an Kontrollmöglichkeiten eines Befehlenden über die Handlungen von Akteuren. Dies kann der Fall sein, wenn eine grundsätzliche Handlungspraxis für den Fall des Vorliegens bestimmter konditionaler Konstellationselemente eingefordert wird. Die konditionale Struktur dieses Typs von Befehlen ist: *wenn X, dann Y tun.* Hierfür wurde bereits der Terminus ‚schwebender Befehl' eingeführt. „Schwebend" sind solche Befehle deshalb, weil der Zwang zur Ausführung des übertragenen Plans erst in Kraft tritt, wenn die Bedingung X, an die er geknüpft ist, eintritt.
Bei Befehlen, die durch eine solche Struktur gekennzeichnet sind, wird also nicht in jedem Fall eine Handlung von den Befehlsempfängern gefordert, sondern nur unter bestimmten Bedingungen. Damit einhergehend ist der Umstand, dass eine Einschätzung der Situation durch den jeweiligen Befehlsempfänger erforderlich ist, d.h., er muss ein Ereignis oder eine Handlung als „X" wahrnehmen, damit der an diese Bedingung geknüpfte Befehl wirksam werden kann.
Hier ergeben sich nun für einen ausführenden Akteur Handlungsspielräume. (Beispielsweise könnte er so tun, als ob er das Ereignis oder die Handlung „X" nicht als „X" wahrnimmt.)[300]

299 Vgl. die Analyse in Kap. 6.

300 In diesem Fall ist es natürlich aus Sicht des Akteurs im Hinblick auf die Vermeidung von Sanktionen erforderlich, dass die fingierte „Fehldeutung" der Handlungskonstellation, in der der Befehl zur Ausführung kommen müsste, keinem Vorgesetzten auffällt und auch nicht von Gleichrangigen angezeigt wird.

Bezogen auf Situationen, in denen ein Akteur auf der Grundlage von Handlungsschemata handeln muss, ohne dass er von einem direkten Vorgesetzten vor Ort konkrete Befehle erhält (z.B. auf das Ereignis X im gemeinsamen Wahrnehmungsraum zu reagieren), hat der Begründungsvorspann den Zweck, dem Kontrolldefizit und somit der Gefahr der stillschweigenden Missachtung des Befehls entgegenzuwirken, indem das Adressatenwissen dahingehend bearbeitet wird, dass der Anschluss des eigenen Willens an die durch die Begründung zu plausibilisierende Handlungsnotwendigkeit erreicht wird.

Mit einer einem Befehl vorangestellten Begründung[301] soll eine Bearbeitung des Adressatenwissens (Π-Bereich) hinsichtlich der Verankerung einer situativ bedingten Modalität des Müssens im Hinblick auf die befohlene Handlung als spezifisches Wissenselement bezweckt werden. Die Übernahme der Einschätzung der situativen Notwendigkeit von Seiten der Adressaten soll zu einer Ausbildung eines eigenen Wollens führen. Somit zielt die Begründung als Stütze des Befehls auf Freiwilligkeit ab. Damit geht die dem Befehl vorangestellte Positionierung der Begründung innerhalb des Musterzusammenhangs einher (‚Präambelposition'), die in vielen NS-Befehlstexten gefunden wurde, die Begründungen enthalten. So wird eine spezifische Veränderung im Adressatenwissen als Vorbereitung auf die Übermittlung von mit Befehlsmarkern als verpflichtend gekennzeichneten Handlungsplänen bezweckt.
Durch den Einsatz einer stützenden Begründung werden den Adressaten Einblicke in die Vorgeschichte des Befehls gegeben. Genauer handelt es sich um Einblicke in das Stadium der ‚Situationseinschätzung' (*Notwendigkeit, dass ein Handlungsplan bzw. ein Ensemble von Handlungsplänen ausgeführt wird*), aus der die Handlungsentscheidung der übergeordneten Befehlsstelle zur Formulierung und spezifischen Adressierung des Befehls resultiert. Im Hinblick auf die befohlene(n) Handlung(en) wird durch den Einsatz der Begründung eine adressatenseitige kooperative Haltung bezweckt. Potentielles Nichtverstehen, das zu Wiederständen gegen den Befehl führen kann, soll in ein Verstehen transformiert werden.

Schaut man auf die in die Begründungen eingearbeiteten propositionalen Gehalte, zeigen sich folgende Elemente, die häufig in Kombination auftreten:[302]

a) Rekurs auf ideologisches Wissen (ein häufiger Fall ist die Bezugnahme auf das nationalsozialistische Kampfmodell), b) Behauptung situativer Erfordernisse,

---

301 Bei eingeschobenen Begründungen, die z.B. mit dem operativen Ausdruck *denn* eingeleitet werden, hat man es, wie Redder im Rahmen ihrer Analyse der Funktionsweise dieses Ausdrucks argumentiert, mit einem „Innehalten in einem Musterablauf" (Redder 1990: 47) zu tun. Die reparativ eingeschobene Begründung ist darauf ausgerichtet, den erfolgreichen weiteren Ablauf des übergeordneten Musterzusammenhangs zu gewährleisten.

302 Vgl. hierzu besonders die Analyse des letzten Tagesbefehls Hitlers vom 16.4.1945 an die „Soldaten der Ostfront" in Kap. 8.5.

c) ideologische Deutung aktuellen Kriegsgeschehens im Zusammenhang mit der Einflechtung verschiedener ideologischer Topoi (Rache der Feinde, „Weltanschauungskampf", „Existenzkampf"). Versatzstücke dieser Art bildeten auch den Kern der propositionalen Reservoirs, auf die bei der im Verlauf des Krieges – besonders im Zuge der Offiziersausbildung – intensivierten ideologischen Indoktrination innerhalb der Wehrmacht zurückgegriffen wurde.[303]

Die stützenden Begründungen sind den eigentlichen Befehlen als Präambeln vorangestellt. Ihre Binnenstruktur weist Verkettungen von Assertionen auf, die ein Wissen präsentieren, für das ein unbezweifelbarer Wahrheitsgehalt beansprucht wird. Empirische Nachweise – etwa für eine ideologische Deutung aktuellen Kriegsgeschehens – werden nicht erbracht. Die Basis bildet ein uneingeschränktes Wissens- und Entscheidungsmonopol. Damit hängt der Verzicht darauf, den Wahrheitsgehalt der Proposition zu belegen oder eine allgemein anerkannte Quelle des Wissens auszuweisen, zusammen: die NS-Führung und ihre Repräsentanten genießen selbst den Status derartiger Quellen. Mit den Begründungen verkettete Behauptungen erhalten so den Status von allgemeinen Setzungen, die keiner Stützung (i.S. von Toulmin 1975: 93 ff.) bedürfen.

Im Folgenden geht es um die Frage: Wie werden Begründungen in ihrem spezifischen Zweckcharakter – der Absicherung der adressatenseitigen Akzeptanz der Direktive – mit der Übermittlung von Handlungsplänen verkoppelt?

Zwischen Begründung und Befehl finden sich in den analysierten Texten häufig „zusammengesetzte Verweiswörter" (Rehbein 1995) wie z.B. *daher* und *deshalb*, die den Übergang durch die Markierung einer kausalen Folgerung leisten. Die

303 Für Hitler war die ideologische Indoktrination der Wehrmachtangehörigen ein wichtiger Ausbildungsbestandteil. Die so genannte „weltanschauliche Schulung" von Wehrmacht- und Waffen-SS-Führern bzw. des entsprechenden „Führernachwuchses" war durch verschiedene Erlasse und „Führerbefehle" obligatorisch gemacht worden. So befahl Hitler z.B. am 7.12.1944, „daß in Zukunft der aktive Offizier- bzw. Führernachwuchs des Heeres und der Waffen-SS vor seinem Eintritt in die Wehrmacht in Nationalpolitischen Erziehungsanstalten, Adolf-Hitler-Schulen, der Reichsschule Feldafing und weiteren vom Reichsführer SS zu bestimmenden Heimschulen erzogen wird." (BdF vom 7.12.1944; BA R 18/624 (AdP 11119); BA NS 6/147; zit. n. Moll 1997: 467) Im BdF vom 22.12.1943 wird die Bildung eines „NS-Führungsstabes" im OKW befohlen, zu dessen hauptsächlichen Aufgaben gehörte, die „für die Truppe notwendige politische Willensbildung und Aktivierung" sicherzustellen, indem er entsprechende weltanschauliche Lehrgänge für Offiziere und SS-Führer veranstaltete und „Richtlinien für die politisch-weltanschaulichen Voraussetzungen" (BdF vom 22.12.1943; zit. n. Moll 1997: 382) für Ausbildungsoffiziere formulierte. Durch den „Führerbefehl" vom 8.1.1944 wurden Offiziere und SS-Führer darauf verpflichtet, ihre Untergebenen auf der Grundlage der vom Personalamt des Heeres herausgegebenen Broschüre „Wofür kämpfen wir?" weltanschaulich zu unterrichten und zu erziehen (vgl. Moll 1997: 381). Im Begründungsvorspann zum genannten Befehl wird explizit die Wichtigkeit der weltanschaulichen Überzeugung der Soldaten im Hinblick auf den Kriegsausgang herausgestellt. Die Begründungen, welche vielen OKW-Befehlen vorangehen und aus denen jene pseudologisch abgeleitet werden, sind in einem solchen Licht zu betrachten.

spezifische Funktionalität dieser Ausdrücke als Scharnierelemente zwischen vorgeschobener Begründung und Befehl soll am Beispiel von *daher* erläutert werden, das sich vor allem in Hitler-Befehlen häufig findet, und zwar in der explizit-performativen Formel: „Ich befehle daher:"
Das Kausaladverb *daher* setzt sich zusammen aus dem deiktischen Ausdruck *da* und dem deiktischen Ausdruck *–her*.[304] Während *da* eine deiktische Orientierung im ‚Textraum' bzw. im ‚Rederaum'[305] als einem ‚Raum', in dem sprachlich gezeigt werden kann, auf ein bereits versprachlichtes Wissenselement (nicht auf einen vorangegangenen Satz oder vorangegangene Sätze: vgl. Rehbein 1995: 195) leistet, markiert *-her* (in dieser Verwendung) den „paraoperativen" (Rehbein 1995: 184) Prozess einer

> „abstrakten, aber geradlinigen *Bewegung im Wissen*, die das in q verbalisierte Wissen als Endpunkt auf einen zuvor verbalisierten fernen Ausgangspunkt im Wissen zurückführt und in dieser Rückführung das neue Wissen als aus einem alten geradlinig herleitbares darstellt." (Rehbein 1995: 184)

Durch den Einsatz zusammengesetzter Verweiswörter wie *daher* zwischen vorgezogener Begründung und Verbalisierung von Handlungsplänen sowie -schemata wird auf „ein Element der Vorstellung, die auf einer Projektion ausgehend von den vorausgehenden Propositionen beruht" (Rehbein 1995: 195), orientiert und der Handlungsplan sowie der daran geknüpfte Zwang als aus dem besagtem Vorstellungselement in logischer Konsequenz hergeleitet gekennzeichnet.[306]

9.1.2 Drohung als Absicherung des Gehorsams – explizit und als Präsuppositionssystem

Die Drohung ist das aggressivste sprachliche Mittel, um einen Befehl zu stützen. Als unmittelbare Absicherung des Gehorsams kann sie wirksam werden, wenn sie in der gleichen Sprechsituation oder im gleichen Text mit spezifischer Bezugnahme auf den Befehl realisiert oder (re-)aktualisiert wird. Der Befehlende, der zur stützenden Drohung greift, hat, wie auch beim entsprechenden Einsatz der Begründung, zuvor die Einschätzung ausgebildet, dass eine Abweichung von der Standard-Befehlskonstellation vorliegt, und zwar dergestalt, dass – hier liegt m.E. der Unterschied zur Charakteristik von Konstellationen, in denen zur Begründung gegriffen wird – die Adressaten-Entscheidung gegen die Ausführung des

304 Der Ausdruck *her* geht auf den althochdeutschen Ausdruck *hera*, dieser auf den Pronominalstamm **hi-* zurück (vgl. Kluge 2002: 369).

305 Zu den Termini, Textraum' und ‚Rederaum' vgl. Ehlich (2007c: 169).

306 Rehbein (1995) kategorisiert die Ausdrücke *deshalb, deswegen, darum, dadurch, daran, demnach* als Kombinationen aus einer deiktischen und einer relationierenden Prozedur (vgl. 1995: 187), wohingegen dem Autor zufolge *daher* „keine relationale Komponente enthält" (Rehbein 1995: 184).

Befehls wahrscheinlich oder sogar faktisch ist. Eine solche Einschätzung kann auf Antizipation (bei schriftlichen Befehlen) oder auf Hörerrückmeldungen in der Äußerungssituation beruhen. Wie auch die Begründung zielt die Drohung – in Gehorsam sicherstellender Funktion – auf eine Veränderung im Adressatenwissen zugunsten einer Beeinflussung von Entscheidungen, und zwar dahingehend, dass eine tatsächliche oder (im Falle schriftlicher Befehle) zukünftig potentielle Entscheidung des Adressaten gegen die Ausführung befohlener Handlungen revidiert wird („Revision des Handelns bei H"; Rehbein 1977: 336). Durch Drohungen werden allerdings – darin besteht die musterspezifische Funktionalität – mögliche Sanktionsszenarien in der Adressatenvorstellung entfaltet, deren Realisationen als kausale Folge im Falle des Ungehorsams angekündigt werden (vgl. Rehbein 1977: 333 ff.).

Präsuppositiv verankerte und implizit realisierte Drohungen[307] erfüllten in der Endphase des Krieges als mittelbare Absicherung von Befehlen und Befehlskomplexen den Zweck der Aufrechterhaltung generellen Gehorsams als Basis für die Bereitschaft zur je spezifischen externen Handlungsplanung.

9.1.3 Versprechen

Versprechen hatten in der NS-Zeit zunächst eine Gehorsam herstellende[308], später absichernde Funktion (vgl. Ehlich 1989: 24). In den analysierten Texten der letzten Kriegsphase fanden sich anspielende Verweise auf bedeutende Versprechen-Komplexe wie etwa die Eroberung von „Lebensraum" im Osten und damit zusammenhängende Verheißungen oder den in Aussicht gestellten „Endsieg". Während Begründungen eine kausale Relation zum Befehl herstellen (*weil* X → Befehl), ergibt sich beim Versprechen meist eine finale Relation zum Befehl (Befehl → *damit* Y realisierbar ist). In beiden Fällen wird eine für Befehlende und Befehlsempfänger gemeinsame übergeordnete Zielfokussierung präsuppositiv vorausgesetzt, deren Verwirklichung als unmittelbar oder mittelbar an den Gehorsam geknüpft ausgewiesen wird. Dies impliziert ein grundsätzlich kooperatives Handlungssystem durch einen gemeinsamen, durch die „Volksgemeinschafts"-Ideologie konstituierten Bezugsrahmen des Handelns. Dagegen zielt die Drohung darauf, dass ein Befehlsempfänger gegen seinen eigentlichen Willen Handlungen ausführt, um ihn selbst betreffende Konsequenzen zu vermeiden.

In einigen NS-Befehlen aus der letzten Kriegsphase findet man sowohl vorangestellte Begründungen, Verweise auf präsuppositiv verankerte Systeme von Ver-

307 Vgl. die Analyse einer Bekanntmachung über in Kraft getretene Sanktionen in Kap. 4.4.

308 Zur Bedeutung ganzer Versprechen-Komplexe in der Phase der Etablierung der NS-Herrschaft vgl. Ehlich (1998, 1989).

sprechen (z.B. durch das Ideologem „Zukunft") und eingeschobene, teils implizite, teils explizite Drohungen. Hier kommt die Strategie der Mehrfachadressierung in systematischer Weise zur Anwendung.

9.2 Propaganda

Einen zentralen Baustein für die Absicherung der Akzeptanz gesamtgesellschaftlicher Verallgemeinerung des Befehls stellte die Propaganda dar, durch die entsprechende Präsuppositionssysteme etabliert und ständig präsent gehalten wurden. Beispielsweise sollte durch die in der Kriegspropaganda pausenlos reproduzierte Forderung nach gesamtgesellschaftlicher Orientierung am Soldaten-Rollenbild[309] die Unterordnung aller Mitglieder der „Volksgemeinschaft" unter die Befehle der Führung und ihrer Repräsentanten abgesichert werden.
Auf propositionaler Ebene eng mit den propagandistisch etablierten Wissenssystemen vernetzt war das sprachliche Handlungsmuster der Begründung in befehlsstützender Funktion. Ein wichtiger Handlungsbereich innerhalb der NS-Propaganda war die Artikulation von Versprechen und Versprechen-Komplexen.

9.3 Einfluss der Aktantengruppe

Strukturell anders gelagert als die bisher besprochenen Stützen des Befehls ist die Wirksamkeit sozialen Einflusses. Besonders im Hinblick auf die Bereitschaft einzelner Akteure zur Ausführung von Mordbefehlen kam sozialer Druck durch die Aktantengruppe, der die betreffenden Akteure angehörten, zum Tragen. Welzer (2007) hat in seiner Studie „Täter" gezeigt, dass sich die Orientierung am Handeln Anderer in Bezug auf die Beteiligung an Exekutionen in vielen Fällen verstärkend auswirkte. In diesem Zusammenhang ist die Gerichtsaussage eines NS-Mörders aufschlussreich, der erklärte, bei einer Massenexekution „auch mitgeschossen" zu haben (vgl. Schäfer 2007). Die moralische Last des eigenen Mordens schien sich für diesen Polizeibataillon-Angehörigen durch das Beteiligtsein an einem kollektivem Handeln („auch", „mit-") moralisch rechtfertigen zu lassen.

---

309 Vgl. hierzu die Analyse der Rede Görings vor der Gefolgschaft der Berliner Borsig-Werke vom 9.9.1939 in Kap. 4.5.1.

Abschließend sollen anhand einer Grafik die Ergebnisse dieses Kapitels veranschaulicht werden:

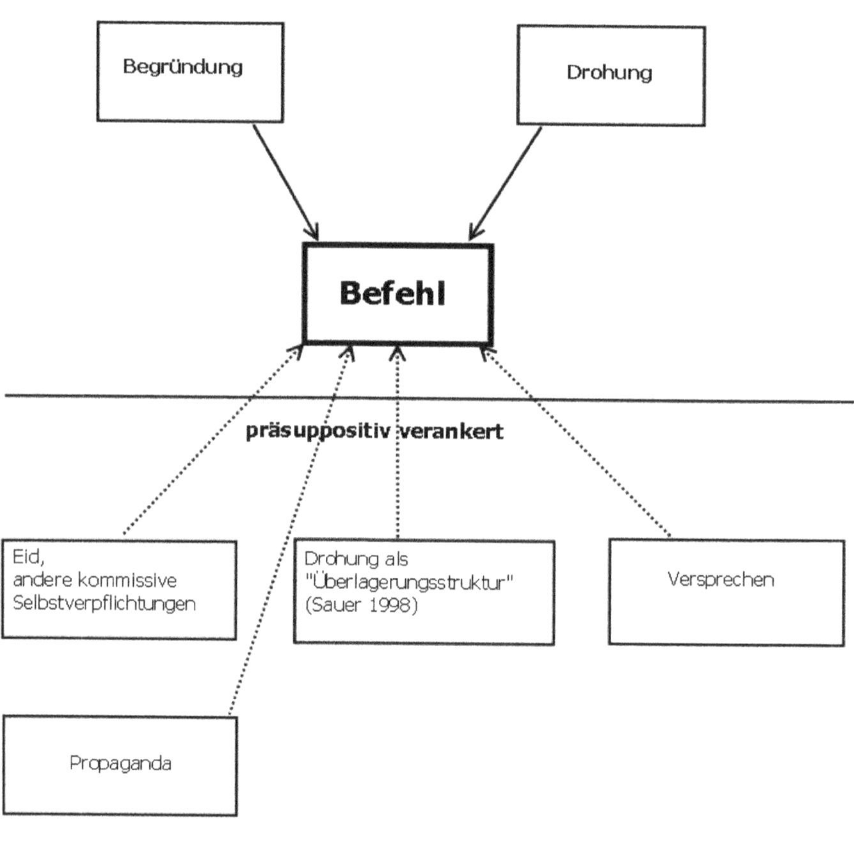

Abb. 3: Absicherung der Akzeptanz des Befehls in der NS-Zeit

10. Das Handlungsmuster des Befehls

Auf Basis der in Kap. 1.6 dargestellten Forschungsstände zur Aufforderung und zum Befehl[310] sowie der im empirischen Teil präsentierten Analysen wird in diesem Kapitel eine allgemeine Musterstruktur des Handlungsmusters des Befehls[311] erarbeitet, von der ausgehend im nächsten Kapitel eine Beschreibung spezifischer Typen des Befehls in der NS-Zeit erfolgen kann. Zur Bezeichnung der beiden am Musterablauf beteiligten Interaktanten wird auf die in der Funktionalen Pragmatik üblichen Abkürzungen „S" für „Sprecher" und „H" für „Hörer" zurückgegriffen, wobei hier mit „S" der befehlende und mit „H" der adressierte Aktant[312] gemeint ist.

Aufforderungen aller Typen haben den Zweck gemein, den Hörer dazu zu bringen, eine Handlung (nachfolgend unter Verwendung der in der Funktionalen Pragmatik gebräuchlichen Abkürzung „F" genannt) auszuführen (vgl. Zifonun/Hoffmann/Strecker 1997: 134). Beim Befehlen geschieht dies allerdings – hier liegt der entscheidende Unterschied zu anderen Aufforderungstypen – unabhängig von der adressatenseitigen mentalen Dimension des Wollens. Kennzeichnend für die Konstellation beim Befehlen ist nämlich ein hierarchisches Machtverhältnis zwischen S und H, auf dem der für H geltende Zwang zum Gehorsam beruht. Die fraglose Übernahme des mit dem Befehl übertragenen Plans wird aufgrund des spezifischen hierarchischen Handlungssystems sprecherseitig vorausgesetzt. Insofern hat man es beim Befehl mit einer „systematische[n] Eliminierung der Hörer-Entscheidung und des Hörer-Bewusstseins" (Ehlich 1989: 24) zu tun. Im Falle einer hörerseitigen Entscheidung gegen die Akzeptanz eines Befehls[313] und einer damit einhergehenden Unterlassung der betreffenden Handlung folgen i.d.R. Sanktionen (vgl. Zifonun/Hoffmann/Strecker 1997: 136; s.u.).

Zusammenfassend kann formuliert werden: Der Zweck eines Befehls ist, dem Hörer einen Handlungsplan zu übermitteln und ihn aufgrund des zwischen Sprecher und Hörer bestehenden hierarchischen Verhältnisses auf die Realisierung der Handlung zu verpflichten.[314] S untersteht innerhalb einer gestaffelten hierarchischen Kette seinerseits ebenfalls bestimmten Befehlsgewalten, die andere Aktanten innehaben, es sei denn, er steht am Anfang der Befehlskette. Dieser Hin-

---

310 Angeführt wurden die Arbeiten von Rehbein (1977), Klein/Sauer/Hanssen (1981), Hindelang (1978).

311 Klein/Sauer/Hanssen (1981) sprechen vom Handlungsmuster „Befehl–(Bestätigung)–Gehorsam". Mit dem hier gewählten Terminus „Befehl" soll der gesamte Musterablauf inklusive der komplementären Hörerhandlungen bezeichnet werden.

312 Häufig ist die Hörerposition mehrfach besetzt.

313 Siehe dazu 10.1.4.

314 Zifonun/Hoffmann/Strecker formulieren folgende Zweckbestimmung des Befehls: „Der Zweck des Befehls besteht darin, bestimmte Handlungsweisen im Geltungsbereich unmittelbar zu erzwingen, ohne daß ihre Ausführung zu thematisieren ist." (1997: 136)

weis ist wichtig im Hinblick auf die Ausbildung eines Wollens der Ausführung der Handlung F durch einen bestimmten anderen Aktanten. Hinter dem Wollen von F könnte nämlich auch eine Obligation zur Weitergabe des Handlungsplans zur Handlung F stehen, und zwar durchaus auch bereits adressatenspezifiziert. Zu unterscheiden sind demnach zwei unterschiedliche Ausgangspunkte[315]: a) S muss den Befehl zur Ausführung von F nach unten weitergeben (ggf. an einen bestimmten Adressaten), b) S will, dass F umgesetzt wird, und zwar von einem hierarchisch unter ihm Stehenden.
Bei schriftlichen Befehlen ergeben sich aufgrund der für Texte charakteristischen Bedingungen der „zerdehnte[n] Sprechsituation" (Ehlich 1984: 18) generelle Verbalisierungsnotwendigkeiten: Dazu gehören die explizite Adressierung und Nennung der befehlenden Instanz sowie ggf. eine Verbalisierung der Konstellation, die durch die zu initiierende Handlung bearbeitet werden soll.[316] Notwendig für das „Gelingen" eines mündlichen Befehls ist, dass die Interaktanten sich persönlich kennen oder dass die unterschiedlichen hierarchischen Ränge äußerlich erkennbar sind (Uniform, Abzeichen etc.; bei schriftlichen Befehlen durch Nennung der befehlenden Instanz und Unterzeichnung[317]), so dass die Befehlsrichtung eindeutig ist. Ein mündlicher Befehl wird an einen oder mehrere Aktanten adressiert durch persönliche Ansprache, Nennung des Namens oder Dienstrangs oder durch Blickkontakt. Im Fall empraktischer Einbettung ist eine explizite Adressierung nicht notwendig.

10.1 Musterablauf

Bei der Beschreibung des Musterablaufs wird differenziert zwischen den Tätigkeiten, die im mentalen Bereich beider Interaktanten und denen, die im interaktionalen Bereich zu verorten sind. Die Ablaufstruktur wird entsprechend den „Stadien des Handlungsprozesses" nach Rehbein (1977: 137-184) unterteilt in eine Vorgeschichte, eine Geschichte und eine Nachgeschichte des Befehls. Der Ablaufbeschreibung ist ein Diagramm[318] vorangestellt, anhand dessen der Gang durch das Muster anschaulich werden soll.

315 Dies wird in der Beschreibung des Musterablaufs weiter ausgeführt.

316 Ob und in welchem Umfang konstellative Elemente in schriftlichen Befehlen verbalisiert werden, hängt vom Adressaten-Vorwissen ab.

317 Ehlich beschreibt „Siegel und Unterschriften" als „Garanten der Glaubwürdigkeit von Dokumenten" (2007b: 194 ff.).

318 Auf der Basis von Rehbeins „Schema von Aufforderungen i.e.S." (1977: 339) hat Grießhaber (1982) ein Diagramm des Handlungsmusters der Aufforderung entwickelt (vgl. hierzu die von Grießhaber (1982-2004) online veröffentlichte Grafik: [http://spzwww.uni-muenster.de/griesha/eps/prg/auffordern-mst.html], 10.12.2011). Dieses Diagramm bildete eine wichtige Einflussquelle für meine Überlegungen zum Befehls-Musterdiagramm.

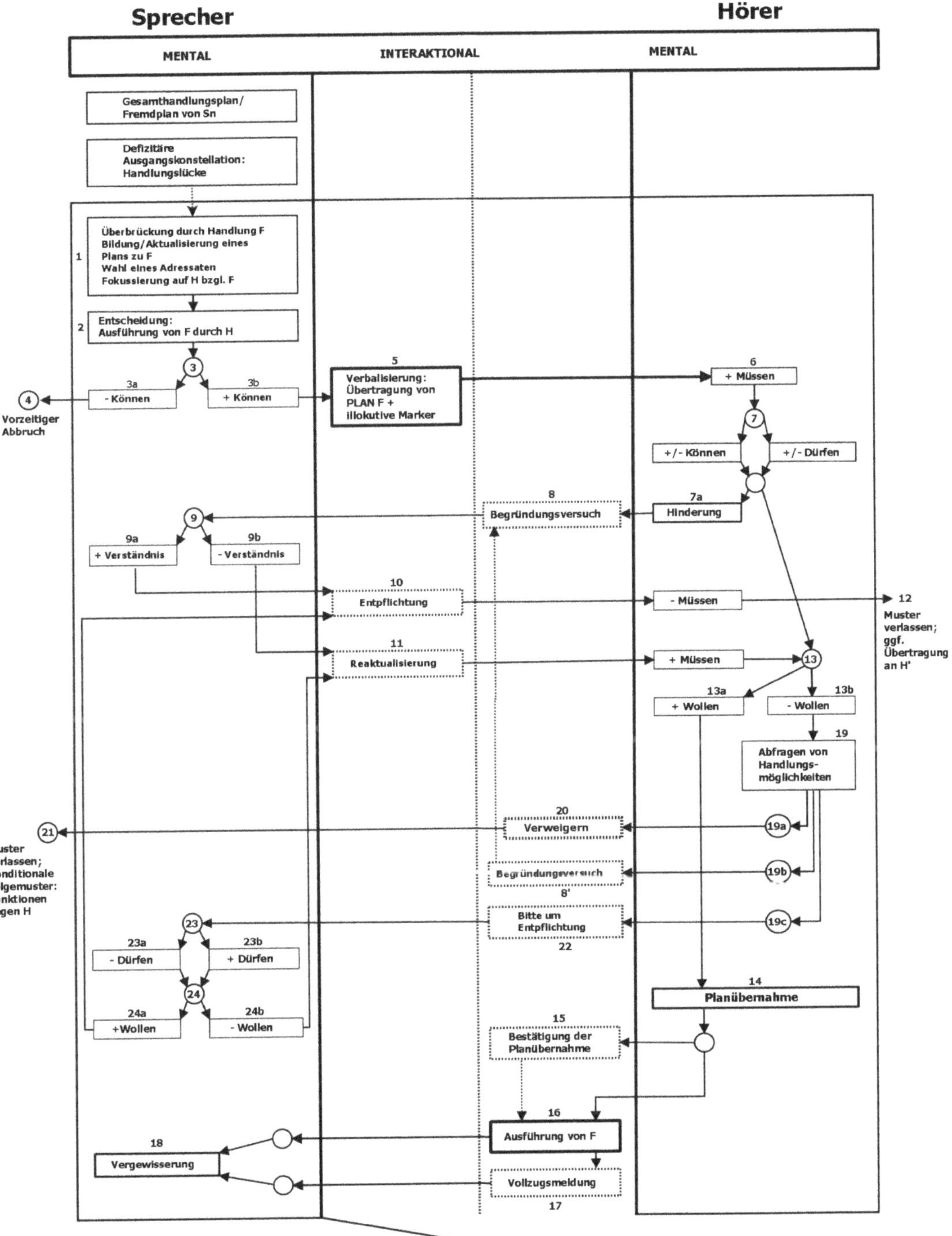

Abb. 4: Diagramm: Handlungsmuster des Befehls

10.1.1 Vorgeschichte

Ein Sprecher S nimmt in einem ‚Handlungskontext'[319] ein spezifisches Arrangement von Wirklichkeitselementen als eine bestimmte defizitäre Ausgangskonstellation wahr.[320] Diese besteht in einer ‚Handlungslücke'[321] in einer ‚Gesamthandlung'[322], für die ein ‚Gesamthandlungsplan'[323] vorliegt. Vorausgehen kann innerhalb des betreffenden Handlungskomplexes allerdings auch ein Fremdplan von einer höhergestellten Befehlsposition (Sn), der „nach unten" weitergegeben oder von dem ein Befehl abgeleitet werden muss.

Die erste Position (1)[324] des Befehls ist die der Ausbildung oder Aktualisierung eines Handlungsplans[325], der einer Handlung F zugrunde liegt, durch die die Handlungslücke geschlossen werden soll. Im Zuge der Aktualisierung oder Ausbildung des Handlungsplans zu F (im Stadium der Entwicklung eines „Schemas" zur auf ein spezifisches Ziel gerichteten Sprechhandlung „Befehl": „Präphase 2"; Rehbein 1977: 196) erfolgt die Auswahl eines anderen, (innerhalb einer institutionellen Hierarchie) dem Sprecher gegenüber zum Gehorsam verpflichteten Aktanten, der mit der Ausführung des Handlungsplans betraut werden soll, sowie die Ausbildung eines entsprechenden Wollens (2). Darauf folgt (3) die sprecherseitige Abfrage seines Wissens hinsichtlich des auf F bezogenen Könnens von H (in Anlehnung an Rehbein (1977) „Φ-Bereich" genannt). Hierbei handelt es sich um die in die Planungsphase integrierte „Befragung des Könnens" (Rehbein 1977: 200). Die Voraussetzung für das Gelingen des weiteren Musterablaufs ist die aus der Abfragetätigkeit resultierende Einschätzung, dass H F ausführen kann. (Bei einer negativ ausfallenden Einschätzung bezüglich des Φ-Bereichs von H (3a) kommt das Muster noch vor der Sprechhandlung zum Abbruch (4).)[326]

319 Zu den Stadien der „engeren Vorgeschichte" einer Handlung („Handlungskontext, Einschätzung der Situation, Motivation, Zielsetzung") siehe Rehbein (1977: 182 f.).

320 Entscheidend für diese Tätigkeit ist der „Mechanismus des Wahrnehmens" (Rehbein 1977: 27).

321 Zum Begriff „Handlungslücke": Rehbein (1977: 339). Rehbein spricht in diesem Zusammenhang auch von *„Ausführungslücke"* (1977: 337).

322 Zur „Definition einer Gesamthandlung als komplexes produktives Muster": Rehbein (1977: 89).

323 Zum Terminus „Gesamthandlungsplan": Rehbein (1977: 203). Der Begriff wurde hier analog zum in Grießhabers (1982) Diagramm des Handlungsmusters der Aufforderung verwendeten Begriff „Gesamtplan" gebraucht.

324 Die Nummerierung entspricht der Nummerierung im Diagramm.

325 Eine Aktualisierung an Position (1) erfolgt bei der Weitergabe von Handlungsplänen innerhalb von Befehlsketten (s.o.; Fremdplan von Sn).

326 Die beschriebenen Abfragetätigkeiten laufen bei routinemäßig erteilten Befehlen zur Initiierung von Routinehandlungen in der Regel nicht ab. An ihre Stelle treten im Handlungsprozess sog. *„short-cuts"* (Rehbein 1977: 197).

10.1.2 Geschichte

Ein positives Ergebnis der Wissensabfrage im Hinblick auf den Φ-Bereich von H (3b) mündet in eine sprachliche Realisierung des Befehls (5), welche den zu übertragenden Handlungsplan (‚propositionaler Gehalt der Sprechhandlung'; vgl. Rehbein 1977: 338) sowie sprachliche Indikatoren (Illokutionsmarker) enthält, durch die H nahegelegt wird, die Äußerung im Kontext der spezifischen hierarchischen Konstellation als Befehl zu interpretieren.
(Die Diskussion aller möglichen Binnenpositionen, die der sprachlichen Realisierung zuzuordnen sind, würde den hier vorgesehenen Rahmen deutlich sprengen. Diese Binnenpositionen variieren. Sie hängen nämlich von jeweiligen spezifischen Konstellationen und damit spezifisch zu differenzierenden Zwecken bestimmter Typen von Befehlen ab. Im Rahmen der im nächsten Kapitel zu erarbeitenden Typologie wird genauer auf die für die Realisierung spezifischer Typen des Befehls charakteristischen Binnenpositionen eingegangen.)[327]
Dass H die Handlung ausführen kann, wird bei der Äußerung des Befehls nicht expliziert, sondern präsuppositiv[328] vorausgesetzt. Mit der Äußerung des Befehls tritt ein für H geltender Zwang in Kraft (+ Müssen: 6), der ggf. aufgehoben werden kann (s.u.).[329]
Im Zuge der Rezeption des Befehls durch H findet ein Abfragen seines Können- sowie Dürfen-Bereichs statt (7)[330]:
Hinsichtlich des Abfragens seines auf F bezogenen Könnens ist H einerseits konfrontiert mit der Erwartung[331] des in einem Gewaltverhältnis über ihm Stehenden, nach der er, H, die physischen Voraussetzungen und Fertigkeiten für die Umsetzung von F (angeblich) hat, und seiner eigenen Einschätzung seines Φ-Bereichs.
Sollte H zur Einschätzung eines Nicht-Könnens (aufgrund fehlender physischer Voraussetzungen, fehlenden Handlungswissens etc.) oder Nicht-Dürfens (bei der Tangierung für H relevanter Normen durch die Ausführung von F) gelangen (Hinderung; 7a), hat er grundsätzlich die Möglichkeit, dem Befehlenden dieses

327 Solche Binnenpositionen sind z.B.: Adressierung, Verbalisierung für die Anwendung des Plans notwendiger konstellativer Elemente, Bedingungen usw.

328 Präsuppositionen als Handlungsvoraussetzungen werden in Ehlich/Rehbein (1972b) diskutiert.

329 Vor allem im Fall der sprecherseitigen Antizipation möglicher hörerseitiger Widerstände gegen den Befehl kann S in der gleichen oder in einer oder mehreren im weiteren Verlauf des Handlungsprozesses getätigten Äußerungen(en) stützende Sprechhandlungen beifügen (vor allem Drohung, Rekurs auf Verpflichtungen), um die Akzeptanz des Befehls zu sichern (siehe dazu Kap. 9).

330 Wie auch sprecherseitig bei Routinebefehlen die entsprechende Abfragetätigkeit durch ‚short-cuts' ersetzt wird, befragt auch der Hörer etwa bei Exerzierbefehlen in der Regel nicht eigens sein Kontrollfeld oder seinen Φ-Bereich. Gerade durch das Exerzieren soll promptes Handeln auf Befehl ohne Nachdenken eingeübt werden. Insofern scheint ein wesentlicher Teilzweck des Exerzierens darin zu bestehen, mentale Abfragetätigkeiten militärischer Aktanten, die normalerweise im Prozess der Rezeption einer Aufforderung ablaufen, abzugewöhnen, und durch routinehafte mentale Kurzprozeduren zu ersetzen, in dem Sinne, dass die eigene Handlungsplanung zu Gunsten einer externen Handlungsplanung ausgeschaltet wird.

331 Gemeint ist die Erwartung von S, die aus einer entsprechenden Einschätzung resultiert.

plausibel zu machen, um Letzteren zu veranlassen, den in Kraft getretenen Zwang aufzuheben.[332] Hier ist seitens H das Handlungsmuster „Begründen“ in den Musterablauf einzuschieben (8). Im Rahmen der mentalen Auseinandersetzung von S mit der eingeschobenen Begründung (vgl. zur internen Struktur des Handlungsmusters „Begründen“ Ehlich/Rehbein 1986: 88-127) erweist sich das darin enthaltene spezifische Wissenselement D[333] entweder als geeignet, um das Wissen von S dahingehend zu bearbeiten, dass dieser zu einer Zurücknahme oder ggf. Modifikation des Befehls bewegt wird (+ Verständnis; 9a), oder nicht (- Verständnis; 9b). Es folgt eine Äußerung der Zurücknahme des Befehls (Entpflichtung; 10) und damit ein Musteraustritt (12), der ggf. mit einer Übertragung des Handlungsplans an einen anderen Aktanten (H') einhergeht, oder eine Äußerung, die sich als Reaktualisierung des Befehls (11) darstellt.

Bei einer positiven Können- und Dürfen-Einschätzung von H (Normalfall) tritt die Modalität des Müssens in Bezug auf die Ausführung von F in den Vordergrund.

Ergibt die nun folgende hörerseitige Abfrage des Wollens (13)[334] eine Bereitschaft zur Übernahme von F (13a), folgt die Planübernahme in die eigene Handlungsplanung (14). Fakultativ ist eine der Ausführung von F vorgeschaltete Bestätigung der Planübernahme und Bereitschaft zur Ausführung (15), die meist mittels einer spezifischen Formel („Zu Befehl!“ etc.) realisiert wird.

Kurz erwähnt werden soll noch eine mögliche Musterposition, die aus Gründen der Reduktion nicht in das vorangestellte Diagramm integriert wurde: Für den Fall, dass H den Handlungsplan nicht aus der Äußerung des Befehls erschließen kann, ist eine Bitte um erneute Äußerung des Befehls vorgesehen, und zwar in explizit-performativer Realisierungsform und unter Verwendung einer institutionstypischen Adressierung. Die Ausgabe des Soldatenhandbuchs „Reibert“ von 1942 gibt diese Vorschrift folgendermaßen wieder:

> „Wird ein Befehl nicht verstanden, so ist in militärischen Formen um Wiederholung zu bitten, z.B.: „Ich bitte Herrn Leutnant um Wiederholung des Befehls; ich habe ihn nicht verstanden.“ (Reibert 1942: 88)

---

332 Eine Begründung kann auch verwendet werden, wenn hörerseitig eine Entscheidung gegen die Ausführung von F gefällt worden ist und diese Begründung im Rahmen einer Taktik zur Anwendung kommt, die auf die Vermeidung einer offenen Verweigerung ausgerichtet ist. Ein häufiger Fall wäre hier ein vorgetäuschtes Nicht-Können oder Nicht-Dürfen (s.u.).

333 Ich greife auf die in Ehlich/Rehbein (1986) verwendete Abkürzung des Begründungs-Wissenselements zurück.

334 Hs Entscheidung wird zwar aufgrund von Präsuppositionen systematisch suspendiert, jedoch nur insofern, als ein institutioneller Zwang auferlegt wird. Beim Muster „Befehl“ handelt es sich nicht um einen Automatismus, auch wenn dies durch die NS-militärische Sozialisation forciert wurde und im Zusammenhang mit NS-Kriegsverbrechen viele Täter Entsprechendes im Rahmen von Entschuldigungsversuchen vorgebracht haben.

10.1.3 Nachgeschichte

Die Folge des geglückten Befehls („geglückt" im Sinne von Austin) ist die Ausführung der Handlung durch H (16).
Vollständig abgeschlossen ist das Muster erst durch die Vergewisserung von S, dass H F ausgeführt hat (18). S kann auf verschiedenen Wegen darüber Kenntnis erhalten. Der einfachste Fall ist der, dass die Handlung zeitlich und unmittelbar im gemeinsamen Handlungsraum von S und H zur Ausführung gelangt.
In bestimmten Konstellationen wird im Zuge der Befehlsrealisierung standardmäßig die hörerseitige Realisierung der Musterposition „Vollzugsmeldung" (17) im Anschluss an die Ausführung von F explizit eingefordert, um die oben angesprochene Vergewisserung durch S zu ermöglichen.[335]
Im Gegensatz zur Struktur anderer Aufforderungstypen ist die Struktur des Befehls aufgrund der spezifischen hierarchischen Grundkonstellation und des damit einhergehenden prinzipiellen Handlungszwangs für H dadurch gekennzeichnet, dass die unmittelbare Nachgeschichte (Ausführung und ggf. Vollzugsmeldung) in den Musterablauf integriert ist.

10.1.4 Keine Übernahme des Plans in die eigene Handlungsplanung durch H

Einzugehen ist nun auf die verschiedenen Möglichkeiten, die aus einer Hörer-Entscheidung **gegen** die Ausführung von F resultieren:
Wenn Hs Abfrage seines Wollens im Hinblick auf die Ausführung von F negativ ausfällt (13b), findet eine Abfrage der Handlungsmöglichkeiten statt (19). Diese sind: (19a) die Möglichkeit „Verweigern", (19b) die Möglichkeit „Begründungsversuch" (Behaupten eines Nicht-Könnens in Bezug auf die geforderte Handlung), (19c) die Möglichkeit „Bitte um Entpflichtung". Daneben bestehen weitere Handlungsmöglichkeiten (im Diagramm nicht aufgeführt), die im Ausführungsstadium von F zum Tragen kommen und die eine hörerseitige Vortäuschung der Kooperation im Rahmen des Musterablaufs ermöglichen, aber mit Risiken verbunden sind: Es handelt sich zum einen um die Möglichkeit des Vortäuschens der Planübernahme und heimlichen Unterlassung der Ausführung von F (erfordert weitere Handlungsplanungen, um Sanktionen zu entgehen) und zum anderen um die heimliche Planmodifikation, um z.B. bestimmte Teilhandlungen nicht ausführen zu müssen (s.u.).

335 Diese Einforderung der Vollzugsmeldung kann auch auf der Basis bekannter Vorschriften für spezifische Konstellationen präsuppositiv verankert sein. Ein Beispiel: „Die Vollzugsmeldungen sind für den Gefechtsdienst ganz besonders wichtig und daher aus Erziehungsgründen auch im Innendienst streng zu beachten." (Reibert 1942: 87)

Zu (19a): Die Realisierung der sprachlichen Handlung „Verweigern“ (20) führt zum Abbruch des Musters (21). Allerdings schließen sich in diesem Fall in der Regel weitere konditionale Folgemuster sprachlicher und nichtsprachlicher Art an (z.B. physische Bestrafungshandlung, förmliche Degradierung innerhalb der Hierarchie, Wiederholung des Befehls).
zu (19b): Der Ablauf bei einer Ausführung der Handlung „Begründungsversuch“ unter Vortäuschung eines Nicht-Könnens (8'), entspricht dem Ablauf, der aus der hörerseitigen negativen Einschätzung des Könnens resultiert (s.o.; 8).
zu (19c): Bei einer vorgebrachten Bitte um Entpflichtung (22) überprüft S in seiner Rezeption, ob er der Bitte nachkommen darf (23). Wenn er innerhalb einer Befehlskette selbst den Befehl zur Weitergabe des Handlungsplans zu F erhalten hat, ergibt sich für ihn eine dahingehende Obligation und damit eine Restriktion hinsichtlich der Zurücknahme des Befehls (23a). Inwieweit er sich darüber hinwegsetzt, hängt mit seiner eigenen Bereitschaft zum Ungehorsam und seinem persönlichen Handlungsspielraum[336] zusammen. Wenn S nicht von einer höheren Instanz zur Erteilung des Befehls veranlasst worden ist, liegt die Entpflichtung in seinem Möglichkeitsbereich (23b). Er kann dann über die Entpflichtung entscheiden (24). Diese Entscheidung kann z.B. von subjektiven oder auch von konstellativen Faktoren (z.B.: Andere Aktanten stehen für die Ausführung zur Verfügung.) beeinflusst werden.
Im Falle, dass S der Bitte nachkommt (+ Wollen; 24a) und die sprachliche Handlung „Entpflichtung“ vollzieht (entspricht 10), wird der für H geltende Zwang aufgehoben und das Muster verlassen (entspricht 12). Glückt die Bitte nicht, erfolgt eine Reaktualisierung des Befehls (entspricht 11). H bleiben dann im Rahmen des Musterablaufs nur die Möglichkeit, den Befehl zu verweigern (20)[337] und damit das Muster zum Abbruch zu bringen (21) und Sanktionen in Kauf zu nehmen oder den Handlungsplan doch zu übernehmen, ggf. die Übernahme und Bereitschaft zur Ausführung zu bestätigen (Formel) und F umzusetzen.

Bei der Ausführung von F gibt es, wie oben angesprochen, seitens H ggf. die Möglichkeit, unter Vortäuschung der befehlsgemäßen Ausführung die Handlung F heimlich zu F' zu modifizieren oder zu unterlassen, um den Handlungszwang zu umgehen. Dies ist mit einem erheblichen Risiko für H verbunden und auch nur in bestimmten Fällen überhaupt möglich, nämlich, wenn die Ausführung von F bzw. das Handlungsresultat nicht im Wahrnehmungsbereich von S rezipiert werden kann.

336 Ggf. könnte er den Befehl an einen anderen Aktanten adressieren (die Befehlskette „umleiten“) oder gegenüber der übergeordneten Befehlsposition einen Begründungsversuch machen.

337 Bei einem Ignorieren hängen die Konsequenzen davon ab, ob S direkt Kenntnis davon erhält (wenn z.B. die befohlene Handlung F unmittelbar in einem gemeinsamen Handlungsraum auszuführen ist). Wenn beispielsweise ein Befehl über Funk realisiert wird, sieht dies anders aus: S würde u.U. die Nichtausführung lange verborgen bleiben. Das Muster würde in einem solchen Fall scheinbar zum vorgesehenen Abschluss kommen.

Abschließend ist der mögliche Fall zu erwähnen, dass S nicht mit der Ausführung zufrieden ist, sie also seiner Auffassung nach nicht dem übermittelten Plan F entspricht. Dies kann tatsächlich auf einer eigenständigen Planmodifikation seitens H beruhen (s.o.), in der subjektiven Wahrnehmung von S, in einer tatsächlich im Sinne des Handlungsplans fehlerhaften oder unzureichenden Ausführung begründet oder auf eine nur vorgetäuschte Unzufriedenheit von S (z.B. um den Untergebenen zu schikanieren) zurückzuführen sein. Grundsätzlich hat S die Möglichkeit, die Ausführung von F zu beanstanden und einen neuen Befehl zu erteilen oder Sanktionen einzuleiten.

Auf der Grundlage der obigen Beschreibung des Standard-Ablaufs des Handlungsmusters „Befehl" können im folgenden Kapitel nun markante Typen des Befehls differenziert werden, indem deren jeweilige strukturelle Besonderheiten – besonders im Bereich der sprachlichen Realisierung – erfasst werden.

10.2. Befehlstypen (mit einem Fokus auf NS-spezifischen Ausprägungen)

Um auf Basis der im empirischen Teil der Arbeit (Kap. 2-8) durchgeführten exemplarischen Analysen charakteristische Typen von Befehlen zu unterscheiden, erweist sich die Kategorie des Zwecks für die Differenzierung als zentral. Daneben werden unterschiedliche Strukturmerkmale herangezogen, die natürlich im Zusammenhang stehen mit dem für den jeweiligen Befehlstyp spezifischen Zweck. Manche der nachfolgend zu unterscheidenden Typen sind Musterkomplexe, die z.B. mehrere Subbefehle, aber auch stützende Handlungsmuster in systematischer Weise enthalten.

Bei der Typologie handelt es sich um eine exemplarische Auswahl, die auf der Basis der empirischen Analysen getroffen wurde. Dabei geht es vor allem darum, NS-spezifische Ausprägungen des gesamtgesellschaftlich verallgemeinerten sprachlichen Handlungsmusters „Befehl" strukturell zu erfassen. Z.T. werden dabei neue Bezeichnungen vorgeschlagen, die sich aus der handlungstheoretischen Perspektivierung ergeben.[338]

Manche der nachfolgend diskutierten Typen gehören zum Grundrepertoire von dienstlich legitimierten Aufforderungen verpflichtenden Charakters in militärischen Institutionen, wie z.B. der ‚Kommandobefehl' oder der ‚Militärische Auftrag', wobei zur Beschreibung des letztgenannten Typs auf die Ausführungen in Klein/Sauer/Hanssen (1981)[339] zurückgegriffen wird. Ferner ist in diesem Zusam-

338 Die Bezeichnungen ‚Archébefehl' und ‚schwebender Befehl' (s.u.) gingen aus einem Gespräch mit Ludger Hoffmann hervor.

339 Die Autoren gehen vom Schema der Aufforderung, das in Rehbein (1977: 339) entwickelte wurde, aus und diskutieren die spezifischen Abweichungen in der Musterstruktur des ‚Militärischen Auftrags'.

menhang die ‚Militärische Weisung' zu nennen, die allerdings hier nicht eigens besprochen wird. Wichtige Charakteristika dieses Typs sind, dass er Angehörigen hoher Hierarchieebenen vorbehalten ist und auf einer allgemeinen Ebene eine Zielfokussierung angibt; vgl. dazu (am Beispiel des Befehls in der Bundeswehr) Klein/Sauer/Hanssen (1981: 186).[340]

10.2.1 Auftrag

Das wesentliche Spezifikum des ‚Militärischen Auftrags' besteht darin, dass seitens S ein Ziel formuliert und H offen gelassen wird, wie er dieses erreicht. Entsprechend argumentieren Klein/Sauer/Hanssen dafür, dass im Musterablauf statt einer „Planübertragung" eine „Zielübertragung" stattfindet (1981: 196). Damit einhergehend ist, dass H selbst einen geeigneten Plan aus einem Repertoire auswählt oder entwickelt (vgl. Klein/Sauer/Hanssen 1981: 196).[341]

10.2.2 Ad-Hoc-Befehl

Für Befehle, mit denen auf ein akut auftretendes (singuläres) Handlungsdefizit reagiert wird, um zu dessen Bearbeitung unmittelbar in derselben Handlungssituation eine singuläre Handlung zu initiieren, wird der Terminus ‚Ad-Hoc-Befehl' vorgeschlagen. Realisierungen dieses Typs finden sich ausschließlich im Diskurs. Der Musterablauf entspricht dem Standardablauf des Befehls, der im vorangegangenen Kapitel beschrieben wurde. Häufig werden bei diesem Typ sowohl die Musterposition ‚Adressierung' als auch die Position der Verbalisierung der Handlungskonstellation, an der die auszuführende Handlung anzusetzen ist, aufgrund einer empraktischen Einbettung in den Handlungszusammenhang nicht realisiert. Ist das Handlungsresultat der direkten Wahrnehmung des Befehlenden zugänglich, erübrigt sich die Realisierung der Musterposition ‚Vollzugsmeldung'. Für Konstellationen, in denen eine solche Wahrnehmung des Handlungsresultats seitens des Befehlenden nicht möglich ist, ist die Realisierung der Musterposition ‚Vollzugsmeldung' vorgesehen, durch die das Muster zum Abschluss gebracht wird. Hierbei hat man es mit einer förmlichen Variante (Komplett-Durchlauf des Musters) zu tun.

340 Eine Dokumentation von „Hitlers Weisungen für die Kriegsführung" stellt Hubatsch (1983) dar.

341 Klein/Sauer/Hanssen weisen darauf hin, dass die für den ‚Auftrag' charakteristische „Freiheit der Wahl von Mitteln" [...] mitunter auch nur eine scheinbare" ist (1981: 196).

10.2.3 Archébefehl

Der Zweck von ‚Archébefehlen' besteht darin, auf einer allgemeinen Ebene eine neue, grundsätzliche Handlungspraxis für eine größere Gruppe von militärischen Aktanten festzulegen.[342] In der militärhistorischen Forschung wird häufig für konkrete Befehle dieses Typs der Terminus „Rahmenbefehl" verwendet. Mit dem hier gewählten Terminus soll allerdings begrifflich erfasst werden, dass es sich um Befehle handelt, die am Anfang einer Befehlskette formuliert werden, um generelle Handlungsnormierungen festzulegen, auf deren Basis entweder direkt Handlungen ausgeführt oder spezifische Befehle seitens anderer Aktanten innerhalb einer Befehlskette formuliert werden.
‚Archébefehle' sind textuell realisierte Musterkomplexe, in die verschiedene stützende Sprechhandlungsmuster (vor allem Begründungen) bzw. Teilrealisierungen von Sprechhandlungsmustern integriert sind. Sie weisen als charakteristische Musterposition einen Begründungsvorspann (‚Präambel') auf, der durch ein kausales Verweiswort entweder mit der Verbalisierung einer Handlungsnotwendigkeit, von der wiederum Subbefehle abgeleitet werden, oder direkt mit Subbefehlen verbunden wird. Die in ‚Archébefehlen' enthaltenen Subbefehle sind häufig durch eine konditionale Struktur charakterisiert. Diese Subbefehle können als ‚schwebende Befehle' charakterisiert werden.

10.2.4 Schwebender Befehl

Der Zweck von ‚schwebenden Befehlen' besteht in der Bearbeitung eines Handlungsdefizits, das potentiell in vorausgedachten Handlungssituationen auftreten kann. Antizipierend wird für mögliche eintretende Bedingungen eine generelle Handlungspraxis oder ein spezifischer Handlungsplan festgelegt. ‚Schwebende Befehle' weisen also eine konditionale Struktur auf (*Wenn Sachverhalt oder Handlung X wahrnehmbar ist, dann Handlungsplan F abrufen und ausführen*). Dementsprechend sind sie durch die Realisierung der Musterposition ‚Angabe einer Bedingung' gekennzeichnet. Hierbei handelt es sich um die Verbalisierung einer bestimmten Konstellation.
Die in den gesichteten Daten auftretenden Beispiele dieses Typs sind ausschließlich textuell realisierte Befehle. Eine Realisierung im Diskurs dürfte allerdings ähnlich häufig sein (wobei hier ein Rekurs auf schriftliche Befehle höherer Stellen zu vermuten wäre).

---

342 Ein Beispiel für einen folgenreichen ‚Archébefehl' aus der letzten Kriegsphase war der Befehl Hitlers zum unbedingten Durchhalten (vgl. die Analyse in Kap. 8.1).

10.2.5 Vorschrift

Befehle dieses Typs haben den Zweck, wiederkehrende Handlungen zu initiieren, die konditional an bestimmte, regelmäßig wiederkehrende Grundkonstellationen gekoppelt sind.[343] Durch eine ‚Vorschrift' wird eine Handlungsnorm festgelegt, die für eine Gruppe von Handelnden, die explizit bezeichnet wird[344], immer gilt, wenn die entsprechende Konstellation vorliegt. Häufig findet man dabei die Verwendung des konditionalen Subjunktors *wenn*. ‚Vorschriften' sind meist in Dienstordnungen oder Handbüchern fixiert. Sie sind nachlesbar. Typische Beispiele aus der NS-Zeit stellen Normierungen von Ehrenbezeigungen und Grüßen in der Wehrmacht dar (vgl. hierzu etwa das Kapitel „Ehrenbezeigungen und Grußpflichten" in Altrichter 1941: 166-175).
Aktanten in einer Institution verfügen in der Regel über das Wissen um die sie betreffenden ‚Vorschriften'.[345] Dieses wird jeweils aktualisiert, wenn eine entsprechende Konstellation gegeben ist. ‚Vorschriften' sind also in der Regel präsuppositiv im Handlungsraum verankert. Die Notwendigkeit ihrer Verbalisierung ergibt sich nur, wenn neue Aktanten (z.B. Rekruten) mit ihnen vertraut gemacht werden sollen oder dann, wenn gegen sie verstoßen wird. Typische Illokutionsmarker sind modales *sein zu* und *werden*.

10.2.6 Kommandobefehl

Dieser Typ ist durch den Zweck charakterisiert, das Abrufen eines im Hörerwissen gespeicherten Handlungsplans zu initiieren und diesen zur zeitlich unmittelbaren Ausführung zu bringen. Häufig ist dabei der Fall der Mehrfachadressierung[346]: eine Gruppe von Aktanten soll auf ein bestimmtes Kommando gleichzeitig und gleichförmig eine festgelegte Bewegung oder Bewegungsfolge ausführen. Die sprachlichen Formen von Kommandobefehlen haben einen formelhaften

343 Eine Beschreibung von Dienstvorschriften als „Textsorte des Militärwesens" hat Vigener (2001), unter Rückgriff auf die zentrale Dienstvorschrift der Bundewehr (1/50) vorgelegt. Der Autor stützt sich u.a. auf die Studie von Klein/Sauer/Hanssen (1981) zum Befehl in der Bundeswehr.

344 Vigener spricht hierbei von „Adressatenindizierung" (2001: 760 f.).

345 Bei Neulingen in einer „Totalen Institution" wird oft deren Unkenntnis in Bezug auf bestimmte Vorschriften zur Schikanierung genutzt (vgl. Goffman 1972). In enorm gesteigerter Form war dieses Phänomen in den Konzentrationslagern verbreitet, in denen die neuen Häftlinge die Fülle an Vorschriften, deren Übertretung drakonisch sanktioniert wurde, unmöglich überschauen konnten und den Wachmannschaften und Kapos damit im Rahmen der Möglichkeiten, die mit „absoluter Macht" (Sofsky 2008) einhergingen, Gelegenheit zur Schikane gaben, die sich häufig in roher Gewalt äußerte. Ein systematisches Moment des „institutionalisierte[n] Terror[s]" (Sofsky 2008: 258) im Konzentrationslager war die „Normenfalle" (Sofsky 2008: 248), die darin bestand, dass man durch das Befolgen einer Vorschrift unweigerlich eine andere Vorschrift verletzen musste (vgl. Sofsky 2008: 247 f.; siehe dazu auch Kap. 10.2.8).

346 Zur ‚Mehrfachadressierung' vgl. Kühn (1995) und Hoffmann (1984a).

Charakter, was mit dem oben genannten Zweck einhergeht. Ihre spezifische Funktionalität ist dem Lenkfeld zuzurechnen, da direkt in die Handlungslinie der Adressaten eingegriffen wird.[347] (Entsprechend ist die im Standardablauf des Befehls fakultative bzw. je nach Konstellation vorgeschriebene Realisierung der Musterposition einer hörerseitigen Rückmeldung der Akzeptanz des Befehls und der Planübernahme beim ‚Kommandobefehl' ausgespart.)[348]

Ein wichtiger Einsatzbereich ist das Exerzieren. Bei den hier zu initiierenden Handlungen handelt es sich häufig um Teile von komplexen Bewegungsfolgen, deren Sukzession die Adressaten aufgrund ihres während der militärischen Ausbildung systematisch erworbenen Routinewissens genau kennen, weshalb für sie das jeweils nächste Kommando antizipierbar ist.

Mit Exerzier-Kommandos und deren Ausführungen werden also meist standardisierte Positionen innerhalb von Routine-Handlungskomplexen besetzt. Auf die Ausführung der zu einem bestimmten Kommando kompatiblen Handlung folgt jeweils ein standardmäßig daran ansetzendes Kommando sowie wiederum die entsprechende Ausführung usw. Nach Abschluss des Musterablaufs kann entweder das Muster verlassen (wenn es sich z.B. um den Abschluss eines Exerzier-Ablaufs handelt) oder eine systematisch folgende Position innerhalb einer mehrteiligen Kommando-Ausführung-Sequenz angeschlossen werden. In diesem Fall wird durch das Handlungsresultat eine Zielkonstellation erreicht, die eine Ausgangskonstellation für eine daran ansetzende Kommando-Ausführung-Sequenz darstellt. Im nun beginnenden folgenden Musterdurchlauf wird abermals seitens des Sprechers das kompatible nächste Kommando aktualisiert, das auch die Hörer antizipieren. Solange, bis der Musterkomplex vollständig abgearbeitet ist, folgen weitere Durchläufe.

Die oben erarbeitete Musterstruktur des Typs ‚Kommandobefehl' wird nachfolgend in einem Diagramm veranschaulicht:

347 Die Funktionalität sprachlicher Elemente, die aus dem Symbolfeld der Sprache stammen und in Kommando-Formeln zum Einsatz kommen (z.B. *Achtung!*), ist als para-expeditiv zu charakterisieren.

348 Darauf weisen auch Klein/Sauer/Hanssen (1981: 196) in ihrer Beschreibung des Kommandos hin. Allerdings gehen die Autoren von einer hörerseitigen **Planübernahme** aus, während in der hier vorgestellten Beschreibung ein Eingriff in die Handlungslinie von H, nämlich die Auslösung einer hörerseitigen **Planaktualisierung** und unmittelbaren Ausführung von F angenommen wird. Bei Klein/Sauer/Hanssen heißt es: „H übernimmt deswegen einen Plan, weil mit einem „Kommando" bestimmte Tätigkeitsabläufe und nur diese […] auf ein bestimmtes Kommando hin „abgerufen" werden." (1981: 196). Meines Erachtens stehen die (oben zitierten) Formulierungen „H übernimmt einen Plan" und „Tätigkeitsabläufe […] „abgerufen" werden" im Widerspruch zueinander. Letztere Formulierung scheint zu implizieren, dass bei H eine Aktualisierung des Plans ausgelöst wird. Dies steht der meiner Auffassung nach für Kommando-Befehle charakteristischen expeditiven Funktionalität nahe, während die erste Formulierung m.E. impliziert, dass eine Übertragung des Plans stattfindet, was im Widerspruch zur Routinehaftigkeit und – damit zusammenhängend – zur Unmittelbarkeit steht.

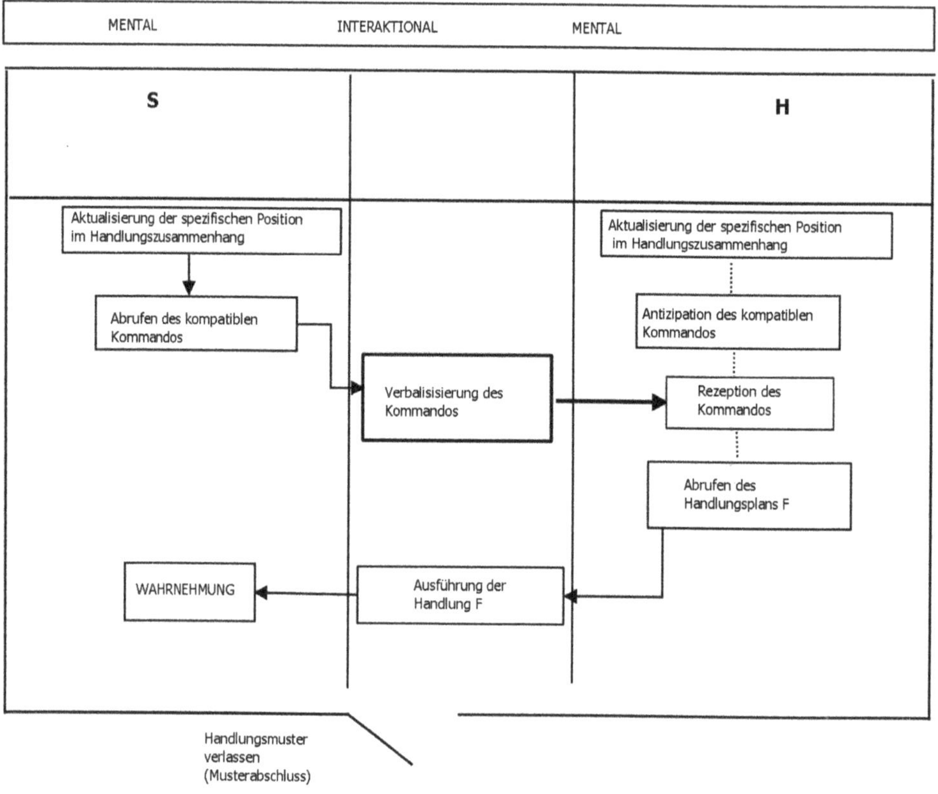

Abb. 5: Diagramm: Kommandobefehl

Ein weiterer großer Bereich, in dem ‚Kommandobefehle' zum Einsatz kommen, ist das Gefecht. Hier finden zudem Armzeichen Verwendung, die bei entsprechender Konstellation genutzt werden, um geräuschlos Kommandos zu geben.[349]

349 Beispiele aus der Wehrmacht finden sich in Altrichter (1941: 284 f.).

10.2.7 Einberufungsbefehl

Beim ‚Einberufungsbefehl' handelt es sich um einen im Hinblick auf die ihm zugrundeliegende Konstellation und im Hinblick auf seinen Zweck sehr spezifischen Typ des Befehls, da hier nicht Untergebene einer Befehlsinstanz adressiert und zum Vollzug einer Handlung veranlasst werden, sondern die jeweiligen Adressaten auf der Basis staatlicher Normen (Gesetz, Erlass, Verordnung) verpflichtet werden, sich in ein Befehlsverhältnis innerhalb der einberufenden Institution einzugliedern.[350] Während alle anderen Typen von Befehlen durch ein bereits bestehendes Befehlsverhältnis lizensiert sind, wird durch ‚Einberufungsbefehle' ein solches Befehlsverhältnis erst etabliert.[351] Die Grundlage hierfür bilden staatliche Normen.[352] Mit dem Zugang des Schreibens wird die Verpflichtung zum Dienstantritt rechtskräftig.

Die sprachlichen Realisierungsformen sind standardisiert und beinhalten folgende für diesen Typ spezifische Binnenpositionen:

(I): Benennung der Sprechhandlung in der Überschrift unter Angabe der betreffenden Institution (z.B. „Reichsarbeitsdienst-Einberufungsbefehl")

(II): Explizierung der Adressierung im Kopf des Textes

(III): Explizierung der befehlenden Instanz sowie der Konstellation

(IV): Verbalisierung der Einberufung (Kern des Einberufungsbefehls): Bei der Realisierung dieser Musterposition kommt die standardisierte, explizit-performative Formel *Sie werden hiermit ... einberufen* zum Einsatz. Diese enthält a) eine deiktische Orientierung auf den Adressaten durch die Verwendung der Distanzform, b) die illokutive Deixis *hiermit*, die auf das Medium der Sprechhandlung verweist, c) den symbolischen Verweis auf die Handlung durch das Verb *einberufen* sowie d) durch modales *werden* die Markierung des Transformationsprozesses (vgl. Redder 1999), dem der jeweilige Adressat unterworfen wird.

(V): Rekurs auf legitimierende Normen

(VI): Subbefehl, der den Adressaten verpflichtet, zu einem bestimmten Termin an einem bestimmten Ort den Dienst anzutreten: Hier kommt eine Standard-Formulierung unter Verwendung von modalem *haben zu* (förmlicher Befehlsmarker) zur Anwendung.

---

350 Vgl. die Analyse eines RAD-Einberufungsbefehls in Kap. 3.1 sowie die Analyse eines Dienstverpflichtungsbescheids in Kap. 4.2.

351 Einen Sonderfall stellt der Einberufungsbefehl für Offiziere des Beurlaubtenstandes der Wehrmacht dar. Diese sog. „Reserve-Offiziere" wurden als nicht aktive Institutionsangehörige per schriftlichem Einberufungsbefehl zu Übungen in den zeitweisen aktiven Dienst einberufen (vgl. Altrichter 1941: 38).

352 Z.B. das Gesetz über die Einführung der allgemeinen Wehrpflicht vom 16.3.1935, die Einführung der Reichsarbeitsdienstpflicht durch den Erlass des „Reichsarbeitsdienstgesetzes" am 26.6.1935 sowie die Einführung der Dienstverpflichtung am 22.6.1938 und auf letzterer aufbauende Verordnungen.

10.2.8 Pseudo-Befehl

Bei diesem Typ handelt es sich um eine pervertierte Form des Befehls, die für das sprachliche Handeln im Konzentrationslager charakteristisch war. Sie kam zur Anwendung, um seitens der SS-Wachmannschaften systematisch Anlässe zur Gewaltausübung gegenüber Häftlingen zu schaffen. Die nachfolgenden Überlegungen zu diesem Befehlstyp basieren auf den soziologischen Beschreibungen Sofskys zum Prinzip der „Normenfalle" (2008: 247 ff.) im Konzentrationslager.
Der perfide Zweck von ‚Pseudo-Befehlen' in NS-Konzentrationslagern bestand darin, Häftlinge in ein Handlungsdilemma zu treiben, und zwar dergestalt, dass sie entweder durch das Befolgen des Befehls eine strafbare Handlung ausführten oder sich durch eine Unterlassungshandlung bzw. durch ein vorgebrachtes Nicht-Können einer Befehlsverweigerung schuldig machten.
Die grundlegende Abweichung von der Normalform des Befehls zeigt sich bei dieser pervertierten Form also in ihrem Zweckcharakter. Dadurch sind folgende ablaufstrukturelle Abweichungen determiniert: Die erste Position ist ein Wollen des Befehlenden hinsichtlich der Schaffung konstellativer Ansatzpunkte für die Anwendung von Gewalt, die häufig bis zum Mord reichte. Aufgrund der in den Konzentrationslagern bestehenden Grundkonstellation, die Sofsky (2008) als „absolute Macht" bezeichnet hat, hatten die SS-Wachmannschaften ohnehin die, wenn auch nicht offizielle, aber faktische und permanent bestehende Handlungsfreiheit zur Gewaltanwendung. Insofern scheint für viele Gewalttäter im Konzentrationslager ein besonderer Reiz gerade darin bestanden zu haben, Konstellationen zu provozieren, welche als Ausgangskonstellationen für Misshandlungen genutzt werden konnten, die als Sanktionen deklarierbar waren. Der mutmaßliche Grund für dieses Handeln liegt wohl – angesichts der oben angesprochenen Handlungsfreiheit – weniger darin, aus Schutz vor der eigenen möglichen Bestrafung eine pseudo-rechtliche Absicherung des eigenen Handelns zu schaffen, sondern vielmehr darin, die Demütigung der Opfer in ungeheuer zynischer Weise noch zu steigern, diese zu einem Handeln zu zwingen, durch das sie selbst den Anlass zur brutalen Misshandlung oder sogar zum Mord lieferten.

Nachfolgend wird die Ablaufstruktur des ‚Pseudo-Befehls' beschrieben:
Die Ausbildung eines Wollens hinsichtlich der Erzeugung der oben erläuterten Ausgangskonstellation, die genutzt werden konnte, um zu misshandeln und dies in die Handlungskategorie „Sanktion" einordnen zu können, stellt Position (1) dar. Davon ausgehend, erfolgt an Position (2) die Entscheidung zur Entwicklung eines Handlungsplans, der darauf ausgerichtet ist, die entsprechende Konstellation herzustellen. Bei der Planung des ‚Pseudo-Befehls' (3) wird dieser an die sprecherseitige Erwartung hinsichtlich der für H geltenden Restriktionen angepasst, und zwar dahingehend, dass ein Befehl realisiert wird, der H in ein Dilemma treibt. Die Ausführung des Handlungsplans besteht in der Äußerung des ‚Pseu-

do-Befehls' (4). Eine hörerseitige Unterlassung oder Verweigerung (5) sowie auch eine etwaige Berufung auf ein Nicht-Können angesichts des Dilemmas[353] führt zu Position (6): das sprecherseitige Reklamieren des „Delikts" der Befehlsverweigerung, denn darauf läuft aufgrund der präsuppositiv verankerten zentralen Vorschrift „Häftlinge müssen den Angehörigen des SS-Personals gegenüber uneingeschränkten Gehorsam leisten" alles hinaus. Ein Befolgen des Befehls (7) wird allerdings ebenfalls unter Rekurs auf die jeweilige entsprechende Restriktion als unter Strafe gestellte Handlung angesehen (8). Sowohl (5) als auch (7) führen, indem sie (6) und (8) nach sich ziehen, zur für den betroffenen Häftling unvermeidbaren Herstellung einer Ausgangskonstellation für die Anwendung von Gewalt (9).

Ein Sonderfall des ‚Pseudo-Befehls' ist dadurch charakterisiert, dass der übertragene Handlungsplan seitens des adressierten Häftlings physisch bzw. mangels Handlungswissen nicht ausführbar ist. Das nicht erreichbare Handlungsresultat wird in diesem Fall als ein aufgrund einer angeblichen negativen Hörerentscheidung nicht erreichtes Handlungsresultat gewertet.
Während des sprecherseitigen Planungsprozesses wird nach Handlungsplänen gesucht, auf deren Ausführung H verpflichtet wird, nicht nur obwohl, sondern gerade weil Letzterer dies aufgrund fehlender physischer Voraussetzungen, fehlenden Handlungswissens, unüberwindbarer konstellativer Hindernisse o.ä. nicht leisten kann. Die sprecherseitige Planung basiert also auf der Einschätzung eines spezifischen Nicht-Könnens von H. Der Befehl zielt dementsprechend darauf, eine als Befehlsverweigerung deutbare Handlung zu provozieren. Es besteht also hierbei kein sprecherseitiges Wollen hinsichtlich Hs Ausführung des Befehls, sondern – im Gegenteil – ein Wollen hinsichtlich der Unterlassung der Handlung bzw. der Äußerung fehlender Handlungsmöglichkeiten. Zum Ausdruck gebracht wird allerdings ein fingiertes Wollen und eine fingierte Erwartung in Bezug auf das Können von H, wobei dies charakteristischerweise so angelegt ist, dass dem Opfer der Scheincharakter bewusst wird. Dies geschieht im Hinblick auf den oben bereits angesprochenen psychischen Terror, der die physische Misshandlung begleitet.

Der ‚Pseudo-Befehl' ist durch eine Doppelstruktur gekennzeichnet: Für die betroffenen Häftlinge ergab sich ein unauflösbares Handlungsdilemma mit desaströsen Alternativen, für die Befehlenden ergab sich eine gewollte Konstellation, die Gewalt implizierte, motivierte oder pseudohaft legitimierte.

353 Vorausgehend sind hörerseitige mentale Abfragetätigkeiten, die hier nicht im Einzelnen in die Beschreibung einbezogen wurden.

11. Sprachliche Realisierungsformen des Befehls in spezifischen Konstellationen

In diesem Kapitel werden unter Rückgriff auf die Ergebnisse der exemplarischen Analysen Varianten der Realisierung von Befehlen dargestellt.[354]
Diskurstypisch sind elliptische Formen, die auf empraktischer Einbettung basieren und mit denen zeitlich unmittelbar folgende Handlungen initiiert werden sollen, Kommandobefehle, deren Realisierungsformen formelhaften Charakter haben und die eine direkt handlungsauslösende Funktionscharakteristik aufweisen, sowie Befehle, die über den Aufforderungsmodus realisiert sind.
In textueller Form überwiegen in den Analysedaten assertive Realisierungsvarianten mit modalem *sein zu* und *haben zu* oder *müssen* als Illokutionsmarker. Daneben finden sich häufig auch Realisierungen mit futurisch zu interpretierendem Präsens. Weitere Varianten sind: *werden* + Infinitiv sowie *werden*-Passivkonstruktionen. Explizit-performative Formeln findet man vor allem in schriftlichen Befehlen von Hitler.

Als Zweck des Befehls wurde in Kap. 10 formuliert, dass einem Adressaten ein Handlungsplan übermittelt und der Adressat auf die handlungsmäßige Umsetzung des Handlungsplans verpflichtet wird. Die Sprechhandlung ‚Befehl'[355] besteht also aus zwei Teilhandlungen, die ihrerseits z.T. aus mehreren Prozeduren zusammengesetzt sind. Die nachfolgend zu diskutierenden Varianten werden im Hinblick auf die Realisierung des propositionalen sowie des illokutiven Aktes befragt. Es wird zu klären sein, in welcher Weise mit den jeweiligen Formen die Verbalisierung eines Handlungsplans auf der einen Seite sowie die Verpflichtung des Adressaten auf die Umsetzung des Handlungsplans auf der anderen Seite erfolgt und wie dies mit konstellativen Faktoren zusammenhängt.

11.1 Kommandos

Kommandos sind generell durch eine expeditive Intonationscharakteristik gekennzeichnet. Rehbein spricht hierbei vom „‚Direktiv'-Effekt" (1999: 117). Die befehlsmäßige Illokution wird über eine spezifische Intonation markiert.[356] Meist werden die betreffenden Handlungspläne, die hörerseitig unmittelbar abgerufen

354 Realisierungsformen des Befehls werden auch in Hindelang (1978: 260 ff.) diskutiert.

355 Generell ist zu unterscheiden zwischen der Sprechhandlung, die den Kern des Handlungmusters ausmacht, und dem gesamten Handlungsmuster mit den verschiedenen integrierten Sprecher- und Hörerhandlungen.

356 Diese Intonationscharakteristik wird in der schriftlichen Aufzeichnung durch ein Ausrufezeichen markiert.

und ausgeführt werden sollen, über Symbolfeldausdrücke verbalisiert, die eine para-expeditive Funktionalität entfalten. Dabei kommen z.B. Substantive (*Achtung!*), Partizipien II (*Stillgestanden!*)[357], Infinitive (*Wegtreten!*) oder Kombinationen aus Substantiv und Präposition (*Spaten über!*) zum Einsatz, durch die – darin besteht die Lenkfeld-Charakteristik – unmittelbar in die Handlungslinie der Hörer eingegriffen wird. Das „Gelingen" von Kommandos basiert darauf, dass im Hörerwissen die spezifische Verknüpfung von Äußerungsformel und abzurufendem Handlungsplan bereits besteht.

Nachfolgend wird bei exemplarischen Kommandos die jeweilige Verbalisierung des Handlungsplans in den Blick genommen:

a) Die eigentliche symbolische Qualität des Ausdrucks *Achtung*, der als Realisierung eines Kommandos para-epeditiv verwendet wird, wird in der Phase des Einübens der Sequenz von Kommando und Ausführung genutzt. Bezeichnet wird eine Grundstellung beim Exerzieren, die sog. „Hab-Acht-Stellung", bei der die Adressierten eine gespannte Körperhaltung einnehmen, in der ihre Aufmerksamkeit auf nachfolgende Handlungen des Befehlenden (z.B. Ansprache oder weitere Kommandobefehle) gerichtet sein soll.

b) Mit dem Kommando *Wegtreten!*[358] wird der Handlungsplan über den „reinen Infinitiv" (Bredel/Töpler 2009: 854) versprachlicht. Diese Form ermöglicht die Verbalisierung der auszuführenden Handlung als Handlungskonzept (vgl. Bredel/Töpler 2009: 854). Neben der Initiierung einer normierten Bewegungsfolge wird mit dem Kommando die aktuelle Handlungssequenz beendet.

c) Bei *Spaten über!*[359], das beim Exerzieren im Reichsarbeitsdienst zum Einsatz kam, bezeichnet das Substantiv den Gegenstand, der im aktuellen Handlungsprozess bereits im Gebrauch ist. Die Präposition gibt die herzustellende Positionierung an. Wie bei allen Exerzier-Kommandos ist die auszuführende Bewegung streng normiert. Die sprachlich geronnene Form ist also nicht jeweils neu zu interpretieren, sondern dient dem unmittelbaren hörerseitigen Abrufen des Plans der einstudierten Bewegung.

d) Eine Entsprechung dazu findet man im Kommando *Mützen ab!*, zu dessen Ausführung Konzentrationslager-Häftlinge beim Appell gezwungen wurden.[360] Hier stand allerdings die Abrichtung der Häftlinge im Rahmen des Zweckzusammenhangs der permanenten Erniedrigung im Vordergrund.

357 Zu *Achtung!* und *Stillgestanden!* vgl. die Analysen in Kap. 5.

358 Beleg in Altrichter (1941: 126).

359 Vgl. hierzu die Analyse in 3.2.

360 Vgl. das Analysebeispiel (B 14) in Kap. 5.2.

11.2 Realisierungsform ‚Aufforderungs-Modus'

Dem „Aufforderungs-Modus" ordnen Zifonun/Hoffmann/Strecker den Imperativ als dominierende Form, die „Distanzform der Aufforderung" sowie die „Adhortativform" zu (1997: 652). Für die Realisierung von Befehlen kommen die ersten beiden Formen in Frage.[361]
Mit dem Imperativ kann über eine expeditive Prozedur direkt in die Handlungslinie des Hörers eingegriffen werden (vgl. Ehlich 1986: 251). Hierbei kommt eine spezifische Prosodie ins Spiel (vgl. Rehbein 1999: 116 f.).
Charakteristisch für den Imperativ im Deutschen ist, dass die Adressierung bereits in der grammatischen Form enthalten ist (vgl. Hoffmann 1996: 217). Wer gemeint ist, kann (je nach Konstellation) sprecherseitig durch Hinwendung deutlich gemacht oder hörerseitig aus dem Handlungszusammenhang erschlossen werden. Teilweise wird die Adressierung auch adressatendeiktisch expliziert (vgl. Hoffmann 1996: 218).
Eine Äußerung wie *Gehen Sie!* ist nach Zifonun/Hoffmann/Strecker nicht dem Formenparadigma des Imperativs zuzuordnen, sondern als „DISTANZFORM DER AUFFORDERUNG" aufzufassen (1997: 1725). Realisierungen der ‚Distanzform' sind nach Zifonun/Hoffmann/Strecker „syntaktische Verbindungen aus Verbform und persondeiktischem Ausdruck" (1997: 1726).

11.3 Realisierungsform ‚empraktische Ellipse'

Eine häufige Realisierungsform von ‚Ad-Hoc-Befehlen'[362] in Diskursen ist die ‚empraktische Ellipse' (vgl. Zifonun/Hoffmann/Strecker 1997: 419 ff., Hoffmann 1999a, zur „Ellipse im Text": Hoffmann 2006). Zifonun/Hoffmann/Strecker geben folgende Definition:

> „Die EMPRAKTISCHE ELLIPSE basiert auf der gemeinsamen Orientierung von Sprecher und Hörer in einem bereits aktualisierten oder unmittelbar aktualisierbaren Handlungszusammenhang. Die Orientierung setzt Musterwissen und Kenntnis der Handlungskonstellation (‚Ansatz' der Handlung) voraus. Allein aufgrund des Diktums oder umgebender Äußerungen und ohne Inferenzen ist die Ellipse nicht verstehbar. Sie erfordert stets Interpretation. Verbalisiert werden Einheiten oder Teile von Einheiten, mit denen diese Handlung auf einer der mit ihr gegebenen Handlungsdimensionen pointiert werden kann. Diese Einheiten treten in den Vordergrund. Die sprachlichen Ausdrücke sind hervorgehoben (im Diskurs als Domäne eines Gewichtungsakzents)." (Zifonun/Hoffmann/Strecker 1997: 420)

361 Allerdings finden sich in den Untersuchungskorpora nur vereinzelt Befehle, die im Aufforderungs-Modus realisiert sind, weshalb hier nicht auf Analysebeispiele zurückgegriffen wird.
362 Zu diesem Terminus: Kap. 10.2.2.

Die empraktische Ellipse als Realisierungsform des Befehls ermöglicht eine einfache mentale Verarbeitung und damit eine unmittelbare Umsetzung eines Handlungsplans. Bei gemeinsamer Anwesenheit eines Inhabers einer Befehlsgewalt und eines Untergebenen oder mehrerer Untergebener in derselben Diskurssituation ist das Handlungsmuster des Befehls permanent aktualisiert, da die Grundkonstellation zwischen den Interaktanten auf externe Handlungsplanung zugeschnitten ist. Für die Hörer ist eine Realisierungsnotwendigkeit des Handlungsmusters permanent erwartbar. Im Falle dessen, dass „im Diskurs das betreffende Handlungsmuster schon aktualisiert ist, kann die sprachliche Form einer Illokution darauf beschränkt werden, den relevanten Punkt auf der jeweiligen Handlungsdimension zu verbalisieren." (Hoffmann 1999a: 85)
Charakteristisch für empraktische Ellipsen, mit denen Bewegungshandlungen initiiert werden sollen, ist eine Pointierung auf die Handlungsdimension ‚Richtung'. Dies soll an einem Beispiel veranschaulicht werden. Aus den „Erinnerungen eines Deserteurs an Militärgefängnisse, Zuchthäuser und Moorlager in den Jahren 1941 – 1945" von Hans Frese stammt der folgende Befehl, den er während eines Transportmarsches einer Häftlingskolonne, der er angehörte, erhalten hat:

(B 34)

„Frese, nach vorne!"
(Frese 1989: 116)

Gerichtet ist die Äußerung an einen bestimmten, aufgrund der zugrundeliegenden Konstellation dem Befehl des Sprechers unterworfenen Aktanten innerhalb einer Gruppe von Aktanten, die auch potentielle Adressaten von Befehlen sein können, hier aber nicht gemeint sind. Da eine größere räumliche Distanz zwischen Sprecher und Hörer besteht, und damit eine nonverbale Realisierung der Musterposition „Adressierung" ungeeignet ist, wird sie über die Nennung des Namens („Frese") explizit gemacht. Dies geschieht über eine para-expeditive Prozedur, mit der der Angesprochene „auf sich selbst verwiesen" (Hoffmann 1999b: 229) wird, und zwar, „nicht in seiner Identität, sondern in einer spezifischen Eigenschaft: als Handelnder" (Hoffmann 1999b: 229). Von der auszuführenden Handlung wird mit „nach vorne" lediglich die Pointierung auf die Handlungsdimension „Richtung" verbalisiert: Eine direktionale Angabe leistet die Präposition „nach", womit der implizite Verweis auf die Bewegungshandlung gegeben ist, was deren Explizierung – etwa durch ein entsprechendes Handlungsverb – entbehrlich macht. Mit „vorne" wird das Ziel der Bewegung verbalisiert. Der Ausdruck operiert auf der Folie eines Bezugssystems, das durch die räumliche Konzeptualisierung der Marschkolonne als „länglich" konstituiert ist und die Inanspruchnahme einer „gemeinsamen Orientierung von Sprecher und Hörer" im „Handlungszusammenhang" (Zifonun/Hoffmann/Strecker 1997: 420) voraussetzt.

11.4. *sein zu, haben zu*

Als charakteristisch für formelle Realisierungen des Befehls hat sich im Rahmen der Analysen die Verwendung von *sein* + *zu*-Infinitiv und *haben* + *zu*-Infinitiv herausgestellt.
Bredel/Töpler charakterisieren den *zu*-Infinitiv „als semantisches Gegenstück zum Partizip" (2009: 853), da „nicht Resultativität, sondern Prospektivität" (2009: 853) angezeigt wird. Die Autorinnen führen dies auf die „Grundbedeutung von *zu*, das Ziel einer Bewegung anzugeben" (2009: 853), zurück. Bezogen auf die Sprechhandlung ‚Befehl', markiert das durch *zu* ausgedrückte „Noch-nicht-Erreichtsein einer Handlung" (Bredel/Töpler 2009: 853) die adressatenseitige Übernahme des Handlungsplans in die eigene Planung. Der Infinitiv verbalisiert die im Verbstamm symbolisch repräsentierte Handlung als zeitloses Konzept (vgl. Bredel/Töpler 2009: 854). Die Zustandsverben *sein* und *haben* markieren die jeweilige Perspektive: Bei *sein zu* hat man es mit einer „„täterabgewandten" Perspektive" (Zifonun/Hoffmann/Strecker 1997: 1900) zu tun, bei der die Handlung im Vordergrund steht. Die Agens-Position wird bei dieser Konstruktion meist nicht verbalisiert, sondern ist aufgrund einer vorangegangenen Benennung der zur Ausführung vorgesehenen Aktanten adressatenseitig laufend zu aktualisieren. Demgegenüber werden in Befehlen, die bestimmte Personen auf spezifische Handlungen verpflichten, meist „täterzugewandte" (Zifonun/Hoffmann/Strecker 1997: 1900) *haben-zu*-Konstruktionen in Kombination mit der adressatendeiktischen Distanzform verwendet (z.B. in ‚Einberufungsbefehlen').

11.5 *müssen*

Neben den oben besprochenen *sein-zu*-Konstruktionen kommt in schriftlichen Befehlen im Rahmen der Verbalisierung mehrerer Subbefehle das Modalverb *müssen* als Marker für den Handlungszwang zum Einsatz, wobei häufig Passivkonstruktionen zu finden sind. Die Agens-Position wird dabei meist nicht expliziert, sondern ist aus einer Nennung der vom Handlungszwang betroffenen Aktanten zu Beginn des Textes zu erschließen und laufend zu aktualisieren.
Die spezifische symbolische Funktionalität des Modalverbs *müssen* bei der Verbalisierung von Befehlen besteht darin, einen Handlungszwang auszudrücken, und zwar gekoppelt an die Aktualisierung eines normativen Redehintergrunds.[363] Verbalisiert wird die systematische Suspendierung der handlungsbezogenen Ent-

363 Zum „Konzept des Redehintergrunds": Zifonun/Hoffmann/Strecker (1997: 1882 ff.). Vereinzelt finden sich in Befehlstexten auch Verwendungen, bei denen teleologische Redehintergründe aktualisiert werden. Allerdings hat man es in diesen Fällen nicht mit assertiven Realisierungen der Sprechhandlung ‚Befehl' zu tun. Vielmehr sind solche Verwendungen Bestandteile argumentativer Handlungsstrukturen.

scheidung des betroffenen Aktanten: „das „Wollen" von z [„z" bezeichnet den handelnden Aktanten; Anm. d. Verf.] wird beim „Müssen" [...] ausgeschlossen; es ist gleichgültig, ob er p [die zu initiierende Handlung; Anm. d. Verf.] tun will oder nicht." (Ehlich/Rehbein 1972a: 325).

11.6 Futurisch zu interpretierendes Präsens

Ein weiterer Illokutionsmarker in assertiven Realisierungsformen von Befehlen ist futurisch zu interpretierendes Präsens. Damit wird eine Vergegenwärtigung zukünftigen Handelns ausgedrückt. Zifonun/Hoffman/Strecker sprechen hierbei von der „Prozedur der Antizipation" (1997: 350). Futurisch zu interpretierendes Präsens kommt neben der Verwendung als Marker für die Illokution des Befehls auch in verschiedenen anderen Sprechhandlungsmustern zum Einsatz, so z.B. in ‚Prophezeiungen', ‚Vorhersagen', ‚Warnungen'. Gemeinsam ist diesen Handlungsmustern, dass ein Sprecher eine Aussage über ein zukünftiges Geschehen tätigt und für diese Gewissheit beansprucht. Bei einer ‚Vorhersage' kann die Antizipation z.B. auf der genauen Kenntnis einer Rahmenhandlung, in der das, *was laut dem Sprecher sein wird*, und der Berücksichtigung der relevanten Begleitumstände beruhen. Beim Befehl kommt das „**Prinzip der handlungsbezogenen Deutung**" (Zifonun/Strecker/Hoffmann 1997: 638) zum Tragen:

> „Wird ein Sachverhalt im Aussage-Modus als vorfindlich ausgegeben und korrespondiert damit zunächst kein „Stück Realität" bzw. ist nicht abzusehen, daß in der Zukunft entsprechend dem vorhersehbaren Lauf der Dinge damit ein Stück Realität korrespondieren wird, so sind in einem entsprechenden Kooperationszusammenhang, sofern die Proposition in diesem Sinne interpretierbar ist, – aus der Sicht des Sprechers – handlungsbezogene Konsequenzen angezeigt, die das Gesagte zu einem Stück Realität machen." (Zifonun/Strecker/Hoffmann 1997: 638).

Der Befehlende assertiert Zukünftiges, das nicht ohne das Zutun des Adressaten, um in der Formulierung von Zifonun/Hoffmann/Strecker (1997) zu bleiben, „zu einem Stück Realität" werden kann, da es konditional an dessen Handeln gebunden ist.

Im Gegensatz zu formellen assertiven Realisierungsvarianten mit *sein-zu*, *haben-zu* und *müssen*, die durch den sprachlichen Ausdrucks eines Zwangs die Zuspitzung auf eine bestimmte Handlungsalternative markieren und damit in der Vorgeschichte der Handlung liegende Modalitäten aktualisieren, wird bei der Realisierung mit futurischem Präsens, ähnlich wie bei der Realisierung mit *werden* (s.u.), das zukünftige Handeln von einem Anderen als dem Handelnden selbst im Voraus sprachlich fixiert. Der Adressat wird – unter Ausschluss eigener Hand-

lungsplanung und -entscheidung – durch die Vergegenwärtigung auf ein bestimmtes, extern geplantes Handeln festgelegt.
Während bei Realisierungsvarianten des Befehls, die den symbolischen Verweis auf einen Zwang beinhalten (*sein zu, haben zu, müssen*), die präsuppositiv verankerte hierarchische Konstellation den Befehl legitimiert, ist sie bei futurisch zu interpretierendem Präsens entscheidend, um überhaupt die Illokution des Befehls zur Entfaltung zu bringen, da die reine Äußerung uneindeutig ist.
Zur Veranschaulichung wird auf ein Beispiel zurückgegriffen. Dieses entstammt dem „Befehl für die Zuschauer am 20.4.1941" des „Kommandanten des Führerhauptquartiers", in dem die Aufstellung der an den Festlichkeiten zu Hitlers 52. Geburtstag in Mönichkirchen beteiligten Einheiten festgelegt wurde:

(B 35)

> Zur Einweisung melden sich die aufsichtshabenden Offiziere am 19.4.41 um 20.00 Uhr bei Oblt. Kleinmann, Hotel Mönichkirchen.
> (BArch RW 47/8 fol. 53)

Die Illokution des Befehls, die über das futurisch zu interpretierende Präsens transportiert wird, entfaltet sich nur im Zusammenhang mit dem Gesamttext („Befehl für die Zuschauer am 20.4.1941"), dem sie entstammt und in dem die Befehlskonstellation durch symbolische Strukturen im Wissen verankert wird.
Die Adressaten werden durch ihre Zugehörigkeit zur Gruppe „aufsichtshabende Offiziere" über das Symbolfeld indirekt angesprochen. Der Handlungsplan wird mit „melden sich [...] bei Oblt. Kleinmann, Hotel Mönichkirchen" verbalisiert und mit „am 19.4.41 um 20.00 Uhr" zeitlich festgelegt. Die Einordnung in den übergeordneten Handlungszusammenhang erfolgt durch „Zur Einweisung".

11.7 *werden*

In eindeutigen Befehlskonstellationen weisen Realisierungen vom Typ: Hörerdeixis + *werden* + Infinitiv die Funktionalität auf, eine in der Zukunft liegende Handlung der angesprochene(n) Person(en) im Voraus zu fixieren, indem ein „*Umschlagen der ontologischen Modalitäten Möglichkeit in Wirklichkeit*" (Redder 1999: 305) markiert wird. Der Ausdruck *werden* kennzeichnet in dieser Verwendungsweise symbolisch „die Übergangsphase zwischen der mentalen Vorgeschichte einer Handlung und der Handlungsausführung" (Redder 1999: 302). In Befehlskonstellationen wird damit eine externe Handlungsentscheidung verbalisiert, für deren adressatenseitige Akzeptanz und handlungsmäßige Verwirklichung „Gewissheit" beansprucht wird.[364] In ‚Vorschriften'[365] wird häufig das *werden*-Passiv verwendet, um Handlungsnormierungen zu verbalisieren, für die eine generelle Gültigkeit angezeigt wird. Zur Illustration ein Beispiel aus einem einschlägigen Diensthandbuch der Wehrmacht: „**Anrede des Vorgesetzten:** Die Vorgesetzten werden mit „Herr" und Dienstgrad angeredet." (Reibert 1942: 86)

11.8 Explizit-performative Formeln

Typisch für ‚Archébefehle', die von Hitler unterzeichnet wurden, ist der Einsatz einer explizit-performativen Formel („ich befehle:"), die einer Verkettung von Subbefehlen vorangeht. Die Formel beinhaltet den deiktischen Verweis auf Hitler als Inhaber der absoluten Befehlsposition, die Explizierung der Sprechhandlung durch das performative Verb sowie den Doppelpunkt, dessen Funktion als vorauszeigend zu charakterisieren ist, denn er „lenkt die Aufmerksamkeit des Lesers katadeiktisch auf das, was ihm unmittelbar folgt, und stellt zugleich eine spezifische Verknüpfungsbeziehung – bis hin zur Koordination – zwischen vorhergehendem und folgendem Ausdruck her." (Zifonun/Hoffmann/Strecker 1997: 299). Häufig ist hierbei auch der Einsatz des zusammengesetzten Kausaladverbs *daher*, das begründende Sprechhandlungen (in ‚Archébefehlen' spezifischerweise als Begründungspräambel zusammengefasst) und Subbefehle als in einer kausalen Folgebeziehung zueinander stehend markiert.[366]

364 Eine solche Realisierung hat Hoffmann am Beispiel eines Seelsorger-Flugblatts, mit dem Taubstumme zur Sterilisation gedrängt werden sollten, herausgearbeitet (Hervorhebung im Analysetext): „Nichtwahr, Du wirst **die Wahrheit sagen**, wenn Du gefragt wirst." (zit. n. Hoffmann 2001: 219) In den dieser Arbeit zugrundeliegenden Datenkorpora findet sich keine solche Realisierung. Allerdings wurde im Rahmen der Untersuchungen zum Befehl in der NS-Kriegswirtschaft in Kap. 4.3 eine implizite Befehlsrealisierung mit *werden* als Illokutionsmarker analysiert.

365 Vgl. zu diesem Typ Kap. 10.2.5.

366 Zur spezifischen Funktionalität von *daher* in dieser Verwendungsweise vgl. Rehbein (1995: 184) und siehe Kap. 9.1.2.

12. Fazit

In der vorliegenden Arbeit wurde der Befehl als für die NS-Zeit markantes sprachliches Handlungsmuster funktional-pragmatisch analysiert. Ausgehend von einer Anbindung an bisherige linguistische Arbeiten zur Sprache im Nationalsozialismus, einer theoretischen und methodischen Fundierung der Untersuchung sowie einer Darstellung möglicher Realisierungsvarianten wurde im empirischen Teil anhand von exemplarischen Analysen eine Rekonstruktion spezifischer Ausprägungen des sprachlichen Handlungsmusters des Befehls in verschiedenen historischen Konfigurationen innerhalb der NS-Zeit erarbeitet.

Auf der Grundlage der Analyseergebnisse konnte – ausgehend vom „Schema von Aufforderungen i.e.S", das Rehbein (1977: 339)[367] entwickelt hat – eine Beschreibung des Handlungsprozesses beim Befehlen (obligatorische und fakultative Musterpositionen, aktionale, mentale und interaktionale Teilhandlungen von Sprecher und Hörer) vorgelegt werden. Darauf aufbauend erfolgte eine an funktionalen Kriterien orientierte Charakterisierung exemplarischer Typen des Befehls in der NS-Zeit.

Die im Zuge der Analysen herausgearbeiteten sprachlichen und außersprachlichen Stützen des Befehls wurden in einem eigenen Kapitel systematisch dargestellt. Auf eine verallgemeinerte Akzeptanz des Befehls war die ideologische und organisatorische Basis „Führerprinzip" ausgerichtet. Dies gilt auch für das System von Versprechen (vgl. Ehlich 1989, 1998): Hier war die freiwillige Unterstellung der Adressaten anvisiert, die im Vertrauen auf die „Führung" der umfassenden externen Handlungsplanung folgen sollten.

Der Einsatz von Begründungen, mit denen auf die Stützung von Aufforderungen abgezielt wird, ist typisch für Konstellationen, in denen ein Sprecher auf eine hörerseitige Entscheidung zur Kooperation angewiesen ist. Charakteristisch für Standard-Befehlskonstellationen ist dagegen ein für den Adressaten geltender Handlungszwang, der den Einsatz von Begründungen überflüssig macht. Bei Abweichungen von der Standardkonstellation – dies ist z.B. der Fall, wenn die Ausführung von Befehlen nicht kontrollierbar ist – gewinnen Begründungen als Stützen des Befehls handlungspraktische Relevanz. Ein markantes Beispiel für einen Archébefehl, der eine Begründungs-Präambel enthält, stellt der Befehl von Mansteins vom 20.11.1941 dar, der in Kap. 6. analysiert wurde. Gezielt wurde im Rahmen einer NS-ideologischen Überformung der Wehrmacht auf die Indoktrination der Soldaten im Hinblick auf die Akzeptanz verbrecherischer Handlungspraxen.

Vor allem bei Befehlen, bei denen erhebliche adressatenseitige Widerstände zu erwarten waren, kam die Drohung als sprachliches Handlungsmuster zur Anwendung. Gegen Ende des Krieges, als die Sinnlosigkeit des „Durchhaltens" nicht

367 Siehe dazu Kap. 1.6.

mehr propagandistisch verschleiert werden konnte, trat die offene Drohung als letzter Garant der „Gefolgschaft“ massiv in Erscheinung. Markante Beispiele aus der Phase des „Endkampfes“ wurden in Kap. 8 analysiert.
Mordbefehle, die an SS-Einsatzgruppen und Polizeibataillone gerichtet waren, deren alltägliche Handlungspraxis das organisierte Töten im Rahmen verschleiernd so genannter „Befriedungsaktionen“ war, bedurften meist keiner zusätzlichen Stützung in Form etwa von Begründungen oder Drohungen, um den Gehorsam zu sichern (siehe Kap. 7). Der Bezugsrahmen des Handelns war hier die genozidale Ausrichtung des Ostfeldzugs und damit einhergehend das Töten und Zerstören als eine „Arbeit“ (vgl. Welzer 2007), welche zur Vorbereitung der eroberten Gebiete für eine spätere Nutzung als neuer „Lebensraum“ diente. Die lokalen Führer in den jeweiligen Einsatzgebieten hatten weitreichende Befehlsvollmachten, wobei ausdrücklich auch die Ermordung der Zivilbevölkerung im Bereich dieser Vollmachten lag bzw. innerhalb so genannter „Außerordentlicher Befriedungsaktionen“ fest eingeplant war. Die Alltäglichkeit des Mordens spiegelt sich in den sprachlichen Realisierungsformen der Befehle, in denen teils eine verschleiernde, bürokratisierende Benennung (z.B. „Sonderbehandlung durchführen“) und teils explizite Benennungen der befohlenen Handlungen zu finden sind.
In den Konzentrationslagern basierte der Gehorsam der Häftlinge auf ‚absoluter Macht‘ (Sofsky 2008), was den SS-Wachmannschaften eine maximale Verfügungsgewalt über das Handeln sicherte (siehe Kap. 5). Befehle an Konzentrationslager-Häftlinge unterlagen kaum einer Beschränkung, so dass z.B. selbst Gewalthandlungen gegen andere Häftlinge oder Handlungen befohlen werden konnten, die eine Verletzung lagerinterner Normen darstellten und den SS-Wachen die Legitimation zur Gewaltanwendung bis hin zum Mord gaben. Der hierfür charakteristische Befehlstypus, welcher auf einer „Normenfalle“ (Sofsky 2008: 248) basierte, wurde in Kap. 10.2 als ‚Pseudo-Befehl‘ beschrieben.
Die von der SS betriebene Rationalisierung und Routinisierung der Verwaltung der Häftlinge und der mit dem alltäglichen Sterben zusammenhängenden Prozesse einerseits sowie die menschenverachtende Haltung gegenüber den Häftlingen andererseits schlug sich nicht zuletzt auch in den sprachlichen Formen entsprechender Befehle nieder.
Eine wichtige Leitfrage der Untersuchung zielte – im Anschluss an die Arbeiten von Maas (1984) und Sauer (1989, 1998) – auf die Analyse polyphoner Aneignungsmöglichkeiten für verschiedene Adressatentypen und den damit verbundenen je spezifischen Handlungscharakter von sprachlichen Äußerungen. Herausgearbeitet wurden – verfasserseitig mutmaßlich kalkulierte – unterschiedliche Interpretationsweisen von Äußerungen, die, je nach Adressatentyp, z.B. als implizite Drohung oder auch als Aufforderung zur Denunziation erscheinen konnten. Eine bedeutende Rolle spielten in diesem Zusammenhang kalkulierte Vagheiten: Gerade durch den Interpretationsspielraum von implizit drohenden Äußerungen

wurde die charakteristische Unberechenbarkeit des NS-Terrorapparats unterstützt. Kalkulierte Vagheiten spielten allerdings, wie in Kap. 6 exemplarisch gezeigt wurde, auch bei der Verbalisierung von Handlungsplanungen im Rahmen der Übermittlung von Befehlen eine wichtige Rolle. Vage Kategorisierungen von Feindgruppen und vage Benennungen von gewaltsamen Handlungen wie z.B. „geeignete Mittel" oder „schärfste Maßnahmen" zielten auf eine selbstständige Ausdifferenzierung lokaler Befehlshaber, die entsprechend dem NS-Führerprinzip die Legitimation innehatten, Handlungsspielräume im Zuge der Erfüllung vorgegebener Zielfokussierungen im eigenen Ermessen auszugestalten.
Im Rahmen der Analysen von Texten und rekonstruierten Äußerungen aus dem Reichsarbeitsdienst wurde dessen Funktion als Erziehungs- und Sozialisationsinstitution in den Blick genommen. Herausgearbeitet wurde die Importierung und Anwendung militärischer Handlungsformen und dazugehöriger sprachlicher Formen zum Zweck der Gewöhnung der „Volksgenossen" an das Prinzip von Befehl und Gehorsam. Im sprachlichen Handeln spiegelten sich wesentliche Charakteristika einer „Totalen Institution" und die Gegenwehr gegen diese wider.
Eine gesonderte Stellung innerhalb der empirischen Teilbereiche nimmt die industrielle NS-Wirtschaft ein, da hier privatbetriebliche Grundkonstellationen faschistisch überformt und in para-staatliche Konstellationen umgewandelt wurden. Das Fundament hierfür wurde mit dem Arbeitsordnungsgesetz von 1934 und der damit einhergehenden Implementierung des Führerprinzips in den Betrieben gelegt. Auf dieser Basis erfolgte eine sukzessive Erweiterung der Übertragung wesentlicher Elemente einer militärischen Grundkonstellation auf den Bereich der industriellen Wirtschaft (vor allem der Rüstungswirtschaft). Die Arbeit des Einzelnen wurde per Gesetz als „Dienst an der Volksgemeinschaft", das Verhältnis zwischen Arbeitgeber („Betriebsführer") und Arbeitnehmer („Gefolgschaftsmitglied") als in den NS-Staat eingebundenes Gehorsamsverhältnis definiert. Im Verlauf des Krieges wurde der Gehorsamsdruck in der Rüstungswirtschaft enorm erhöht, ideologisch angebunden an die Forderung des individuellen Pflichtbeitrags jedes Mitglieds der „Volksgemeinschaft" zum „Entscheidungkampf" und gestützt auf ein immer offener agierendes Terror- und Drohsystem, von dessen Unkalkulierbarkeit eine besondere Gefährlichkeit ausging.
Über die Analyse der allgegenwärtigen Propaganda im „Totalen Krieg" konnten verschiedene integrative und repressive Strategien zur Herstellung der Bereitschaft zum unbedingten Gehorsam herausgearbeitet werden. Als ein wesentliches integratives Mittel kann die Übertragung eines gesellschaftlich etablierten Soldaten-Rollenbildes auf den Bereich der Arbeit und die Stilisierung der Rüstungsarbeiter zu „Soldaten an der Maschine" benannt werden. Damit ging einerseits die ideologische Aufwertung der industriellen Rüstungsarbeit sowie ihrer Akteure und andererseits der am Soldaten-Rollenbild orientierte Gehorsamsanspruch einher. Ein im Rahmen integrativer Strategien angewandtes sprachliches Verfahren, das sich häufig in den analysierten Texten aus dem Bereich der Kriegswirtschaft

findet, ist die sprachliche Etablierung von Gemeinschaft und Gleichheit zwischen Verfasser und Adressaten, vor allem durch den spezifischen Einsatz gruppendeiktischer Ausdrücke (z.B. *wir*).
Durch die kurz vor Beginn des Krieges erfolgte Einführung der „Dienstverpflichtung" (in der zeitgenössischen Propaganda auch als „wirtschaftlicher Gestellungsbefehl" bezeichnet) wurde das militärische Konzept der Einberufung von Wehrpflichtigen per Einberufungsbefehl auf den Bereich der Rüstungsindustrie ausgeweitet. Die sprachlichen Formen, die formale Gestaltung der „wirtschaftlichen Gestellungsbefehle" sowie deren Handlungscharakter waren am militärischen Vorbild orientiert.
In den letzten Monaten des Krieges erreichte die gesamtgesellschaftliche Verallgemeinerung des Handlungsmusters des Befehls noch eine weitere Stufe. Von allen Mitgliedern der „Volksgemeinschaft" wurde nun die Übernahme der von der Führung vorgegebenen Maxime des Durchhaltens verlangt. Weite Teile der männlichen Bevölkerung wurden aktiv in das Kampfgeschehen integriert (zuletzt die über 16- und unter 60-Jährigen als „letztes Aufgebot": „Volkssturm"). Zahlreiche Städte wurden zu „Festungen" erklärt und deren Bewohner dem Befehl zum Durchhalten unterworfen. Um die als ausnahmslos gültig erklärte Zuspitzung des Handlungsraums auf das Handlungskonzept des „Kampfes auf Leben und Tod" durchzusetzen, wurde – neben der Stützung auf das präsuppositiv verankerte Versprechen des „Endsiegs" und die daran gekoppelten Verheißungen[368] – vor allem mit offenem Terror gegen die Angehörigen der „Kampfgemeinschaft" gearbeitet. Anhand der Analysen von Texten aus der letzten Kriegsphase konnte eine sukzessive Selbstdemaskierung des NS-Systems und seiner Repräsentanten aufgezeigt werden. So tritt in den letzten Befehlen von Hitler, führenden Militärs, hohen SS-Führern und Parteifunktionären der massive Terror als letztes Mittel der Herrschaftssicherung unverschleiert zutage. Ohne die folgsame Weitergabe über die verschiedenen Befehlsketten und die häufig vorauseilend gehorsame Initiative lokaler Führer auf unteren hierarchischen Ebenen, die z.T. durch eigene Befehlszusätze den Terror noch weiter forcierten, wäre dessen Realisierung allerdings in dem tatsächlichen Umfang nicht möglich gewesen.

368 Das in Befehlen und Propaganda-Texten der letzten Phase des Krieges häufig verwendete Ideologem *Zukunft* – meist in Verbindung mit possessiv-deiktischen und damit Gemeinschaft suggerierenden Ausdrücken (z.B. *unsere Zukunft*) – leistet anspielungsweise im Symbolfeld den Bezug zu diesem präsuppositiv verankerten zentralen Versprechen.

Literaturverzeichnis

Allert, Tilman (2005). Der deutsche Gruß. Geschichte einer unheilvollen Geste. Frankfurt: Eichborn

Austin, John L. (1958/2010): Performative und konstatierende Äußerung. In: Hoffmann, Ludger (Hg.) (2010): Sprachwissenschaft. Ein Reader. Berlin/New York: de Gruyter, S. 163-173

Ayaß, Wolfgang (2005): Die Einweisungen von „Asozialen" in Konzentrationslager. Die „Aktion Arbeitsscheu Reich" und die kriminalpolizeiliche Praxis bei der Verhängung von Vorbeugungshaft. In: Sedlaczek, Dietmar/Lutz, Thomas/Puvogel, Ulrike/Tomkowiak, Ingrid (Hg.): „Minderwertig" und „asozial". Stationen der Verfolgung gesellschaftlicher Außenseiter. Zürich: Chronos, S. 89-104

Bauer, Fritz (1969): Justiz und NS-Verbrechen. Sammlung deutscher Strafurteile wegen nationalsozialistischer Tötungsverbrechen 1945 – 1966, Bd. 2; Die vom 12.11.1947 bis zum 08.07.1948 ergangenen Strafurteile; Lfd. Nr. 035-074. Amsterdam: University Press

Bauer, Gerhard (1988): Sprache und Sprachlosigkeit im Dritten Reich. Köln: Bund

Bax, Marcel (1991): Historische Pragmatik: Eine Herausforderung für die Zukunft. Diachrone Untersuchungen zu pragmatischen Aspekten ritueller Herausforderungen in Texten mittelalterlicher Literatur. In: Busse, Dietrich (Hg.): Diachrone Semantik und Pragmatik: Untersuchungen zur Erklärung und Beschreibung des Sprachwandels. Tübingen: Niemeyer, S. 197-215

Benz, Wolfgang (2005): Nationalsozialistische Zwangslager. Ein Überblick. In: Benz, Wolfgang/Distel, Barbara (Hg.): Der Ort des Terrors. Geschichte der nationalsozialistischen Konzentrationslager. Bd. 1: Die Organisation des Terrors. München: Beck, S. 11-29

Blank, Ralf (2004): Die Kriegsendphase an Rhein und Ruhr 1944/45. In: Rusinek, Bernd-A. (Hg.): Kriegsende 1945: Verbrechen, Katastrophen, Befreiungen in nationaler und internationaler Perspektive. Dachauer Symposien zur Zeitgeschichte. Bd. 4. Göttingen: Wallstein, S. 88-124

Bredel, Ursula/Töpler, Cäcilia (2009): Verb. In: Hoffmann, Ludger (Hg.): Handbuch der deutschen Wortarten. Berlin/New York: de Gruyter, S. 823-901

Bröckling, Ulrich (1997): Disziplin. Soziologie und Geschichte militärischer Gehorsamsproduktion. München: Fink

Broszat, Martin/Fröhlich, Elke/Wiesemann, Falk (1977): Bayern in der NS-Zeit. Soziale Lage und politisches Verhalten der Bevölkerung im Spiegel vertraulicher Berichte. München: Oldenbourg

Brünner, Gisela/Graefen, Gabriele (1994): Zur Konzeption der Funktionalen Pragmatik (Einleitung). In: Brünner, Gisela/Graefen, Gabriele (Hg.): Texte und Diskurse. Methoden und Forschungsergebnisse der Funktionalen Pragmatik. Opladen: Westdeutscher Verlag, S. 7 - 21

Buchheim, Hans (1965): Die SS – das Herrschaftsinstrument. In: Buchheim, Hans/Broszat, Martin/Jacobsen, Hans-Adolf/Krausnick, Helmut: Anatomie des SS-Staates. Bd. 1. München: Walter, S. 13-212

Bühler, Karl (1934/1999): Sprachtheorie. Stuttgart: Urban & Fischer

Bührig, Kristin/Meyer, Bernd (2007): Unterschriften und ihre diskursive Vorgeschichte: Wie Patienten in die Durchführung medizinischer Methoden einwilligen. In: Redder, Angelika (Hg.): Diskurse und Texte. Festschrift für Konrad Ehlich zum 65. Geburtstag. Tübingen: Stauffenburg, S. 641-650

Canetti, Elias (1994): Masse und Macht. München: Hanser

Consten, Manfred/Schwarz-Friesel, Monika (2009): Anapher. In: Hoffmann, Ludger (Hg.): Handbuch der deutschen Wortarten. Berlin/New York: de Gruyter, S. 265-292

Diewald-Kerkmann, Gisela (1995): Politische Denunziation im NS-Regime oder die kleine Macht der „Volksgenossen". Bonn: Dietz

Echternkamp, Jörg (2006): Kriegsschauplatz Deutschland 1945. Leben in Angst, Hoffnung auf Frieden: Feldpost aus der Heimat und von der Front. Paderborn: Schöningh

Eggs, Frederike (2006): Die Grammatik von ‚als' und ‚wie'. Tübingen: Narr

Eggs, Frederike (2009): Adjunktor. In: Hoffmann, Ludger (Hg.): Handbuch der deutschen Wortarten. Berlin/New York: de Gruyter, S. 189-221

Ehlich, Konrad (1979): Verwendungen der Deixis beim sprachlichen Handeln. Linguistisch-philologische Untersuchungen zum hebräischen deiktischen System. Frankfurt am Main/Bern/Las Vegas: Lang

Ehlich, Konrad (1984): Zum Textbegriff. In: Rothkegel, Annely/Sandig, Barbara (Hg.): Text – Textsorten – Semantik: Linguistische Modelle und maschinelle Verfahren. Hamburg: Buske, S. 9-25

Ehlich, Konrad (1986/2000): Funktional-pragmatische Kommunikationsanalyse – Ziele und Verfahren. In: Hoffmann, Ludger (Hg.): Sprachwissenschaft. Ein Reader. Berlin/New York: de Gruyter, S. 183-201

Ehlich, Konrad (1986): Interjektionen. Tübingen: Niemeyer

Ehlich, Konrad (1989): Über den Faschismus sprechen – Analyse und Diskurs. In: Ehlich, Konrad (Hg.): Sprache im Faschismus. Frankfurt am Main: Suhrkamp, S. 7-34

Ehlich, Konrad (1990): Sprache im Faschismus. In: Wodak, Ruth/Menz, Florian (Hg.): Sprache in der Politik – Politik in der Sprache. Klagenfurt: Drava, S. 20-41

Ehlich, Konrad (1994): Funktion und Struktur schriftlicher Kommunikation. In: Günther, Hartmut/Ludwig, Otto (Hg.): Handbuch Schrift und Schriftlichkeit. Bd. 1. Berlin/New York: de Gruyter, S. 18-41

Ehlich, Konrad (1998): „..., LTI, LQI, ...". Von der Unschuld der Sprache und der Schuld der Sprechenden. In: Kämper, Heidrun/Schmidt, Hartmut (Hg.): Das 20. Jahrhundert. Berlin/New York: de Gruyter, S. 275-303

Ehlich, Konrad (1994/2007a): Funktionale Etymologie. In: Ehlich, Konrad: Sprache und sprachliches Handeln. Pragmatik und Sprachtheorie. Bd. 1. Berlin/New York: de Gruyter, S. 87-100

Ehlich, Konrad (2007b): Dokumente und ihre Rolle in der institutionellen Kommunikation. In: Ehlich, Konrad: Sprache und sprachliches Handeln. Pragmatik und Sprachtheorie. Bd. 3. Berlin/New York: de Gruyter, S. 191-200

Ehlich, Konrad (2007c): Deixis (Eintrag aus dem Metzler-Lexikon Sprache). In: Ehlich, Konrad: Sprache und sprachliches Handeln. Pragmatik und Sprachtheorie. Bd. 2. Berlin/New York: de Gruyter, S. 169-171

Ehlich, Konrad/Rehbein, Jochen (1972a): Einige Interrelationen von Modalverben. In: Wunderlich, Dieter (Hg.): Linguistische Pragmatik. Frankfurt am Main: Athenäum, 318-340

Ehlich, Konrad/Rehbein, Jochen (1972b): Erwarten. In: Wunderlich, Dieter (Hg.): Linguistische Pragmatik. Frankfurt am Main: Athenäum, S. 99-114

Ehlich, Konrad/Rehbein, Jochen (1977): Wissen, kommunikatives Handeln und die Schule. In: Goeppert, Herma C. (Hg.): Sprachverhalten im Unterricht. München: Fink, S. 36-114

Ehlich, Konrad/Rehbein, Jochen (1979): Sprachliche Handlungsmuster. In: Soeffner, Hans-Georg (Hg.): Interpretative Verfahren in den Sozial- und Textwissenschaften. Stuttgart: Metzler, S. 243-274

Ehlich, Konrad/Rehbein, Jochen (1986): Muster und Institution. Untersuchungen zur schulischen Kommunikation. Tübingen: Narr

Fischer-Hupe, Kristine (2001): Victor Klemperers „LTI. Notizbuch eines Philologen". Ein Kommentar. Hildesheim: Olms

Förster, Jürgen (1994): Zum Rußlandbild der Militärs 1941-1945. In: Volkmann, Hans-Erich (Hg.): Das Rußlandbild im Dritten Reich. Köln: Böhlau, S. 141-164

Förster, Stig (2005): Militär und Militarismus im Deutschen Kaiserreich. Versuch einer differenzierten Betrachtung. In: Wette, Wolfram (Hg.): Schule der Gewalt: Militarismus in Deutschland 1871-1945. Berlin: Aufbau, S. 33-54

Frei, Norbert/Grotum, Thomas/Parcer, Jan/Steinbacher, Sybille/Wagner, Bernd C. (2000): Standort- und Kommandanturbefehle des Konzentrationslagers Auschwitz 1940 – 1945. Darstellungen und Quellen zur Geschichte von Auschwitz. Bd. 1. München: Saur

Frese, Matthias (1991): Betriebspolitik im „Dritten Reich". Deutsche Arbeitsfront, Unternehmer und Staatsbürokratie in der westdeutschen Großindustrie 1933 – 1939. Paderborn: Schöningh

Frevert, Ute (2001): Die kasernierte Nation. Militärdienst und Zivilgesellschaft in Deutschland. München: Beck

Götz, Norbert (2001): Ungleiche Geschwister. Die Konstruktion von nationalsozialistischer Volksgemeinschaft und schwedischem Volksheim. Baden-Baden: Nomos

Götz, Norbert (1997): Gemeinschaft aus dem Gleichgewicht: Die Ausweitung von Dienstpflichten im Nationalsozialismus (Arbeitspapiere 12) [http://www2.hu-berlin.de/skan/gemenskap/inhalt/publikationen/arbeitspapiere/ahe_12.html], 12.12.2011

Goffmann, Erving (1972): Asyle. Über die soziale Situation psychiatrischer Patienten und anderer Insassen. Frankfurt am Main: Suhrkamp

Graefen, Gabriele/Hoffmann, Ludger (2010): Pragmatik. In: Krumm, Hans-Jürgen/Fandrych, Christian/Hufeisen, Britta/Riemer, Claudia (Hg.): Deutsch als Fremd- und Zweitsprache. HSK 35.1. Berlin/New York: de Gruyter, S. 255-265

Grießhaber, Wilhelm (1982): Rollenspiele im Deutschunterricht mit ausländischen Arbeitern. Bochum: Seminar für Sprachlehrforschung (Magisterarbeit; unveröffentlicht)

Grießhaber, Wilhelm (1982-2004): Auffordern. [http://spzwww.uni-muenster.de/griesha/eps/prg/auffordern-mst.html], 17.12.2011

Haase, Norbert (2002): Oberleutnant Dr. Albert Battel und Major Max Liedtke – Konfrontation mit der SS im polnischen Przemyśl im Juli 1942. In: Wette, Wolfram (Hg.): Retter in Uniform. Frankfurt am Main: Fischer, S. 181–208

Haase, Norbert (2006): Justizterror in der Wehrmacht am Ende des Zweiten Weltkrieges. In: Arendes, Cord/Wolfrum, Edgar/Zedler, Jörg (Hg.): Terror nach innen: Verbrechen am Ende des Zweiten Weltkrieges. Dachauer Symposien zur Zeitgeschichte. Bd. 6. Göttingen: Wallstein, S. 80-102

Henke, Klaus-Dietmar (1996): Die amerikanische Besetzung Deutschlands. Quellen und Darstellungen zur Zeitgeschichte. Bd. 24. München: Oldenbourg

Hensle, Michael P. (2005): Die Verrechtlichung des Unrechts. Der legalistische Rahmen der nationalsozialistischen Verfolgung. In: Benz, Wolfgang/Distel, Barbara (Hg.): Der Ort des Terrors. Geschichte der nationalsozialistischen Konzentrationslager. Bd. 1: Die Organisation des Terrors. München: Beck, S. 76-90

Herbst, Ludolf (2010): Hitlers Charisma. Die Erfindung eines deutschen Messias. Frankfurt am Main: Fischer

Hindelang, Götz (1978): Auffordern. Die Untertypen des Aufforderns und ihre sprachlichen Realisierungsformen. Göppingen: Kümmerle

Hindelang, Götz (2010): Einführung in die Sprechakttheorie. Sprechakte, Äußerungsformen, Sprechaktsequenzen. Berlin/New York: de Gruyter

Hoffmann, Ludger (1984a): Mehrfachadressierung und Verständlichkeit. In: Zeitschrift für Literaturwissenschaft und Linguistik 55, S. 71-86

Hoffmann, Ludger (1984b): Berichten und Erzählen. In: Ehlich, Konrad (Hg.): Erzählen in der Schule, Tübingen: Narr

Hoffmann, Ludger (1996): Satz. In: Deutsche Sprache 3/1996, S. 193-223

Hoffmann, Ludger (1999a): Ellipse und Analepse. In: Rehbein, Jochen/Redder, Angelika (Hg.): Grammatik und mentale Prozesse, Tübingen: Stauffenburg, S. 69-91

Hoffmann, Ludger (1999b): Eigennamen im sprachlichen Handeln. In: Bührig, Kristin/Matras, Yaron (Hg.): Sprachtheorie und sprachliches Handeln. Tübingen: Stauffenburg, S. 213-234

Hoffmann, Ludger (2000): Thema, Themenentfaltung, Makrostruktur. In: Antos, Gerd/Brinker, Klaus/Heinemann, Wolfgang (Hg.): Text- und Gesprächslinguistik. Bd.1. HSK 16.1. Berlin/New York 2000: de Gruyter, S. 344-356

Hoffmann, Ludger (2001): Pragmatische Textanalyse. An einem Beispiel aus dem Alltag des Nationalsozialismus. In: Möhn/Dieter, Roß, Dieter/Tjarks-Sobhani, Marita (Hg.): Mediensprache und Medienlinguistik. Frankfurt am Main: Lang, S. 283-310

Hoffmann, Ludger (2003): Funktionale Syntax: Prinzipien und Prozeduren. In: Hoffmann, Ludger (Hg.): Funktionale Syntax. Die pragmatische Perspektive. Berlin/New York: de Gruyter, S. 18-121

Hoffmann, Ludger (2004): Richard Wagner: „Das Judentum in der Musik". Antisemitismus zwischen Kulturkampf und Vernichtung? In: Conrady, Peter (Hg.): Faschismus in Texten und Medien. Oberhausen: Athena, S. 45-71

Hoffmann, Ludger (2006): Ellipse im Text. In: Blühdorn, Hardarik/Breindl, Eva/Waßner, Ulrich Hermann (Hg.): Grammatik und Textverstehen. Jahrbuch 2005 des Instituts für deutsche Sprache. Berlin/New York: de Gruyter, S. 90-108

Hoffmann, Ludger (2007): Sprache und Gewalt. In: Der Deutschunterricht 5/2007, 44-55

Hoffmann, Ludger (2008): Über *ja*. In: Deutsche Sprache 3/2008, S. 193-219

Hoffmann, Ludger (2009): Determinativ. In: Hoffmann, Ludger (Hg.): Handbuch der deutschen Wortarten. Berlin/New York: de Gruyter, S. 293-357

Hoffmann, Ludger (2010): Sprachwissenschaft. Ein Reader. Berlin/New York: de Gruyter

Hoffmann, Ludger (erscheint): Der Fall des Rechts und wie er zur Sprache kommt.

Hürter, Johannes (2007): Hitlers Heerführer. Die deutschen Oberbefehlshaber im Krieg gegen die Sowjetunion 1941/42. München: Oldenbourg

Jacobsen, Hans-Adolf (1965): Kommissarbefehl und Massenexekutionen sowjetischer Kriegsgefangener. In: Buchheim, Hans/Broszat, Martin/Jacobsen, Hans-Adolf/Krausnick, Helmut: Anatomie des SS-Staates. Bd. 2. Olten: Walter, S. 163-279

Jäger, Siegfried (1989): Rechtsextreme Propaganda heute. In: Ehlich, Konrad (Hg.): Sprache im Faschismus. Frankfurt am Main: Suhrkamp, S. 289-322

Jansen, Christian (2004): Die Militarisierung der bürgerlichen Gesellschaft im 19. Jahrhundert. In: Jansen, Christian (Hg.): Der Bürger als Soldat. Die Militarisierung europäischer Gesellschaften im langen 19. Jahrhundert: ein internationaler Vergleich. Essen: Klartext, S. 9-26

Kämper, Heidrun (2007): „Gehorsamspflicht statt Menschenpflicht". Die Urteile Max Silbersteins zu den Erschießungen in den Lauerschen Gärten am 28. März 1945. In: Badische Heimat. Zeitschrift für Landes- und Volkskunde, Natur-, Umwelt- und Denkmalschutz. 1/2007. S. 124-132

Kershaw, Ian (1998): Hitler. 1889-1936. Stuttgart: Deutsche Verlags-Anstalt

Kinne, Michael/Schwitalla, Josef (1994): Sprache im Nationalsozialismus (Studienbibliographien Sprachwissenschaft). Heidelberg: Groos

Kipp, Martin (2006): Betrieb als Lernort. Ganzheitliche Facharbeiterausbildung im Volkswagen-Vorwerk Braunschweig – Best Practise-Beispiel der Deutschen Arbeitsfront. In: bwp@ Berufs- und Wirtschaftspädagogik – online. Ausgabe 9 [http://www.bwpat.de/ausgabe9/kipp_bwpat9.shtml], 25.10.2011

Klein, Josef/Sauer, Hans-Gerd/Hanssen, Rainer (1981): „Befehl-(Bestätigung)-Gehorsam" als zentrales dienstliches Handlungsmuster des Militärs - dargestellt am Beispiel Bundeswehr. In: Klein, Josef/Presch, Gunter (Hg.): Institutionen, Konflikte, Sprache. Arbeiten zur linguistischen Pragmatik. Tübingen: Niemeyer, S. 182-205

Klemp, Stefan (2005): „Nicht ermittelt." Polizeibataillone und die Nachkriegsjustiz. Ein Handbuch. Essen: Klartext

Klemperer, Victor (2010[15]): LTI. Notizbuch eines Philologen Leipzig: Reclam

Kluge, Friedrich (2002[24]): Etymologisches Wörterbuch der deutschen Sprache. Kluge. Bearbeitet von Elmar Seebold. Berlin/New York: de Gruyter

Kogon, Eugen (1946): Der SS-Staat. Das System der deutschen Konzentrationslager. Frankfurt am Main: Europäische Verlagsanstalt

Kohlhaas, Elisabeth (2006): „Aus einem Haus, aus dem eine weiße Fahne erscheint, sind alle männlichen Personen zu erschießen". Durchhalteterror und Gewalt gegen Zivilisten am Kriegsende 1945. In: Arendes, Cord/Wolfrum, Edgar/Zedler, Jörg (Hg.): Terror nach innen: Verbrechen am Ende des Zweiten Weltkrieges. Dachauer Symposien zur Zeitgeschichte. Bd. 6. Göttingen: Wallstein, S. 51-79

Krausnick, Helmut (1977): Kommissarbefehl und „Gerichtsbarkeitserlaß Barbarossa" in neuer Sicht. In: Vierteljahrshefte für Zeitgeschichte 25, S. 682-738

Kuby, Erich (1980): Die Russen in Berlin 1945. Rastatt: Moewig

Kühn, Peter (1995): Mehrfachadressierung. Untersuchungen zur adressatenspezifischen Polyvalenz sprachlichen Handelns. Tübingen: Niemeyer

Kunz, Andreas (2005): Wehrmacht und Niederlage. Die bewaffnete Macht in der Endphase der nationalsozialistischen Herrschaft 1944 bis 1945. München: Oldenbourg

Latzel, Klaus (2000[2]): Deutsche Soldaten – nationalsozialistischer Krieg? Kriegserlebnis, Kriegserfahrung 1939-1945. Paderborn/München/Wien/Zürich: Schöningh

Lemmermann, Heinz (1984): Kriegserziehung im Kaiserreich. Studien zur politischen Funktion von Schule und Schulmusik 1890 – 1918. Lilienthal/Bremen: Eres Edition

Lichtenstein, Heiner (1995): NS-Prozesse. In: Lichtenstein, Heiner/Romberg, Otto R. (Hg.): Täter – Opfer – Folgen. Der Holocaust in Geschichte und Gegenwart. Bonn: Bundeszentrale für politische Bildung, S. 114-124

Linke, Angelika (1995): Zur Rekonstruierbarkeit sprachlicher Vergangenheit: Auf der Suche nach der bürgerlichen Sprachkultur im 19. Jahrhundert. In: Gardt, Andreas/Mattheier, Klaus J./Reichmann, Oskar (Hg.): Sprachgeschichte des Neuhochdeutschen. Tübingen: Niemeyer, S. 369-397

Maas, Utz (1984): Als der Geist der Gemeinschaft eine Sprache fand. Sprache im Nationalsozialismus. Opladen: Westdeutscher Verlag

Maas, Utz (1989): Sprache im Nationalsozialismus. Analyse einer Rede eines Studentenfunktionärs. In: Ehlich, Konrad (Hg.): Sprache im Faschismus. Frankfurt am Main: Suhrkamp, S. 162-197

Maas, Utz (2000): Sprache in der Zeit des Nationalsozialismus. In: Besch, Werner/Betten, Anne/ Reichmann, Oskar/Sonderegger, Stefan (Hg.): Sprachgeschichte. Ein Handbuch zur Geschichte der deutschen Sprache und ihrer Erforschung. HSK 2.2. Berlin/New York: de Gruyter, S. 1980-1990

Mallmann, Klaus-Michael/Paul, Gerhard (1991): Herrschaft und Alltag. Ein Industrierevier im Dritten Reich. Bd. 2: Widerstand und Verweigerung im Saarland 1935-1945. Bonn: Dietz

Mammach, Klaus (1981): Der Volkssturm: Das letzte Aufgebot 1944/45. Köln: Pahl-Rugenstein

Mason, Timothy W. (1975): Arbeiterklasse und Volksgemeinschaft. Dokumente und Materialien zur deutschen Arbeiterpolitik 1936-1939. Opladen: Westdeutscher Verlag

Messerschmidt, Manfred (2001): Ideologie und Befehlsgehorsam im Vernichtungskrieg. In: ZfG 49, S. 905-926

Messerschmidt, Manfred (2005a): Das neue Gesicht des Militarismus in der Zeit des Nationalsozialismus. In: Wette, Wolfram (Hg.): Schule der Gewalt: Militarismus in Deutschland 1871-1945. Berlin: Aufbau, S. 265-279

Messerschmidt, Manfred (2005b): Die Wehrmachtjustiz 1933-1945. Paderborn/München/Wien/Zürich: Schönigh

Messerschmidt, Manfred (2006): Militarismus - Vernichtungskrieg - Geschichtspolitik. Zur deutschen Militär- und Rechtsgeschichte. Paderborn: Schöningh

Moll, Martin (Hg.) (1997): „Führer-Erlasse" 1939-1945. Edition sämtlicher überlieferter, nicht im Gesetzblatt abgedruckter, von Hitler während des Zweiten Weltkrieges schriftlich erteilter Direktiven aus den Bereichen Staat, Partei, Wirtschaft, Besatzungspolitik und Militärverwaltung. Stuttgart: Steiner

Müller, Rolf-Dieter/Ueberschär, Gerd (2005): 1945. Das Ende des Krieges. Darmstadt: Wissenschaftliche Buchgesellschaft

Neitzel, Sönke (2005): Kampf bis zur letzten Patrone? Die Kämpfe auf dem Gebiet des Deutschen Reiches 1945. In: Brockhoff, Evelyn/ Heidenreich, Bernd/Neitzel, Sönke (Hg.): 1945. Kriegsende und Neuanfang. Polis 45. Analysen – Meinungen – Debatten. Wiesbaden: Hessische Landeszentrale für politische Bildung, S. 27-40

Neitzel, Sönke (2009[4]): Abgehört. Deutsche Generäle in britischer Kriegsgefangenschaft. München: List

Neitzel, Sönke/Welzer, Harald (2011): Soldaten: Protokolle vom Kämpfen, Töten und Sterben. Frankfurt am Main: Fischer

Pagenstecher, Cord (2005): Arbeitserziehungslager. In: Benz, Wolfgang/Distel, Barbara (Hg.): Der Ort des Terrors. Geschichte der nationalsozialistischen Konzentrationslager. Bd. 9: Arbeitserziehungslager, Ghettos, Jugendschutzlager, Polizeihaftlager, Sonderlager, Zigeunerlager, Zwangsarbeiterlager. München: Beck, S. 75-99

Patel, Klaus Kiran (2003): „Soldaten der Arbeit". Arbeitsdienste in Deutschland und den USA 1933 – 1945. Göttingen: Vandenhoeck und Ruprecht

Patel, Klaus Kiran (2011): Gemeinsame Arbeit am „Neuen Menschen": Insassen und Personal in den Lagern des NS-Regimes. In: Bretschneider, Falk/Scheutz, Martin/Weiß, Alfred Stefan (Hg.): Personal und Insassen von „Totalen Institutionen" - zwischen Konfrontation und Verflechtung. Leipzig: Leipziger Universitätsverlag, S. 337-357

Peter, Roland (1995): Rüstungspolitik in Baden: Kriegswirtschaft und Arbeitseinsatz in einer Grenzregion im Zweiten Weltkrieg. Beiträge zur Militärgeschichte; Bd. 44. München: Oldenbourg

Redder, Angelika (1990): Grammatiktheorie und sprachliches Handeln: ‚denn' und ‚da'. Tübingen: Niemeyer

Redder, Angelika (1994): „Bergungsunternehmen". Prozeduren des Malfeldes beim Erzählen. In: Brünner, Gisela/Graefen, Gabriele (Hg.): Texte und Diskurse. Methoden und Forschungsergebnisse der Funktionalen Pragmatik. Opladen: Westdeutscher Verlag, S. 238-264

Redder, Angelika (1999): ‚werden' – funktional-grammatische Bestimmungen. In: Redder, Angelika/Rehbein, Jochen (Hg.): Grammatik und mentale Prozesse. Tübingen: Stauffenburg, S. 295-336

Redder, Angelika (2009): Konjunktor. In: Hoffmann, Ludger (Hg.): Handbuch der deutschen Wortarten. Berlin/New York: de Gruyter, S. 483-524

Rehbein, Jochen (1977): Komplexes Handeln. Elemente zur Handlungstheorie der Sprache. Stuttgart: Metzler

Rehbein, Jochen (1995): Über zusammengesetzte Verweiswörter und ihre Rolle in argumentierender Rede. In: Wohlrapp, Harald (Hg.): Wege der Argumentationsforschung. Stuttgart-Bad Cannstatt: Frommann-Holzboog, S. 166-197

Rehbein, Jochen (1999): Zum Modus von Äußerungen. In: Redder, Angelika/Rehbein, Jochen (Hg.): Grammatik und mentale Prozesse. Tübingen: Stauffenburg, S. 91-139

Rehbein, Jochen (2001): Das Konzept der Diskursanalyse. In: Brinker, Klaus (Hg.): Text- und Gesprächslinguistik: Ein internationales Handbuch zeitgenössischer Forschung. 2. Halbband. Berlin/New York: de Gruyter, S. 927-945

Rehbein, Jochen (2002): *Sie* – „Personalpronomina" und Höflichkeitsform im Deutschen. Arbeitspapier 2 des Projekts „Sprache der Höflichkeit". Institut für Germanistik: Universität Hamburg

Rehbein, Jochen/Kameyama, Shinichi (2006[2]): Pragmatik/Pragmatics. In: Ammon, Ulrich/Dittmar, Norbert/Mattheier, Klaus J./Trudgill, Peter (Hg.) Sociolinguistics - Soziolinguistik. 1. Halbband. Berlin/New York: de Gruyter, S. 556-58

Rescher, Nicholas (1966): The Logic of Commands. London: Routledge & Kegan Paul

Risse, Stefanie (2008): Sprache im Faschismus und Sprechen über den Faschismus in Deutschland und Italien. In: Jahrbuch Deutsch als Fremdsprache 33/2007. München: Iudicum, S. 190-205

Römer, Felix (2008a): „Im alten Deutschland wäre solcher Befehl nicht möglich gewesen". Rezeption, Adaption und Umsetzung des Kriegsgerichtsbarkeitserlasses im Ostheer 1941/42. In: Vierteljahrshefte für Zeitgeschichte 56, S. 53-99

Römer, Felix (2008b): Der Kommissarbefehl: Wehrmacht und NS-Verbrechen an der Ostfront 1941/42. Paderborn: Schöningh

Rohkrämer, Thomas (1990): Der Militarismus der „kleinen Leute". Die Kriegervereine im Deutschen Kaiserreich 1871 – 1914. München: Oldenbourg

Ruhl, Klaus-Jörg (1980): Die Besatzer und die Deutschen: amerikanische Zone 1945-1948. Düsseldorf: Droste

Rüther, Martin (1990): Arbeiterschaft in Köln 1928-1945. Köln: Janus

Rüthers, Bernd (2005): Steuerung der Wirtschaft durch Auslegung. Zur Themenstellung: Rechtsanwendung und Rechtsetzung als Steuerungsmittel der Diktatur. In: Gosewinkel, Dieter (Hg.): Wirtschaftskontrolle und Recht in der nationalsozialistischen Diktatur. Frankfurt am Main: Vittorio Klostermann GmbH, S. 75-90

Sauer, Christoph (1989): Nazi-Deutsch für Niederländer. Das Konzept der NS-Sprachpolitik in der *Deutschen Zeitung in den Niederlanden* 1940-1945. In: Ehlich, Konrad (Hg.): Sprache im Faschismus. Frankfurt am Main: Suhrkamp, S. 237-288

Sauer, Christoph (1998): Der aufdringliche Text. Sprachpolitik und NS-Ideologie in der „Deutschen Zeitung in den Niederlanden". Wiesbaden: DUV

Sauer, Christoph (2003a): Sprachwissenschaft und sprachwissenschaftlich inspirierte Forschung zu Hitler dem Redner. In: Kopperschmidt, Josef (Hg.): Hitler der Redner. München: Fink, S. 95-114

Sauer, Christoph (2003b): Rede als Erzeugung von Komplizentum. Hitler und die öffentliche Erwähnung der Judenvernichtung. In: Kopperschmidt, Josef (Hg.): Hitler der Redner. München: Fink, S. 413-440

Schäfer, Torsten (2007): „Jedenfalls habe ich auch mitgeschossen": Das NSG-Verfahren gegen Johann Josef Kuhr und andere ehemalige Angehörige des Polizeibataillons 306, der Polizeireiterabteilung 2 und der SD-Dienststelle von Pinsk beim Landgericht Frankfurt am Main 1962–1973; eine textanalytische Fallstudie zur Mentalitätsgeschichte. Münster: LIT

Schmitz-Berning, Cornelia (1964/2000): Vokabular des Nationalsozialismus. Berlin/New York: de Gruyter

Schliesky, Utz (2004): Souveränität und Legitimität von Herrschaftsgewalt. Die Weiterentwicklung von Begriffen der Staatslehre und des Staatsrechts im europäischen Mehrebenensystem. Tübingen: Mohr Siebeck

Schröder, Hans-Joachim (1992): „Ich hänge hier, weil ich getürmt bin". Terror und Verfall im deutschen Militär bei Kriegsende 1945. In: Wette, Wolfram (Hg.): Der Krieg des kleinen Mannes. Eine Militärgeschichte von unten. München/Zürich: Piper, S. 279-294

Schwendemann, Heinrich (1999): Strategie der Selbstvernichtung: Die Wehrmachtführung im „Endkampf" um das „Dritte Reich". In: Müller, Rolf-Dieter/Volkmann, Hans Erich (Hg.): Die Wehrmacht. Mythos und Realität. München: Oldenbourg, S. 224-244

Schwendemann, Heinrich (2004): Der deutsche Zusammenbruch im Osten 1944/45. In: Rusinek, Bernd-A. (Hg.): Kriegsende 1945: Verbrechen, Katastrophen, Befreiungen in nationaler und internationaler Perspektive. Dachauer Symposien zur Zeitgeschichte, Bd. 4. Göttingen: Wallstein, S. 125-152

Searle, John Rogers (1969/2010): Was ist ein Sprechakt? In: Hoffmann, Ludger (Hg.) (2010): Sprachwissenschaft. Ein Reader. Berlin/New York: de Gruyter, S. 174-193

Seidel, Hans-Christoph (2010): Der Ruhrbergbau im Zweiten Weltkrieg. Zechen, Bergarbeiter, Zwangsarbeiter. Veröffentlichungen des Instituts für soziale Bewegungen: Schriftenreihe C: Arbeitseinsatz und Zwangsarbeit im Bergbau; 7. Essen: Klartext

Seidler, Franz W. (1989): „Deutscher Volkssturm". Das letzte Aufgebot 1944/45. München: Herbig

Selmani, Lirim (2011): Über das Zusammenspiel der Prozeduren. In: Deutsche Sprache. 3/2011, S. 234-253

Siegel, Tilla (1982): Lohnpolitik im nationalsozialistischen Deutschland. In: Sachse, Carola/Siegel, Tilla/Spode, Hasso/Spohn, Wolfgang: Angst, Belohnung, Zucht und Ordnung. Herrschaftsmechanismen im Nationalsozialismus. Opladen: Westdeutscher Verlag, S. 54-139

Sofsky, Wolfgang/Paris, Rainer (1991): Figurationen sozialer Macht. Autorität, Stellvertretung, Koalition. Opladen: Leske und Budrich

Sofsky, Wolfgang (2008): Die Ordnung des Terrors: Das Konzentrationslager. Frankfurt am Main: Fischer

Spohn, Wolfgang (1987): Betriebsgemeinschaft und Volksgemeinschaft. Die rechtliche und institutionelle Regelung der Arbeitsbeziehungen im NS-Staat. Berlin: Quorum

Sternberger, Dolf/Storz, Gerhard/Süskind, Wilhelm E. (1946/1968): Aus dem Wörterbuch des Unmenschen. – Neue erweiterte Ausgabe mit Zeugnissen des Streites über die Sprachkritik. Hamburg: Claassen

Süß, Peter (2003): „Ist Hitler nicht ein famoser Kerl?" Graetz – Eine Familie und ihre Unternehmen vom Kaiserreich bis zur Bundesrepublik. Paderborn/München/Wien/Zürich: Schöningh

Treiber, Hubert (1973): Wie man Soldaten macht. Sozialisation „kasernierter Vergesellschaftung". Konzepte Sozialwissenschaft; 8. Düsseldorf: Bertelsmann-Univ.-Verl.

Toulmin, Stephen (1975): Der Gebrauch von Argumenten. Kronberg/Ts.: Scriptor

Ueberschär, Gerd R. (1985): „Volkssturm" und „Werwolf" – Das letzte Aufgebot in Baden. In: Müller, Rolf-Dieter/Ueberschär, Gerd R./Wette, Wolfram (Hg.): Wer zurückweicht, wird erschossen! Kriegsalltag und Kriegsende in Südwestdeutschland 1944/45. Freiburg: Dreisam, S. 23-37

Ueberschär, Gerd R. (2000): NS-Verbrechen und der militärische Widerstand gegen Hitler. Darmstadt: Wissenschaftliche Buchgesellschaft

Ueberschär, Gerd R. (2004): Der Polizeioffizier Klaus Hornig. Vom Befehlsverweigerer zum KZ-Häftling. In: Wette, Wolfram (Hg.): Zivilcourage. Empörte, Helfer und Retter aus Wehrmacht, Polizei und SS. Frankfurt am Main: Fischer, S. 77-96

Vigener, Gerhard (2001): Textsorten des Militärwesens am Beispiel der Dienstvorschrift. In: Brinker, Klaus u.a. (Hg.): Text- und Gesprächslinguistik. HSK 16.1. Berlin/New York: de Gruyter: S. 756-761

Vogel, Jakob (1997): Nationen im Gleichschritt: Der Kult der „Nation in Waffen" in Deutschland und Frankreich, 19871-1914. Göttingen: Vandenhoeck & Ruprecht

Vogel, Jakob (2005): Der „Folkloremilitarismus" und seine zeitgenössische Kritik. Deutschland und Frankreich 1871-1914. In: Wette, Wolfram (Hg.): Schule der Gewalt: Militarismus in Deutschland 1871-1945. Berlin: Aufbau, S. 231-245

von Fransecky, Tanja (2003): Zwangsarbeit in der Berliner Metallindustrie 1939-1945. Eine Firmenübersicht. Eine Studie im Auftrag der Otto-Brenner-Stiftung. Arbeitsheft 31. Berlin

Warmbold, Nicole (2008): Lagersprache. Bremen: Dr. Ute Hempen Verlag

Watzka, Carlos (2011): Zur Interdependenz von Personal und Insassen in „Totalen Institutionen": Probleme und Potentiale von Erving Goffmans „Asyle". In: Bretschneider, Falk/Scheutz, Martin/Weiß, Alfred Stefan (Hg.): Personal und Insassen von „Totalen Institutionen" – zwischen Konfrontation und Verflechtung. Leipzig: Leipziger Universitätsverlag, S. 25-53

Weber, Max (2005): Herrschaft. Gesamtausgabe; Abt. 1, Schriften und Reden, Bd. 22. Wirtschaft und Gesellschaft: die Wirtschaft und die gesellschaftlichen Ordnungen und Mächte; Nachlass; Teilband 4. Tübingen: Mohr

Wehler, Hans-Ulrich (2009): Der Nationalsozialismus: Bewegung, Führerherrschaft, Verbrechen, 1919-1945. München: Beck

Welzer, Harald (2007): Täter. Wie aus ganz normalen Menschen Massenmörder werden. Frankfurt am Main: Fischer

Werner, Wolfgang Franz (1983): „Bleib übrig!" deutsche Arbeiter in der nationalsozialistischen Kriegswirtschaft. Düsseldorf: Schwann

Wette, Wolfram (1985): Durchhalte-Terror in der Schlußphase des Krieges – Das Beispiel der Erschießungen in Waldkirch am 10./11.April 1945. In: Müller, Rolf-Dieter/Ueberschär, Gerd R./Wette, Wolfram (Hg.): Wer zurückweicht, wird erschossen! Kriegsalltag und Kriegsende in Südwestdeutschland 1944/45. Freiburg: Dreisam, S. 70-73

Wette, Wolfram (2002a): Die Wehrmacht. Frankfurt am Main: Fischer

Wette, Wolfram (Hg.) (2002b): Retter in Uniform. Handlungsspielräume im Vernichtungskrieg der Wehrmacht. Frankfurt am Main: Fischer

Wette, Wolfram (2005): Der Militarismus und die deutschen Kriege. In: Wette, Wolfram (Hg.): Schule der Gewalt: Militarismus in Deutschland 1871-1945. Berlin: Aufbau, 9-32

Wette, Wolfram (2008): Militarismus in Deutschland. Geschichte einer kriegerischen Kultur. Darmstadt: Primus

Wippermann, Wolfgang (1986): Das Leben in Frankfurt zur NS-Zeit, Bd. 3: Der Alltag. Frankfurt am Main: Kramer

Wittgenstein, Ludwig (1958/1971): Philosophische Untersuchungen. Frankfurt am Main: Suhrkamp

Wolfrum, Edgar (2006): Verbrechen am Ende des Zweiten Weltkrieges. In: Arendes, Cord/Wolfrum, Edgar/Zedler, Jörg (Hg.): Terror nach innen: Verbrechen am Ende des Zweiten Weltkrieges. Dachauer Symposien zur Zeitgeschichte. Bd. 6. Göttingen: Wallstein, S. 7-24

Wüllner, Hermine (2002): Leutnant Reinhold Lofy. Mordtaten verweigert. In: Wette, Wolfram (Hg.): Retter in Uniform. Handlungsspielräume im Vernichtungskrieg der Wehrmacht. Frankfurt am Main: Fischer, S. 105-113

Zarusky, Jürgen (2006): Von der Sondergerichtsbarkeit zum Endphasenterror. Loyalitätserzwingung und Rache am Widerstand im Zusammenbruch des NS-Regimes. In: Arendes, Cord/Wolfrum, Edgar/Zedler, Jörg (Hg.): Terror nach innen: Verbrechen am Ende des Zweiten Weltkrieges. Dachauer Symposien zur Zeitgeschichte, Bd. 6. Göttingen: Wallstein, S. 103-121

Zifonun, Gisela/Hoffmann, Ludger, Strecker, Bruno (1997): Grammatik der deutschen Sprache. Berlin/New York: de Gruyter

Zimmermann, John (2009): Pflicht zum Untergang. Die deutsche Kriegführung im Westen des Reiches 1944/45. Paderborn: Schöningh

Verzeichnis der veröffentlichten Quellen

Anonyma (2003): Eine Frau in Berlin. Tagebuchaufzeichnungen vom 20. April bis 22. Juni 1945. Frankfurt am Main: Eichborn

Altrichter, Friedrich (1941): Der Reserveoffizier. Ein Handbuch für den Offizier und Offiziersanwärter des Beurlaubtenstandes aller Waffen. Berlin: Mittler und Sohn

Burkert, Hans-Norbert/Matußek, Klaus/Obschernitzki, Doris (1985): Zerstört, besiegt, befreit. Der Kampf um Berlin bis zur Kapitulation 1945. Berlin: Edition Hentrich

Elias, Ruth (1988): Die Hoffnung erhielt mich am Leben. München: Piper

Frese, Hans (1989): Bremsklötze am Siegeswagen der Nation. Bremen: Ed. Temmen

Fritz Bauer Institut und Staatliches Museum Auschwitz-Birkenau (Hg.) (2005): Der Auschwitz-Prozess. Tonbandmitschnitte, Protokolle und Dokumente. Die Digitale Bibliothek 101. DVD-ROM. 2., durchgesehene und verbesserte Auflage. Berlin: Directmedia

Gosztony, Peter (Hg.) (1985): Der Kampf um Berlin 1945 in Augenzeugenberichten. München: Deutscher Taschenbuch-Verlag

Hellmuth, Reinhard (1987): Reichsarbeitsdienst – „Die Schule der Nation"? Beim Reichsarbeitsdienst in Dottenheim. Neustadt/Aisch: Schmidt

Hubatsch, Walther (Hg.) (1983): Hitlers Weisungen für die Kriegsführung 1939-1945. Dokumente des Oberkommandos der Wehrmacht. Koblenz: Bernard und Graefe

International Military Tribunal (1947-1949): Der Prozess gegen die Hauptkriegsverbrecher vor dem Internationalen Militärgerichtshof, Nürnberg 14. November – 1. Oktober 1946. Amtlicher Wortlaut in deutscher Sprache. 42 Bände. Nürnberg

Kranig, Andreas (1984): Arbeitsrecht im NS-Staat: Texte und Dokumente. Köln: Bund

Kupfer-Koberwitz, Edgar (1956): Als Häftling in Dachau ... geschrieben von 1942 bis 1945 im Konzentrationslager Dachau. Bonn: Bundeszentrale für Heimatdienst

Langhoff, Wolfgang (1935/1981[9]): Die Moorsoldaten. 13 Monate Konzentrationslager. Unpolitischer Tatsachenbericht. Reprint der 1935 erschienenen Originalausgabe. Zürich: Schweizer Spiegel-Verlag

Pawlak, Zacheusz (1979): „Ich habe überlebt..." Hamburg: Hoffmann und Campe

Poller, Walter (1947): Arztschreiber in Buchenwald. Hamburg: Phoenix-Verlag Christen

Poller, Walter (1960): Arztschreiber in Buchenwald. Bericht d. Häftlings 996 aus Block 39. Neuauflage. Hannover: Verlag für Literatur und Zeitgeschehen

Reichsarbeitsdienst (1939) (Hg.): Achtung! - Spaten faßt an!: ein Handbuch für den werdenden Führer im RAD. Arbeitsgau 17. Berlin

Reichsjugendführung (Hg.) (1935): HJ. im Dienst: Ausbildungsvorschrift für die Ertüchtigung der deutschen Jugend. Berlin: Bernard und Graefe

Reichsjugendführung (Hg.) (1938): Pimpf im Dienst. Ein Handbuch für das Deutsche Jungvolk in der HJ. Potsdam: Voggenreiter

Reibert, Wilhelm (1942): Der Dienstunterricht im Heere. Ausgabe für den Schützen der Schützenkompanie/zusammengestellt u. bearbeitet von W. Reibert. 13., neubearbeitete Auflage. Berlin: Mittler

Salewski, Michael/Lippert, Stefan (1998): Deutsche Quellen zur Geschichte des Zweiten Weltkrieges. Darmstadt: Wissenschaftliche Buchgesellschaft

Steinhoff, Johannes/Pechel, Peter/Showalter, Dennis (Hg.) (1989): Deutsche im Zweiten Weltkrieg. Zeitzeugen sprechen. Schneekluth: München

Siebert, Wolfgang (1942): Die deutsche Arbeitsverfassung. Hamburg: Hanseatische Verlagsanstalt

Tschoeltsch, Ehrenfried (1943): Der Dienstunterricht in der Luftwaffe. Berlin: Mittler & Sohn

Militärstrafgesetzbuch (MStGB) vom 10. Oktober 1940 (Reichsgesetzbl. I. S. 1347) (1940). H.Dv. 3/1; M.Dv. Nr. 124, Heft 2; L.Dv. 3/1. Berlin: Mittler & Sohn

Ueberschär, Gerd R. (1991): Dokumente zum „Unternehmen Barbarossa" als Vernichtungskrieg im Osten. In: Ueberschär, Gerd R./Wette, Wolfram (Hg.): Der deutsche Überfall auf die Sowjetunion „Unternehmen Barbarossa" 1941. Überarbeitete Neuausgabe. Frankfurt am Main: Fischer, S. 241-348

Wehrmachtdisziplinarstrafordnung (WDStO) (1942). Vom 6. Juni 1942. Berlin: Mittler & Sohn

Wollenberg, Hans-Werner (1992): ... und der Alptraum wurde zum Alltag. Autobiographischer Bericht eines jüdischen Arztes über NS-Zwangsarbeitslager in Schlesien (1942 - 1945). Hg. von Manfred Brusten. Pfaffenweiler: Centaurus-Verl.-Ges.
Exerzir-Reglement für Infanteri der Königlich Preußischen Armee (1812/1988). Neudruck der Ausgabe Berlin 1812. Starnberg: LTR-Verlag
Heeresdienstvorschrift H.dV. 300/1. Berlin

Archivalien

Bundesarchiv/Militärarchiv:
BArch RW 47/8 fol. 53;
zit. n. [http://www.bundesarchiv.de/oeffentlichkeitsarbeit/bilder_dokumente/00893/index-6.html.de], 25.10.2011

Deutsches Historisches Museum Berlin:
Inv.-Nr. Do2 2000/1746

Bergbauarchiv Bochum:
BBA, P/1722
BBA, 13/3047
BBA, 13/3048
1943, BBA, P/1727
1942, BBA, P/1726
1941, BBA, P/1439
BBA, 13/ 3047
BBA, 13/3048

Historisches Archiv Krupp:
HA Krupp, WA 41-2-164, H.v. A 207

Landesarchiv Nordrhein-Westfalen, Düsseldorf:
LAV RW 37-11/207

Haus der Essener Geschichte / Stadtarchiv Essen:
HdEG/Stadtarchiv, 102 Nr. 692

Stadtarchiv Solingen:
Fi 02, Nr. 81

Stadtarchiv Bottrop:
Westfälischer Beobachter, 17.7.1943

Abbildungsverzeichnis